廟堂之憂

范仲淹與慶曆新政及北宋政局

鮑堅◎著

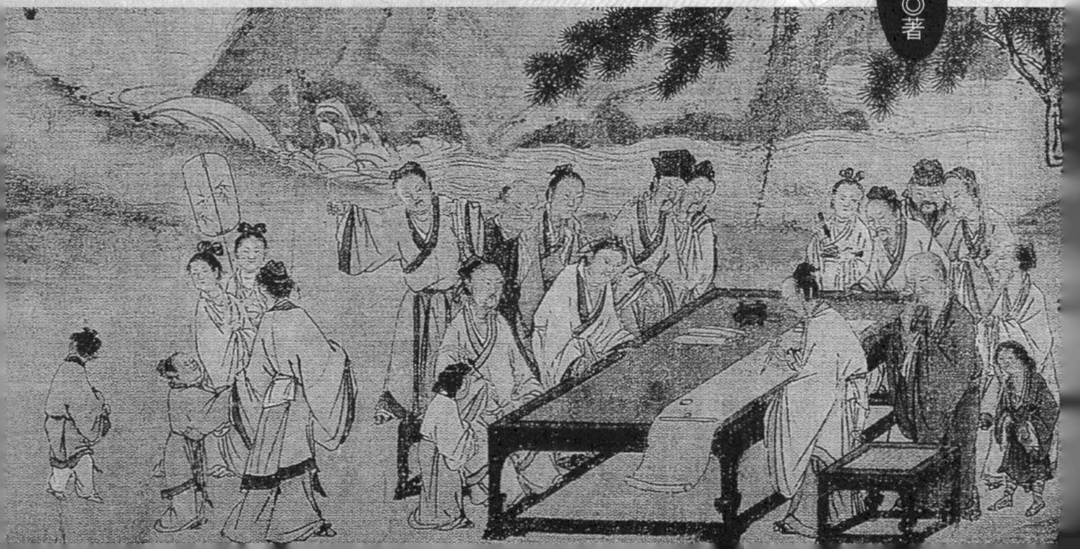

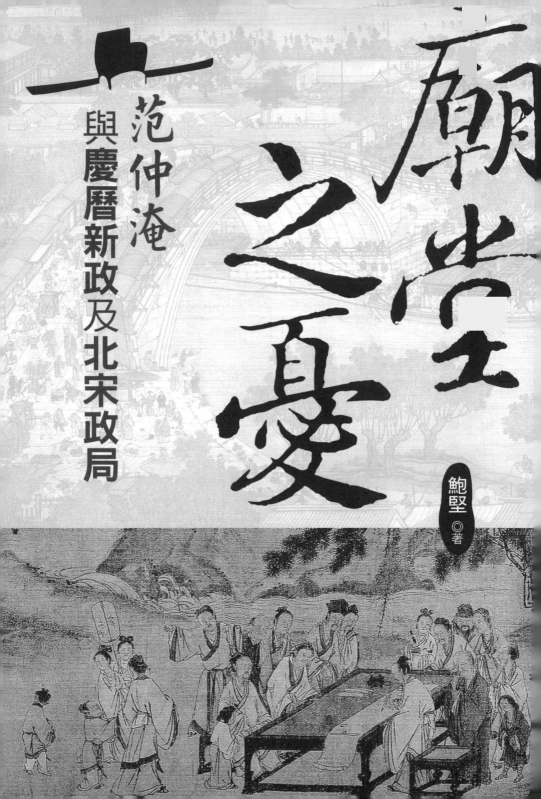

再版序 看那艘歷史的輕舟

時隔多年，在修訂中重讀此書，依然讓我心起波瀾。

義大利歷史學家克羅采有一句名言：「一切真歷史都是當代史。」如果那些已經遠離當代的歷史仍然展現出它對現實的影響，那麼它就跨越了時間的長河而回到現實，成為當代史的一個細胞、元素，甚至是重複的片段。所謂國事如家事，歷史也是現實。我們聽說過的那些帝王將相或英才俊傑，在如今就是有能力影響國家和社會發展的人士；書本裡記載的亂世煉獄或是盛世太平，即使今天的我們未必都經歷過，難道不值得我們去探究它們的社會原因和歷史規律而加以規避或借鑑嗎？東晉的王羲之也有一句名言：「後之視今，亦猶今之視昔。」現實就是歷史。兩位哲人的話，其言殊異，其旨歸一。如果我們能夠選擇身處的時代，我們一定要生存於這樣的當代，而不要成為那樣的往昔。

我不是歷史的專家，我只是歷史的讀者。我寫這本書的出發點，與克羅采和王羲之無關。我只是認為，讀歷史是一定要與現實呼應甚至是共鳴的，否則這歷史就白讀了。至於呼應、共鳴的深淺如何或是畸正與否，那是另一個問題；如果要落在紙上、寫在書中，就讓讀者去體味和評判吧。

這本書的書名，修訂前的第一版是《清風有骨》，其實我更愛這個名字，雖然我也知道它有些孤冷，讓人不太容易接近。承此書再版的策劃人高欣先生建議，改為現名。書的名字如同人的相貌，如果能讓讀者因為書名而更願意接近此書，同時又不至於改變它的品質，我是樂於接受的。更何況，現在這個名字也能夠準確地表達此書的一個觀點——范仲淹和他的時代的確深深地影響了國家的命運，無論是那時的當代史還是未來史。

有些歷史，自成為歷史之後就被湮沒於塵埃之下，不知蹤跡，其自身甚至也幾近於成為歷史的塵埃，它們在克羅采看來不是「真正的歷史」。而范仲淹和他的時代，應當是我們國家和民族永遠的、清晰的「真歷史」。

目錄

再版序　看那艘歷史的輕舟……003
第一章　山深自有道……007
第二章　君子何所憂……095
第三章　誰將補天裂……173
第四章　雲帆難濟海……267
第五章　所不朽者萬世心……343

第一章

山深自有道

任何一個時代，追逐名利的人必然是多數，這是人的本性，只要不侵害他人、不危害國家，都可以理解。但是如果能夠面對高官厚祿而不為所動的人連一個都沒有，或者社會的時尚是恥於清貧甚至嘲笑孤高，那麼這個時代必然是極端功利的時代。

1

山水能夠洗去人們心中的煩憂。

這是北宋仁宗景祐元年（一〇三四）的六月。自去年十二月被貶出京城、今年四月到睦州任知州以來，范仲淹第一次有了超然物外、心曠神怡的感覺。

小船於清晨的卯時從睦州的治所建德縣出發，在新安江上順流而下。去往桐廬縣的五十多里水路，只用了一個多時辰。

大約剛出建德界時，輕濛的細雨倏然而降，一路與小船伴行，待到桐廬的江岸映入眼簾時，卻又飄然而去。三三兩兩的竹篷漁船在開闊的江面隨波搖動，幾隻鷺鷥縮著長頸靜靜地看著其他同伴爭搶嘴裡的魚，並向主人報功。漁夫們大多在收取昨天夜裡布下的漁網，網中那些剛剛露出水面的大魚小魚在跳躍中向辛勤的漁夫們展現晨曦裡醉人的鱗光。唐朝詩人張志和曾這樣描述：「西塞山前白鷺飛，桃花流水鱖魚肥。青箬笠，綠蓑衣，斜風細雨不須歸。」詩源自生活，那些捕捉到生活點滴、感悟自生活喜憂並將它們用優美而有韻律的文字記錄下來的人，就是我們所說的詩人。

新安江自歙州黃山山脈發源，一路東流，在浙西進入睦州的桐廬界內，更名富春江，東行至蕭山聞家堰，再更名錢塘江，直至入海。千里之江，最美富春。范仲淹佇立船頭，全身心沉浸在這青山綠水之中。

遙望前方，淡霧滿江。兩岸青山丘陵起伏，無百尺高崖之險，有花錦碧玉之秀。江鷗掠過在水面上悠閒覓食的野鴨，直插入雲；江霧在半山腰依山形曲繞，隨風徘徊。近江翠竹外，遠山青松裡，斫斫的伐木聲剛剛停歇，樵夫的喊山聲緊接而起。

這種仙境般的山水，當有不凡之人徜徉其間。若非飄然似仙、沁人心脾之佳麗，則必為博古通今、冷眼紅塵的隱者。屈原的〈九歌〉唱道：「若有人兮山之阿，被薜荔兮帶女羅。既含睇兮又宜笑，子慕予兮善窈窕。」不知他詠頌的是窈窕佳人，還是高潔之士？

此行是范仲淹到睦州之後的第一次出行，但意不在追慕什麼佳人，而是要尋訪一位已經作古千年的高士之遺風。這位高士名叫嚴光，字子陵，東漢初年人。

嚴光是東漢開國之主光武帝劉秀的同窗好友。西漢滅亡後、東漢建立前的王莽天鳳年間，年少時即有博學之名的嚴光遊學到了京城長安，與當時在長安求學的劉秀相識、相知。劉秀讀書，重在通達大義，不拘字句小節，而嚴光則皓首窮經，務求甚解，且博覽群書，學識淵博，因此深得劉秀的敬重。後來二人分別，嚴光繼續他的遊學之路，而劉秀則起兵推翻王莽的新朝，登基稱帝，恢復漢室，建立了東漢政權。

東漢建立之初，天下滿目瘡痍，百廢待舉。劉秀思賢若渴，想起了嚴光，於是派人尋訪，最終找到了隱居的他。但是幾次派人攜帶重禮請嚴光出山，都被嚴光拒絕。

劉秀的使臣第三次見到嚴光時，帶來了光武帝的親筆信。這封流傳後世的〈與嚴子陵書〉字句不多，卻情真意切：「雖然自古以來，有大作為的君主，必有召請不到的賢臣，可是朕怎麼敢以子陵為臣子呢？只是大業剛定，百廢待舉，我治國之艱難如同在春天徒步行走於黃河的薄冰之上。當年綺里先生都不輕看高祖皇帝，難道子陵就輕看朕嗎？」

信中所提「綺里不少高皇」之事，是一個略帶傳奇色彩的故事。

秦朝末年，綺里先生與東園公、甪里先生、夏黃公四位著名學者都是秦朝的博士官。漢朝建立後，他們不願出仕，多次謝絕漢高祖劉邦的聘請，長期隱居在商山，人稱「商山四皓」。高祖劉邦見太子劉盈天生懦弱，而次子趙王如意聰明過人，就有廢劉盈而立如意的念頭。一天，高祖到太子宮中飲宴，見太子背後站著四位白髮蒼蒼的老人，一問方知是屢聘不出的商山四皓。如此高人不願出仕，卻俯首甘為太子的賓客，這讓劉邦心中驚異不已，認為太子羽翼已成，於是打消了廢黜劉盈的念頭。光武帝劉秀將嚴光比作綺里季，既是稱讚嚴光才華如綺里季，也表達了他對嚴光的敬重如同高祖對綺里先生之意，更委婉地希望嚴光不要讓自己如同高祖一般因賢士久召不來而深懷遺憾。

嚴光推辭不過，於是來到京城洛陽。劉秀當即把他接進宮中，談古論今，晚上則留嚴光在宮中，同榻而臥，一如舊時之誼。

次日，主管天文的太史令奏報：臣昨夜觀察天象，見有客星侵犯帝座星。

宇宙天象中客星侵犯帝座星的星象，對應在人世間，就是皇帝遭遇外來危險的徵兆。光武帝聞說大笑道：「是昨夜朕邀子陵同榻而眠，子陵夜半熟睡時將一腿橫在朕的胸口，僅此而已。」

不久，光武帝任命嚴光為諫議大夫，但嚴光無意於官場，堅辭不就，最終離開京城回到南方，隱居於富春江畔，耕讀垂釣，終老林泉。

如今范仲淹腳下的這片坐落於桐廬縣旁富春江北岸的小土平臺，就是當年嚴光先生的垂釣之處。大約一畝地見方的高臺，半是葭葦，更有無名的野花星羅棋布。如果不說，幾乎沒有人會將這個釣臺同千年之前一位著名皇帝與一位著名隱士的那一段交往聯繫起來，更不必說能夠引發面對江山憶古人的感懷了。

古往今來，有才華的人，做大官、留顯名的居多，自甘清貧、不求名利的是少數。即便是嚴子陵的事蹟，人們傳頌的是光武帝的禮賢下士，羨慕的是嚴光的無上榮光，慨歎的是自己的懷才不遇。而他的事蹟所反映的獨立的人格、高尚的道德，卻漸漸被淡忘。

任何一個時代，追逐名利的人必然是多數，這是人的本性，只要不侵害他人、不危害國家，都可以理解。但是如果能夠面對高官厚祿而不為所動的人連一個都沒有，或者社會的時尚是恥於清貧甚至嘲笑孤高，那麼這個時代必然是極端功利的時代。極端功利的結果，是不知廉恥。不知廉恥的結果，是社會的又一次動盪、民生的又一次摧殘，甚至是政權的又一次更迭。

范仲淹靜靜地站在釣臺上，望著江流無聲地向東而去。

他一生敬佩嚴光。子陵先生面對功名，沒有一絲心動，飄然而去。那種心靜如水的境界，那種我自孤獨的瀟灑，沒有幾個人能做到。上古的隱士許由聽到帝堯想禪位給他的話，飛奔到河邊濯洗耳朵，以示不為功名所汙，但這只是傳說而已。嚴光是現實中的許由。

但是，他又不能效仿嚴光。如果人人都懷才而隱，那麼誰來報效國家、安濟蒼生呢？

嚴光的精神，在於淡泊名利而不是如浮雲自歡。以出世之心，做入世之事。孟子說過：讀書做人，應當窮則獨善其身，達則兼濟天下。什麼是達？為官從政，身在高位，就是達。這個時候，應當盡自己之所能，為國為民做些好事。什麼是窮？宦海沉浮之中，難免遭遇爭權奪利之人、爭名奪譽之事，一旦遭受謗訕挫折，貶官削職或賦閒無事，即為窮。這個時候，盡量做到不悲不戚、豁達無怨。寄情山水之際，還能關注國家的興盛、感悟人生的道理；飲酒垂釣之餘，還能讀一些聖賢詩書、教幾個懵懂少年。

當然，這些都是難以達到的境界。如果人人都能做到，現實中就不會有那麼多以升官發財為人生主要目標、以夤緣鑽營為主要手段而混跡官場的人了。

范仲淹自己又能不能做到呢？

2

自大中祥符七年（一〇一四）進士及第至今二十年，范仲淹在仕途上已經經歷了兩起兩落。

第一次起落，是天聖七年（一〇二九）的事。

就在天聖六年（一〇二八），擔任南京（今河南商丘）留守的朝廷重臣晏殊向朝廷推薦范仲淹擔任秘閣校理，使范仲淹躋身館職之列。

秘閣校理品級不高，主要職責是朝廷文書和史籍的校對，但卻是人人羨慕的職務。秘閣和史館、昭文館、集賢院，是皇帝重要的文秘和編史機構，是朝廷培養人才的重要之地。秘閣的校理官和其他三館院的直館、直院、修撰、檢討等官統稱館職。一旦擔任館職，即被天下士人視為有德行、有名望的「清流」。他們是朝廷未來的棟梁。

南京留守晏殊是南京應天府的長官。晏殊是著名才子，七歲就能寫出優美的文章。十四歲那年，知州將他作為神童推薦給朝廷。當年十一月，恰逢皇帝考試全國進士。進士是已經通過尚書省禮部考試的人，他們還需要接受殿試即皇帝的親自考試，殿試及格者被授予進士及第或進士出身的身分，這才算最終登科，步入天下士人心目中為官從政的正道。當時，真宗皇帝讓晏殊同一千多名全國各地的進士一起參加殿試，十四歲的他氣定神閒，援筆立就，震驚朝廷。其中有一道試題下達之後，晏殊稟告：「此題晏殊以前曾經做過，還請陛下另行出題。」真宗皇帝十分喜愛他的才華和誠實，當即賜予他同進士出身，即相當於進士出身之意。因他年紀尚小，又讓他在秘閣繼續讀書。少年即得天子知遇，使晏殊後來在仕途上一帆風順。晏殊的才華充分體現在他的詩詞上。他是宋詞婉約派的領袖人物之一，有許多膾炙人口的佳作。千古傳誦的名句「無可奈何花落去，似曾相識燕歸來」即出於他的手筆。

晏殊是一年前的天聖五年（一〇二七）就來到南京的。來南京之前，他在朝中擔任樞密副使。樞密副使是朝廷掌管全國軍事的最高機構樞密院的副職，是皇帝的宰輔之一。

宋朝的宰輔大臣主要由政府和樞府（通稱兩府）的大臣組成。政府處理政事，主要成員是中書門下平章事的宰相和參知政事。中書、門下，是指負責擬定決策的中書省和負責審核決策的門下省；平章之意是處理。在中書、門下兩省處理國家大事，這就是宰相。參知政事則相當於副宰相。樞府指的是樞密院，是掌管軍事的最高機構，首長是樞密使或知樞密院事，副職是樞密副使、同知樞密院事、簽書樞密院事等。政府和樞府相互之間兩不過問，政府大臣的品級略高於樞府。兩府大臣又通稱宰執，即宰相和執政之意。

天聖五年的三月，垂簾聽政的劉太后任命張耆為樞密使。身為樞密副使的晏殊對劉太后的任命表示反對。晏殊反對的原因並非他本人覬覦樞密使的位子，而是他認為張耆能力平庸。這讓劉太后很不高興，因為張耆是劉太后的心腹，當年劉太后落難時在張耆家幽居了十來年。劉太后隨即找了個小錯將晏殊罷免，讓他到南京擔任留守。

南京是大宋的福地。太祖趙匡胤立國之前，擔任歸德軍節度使。歸德軍的治所所在地是宋州，大宋的國號即來源於此。宋州在東京開封的東南二百餘里，古稱睢陽，是遠古商朝的發祥地。宋太祖建立大宋後，因宋州是大宋應天順時的吉祥之地，故將其改名為應天府。府是與州同級但地位高於州的行政機構。真宗大中祥符七年，又將應天府升為南京，和西京洛陽一起作為首都東京開封的陪都。

南京有個應天書院，是五代後晉時睢陽的一個讀書人楊慤所創辦。五代是中國歷史上十分黑暗的時代，其黑暗之處不僅在於政治腐敗，更在於知識的無用和當權者對百姓生命的無視。如果僅從政治制度的先進性、對知識的尊重和對民生的關懷來衡量，那麼宋朝無疑是中國歷史上最清明的時代。值得慶幸的是，在黑暗的年代，那時中國的知識分子都不忘將先人心血凝聚而成的傳統文化傳承下去。

楊慤辦學之初，沒有幾個生員，倒是鄰家有個少年天天在學堂外聽他講課。學生們背誦課文時，鄰家少年也自言自語，聽起來比一般學生還精熟。楊慤覺得驚異，詢問後得知他姓戚名同文，於是收他為弟子，不久還將小妹嫁與他。戚同文從學於楊慤之後，更加勤奮，學得了滿腹經綸。楊慤勸他去依附那些坐鎮一方的諸侯，謀個幕僚之類的一官半職，以免辜負了一腔學問，戚同文卻答道：「長者不仕，同文也不仕。」長者指的是楊慤，戚同文願意終身陪伴老師。後來，楊慤去世，戚同文繼承楊慤遺志，盡心教授，竟將應天書院發展成為宋朝的四大書院之一，許多人不遠千里來書院求學。他培養的學生，在宋初進士登第的達五六十人。應天書院由楊慤創辦，卻是由戚同文發揚光大的。戚同文為人純樸，崇尚信義，樂善好施。平時在鄉里賑濟貧困，自己卻不積財富，他常說：「人生以行義為貴，要財富有何用處！」遠近之人無不推崇他，與他往來的也都是一時之名士。

到了真宗大中祥符四年（一〇一一），時年二十二歲的范仲淹來到應天書院求學，這時書院是戚同文之孫戚舜賓主持。在這裡，范仲淹用心苦讀，夜半和衣眠，晨起伴雞舞，幾年之間不僅精通了儒家經典，更把握了戚同文所宣導的學以致用的精髓，將學問同安邦治國緊密結合，開創了宋朝思想界的「高平學派」，開啟了繁榮昌盛的宋朝思想界各學派的誕生和發展。當然這是後人對應天書院和范仲淹高平學派的總結和評價了。

大中祥符八年（一〇一五），二十六歲的范仲淹作為應天書院的生員赴試，最終進士及第。

當天聖五年晏殊被貶到南京擔任留守之時，范仲淹正因母親去世而從知縣的職任上離職，在家守喪。晏殊到任後，重新修繕了應天書院，廣聘名師到書院執教。他久聞范仲淹之名，於是延請他到書院教書。

十幾年後，被後人稱作「宋初三先生」的三位宋學大師對范仲淹以弟子自居，他們是胡瑗、孫復、石介；幾百年後，人們將范仲淹視為宋學的開山者。這一切都緣於范仲淹在應天書院一年多的執教生涯，以及他平生誨人不倦的精神、平易近人的品格、愛才如玉的長者之風。據史書所言，范仲淹「泛通六經，尤長於易」。《詩》《書》《禮》《樂》《易》《春秋》是儒家六大經典，范仲淹都精通，其中尤其精通《周易》。因此，四方學者輻輳而至，從學於范仲淹。學子中有家境貧寒的，范仲淹就用自己的收入資助他們。

在應天書院執教一年後的天聖六年，朝廷的館職出現空缺，於是晏殊向朝廷推薦了范仲淹。根據官員舉薦制度，晏殊屬於少數有資格舉薦館職人選的高級官員。

宋朝的舉薦制度是陽光之下的人才進身之道，雖然陽光之下也會有賣放私情、徇私舞弊的事。官員的提升，如果有清望官以上的資深官員擔保舉薦，可以降低對被舉薦人的考核要求，甚至越級提拔。同樣陽光的是，任何一個官員都可以用事實和證據對另一名官員的提拔提出反對意見。在宋朝的大多數時期，舉薦制度並不是一個給人以結黨營私機會的官場遊戲。被舉薦之人如果犯罪，他的舉主，亦即當初舉薦他的官員，要承擔相應的責任，被降職或加以其他形式的處罰。真宗大中祥符九年（一〇一六），京城開封府的戶曹參軍呂楷在審理一起百姓糾紛時受賄放私，被削去官職，發配衡州。時任益州知州的皇帝近臣、樞密直學士、右諫議大夫王曙在擔任開封知府時舉薦過呂楷，因此受到降職處分。在大宋，因舉薦不當而被處分的人不在少數。

晏殊的舉薦，使范仲淹從一名普通的州縣官員，一躍而成為名流、清望官。范仲淹因此終生以門生自居，將晏殊視為老師。其實，晏殊比他還小兩歲。

但是，范仲淹在朝中待了不到一年就被貶出朝廷。因為他同晏殊一樣，也得罪了劉太后。

太后劉娥的一生頗有傳奇色彩，以至於後來的民間藝人對她的經歷津津樂道，流傳至今。

劉娥本是將門之後，祖父是五代時期後晉、後漢兩朝的高級將領，父親則在大宋建立後的太祖朝擔任過中級軍官。劉娥生於成都，出生不久，父親奉命出征，戰死沙場，留下孤女寡母無以為生，只好回到劉母的娘家寄居。為了謀生，劉娥自小學了一手擊鞀的手藝。及笄成年後，劉娥嫁給了成都的銀匠龔美。不久，夫妻二人從成都來到京城開封，龔美給人打造銀器，劉娥則在街頭擊鞀賣藝。或許是為了便於謀生，他們對外以表兄妹自稱，而不是夫妻。

鞀是一種小鼓，鼓的兩旁繫著一對靈活的小耳槌，搖動時，兩耳雙面擊鼓作響，民間俗稱「撥浪鼓」。擊鞀是大眾化的娛樂表演，有些俗趣，但沒有什麼特別讓人傾心之處。如果有，那必定是因為表演者而非這門手藝。劉娥雖自幼貧窮，但天生麗質、聰明可人，表演時繪聲繪色、眉目有情。因此，雖然從業低賤，劉娥卻頗受聽客喜愛，並逐漸在京城的藝人圈中美名傳揚。

至於龔美，因為打造銀器的手藝頗為精熟，並且為人和善，在顧客們中間也有些人緣。其中一位顧客，是襄王府的衛士武官、指揮使張耆，他就是多年後擔任樞密使卻被晏殊反對的那位官員。

襄王就是日後的真宗皇帝，此時他尚未婚配。襄王常聽說蜀女貌美，因此讓府中親隨物色一名蜀女作為侍姬。在親隨們熟知的為數不多的蜀女中，誰人最美？當然是劉娥。於是，劉娥成為襄王的侍姬。當然，襄王選中劉娥，劉娥成為襄王侍姬，是兩廂情願甚至是三廂情願，因為還得龔美願意忍痛割斷情愫，讓劉娥進入王府。從此，劉娥忠心地做了襄王的女人，襄王對她也是十分寵愛。劉娥雖然富貴了，但不忘龔美的情義，於是龔美改姓劉，劉娥認他為兄長。

劉娥進入襄王府的最初幾年，處境其實並不好。襄王的乳母秦國夫人為人嚴厲，她認為劉娥出身低賤，於是向太宗告狀。太宗也認為襄王此舉有失身分，責令他將劉娥逐出王府。襄王不得已，表面上將劉娥趕出王府，暗地裡卻讓劉娥寄居在張耆家。選擇張耆家作為避難之所，一是因為張耆是襄王親信，為人忠誠可靠，平時襄王與劉娥偷偷相會也不用擔心洩密，二則也因為張耆與龔美是好朋友。但這可苦了張耆。為了避嫌，他不敢回家居住。這一避就是十幾年，直到太宗駕崩，襄王變成了真宗皇帝。

真宗一登基，就將劉娥接進宮中，先封她為美人，不久晉封修儀，再晉封德妃。

在這之前的十幾年間，襄王娶了兩任王妃。第一任王妃在婚後六年去世，第二任王妃郭氏在真宗即位後被冊立為皇后，但是不久也撒手人寰。因此，真宗得以專心寵愛劉德妃，並想立她為皇后。

但是朝中群臣反對立劉德妃為皇后，理由有兩個：出身低賤、沒有子嗣。出身低賤不算是太大的問題。宋朝人並不太講究家庭出身、門當戶對，為人正派、品德高尚是贏得尊重的最重要因素。要說出身，太宗、真宗兩朝的宰相張齊賢未發達時還曾與盜賊稱兄道弟呢。因此，沒有子嗣是劉德妃當上太后的主要障礙。此前，真宗的后妃們為他誕下五個兒子，但都夭折了，所以真宗至今沒有子嗣。誰要能夠為皇帝生下一個兒子，那是為國家解決了重大問題，自然就有資格當皇后了。

於是突然有一天，劉德妃生了一個兒子，真宗為他取名趙受益。雖然朝中有些重臣心有疑惑，但終究擋不住真宗立后的決心。大中祥符五年（一〇一二）的十二月，年過四十、歷盡艱辛的劉德妃終於苦盡甘來，成為大宋王朝的皇后。

天禧二年（一〇一八），皇子受益被封為升王，立為太子，改名趙禎。天禧四年（一〇二〇），真宗病倒，難以處理朝政，上呈給他的政務實際上都由劉皇后代他處置。不久真宗病情加劇，他自知不久於人世，於是下詔：由皇太子趙禎在資善堂聽政，皇后從旁輔助。

這樣又拖了兩年。乾興元年（一〇二二）二月，真宗病逝，遺詔讓十二歲的皇太子趙禎即位，皇后劉氏為皇太后，淑妃楊氏為皇太妃，軍國重事「權取」皇太后處分。「權取」，暫時聽取之意。國家大事，暫時由皇太后處理，但暫時到什麼時候，遺詔沒有指示。

劉太后是個十分聰慧的女人。她在張耆家幽居的十幾年間博覽群書，增長了不少見識。真宗即位後，常將她帶在身邊輔助處理一些朝政，也使她有所歷練。真宗去世時，新即位的仁宗皇帝年少，這給劉太后提供了一個展現才能的大好機會。自此，劉太后與仁宗在承明殿共同聽政。承明殿御座前掛著一片珠簾，劉太后與皇帝共同坐在簾後，皇帝在左，劉太后在右，所有大事都由劉太后最終決定。

許多人一旦掌權，不可避免地會暴露出兩個弱點：一是為親人、為親信謀私利，二是迷戀權力。劉太后也是如此。

劉太后出身貧賤，除了兄長劉美，家中沒有什麼依靠。因此，她總想培植幾個親信，尤其是有學問、有出息的親信。

她首先想到的是攀親。

第一次攀親，是真宗皇帝親自出面。一天，京城開封知府劉綜奏事完畢，真宗沒讓他走，與他東拉西扯好一陣後，道：「卿是後宮的親屬，朕已決定給你升職，你應該知道了吧？」卿是皇帝對臣下的愛稱。西周、春秋時，天子、諸侯所屬高級長官稱卿，或許這是後來皇帝以此作為對臣下愛稱的由來吧。

劉綜一聽，變色道：「臣是河中府人，出身孤寒，從來沒有什麼親屬在後宮！」真宗聽了頗為尷尬。

第二次是劉太后自己出面攀親。她這次看上的還是一位開封知府，名叫劉燁。劉燁與他的父親劉溫叟都是很有名聲的官員。一天，劉太后單獨召見劉燁，對他說道：「聽說卿家一族興旺十幾代，我想借卿的家譜看看，也許我們是同宗呢！」

劉燁聽了，連稱「不敢」。可是劉太后興趣盎然，一直問個不停。看這架勢難以化解，劉燁忽然跌倒在地，半晌起不來，躺在地上說自己風眩發作。劉太后無奈，讓人扶他回家。

這兩個讀書人可知是相當迂腐的。不過，有一個讀書人很聰明，很早就與劉太后攀上了親，而且還是他自己主動攀的。這人就是錢惟演。

錢惟演是五代十國時期吳越國末代國王錢俶的兒子。宋太宗太平興國三年（九七八），割據東南一帶、建都杭州的吳越王錢俶迫於太宗的壓力，向大宋納土稱臣，結束了吳越國七十二年的歷史。錢俶攜子離開杭州，來到京城開封寓居。錢俶在吳越國是個愛民之君。他到開封後，家鄉的百姓為祈求上蒼保佑他們善良的君主，在杭州的寶石山上建了一座寶塔，後人稱其為保俶塔。但寶塔沒能保佑錢俶，他同戰敗亡國的南唐後主李煜一樣，死於太宗皇帝賞賜的巨毒牽機藥。

出身高貴，並且年輕時就才華橫溢，使錢惟演在真宗朝受到重用。後來他在仁宗朝更是官居樞密使，名列宰執重臣。

錢惟演成為劉太后親戚的方式很簡單。當年太后劉娥未發跡時，劉美替錢家打造銀器。銀器沒打造完，真宗皇帝看上了劉娥。於是，錢惟演立即轉變身分，將女兒嫁給了劉美，成為太后之兄的岳父，並將劉美沒打造完的銀器都送給了劉美作為新婚之禮。

錢惟演是劉太后唯一一個有身分的親戚。他的出身使得劉太后能夠對他順水推舟地加以關照。但劉太后想要關照其他的親戚、親信，就需要施加點壓力了。

比如，劉太后想提拔劉美的女婿為侍從官，但屢屢為宰相王曾所阻撓。好在王曾不可能天天都盯著此事。一天，王曾生病在家，於是劉太后抓住這個機會，立即讓執政大臣任命劉家愛婿為龍圖閣待制。

還有一次，在荊南任駐泊都監的王蒙正橫行霸道，知府打算將他繩之以法。雖然駐泊都監是當地駐軍的最高督察武官，而知府是帥臣，以文臣為帥制約武將是祖宗家法，天經地義，但王蒙正是劉太后的姻親——他的女兒嫁給了劉美的兒子。因此沒過幾天，知府就被調離荊南。

至於劉太后其他一些袒護親信之事，如將侄兒的門人奴僕都封官，身邊的宦官到地方橫行不法也無人敢言等，時有發生，不一而足。

但是，太祖曾經立下皇親國戚不得干政的規矩，使得劉太后的偏愛也罷，袒護也罷，都不至於達到禍國殃民的地步。

倒是劉太后的戀權，不利於國家政治的健康發展。

仁宗即位後，改元天聖。天聖五年的元旦，劉太后在會慶殿接受百官朝賀。會慶殿是皇帝接受朝賀、賜宴群臣的地方，一同朝賀的還有契丹專門派來向仁宗祝賀新年的正旦使。契丹也就是大遼國，自真宗景德元年（一〇〇四）的澶淵之盟後，大宋和契丹結為兄弟，因此每逢重大節慶和事件，兩國都派出使者致賀、致意。兩國之間的使者往來絡繹不絕，往往一個使者未完成使命，另一個使者又帶著新使命到來。

會慶殿上，當著群臣和契丹使者的面，仁宗皇帝向劉太后跪拜賀年。皇帝與群臣一起向劉太后跪拜，似乎有些不妥，但事前、事後沒有人提出異議。

天聖七年的冬至，群臣向劉太后祝壽。

冬至是一年中的主要節日之一，皇帝每隔三年要在這天到南郊的圜丘行祭天之禮，祭天之後遍賞群臣，有資格的官員還能在這天向皇帝請求推恩，也就是請皇帝給自己的子弟、親戚甚至門生賞官或者提職。每一年，皇帝還會在冬至這天在會慶殿賜宴皇家宗室成員，並大赦天下。普通百姓不見得能夠得到皇帝的恩典，但冬至時節也是家家團圓，一片喜氣。

負責禮儀規矩的太常寺提出了向劉太后祝壽的禮儀方案。根據這一方案，冬至這天，由皇帝親自率領百官在會慶殿向劉太后賀壽，依舊行跪拜之禮。

禮儀制度曾經是幾千年來中國最重要的國家制度之一。在那個時代，禮儀是一種情感的表達，是一種生活方式，也是一種行為規範，還是一種道德約束。即使是社會底層的普通百姓，也會將最基本的禮儀融入到生活之中，表達他們的喜怒哀樂。而那些自認為有道德修養的士大夫，則可能會為了維護禮儀所蘊含的高尚內涵而捨棄自己的生命。春秋時期的衛莊公元年（前四八〇），衛國發生了當政大臣謀殺國君的事件。孔子的愛徒子路當時在衛國為官，他在趕去救援國君時遭遇叛軍。戰鬥中，子路繫帽子的纓帶被割斷，冠帽欲落。子路放下長戟，厲聲道：「君子死，而冠不免！」繫好了帽纓，自己卻就義了。

祝壽方案一公布，朝堂之上人人搖頭，但沒有人敢說話，除了一個人。這個人就是范仲淹。

范仲淹於天聖六年底來到京城任秘閣校理，至今將近一年。

范仲淹認為：「天子有事親之道，無為臣之禮。有南面稱尊之位，無北面稱臣之儀。皇帝率百官向太后跪拜，是增強了母后的勢力而降低了天子的威信，不可為後代所效法。」

范仲淹的奏疏呈上之後，人人都為他捏把汗。劉太后沒有吭聲，倒是把晏殊嚇壞了。

晏殊是天聖六年八月回到京城的，比范仲淹早四個月。當初晏殊因反對張耆擔任樞密使而被劉太后貶到南京，仁宗嘴上不敢說，心裡是不太贊成的。恰好御史中丞去世，仁宗提出讓晏殊回來接任，劉太后同意了。御史中丞是負責監察百官的機構御史臺的長官。

晏殊從門下省的朝報上得知范仲淹上書的事。門下省每天將朝廷的重要政事活動加以彙編，發京城百司及全國各地官府參閱，又稱邸報。當然，有些地方官不滿足於朝報所通報的那些消息，自己還派些人專門常駐京城，在中書省、門下省、尚書省甚至內廷中打探些內幕消息，並立刻回報。

晏殊當即把范仲淹召到自己的官署。「聽說你上了一封奏章，議論冬至日賀壽禮儀，可有此事？」

范仲淹連忙答道：「確實如此。」

晏殊臉色一變：「你豈是憂國之人！人人都說你是非忠非直，沽名釣譽！你是我舉薦的，你如此恣意妄為，豈不是要連累我嗎？」

范仲淹剛想解釋，晏殊一揮手：「不必強詞！我不敢當面與你爭論！」

范仲淹想了想，拱手拜退。

回到家裡，范仲淹奮筆疾書，給晏殊寫了一封信：「我受您知遇，唯恐對國家的忠誠不如金石之堅，對皇帝的直言不如良藥之益。如今您因我上書而心生悔意，我如果不做解釋，既讓天下人士譏笑您沒有知人之明，也讓我無顏立足於您的門生之列。」

為什麼上書太后？「我雖然天生愚昧，但我相信聖人之書，師法古人德行，對上應當忠誠於君，對下應當忠誠於民。古往今來，多少明君都是廣開言路，多少賢臣都是冒死進諫。如果不是這樣，這些明君還是明君嗎？這些賢臣還是賢臣嗎？」

為什麼主張皇帝不應當與臣僚一起為太后上壽？「皇帝南面稱尊，為天下萬民之主，怎麼能行臣子之禮呢？皇帝跪拜太后是家人之禮而非國家之禮。皇帝向太后行家人之禮，可以率領親王、皇族在內廷進行；在前殿接受百官祝賀的國家之禮，應當請太后和皇帝共同接受。如果皇帝與群臣百官同列，那麼誰是君、誰是臣？」

此舉是非忠非直嗎？「維護皇帝之尊，難道不是忠嗎？不怕降罪而言，難道不是直嗎？如果這些都是不忠不直，今後還有什麼是忠直呢？」

范仲淹最後寫道：「您如果認為我還有可教之處，希望您不要後悔當初的舉薦，繼續加以教導，我報德之心無窮無已。如果您認為我奸邪狡詐，不可教導，也請您在朝臣中公開宣揚，使我無法再蠱惑朝廷，也不致連累於您！」

晏殊讀罷，慚愧不已，當即回信向范仲淹道歉。

但是，冬天賀壽的方案沒有改變，皇帝仍然率領群臣向劉太后行跪拜之禮。

冬至過後，新年到來。天聖八年（一〇三〇），劉太后已經六十二歲，而仁宗則已經二十歲了。二十歲的仁宗仍然在劉太后的陰影下當著皇帝。

范仲淹又給劉太后上了一道奏章。「太后擁扶皇帝處理國政已有多年。如今皇帝風華正茂，睿哲明發，太后為什麼不放下大權還政於皇帝，安享長壽之福？」

一個臣子讓掌握大權的太后放下權力，要在其他朝代，那是大逆不道之舉，輕則丟官，重則喪命。但是，劉太后對范仲淹的奏章還是不予理睬。

其實，劉太后也不好理睬。請她讓位，自然讓她心裡不舒暢。她要是心裡不舒暢，必然要有所發作。一年後的天聖九年（一〇三一），劉太后之兄劉美的獨子病亡，劉太后傷心不已。為表達思念，她將劉子的內親外戚甚至門人童僕七十多人都錄用為官或升官加爵。幾名御史官員上奏章反對，劉太后極為生氣，讓宰執們處置。宰執們提出將幾位御史貶出京城到地方任知州，劉太后嫌處置太輕，最後都貶為地方的監稅小官。

但是范仲淹上書所議論的事情讓劉太后有點為難，主要是因為范仲淹言之有理。讓皇帝與臣子為伍向太后跪拜，於禮確實不符，歷朝歷代也沒有先例。如今皇帝已經長大成人，也頗有智慧，她也沒有理由反駁范仲淹之言。況且，要處置范仲淹，按程序需要由宰執大臣提出處理意見。如果是太后和皇帝提出的處理意見，也要經過他們的認可。但是她深知，朝中百官包括宰執大臣在內，心裡頭基本上贊成范仲淹所言，只是不敢說而已。不論是她本人還是皇帝，雖然不時有些內降旨意，也就是不通過兩府大臣們的研究和認可而直接下達的旨意，但這些旨意用於對一些親信的格外施恩可以，如果用於處罰官員，這可是要違背太祖以來的祖宗之法，劉太后沒有這個膽量。

既然如此，對范仲淹的兩次上書，劉太后採取的最合適的應對辦法就是不予置理。

劉太后可以不予置理，但范仲淹卻不行。他請求自貶。那時把這種行為稱作「自請補外」，自己請求到京城以外的地方任職，這是含蓄的說法。不採納我的意見，說明是我錯了而不是朝廷錯了，因此請朝廷給予處罰。自請補外或許是一種悔過，或者是一種委婉的抗議。在宋朝，絕大多數的請求補外都是對朝政不滿的一種表達。

於是，在朝廷擔任了一年的館職之後，范仲淹離開京城，到河中府擔任通判。通判是知府、知州的副手，同時也是知府、知州的監察者，主要監察對象既包括知府、知州，也包括本州其他各級官員。

范仲淹離京那天，許多朝中同僚都來送行。他們送給范仲淹一句話：「范公此行極光！」范公這一去，十分榮光啊！

應當說，對范仲淹的安排還是比較優待的。雖然是補外，但沒有撤銷他的館職，他是帶著秘閣校理的館職去上任的。這個安排，不排除仁宗在其中發揮作用的可能，因為仁宗認定范仲淹是個忠臣。只要有機會，仁宗一定會起用他的。

是的，三年後，也就是明道二年（一〇三三）四月，仁宗將范仲淹召回京城，任命他為右司諫。

但是，范仲淹這次在朝中只待了半年，又被貶出京城。這回貶黜他的是認定他為忠臣的仁宗皇帝。

3

明道二年，是仁宗皇帝的多事之秋。皇室出了三件大事：劉太后去世，仁宗發現自己的身世以及仁宗廢黜皇后。

這一年的二月，皇帝躬耕籍田，即親自到籍田從事耕種。籍田是由天子耕種的農田，當然平時是徵用農夫代為耕種，皇帝躬耕只是偶爾為之，以示天子以農為本之意。皇帝躬耕是件大事，按照規矩，皇帝要先到宗廟告謝先祖，然後再行躬耕。現在是劉太后主政，因此今年由劉太后去恭謝宗廟，仁宗只負責躬耕。

禮儀的問題又出現了。在與宰執們商量恭謝宗廟的禮儀時，劉太后要穿著皇帝的服裝去宗廟告謝。晏殊此時已經升任參知政事，是副宰相。他認為劉太后應當穿皇后服，這讓劉太后很不高興。其他的宰輔大臣都是囁嚅不敢明言。這時，另一位參知政事薛奎大聲說道：「如果太后穿著帝服去見祖宗，是以皇帝的身分還是以帝后的身分？」話一挑明，劉太后無話可說，於是決定讓禮官決定。禮官們提出的方案基本上迎合了劉太后的心思，即將帝服去掉幾個佩飾，使用接近於皇帝的規格。

二月初，司天監報告說含譽星出現在東南方，光芒二尺。古人認為，含譽星是瑞星，它的出現是吉祥之兆。但朝中也有人悄悄地議論說那天出現的不是含譽星，而是彗星。彗星是災星。

二月初八，劉太后乘坐只有皇帝才能乘坐的玉輅車，率領太妃楊氏、皇后郭氏到太廟隆重地舉行恭謝先祖的儀式。

十一日，仁宗在東郊躬耕。先是祭祀先農帝，然後行籍田禮，最後皇帝親自下田。按照規矩，皇帝躬耕「三推而止」。宋朝的禮儀制度嚴格遵循遠古周朝之制。根據《禮記》，躬耕之禮，「天子三推，三公五推，卿諸侯九推」。三推，就是在一畝見方的耕地裡，扶著耒耜往返推三次。但仁宗說道：「朕既然躬耕，就不要以古禮為限了，希望能夠耕完一畝。」不過在宰臣的勸說下，仁宗耕十二步而止。一步相當於五尺。

大禮結束沒多久，劉太后就病倒了。這一病，一直沒有好轉的跡象。仁宗十分揪心，詔令各地尋找良醫，飛馬送到京師為劉太后治病。

三月二十五日，為祈求劉太后康復，仁宗大赦天下。自劉太后主政以來被貶死於他鄉的官員都恢復原職，仍健在的官員則被允許從邊遠之地遷回內地。貶死的名臣有寇準、曹利用等，他們都是冤死的。健在受益的是丁謂，這個該死不死的人。

這些努力沒能挽回劉太后的生命。三月二十九日，劉太后去世。留下遺誥，遵太妃楊氏為太后，皇帝親政，但軍國大事需與楊太后商量後再做決定。

第二天，仁宗升殿，與宰輔大臣商量劉太后的後事。見到輔臣們，仁宗淚如雨下，泣不成聲。仁宗生性仁慈，劉太后雖然對他十分嚴厲，但母子之情卻是十分深厚。

劉太后去世前，口不能言，眼望著仁宗，不斷地用手扯著身上的衣服。仁宗百思不得其解。參知政事薛奎道：「太后之意在於服飾。太后身著帝服，如何去見先帝呢？」仁宗恍然大悟，命改以太后的服飾安葬劉太后。

劉太后一去世，朝政主要靠仁宗自己處理了。劉太后遺誥中有「軍國大事與太后內中裁處」之句，國家大事仍要仁宗與楊太后商量後決定。此遺誥遭到群臣的反對。就在劉太后去世的第二天，宣布劉太后遺誥後，百官要到內東門祝賀新太后。御史中丞蔡齊當時就喝住御史臺諸官員道：「如今皇帝已經成年，今天剛剛親政，怎麼能又讓太后當政？」第三天，仁宗宣布刪去遺誥中「軍國大事與太后內中裁處」之句。

仁宗的傷心尚未平復，他突然得知了一件讓他無比震驚的事。

有人告訴仁宗，他的生母不是劉太后。

自己的生母，竟然不是養育自己二十幾年的太后！那是誰？

是天聖十年（一〇三二）二月去世的李宸妃！

仁宗的震驚和悲傷達到了極點。自己身為皇帝，竟然二十多年不知道自己的生母是誰。給了他生命的母親，雖然身居內宮，與自己相距咫尺，可是這二十多年來連自己兒子一面都不能見到，更不用說親他、撫他，享受他的至孝。母親這二十多年對兒子的思念，必定是刻骨銘心的。母親去世前，是像兒子今天思念她一樣傷心欲絕，還是為兒子君臨天下感到自豪和安心而因此含笑九泉？

仁宗連日號哭，傷心欲絕，寢食俱廢。

告訴仁宗這一真相的人是誰，史書沒有記載，可以肯定是為尊者諱，也就是說此人身分極高，史書因此隱諱他的名字。不排除此人是皇室的重要成員。他還告訴仁宗，李宸妃死得不明不白，喪禮之儀不符合她的身分。

仁宗傷心之際，勃然大怒，令人將劉家宅邸團團圍住，準備將劉氏一族治罪。

但是，仁宗畢竟是由劉太后撫養成人，他不願相信劉太后會對自己的生母下毒手。在將劉家治罪之前，他需要查證事實。

仁宗先追尊李宸妃為皇太后。李宸妃生前的名位是順容。根據大宋的制度，皇帝後宮設后、妃、嬪、御四個等級。第一等級是皇后，設一名；第二等級是妃子，設四級，共四人；第三等級是嬪，設十七級，順容是其中的第七位；第四等級的御有四級，共四人，包括婕妤、美人、才人、貴人。當然，后、妃、嬪、御並非都要配齊，大宋的皇帝多數沒有配齊後宮。宸妃是在去世的當天從順容直接晉封至妃的。

李宸妃改尊為皇太后之後，就應當用太后之禮重新安葬。如此一來，就要改換梓宮，即改換棺木。

仁宗派了一個武官李用和前去察看。李用和就是李宸妃之弟，仁宗剛剛知道他就是自己的舅舅。李用和看畢回稟：「皇太后安葬時有水銀保護，容貌安詳。安葬的禮儀是皇妃之儀，符合當時的身分。」

仁宗的一顆心放了下來。他既慼且愧，歎道：「人言不可輕信啊！」他立即到劉太后的神主牌位前焚香泣告：「大娘娘從此清白了！」仁宗平時稱劉太后為大娘娘，而協助劉太后撫養仁宗的楊太后被仁宗尊稱為小娘娘。

其實，圍繞李宸妃的去世和安葬，另有一些故事，或許仁宗並不知道。這些故事需要從頭說起。

當初劉太后被真宗皇帝接入宮當了德妃後，沒過幾年，真宗的郭皇后去世。真宗很想立劉德妃為后，但為大臣們所阻，理由是劉德妃出身低賤，且沒有誕生皇子。這讓真宗十分懊惱。他一氣之下，讓皇后之位空置了幾年。

然而，機會來了。

劉德妃的侍女李氏得到了真宗的寵幸，不久即有身孕。劉德妃與真宗商量，對外聲稱是劉德妃懷孕。十個月過去，李氏產下了一個皇子。真宗和劉德妃大喜過望，當即對外宣布劉德妃生子的消息。李氏產子後，依舊回去默默地當侍女，真宗後來封她為順容。皇子則由與劉德妃親如姐妹的淑妃楊氏幫助劉德妃撫養。楊淑妃就是劉太后去世後遺詔立為太后的楊太妃。

就這樣，劉德妃名正言順地當上了皇后，幾年後成為掌握國家大權的太后。不過她也並不是心狠手辣之人。李宸妃入宮當侍女前，父母雙亡，只有一個弟弟李用和，姐弟倆相依為命。李氏入宮時，李用和年方七歲。入宮之後，姐弟倆便斷了聯繫。李用和貧困之下，在京城靠賣紙錢為業。李宸妃生了皇子之後，劉太后得知她有一兄弟，就讓劉美想方設法找到了李用和，並給他封了一個武職。李宸妃去世後，劉太后又特地將李用和升遷為禮賓副使。禮賓副使是一個中級武官。

李宸妃去世的第二天，在上朝的時候，宰相呂夷簡覷空問了劉太后一句：「聽說昨夜後宮有人去世？」

劉太后沉下臉來問道：「宰相也想管後宮的事嗎？」說完，立即帶著仁宗退朝。

過了一會兒，劉太后獨自一人上殿，對呂夷簡說道：「宰相為什麼要離間我母子？」

呂夷簡反問：「難道太后不為劉氏的今後著想嗎？」太后默然。

李宸妃安葬時，按規矩妃子的梓宮應當出西華門，但劉太后的旨意是讓梓宮走小側門。側門太小，需要臨時挖掉一段宮牆以擴大宮門。呂夷簡又出來了。他求見劉太后，但是劉太后不見他，只派了個內侍出來問宰相有何公幹。

呂夷簡告訴內侍：「妃子安葬，應當出西華門，鑿牆而出不合禮儀。」

劉太后聽了，讓內侍責問呂夷簡：「宰相為何要管這種事？」

呂夷簡答道：「臣身為宰相，凡是朝廷大事，都要據理力爭。太后不接受臣的意見，臣就不回去。」

如此來回三次，呂夷簡生氣了，向內侍正色道：「宸妃誕下了皇帝，如果她的喪禮不符合規矩，他日必定有人要為此承擔責任，到時不要說呂夷簡今天未做提醒！」

內侍聽罷，膽戰心驚地回稟劉太后。最終，梓宮按規矩自西華門而出。

劉太后與仁宗母子的這一段關係，後來被民間藝人加以充分的藝術加工，演繹成為流傳幾百年的「狸貓換太子」的故事。在這個故事中，劉太后成了一個惡毒的女人。她和宮女李氏同時懷孕、同時產子。劉氏為了爭當皇后，讓人用剝了皮的狸貓偷偷換走李氏生下的皇子，以此污衊李氏生下了妖孽，使李氏被打入冷宮，而自己終於被立為皇后。但是天怒人怨，劉氏所生之子不久夭折，而李氏所生皇子在經過磨難後被立為太子，並登上皇位。在清官包拯的幫助下，皇帝得知真相，與雙目失明的生母相認，而已經成為皇太后的劉氏則畏罪自縊而死。

故事很有感染力，讓劉太后在民間背了幾百年的黑鍋，這黑鍋恐怕還要繼續背下去。事實上，從歷史的角度看，劉太后是頗有功績的。她主政期間，號令嚴明、恩威並施，社會穩定、邊境安寧。涉及百姓的主要的社會制度如稅賦、勞役等沒有變化，官員們一如既往同時也是按部就班地履行職責，同契丹國的關係以及與西夏的西平王趙德明、南方交趾的南平王李德政等藩屬國國王的關係也比較穩定。尤為重要的是，她下決心貶黜了曾經寵信的奸臣丁謂，任用了一批品行端正的大臣，保證了政權的平穩。雖然將皇子據為己有、至死不說明真相有悖情理、有損人倫，但她對李宸妃還是善待的，並沒有迫害李宸妃及其親屬，這在當時社會裡已屬極為難得。至於對家人、親信偏一點心、多給點恩澤，甚至包庇點過錯，相對那個時代的帝王后妃們而言，劉太后不算太過分，至少她沒有濫殺大臣——除了將盛氣凌人的樞密使曹利用迫害而死。幾千年的封建專制制度下，不要說手握如此大權，就是當個小官小吏的人，為自己謀點私利的肯定是多於道德高尚、品質清廉的。

就在後宮風雨尚未平靜的時候，仁宗發布了親政後第一個重要的任免決定。宰相呂夷簡、樞密使張耆、參知政事陳堯佐、晏殊和趙稹以及樞密副使夏竦、范雍全部被罷免。

其他幾位宰輔被免還可以說在預料之中。皇帝親政，必定要有一些新氣象。但是呂夷簡也被免職，實在是出人意料。

呂夷簡是首相。在原有的宰執大臣中，仁宗最信任他。仁宗甚至與呂夷簡商定，張耆、夏竦等人都是劉太后所親信任用的，要全部罷去。但是就在商定此事後的當晚，仁宗在與皇后閒聊時，無意中提到了這一決定。皇后多嘴，對仁宗說道：「呂夷簡不也是太后的人嗎？只不過多機巧、善應變而已。」第二天，呂夷簡帶領朝臣們聽旨。在罷免的宰執名單中，呂夷簡突然聽到了自己的名字。他大驚失色，不知何故。直到赴地方任職多日後，他暗中結交多年的閻文應才幫他打聽到是皇后搗的亂。

仁宗今年遭遇的第三次後宮風暴已經在醞釀之中了。

范仲淹在這樣一個時期回到了京城。仁宗任命他為右司諫。右司諫是諫官，可以就任何事情向皇帝進諫、規勸。范仲淹一上任，就連連上言。

他先上了一道奏章，反對冊命楊太妃為太后。他說：「一位太后剛去世，又立一位太后，難道皇帝一天也離不開太后嗎？」仁宗部分採納了他的意見，楊氏太后的身分不變，但取消了冊命儀式。

第二道奏章是建議不要對已故的劉太后說三道四。劉太后在世時，有些人什麼也不敢說；劉太后一去世，他們就一概否定劉太后主政時期的所作所為。范仲淹對仁宗說道：「太后受先帝遺命，保佑陛下十幾年，應當掩小過而全大德。」仁宗深以為然，詔令百官不得妄加評論。

六月中旬，江淮一帶遭受水災。范仲淹上書建議朝廷派遣官員安撫、賑災，但幾天過去不見批覆。於是范仲淹在一次早朝時問仁宗：「陛下如果半天不吃飯會當如何？如今東南幾路災民都在盼望朝廷賑濟，怎麼能置之不理？」仁宗連忙讓中書省擬旨，直接派范仲淹巡行江淮。

賑災回來，范仲淹向仁宗進呈了一種食物。這種食物是野燕麥，民間稱為烏昧草，味極苦澀，難以消化，百姓只有在糧食窮盡的時候不得已才拿它當飯吃，而這次受災的許多災民都以此為食。范仲淹建議仁宗將烏昧草分送后妃和皇親國戚，讓他們嘗嘗，也知道點民間疾苦，收斂些奢侈之心。仁宗也一一接受。

十月，前宰相呂夷簡也回來了。自半年前將他罷免後，仁宗任命自己當太子時的兩位舊臣張士遜和李迪擔任宰相。張士遜任首相，無所建樹，還常常阻撓對一些人才的任用，仁宗對他不滿，因此想念起能幹的呂夷簡。於是，仁宗將張士遜罷免，將呂夷簡召回。

這時，一個偶然發生的事件，被策劃成一個陰謀，在宮廷颳起了又一場風暴，也把范仲淹深深地捲入了其中。

事情的開始只是一個後宮爭寵的宮闈小事。

仁宗的皇后姓郭，是八年前的天聖二年（一〇二四）冊立的。郭氏的祖父郭崇是太祖朝立過大功的名將，母親是太宗明德皇后的姐姐，家世顯赫，但自真宗朝開始，郭家沒有出過什麼大官，漸至衰微。

立郭氏為后是垂簾聽政的劉太后作主的。她說：「皇后出於衰舊之門，可以避免今後外戚干政。」此話有一定道理，但也不能一概而論。仁宗後來的皇后曹氏出身更為顯赫，立后之時她的幾位叔伯都是當世名將，而她本人卻十分賢慧，后族也極謹約自守。

如果讓仁宗自己決定的話，他希望立張美人為后而不是郭氏。但他不敢違抗太后之命。因此當劉太后在世時，仁宗基本專情於郭氏，與其他的妃嬪美人極少接觸。

今年三月劉太后去世後，仁宗沒有了約束。在繁忙的政事之餘，他開始與自己喜歡的女人盡情享受著愛的歡樂。而此時他最為寵愛的，是美人尚氏和楊氏。而郭皇后自然因此受到冷落。

以往有太后的喜愛，加上顯赫的家世，郭氏在宮中頗為任性，甚至有些跋扈。如今受到冷落，郭皇后心中自然有些怨恨，總想找到一兩個機會出出氣。一天，皇后打聽得皇帝正在尚美人處，於是趕了過去。也怪這尚氏，仗著皇帝的寵愛，有些忘乎所以，對皇后禮儀不周。皇后抓住把柄指責尚氏，而尚氏居然還與皇后爭執。皇后極為憤怒，揚起秀掌扇向美人。美人一偏頭，正好趕上仁宗上前勸解，於是皇后的一掌扇到了皇帝的脖子上。女人爭鋒，都是連抓帶撓。皇后這一掌下去，仁宗的脖子當即留下指痕。皇后再強悍，當時也嚇得跪在地下，花容失色、語無倫次。仁宗一語不發，轉身回宮。

閻文應跟在仁宗後頭，瞅準機會說了一句話：「陛下何不在明天讓執政大臣們看看皇后的指痕？」閻文應就是那位與宰相呂夷簡交好、幫呂夷簡打聽到半年前被免職幕後原因的宦官，時任入內內侍省副都知。入內內侍省負責皇帝最私密的生活，閻文應是副總管。

仁宗對皇后的不滿已非一日兩日。一遇到皇后悍妒發作時，他就心生廢后之意。閻文應的話點醒了他。

第二天一早，仁宗召見宰執大臣和近臣。他十分委屈地向他們展示了脖子上的指痕。宰執大臣們沒有提出什麼意見，絕大多數人把這種事看作簡單的後宮爭寵的家事。誰家沒有夫妻爭吵的時候呢？

見無反應，三司使范諷挺身而出，提議皇帝廢黜皇后。廢后理由不僅是皇后悍妒、無禮犯上，還加上了一條：皇后無子。結婚近九年了，皇后沒有為皇帝生下一個孩子。三司使是地位僅次於宰執大臣的重臣，獨立於宰執大臣掌管全國的財政收支。范諷還兼任侍從官，他既是重臣也是近臣。

皇帝與皇后的爭吵拌嘴是家事，可是皇后的冊立和廢黜是國家大事。於公而言，廢黜皇后往往同皇位爭奪、權臣謀逆、外戚干政、宦官謀亂等嚴重危害國家穩定的問題相牽連，不可輕言此事。於私而言，作為臣子，讓皇帝廢黜皇后，無論如何都有些心懷不軌的企圖或大逆不道的意味。多數時候，這種提議具有相當大的風險。皇帝可能會勃然大怒，責以重罪，百官中任何一個人也都可以彈劾他。

范諷同郭皇后沒有恩怨。他提議廢后，是想幫宰相呂夷簡的忙。

范諷為什麼要幫忙呂夷簡？

范諷是個亦正亦邪的人物。他能力極強，在地方任職期間曾濟貧扶弱、整治不法，深受百姓好評。可是幾年前，他為了到朝廷任職，卻夤緣討好宦官張懷德。張懷德是劉太后的親信，他曾經幫過幾個人的忙，這些人在歷史上都是相當著名的，其中有向真宗進讒言陷害大宋功臣寇準的王欽若，有半年前被仁宗免職的原樞密副使夏竦。在張懷德的推薦下，劉太后重用了范諷，讓他擔任御史臺的長官御史中丞。范諷在御史中丞任上，卻又表現得公正直言，連連彈劾了劉太后的幾個姻親。劉太后去世後，范諷升任三司使，成為僅次於宰執的重臣，但他自視頗高，一心想進入兩府。如果呂夷簡能向仁宗推薦他，進入兩府就是水到渠成的事。可惜天算不如人算，強中更有強中手。呂夷簡利用了范諷的這個弱點為自己辦成了幾件大事，但後來也因忌諱他而將他排擠出京城，終老他鄉。當然這是後話了。

范諷提議廢后，讓皇宮爭寵的家事發展成了國家大事，宰執們無法迴避。呂夷簡自然而然地附和了這個建議。

但是，仁宗還在猶豫。畢竟廢后是國家大事，雖然符合自己的心意，但於理不足，於情也尚有不忍。

當斷不斷之時，廢后之議在一些朝臣中流傳開來。

范仲淹也聽說了。他覺得不可思議。這麼一點小事，怎麼就發展到廢黜皇后的地步？范仲淹上書仁宗，勸諫他不可廢后：「希望陛下立即消除此念，以免天下人心惶惶！」

但是，決策層已經達成了一致意見。

十二月二十三日，廢后詔書下達。詔書稱：「皇后因為沒有生育皇子而自願入道觀修行，因此特封其為淨妃、玉京沖妙仙師，移居在長寧宮修養。」

這天恰逢大寒節氣，詔書的下達似乎要印證這個時節的寒冷風暴。風暴僅僅是開始。朝中兩大監察系統的臺諫官員即御史臺官和諫官，當日立即紛紛呈上章疏，要求仁宗收回詔書，不要廢后。

但是，他們的章疏無法送到仁宗面前。所有的上書管道，無論是皇宮的閤門還是進奏院、登聞院、理檢院、通進銀臺司等，全部拒收臺諫官的章疏。宰相呂夷簡已經提前下令各部門不得接受臺諫官員們的奏疏。

臺諫官員上書無門，在本朝史無前例。這種情況，歷史上只有在皇帝昏庸無能或荒淫無道的朝代才可能出現。於是，臺諫官員們決定集體進宮進諫。諫官以范仲淹為首，臺官以御史臺的長官御史中丞孔道輔為首，孔道輔是孔子的嫡傳後代。

他們來到垂拱殿門外，跪伏在地上，請求皇帝接見。守門侍衛見狀急忙關閉殿門。孔道輔怒不可遏，起身上前，抓住門上銅環盡力叩門，高聲喊道：「皇后被廢，是國家大事，陛下為何不聽臺諫一言？」叩門的咣咣之聲響震威嚴的皇宮，門外衛士無不張惶失色。

門內，急促的腳步聲由遠而近。大門打開，一個內侍站立門前高聲宣諭仁宗口詔：「皇后當廢。至於理由，卿等可到中書省，請宰相向卿等詳論。」

在中書省宰相的政事堂內，宰執們早已接到皇帝旨意。遠遠見到臺諫官們到來，首相呂夷簡和次相李迪已經迎在門前。臺諫官與宰執大臣展開了激辯。

孔道輔大聲質問：「帝、后對於我們人臣猶如父母。父母不和，應當勸解，怎麼能順從父親廢黜母親？」

李迪生性寬厚，他答道：「皇后無子，為社稷著想，應當讓位。」

臺諫官們一片譁然：「帝、后正年輕，今日無子，等於今後也無子嗎？」

李迪張口結舌，不知如何應對。

呂夷簡在一旁徐徐說道：「廢后之事，古已有之，諸公不必如此紛爭。」

范仲淹接過來說道：「相公所言古已有之，想必不是指那些昏君廢后之事。古往今來，可稱為明君且又曾廢后的，也只有漢光武帝了。」相公是那時對宰相的尊稱。

「正如司諫所言。」呂夷簡答道，他正是此意。

「光武帝神文聖武，開創盛世，確實是有道明君。然而光武帝廢黜皇后卻非明君之德，而是昏君之舉。相公豈能將古時明君曾經做出的昏庸之舉，拿來讓皇帝效仿？」范仲淹的這一番道理出乎呂夷簡意料，他也無言以對。

臺諫官們又開始群情激昂。其中一位衝呂夷簡喊道：「相公勸皇帝廢后，可是藉機發洩私憤？」

呂夷簡滿面羞慚，衝臺諫官們拱拱手：「諸公，廢后本是皇帝之意。諸公所論有理，請明天一早上朝陳述吧。」

聽了此言，臺諫官們一哄而散。

其實呂夷簡使的是緩兵之計。臺諫官們剛剛離去，呂夷簡隨即進宮面見皇帝。仁宗一聽呂夷簡說明天上朝時臺諫官們還要糾纏此事，就有些惶恐不安。但是，呂夷簡自有辦法。

次日一早，半月還掛在天空一角的時候，范仲淹、孔道輔已經來到待漏院等待上朝。時間還早，待漏院裡還沒有多少官員。一個內侍突然出現，宣讀詔書：孔道輔出知泰州，范仲淹出知睦州，其餘參與進諫的臺諫官各罰銅二十斤。

范仲淹和孔道輔只得各自返家。還未到家門，就看到有官人在門外等候。他們奉宰相之令，立即押解范仲淹和孔道輔離京上任。二人一日不離京，皇帝和宰相一日不安心。其實從解決麻煩的角度看，呂夷簡為仁宗出的這個主意是最正確的。

或許是出於內疚，或許是於心不忍，范仲淹和孔道輔雖然被貶出京城，但他們的朝廷職務並沒有撤銷。范仲淹是帶著右司諫的身分赴任的。

范仲淹和孔道輔走了，臺諫官們還在繼續抗爭。

侍御史楊偕請求與范仲淹、孔道輔一起貶黜。這顯然是向皇帝挑釁，但仁宗不予置理。殿中侍御史段少連接連遞進兩個奏疏：「陛下因皇后的一點小過錯就將她廢黜，那麼臣僚之妻如果也有小過錯，是否就可以把她貶降為妾呢？如果僅僅因為後宮爭寵就廢黜皇后，史書將如何評價陛下？子孫將如何議論此事？」仁宗依然不予置理。

仁宗的忍耐終於換來了風煙的消散。所有的既成事實都無法挽回，仁宗取得了最後的勝利。其實勝利者並不只是他一個。

范仲淹和孔道輔被貶出京時，楊偕、郭勸、蔣堂、段少連等臺諫官員聞訊趕來送行。他們送給兩次遭貶的范仲淹一句話：「范公此行尤光！」意思是，范公這一去，更為榮光啊！

4

嚴子陵釣臺是個啟人心智的地方。

蒼翠的杉松，清冷的飛瀑，接天的霧海，雨潤的青山，寧靜間不時響起數聲鳥鳴，幽深處喜聞幾聲人語，讓世人有幡然而醒的感覺。仰觀宇宙，俯察萬物，前瞻古人，後望來者，誰是這個世界真正的主宰？只有寂靜萬年的山林水霧在默看雲卷雲舒。

「子陵先生淡泊名利，似乎也只有如此清雅靈秀之地能與先生的瀟灑相配了。」章岷在一旁說道。

章岷是睦州司戶參軍，負責民政事務。范仲淹雖然到睦州不足兩個月，但章岷的文才、幹練和直言不諱的坦誠讓他十分欣賞。

范仲淹深表贊同：「所謂人傑地靈，人因地而傑，地因人而靈。我等心無先生之高雅，身有官場之羈絆，難以像先生那樣山水寄情、漁耕傳家。如果將來老邁之時能夠在此頤養天年，與一二知己圍爐消酒、詩書伴雨，則此生足矣！」

章岷笑道：「范公也有如此清心。」

范仲淹也是呵呵一笑：「此心早已有之。大中祥符初，仲淹遊學陝西，到了鄠縣，與才子王鎬和周、屈兩位道長相識。我四人常常同遊於長安的鄠、杜一帶，嘯傲於山林之間。談古今，論賢哲，倚高松，聽長笛。閒觀周道士書篆，或與屈道士論《易》。一天晚上，我等四人聚會於圭峰山下的王家別墅，開樽暢飲、談笑正酣之時，遠處忽然傳來一縷笛聲，蕩滌神志。走出戶外，只見明月之下，萬籟俱寂；山姿秀整，雲意閒暇；紫翠萬疊，橫絕天表。清揚悠遠的笛聲依山而走，上拂霄漢，下滿林壑，如清風自發，似長煙自生。我四人回身相望，只見天地人物渾然一體，灑然於蒼穹之中。那時的心境，仲淹至今難忘。」

章岷聽得呆了，許久才道：「如此意境，真令章岷嚮往！不知吹笛者何人？」

「一介既老且貧之書生。每當月華高照之夜，他都要操長笛吹上數曲，四十餘年來從不間斷。」

「窮困不減其樂，真高人也！」章岷由衷讚歎。

沉默片刻，章岷環顧雜草叢生的高臺，歎道：「子陵先生當年漁樵耕讀，當有些土屋茅棚，如今蹤跡皆無，令人歎息！」

范仲淹點了點頭：「先賢事蹟自有文章流傳千古，但是如果有一點遺跡殘留，也勝過文章百篇。我意在此建一祠堂，宣揚先生之德，以供世人瞻仰。」

章岷連聲贊同：「甚好！甚好！」

范仲淹接著說道：「建祠諸事，還請伯鎮仁兄承擔。」伯鎮是章岷的字。

「那是自然，范公放心。」

一縷炊煙自江對岸升起，吸引了二人的目光，打斷了他們的談話。在輕濛的林霧之中，青色的炊煙嫋嫋，閒散中透著孤傲。章岷笑道：「富春的靈秀能點化萬物啊，連此間的炊煙似乎也有些仙氣。」

范仲淹凝視片刻，說道：「此處炊煙確實有些與眾不同。你我同過對岸去尋訪一番，如何？」

章岷自然願意。

一個槿籬環繞的農家院子，坐落在參天大樹之間。主人是一位鶴髮老者，卻不像是普通農夫，應當說肯定不是農夫。農夫之家不會有書童陪伴，更不會有滿屋的翰墨之香。

書房的牆上有一幅畫。畫中一江橫流，峰巒疊翠，雲山煙樹，沙汀村舍，江山浩渺，意境深遠，一看就知這幅《雲山村舍圖》的作者不是凡人。

果然，題款落的是林逋。

林逋是真宗和仁宗朝著名的隱士。自宋初至此時，有名的隱士高人不下數十人，但最著名的只有三個：一個是華山老祖陳摶，一個是陝西終南山的种放，還有一個就是杭州的林逋。

林逋滿腹學問，精通經史百家，卻恬淡自傲，甘於清貧。他在杭州西湖的小孤山結廬而居二十餘年，多次拒絕朝廷的徵召，布衣一生。林逋終身未娶，自稱以梅為妻，以鶴為子。平時，他駕一小舟遍遊西湖諸寺廟，與高僧詩友相往還。如有客人來訪，守門童子便放飛白鶴，他見鶴即棹舟歸來。林逋名動天下，縉紳士子無不希望與他交往。尊貴之人是想借重他的名聲，寒窗之士是想得到他的教誨。

范仲淹與林逋是忘年之交。范仲淹之於林逋是後進晚生，因此他在遊學期間以及初入仕宦時多次拜謁造訪，而林逋與他也多有詩詞相寄贈。

六年前的天聖六年，林逋病逝。仁宗皇帝聽到他去逝的消息，歎息不已，下詔賜謚林逋「和靖先生」。賜封謚號，是皇帝對去世的國家大臣和重要人士的禮遇。

隱士是隱居之人，但只有那些有真正學識而又甘於清貧在野的隱居之人才能稱為隱士。沒有學識而隱居的，只能稱為農夫；有學識但又不甘於在野而一時隱居的，是沽名釣譽。隱士以其淡泊之心，能夠潔身自好，不隨波逐流；隱士又以其置身事外的心態，冷靜而敏銳地看待世事，因此往往能夠在動盪中看到希望，在繁華下發現隱憂。古時的隱士多隱於山野，獨處獨樂，如東漢的嚴子陵。而宋朝的隱士則多隱於市間，與世俗往來不絕，但又能夠保持自己獨立的人格。真正的隱士是哲人，是智者。但是，換個角度看，胸有大志卻寄情山水，滿腹才華又只願與沙鷗伴遊，這既是隱士之高，也是隱士之悲。但是對於讀書人而言，隱士的身上閃耀著道德與智慧的光芒，他們十分願意也十分期盼能夠接近它，更希望能夠分享它。因此，尋訪隱士成為文人精神追求的一種現象和方式。雖然歷史沒有留下多少關於此類故事的生動細節，但是這並不妨礙我們做一些符合其內涵的遐想。

能在這深山密林間看到林逋的畫，范仲淹感到十分親切，但同時也認定這家的主人必定不同一般。

畫上，在林逋的題款旁，另有一首題詞：「何處閒雲一片，飛落林間戲雁。夢裡有江山，在此間。我有如脂圭玉，不敢棄之襤褸。誰與置扁舟，伴鷗遊。」

這首詞的詞牌是《昭君怨》，落款題的是：崔暢題君復先生《雲山村舍圖》。君復是林逋的字。

如果范仲淹身處的這個農家小院的主人就是此畫的主人，那麼他應當就是題詞中自稱的崔暢了。

范仲淹知道和靖先生林逋曾有一位名為崔暢的好友，林逋對他十分推崇，曾有《贈崔少微》一詩讚他道：「賢才負聖朝，終日掩衡茅。尚靜師高道，甘貧絕俗交。」少微是崔暢的字。

也就是說，此間的主人，就是和靖先生的好友崔少微了。

不經意間尋訪的人竟然是崔少微先生，范仲淹喜出望外。

幾截圓木作凳，一杯白水清心，崔少微與范仲淹在院中暢談起來，章岷在一旁恭聽。

「和靖先生曾有詩讚希文是『馬卿才大常能賦，梅福官卑數上書』。希文雖然因諫兩次遭貶，卻讓天下士人敬佩啊！」

希文是范仲淹的字。七年前林和靖贈范仲淹的詩中，以西漢才子司馬相如比喻范仲淹之才，以西漢名士梅福比喻范仲淹官卑不忘憂國之志。

「先生謬獎了。仲淹出身孤貧，迂腐多昧，只知以古人為師，以古道為本，對君盡忠，於己立誠。因此常常不識時務，冒犯天威，屢遭譴責。然而心中坦然，故此無所悔改。」

崔少微點了點頭：「聖朝有諫聲，有諫聲才是聖朝。」

范仲淹道：「誠如所言。沒有哪個朝代是因為諫聲不斷而滅亡。細究起來，朝代的滅亡反倒是因為沒有了諫聲。人人附和，日日讚歌，是會斷送國家前程的。」

崔少微十分贊同：「有人說犯顏直諫不是太平盛世所應當有的，殊不知正是因為人臣有直諫之心，君主有包容之量，方能造就太平盛世。希文之舉，是我大宋之福。」

范仲淹忙道：「仲淹所為，都是為人臣子所應當做的。如果說大宋有福，我朝自太祖以來，歷經太宗、真宗二朝直至當今皇帝，無不寬仁大度。仲淹此次與諸位臺諫同僚犯闕進諫，宮外喧譁、廷上紛爭，皇帝卻未加重責，如此胸懷，才是我大宋之福！」

范仲淹此言發自肺腑。

向君主進諫，歷來是高風險的事。自古以來，因向皇帝進諫，甚至只是因為批評、彈劾權臣而被殺的人數不勝數。

夏朝的末代君主夏桀，荒淫無道，築酒池肉林供自己享受。大臣關龍逢向夏桀進諫說：「君王應當講究仁義、愛民節財，如此才能確保國家長治久安。如果揮霍財物、殺人無度，會讓上天降下災禍。」夏桀大怒，將關龍逢囚而殺之，讓關龍逢也因此成為中國歷史上第一個因進諫被殺的諫臣，也讓自己成為夏朝最後一位君主。

商朝末年，商紂王暴虐荒淫。紂王的叔父比干向紂王強諫三日，揮之不去。紂王盛怒之下，將六十三歲的比干剖胸摘心。比干死後，正直的大臣紛紛逃離，眾叛親離的紂王最終在天下諸侯的圍攻下自焚而死，商朝滅亡。

崔少微和范仲淹所讚頌的大宋之福，不是淺薄的歌功頌德。他們不是淺薄之人，他們有充足的理由，臺諫制度就是一個例證。

宋朝的臺諫制度給予臺諫官員們以極大的自由和安全空間，對朝廷的所有政事進行監察和進諫。給予進諫的機會本身並不太珍貴，珍貴的是當權者承認並基本上能夠尊重「言者無罪」這一原則。

因此，宋朝的臺諫官員們是幸運的。宋朝三百一十九年，沒有一個臺諫官員因上書言事被殺。臺諫官員們即便因直言進諫讓皇帝一時不快而受到降職、貶謫的處罰，但絕大多數不久即恢復原職，甚至超升，史書說是「稍加貶謫，旋即超升」。稍加貶謫是皇帝給自己一個下臺的臺階，或者是對確有過錯的言事者一個合理的處罰，而旋即超升則是皇帝對自己的悔過、對直臣的獎賞和對臺諫制度的尊重。

一個有著三百多年歷史的朝代，歷經十八代皇帝，這些皇帝智愚不一，卻沒有殺過一個臺諫官員，這是一個奇蹟，也是一種胸懷。今人凡論宋朝，必稱其積貧積弱，殊不知宋朝在強敵環伺之下，其壽命比唐朝還長三十年，它所倚賴的正是這種胸懷。

宋朝的皇帝不擅殺官員。不擅殺官員，不是說一個官員都不殺。他們殺過少數兵敗辱國的武將，但要殺文臣，皇帝們是慎之又慎。有這麼一個故事證明文臣難殺。

神宗時，宋朝與西夏開戰失利。神宗一怒之下，未與宰執大臣商量，即內批旨意下令處斬一名誤事的轉運使。第二天，宰相奏事，神宗問：「昨日內批處斬一轉運使，此事辦了嗎？」宰相說：「尚未辦理，正想向陛下奏知此事。」神宗不悅道：「此事還有什麼讓人猶豫的嗎？」宰相道：「祖宗以來，從未殺過士人，臣不希望陛下破例。」神宗聽罷，無話可說，沉吟半晌道：「那就刺面後發配邊遠地區吧。」宰相卻道：「那不如殺了他。」神宗糊塗了：「卻是為何？」宰相說：「士可殺，不可辱！」神宗大怒道：「朕身為皇帝，難道一件快意事也做不得？」宰相也抗聲回道：「如此快意事，還是不做為好！」最終，神宗還是沒殺成這個官員。

整個宋朝，只有兩個人被殺可以看作是宋朝的恥辱。這被殺的兩個人，一個是已經身為宰執大臣的樞密副使、名將岳飛，另一個是太學生陳東。岳飛之死，千古奇冤。直至今日，無論是街頭閭巷之鄙夫還是公卿門第之貴人，沒有不為此事歎息的。但是，岳飛畢竟是一個武將，而太學生陳東則是讀書人。太學生不是官員，只是在太學中學習的士子。陳東在士林中威望極高，他反對南宋高宗的投降政策，帶領一批士人甚至平民在皇宮外伏闕上書，要求起用主戰派領袖李綱，懲處投降派，因此被皇帝殺了。

殺岳飛和陳東的皇帝，都是自私自利、偏安一隅的南宋高宗趙構。高宗殺他們的根本原因，都是他們立志恢復被金國佔領的北方故土，想迎回被金國俘虜的宋徽宗和宋欽宗——他們是高宗的父親和兄長。高宗是在他們被俘之後當上皇帝的。因此，如果徽宗和欽宗回來，高宗還能夠繼續當皇帝嗎？高宗寧願讓自己的父兄老死異域，也不能讓他們回來與自己爭權。過於迷戀權位，往往會讓人喪失理智。

但是瑕不掩瑜，昏庸的宋高宗不能障蔽大宋的清明。大宋三百多年，其胸懷是博大的。當然，僅靠皇帝自覺的胸懷是不夠的，這種胸懷需要制度的保證。

宋朝有太多超越時代之處，其中之一，就是它確實有一條讓歷代宋朝皇帝不敢逾越的制度，這就是「誓不殺士大夫及上書言事者」，不殺讀書人，不殺上書議論國事者。

「誓不殺士大夫及上書言事者」起初只是一個傳言，因為當世之人誰也沒有見過這個規矩的出處。後來，北方的金國入侵大宋，殺進京城開封大肆擄掠，所有皇家禁地都如同荒野之地不再有任何秘密，於是有好事者在皇家的太廟中見到了一塊高八尺餘、寬約四尺的石碑，上書三行誓詞：其一，柴氏子孫有罪不得加刑，縱犯謀逆，止於獄中賜自盡，不得市曹行戮，亦不得連坐支屬；其二，不得殺士大夫及上書言事者；其三，子孫有渝此誓者，天必殛之。

第一句話，是優待後周世宗柴榮的後代。如果他們犯有重罪，可免於重刑和羞辱，這或許是民間關於柴氏後代有鐵券丹書免死牌之類傳說的由來。第二句話，授予了讀書人議政的自由。第三句話，是對不遵守前兩條規矩的後世皇帝們的詛咒。

這塊石碑的建立者是宋朝的開國之君——太祖趙匡胤。太廟是皇家的家廟，裡面供奉著皇家的先祖們。崇拜先祖，是中國人神聖的禮儀；太廟，是每一位皇帝心中的聖殿。將這塊石碑立於太廟，表明了它及它上面所鐫刻文字有至高無上的地位。宋朝歷代皇帝在登基之初，都要到太廟閱讀並牢記這塊石碑上所立的規矩，包括「誓不殺士大夫及上書言事者」，它們都是「祖宗之法」。

因為這個「祖宗之法」，宋朝的皇帝們在相當程度上有了自我約束的內因和外因，使得他們同其他朝代相比少了許多荒唐之舉。

自我約束首先是從太祖做起的。講兩個與太祖有關的著名的事例。

某一天，太祖理政之餘想散散心，於是在後花園拿著彈弓打麻雀，這時一個官員求見。

內侍告訴官員：皇帝在彈雀散心。

官員告訴內侍：有要事稟告。

太祖聽說有要事，急忙回到殿中，卻發現官員請示的只是一般小事。

太祖滿臉不快，問道：「此等小事能說是要事嗎？」

官員答道：「總比彈雀重要。」

太祖大怒。他本是行伍出身，豪氣未減，操起桌上拂塵，用拂塵的玉柄打去，打掉了官員的兩顆牙。

官員默默地俯下身子，拾起落牙揣進懷裡。

太祖見狀，愈加憤怒，罵道：「你藏著落牙，難道想去哪兒告我嗎？」

官員答道：「臣無處告陛下，但自有史官記下此事。」

太祖一聽，嚇了一跳，連忙起身，堆起笑臉對官員好言哄勸，並贈給金帛作為補償。

另一次，太祖下朝後悶悶不樂。身邊的宦官問道：「官家為何不樂？」「官家」是那時對皇帝的稱呼之一。

太祖歎了一口氣，道：「皇帝不好當啊。我今天一時高興下了一道旨意，現在回想起來，頗有不當之處，所以心中後悔不已。」

有史以來，華夏大地朝代無數，只有宋朝的皇帝們給自己立了「誓不殺士大夫及上書言事者」的規矩並始終不渝地遵守著，這是一個標誌，標誌著宋朝的政治清明超越此前任何一個時代。

僅憑這一點，就應當把宋太祖趙匡胤列於中華民族偉大人物之林。

5

趙匡胤完全有資格被視為中華民族的偉大人物。

趙匡胤建立的宋朝，延續了三百一十九年。大凡能夠傳承幾百年的朝代，都是因為建國者吸取了前代覆亡的教訓，革除弊端，廣開言路，為子孫後代打下了一個堅實的基礎。而那些倏忽而逝的短命朝代，都是因為建國者因循守舊、漠視民生、不聽諍言，最終導致滅亡。當然，也有些朝代是開國君主英明，但因為繼承者昏庸至極而自取滅亡，如隋朝。

宋朝之前的五代十國，經歷了五十多年的戰亂。自唐哀帝天祐四年（九〇七）唐朝覆亡到宋太祖建隆元年（九六〇）大宋建立，短短五十多年間，中國歷經了後梁、後唐、後晉、後漢、後周五個短命的王朝，這就是五代。五代都自稱是中原正朔。什麼是中原正朔？是承自堯、舜、禹，歷經夏、商、周，直至秦皇、漢武、唐宗的真命天子，是中國傳統道德文化的正宗繼承者。與五代同時，在中國的南北方先後並立著十個小王國。這些小王國為求自安，多數承認北方五代是中原正朔。簡言之，五代君主們自稱是皇帝，而十國中的多數也承認他們是皇帝並自貶為國主。五代十國期間，先後出現十幾個政權、五十餘個皇帝、國主。無論是這些朝代還是這些君主，用曹操的詩形容，都是「譬如朝露，去日苦多」，沒有長命的。

五代十國的君主們基本上是軍閥出身。唐朝後期，各地藩鎮坐大，軍閥林立。這些地方藩鎮的首領亦即節度使，手握重兵，總理本地的軍、民、財大權，相互之間攻城掠地，而朝廷根本無力加以約束。不僅如此，朝廷往往為了財政收入，不得不對他們低聲下氣。到了唐朝末年，朝廷的權威更是幾近於無，於是這些軍閥便公開自立為王。自立為王之後，他們又繼續以一種他們最擅長的方式立國、治國、亡國，那就是戰爭。短短的五十多年，僅大型的戰爭就達二十餘次。戰爭的方式就是殺戮，既殺戮對方的士兵，也殺戮平民百姓。戰爭需要財賦的支撐，財賦來自何處？仍然是出自百姓。因此，那時的百姓，生不如死。

在那個動亂的年代，上有暴君，下有酷吏，人們崇尚的是強權，以為強權之下必有政權，而事實證明這完全是無知的理解。在以中原正朔自居的五個朝代中，存在時間最長的後梁是十七年，最短的後漢只有四年。

就在這個時候，本可以成為另一個軍閥的趙匡胤登上了歷史舞臺。

趙匡胤建立的大宋，繼承了中原五代中第五個朝代後周的政治遺產。後周的創立者郭威本身就是一個軍閥，只不過他是一個有人情味的軍閥，成為皇帝後又相當親民、開明。

郭威的後周江山，是從後漢手中奪過來的。此前，郭威任後漢的樞密使，是後漢的建立者劉知遠的親信大將。後漢高祖劉知遠在位不到一年即病亡，其子劉承祐繼位，是為隱帝。隱帝多疑，幾個顧命大臣又相互猜忌，於是隱帝殺了父親的幾個舊將。當他密令親信殺害領兵在外的郭威時，事情洩露，於是郭威起兵攻入開封，自立為帝，建立後周。

郭威在位三年去世，諡為太祖。他沒有子嗣，繼位者是他的內侄和養子柴榮，即後周世宗。世宗雄姿英發、年輕有為，為政、領軍均有遠見卓識，有一統江山、開創盛世的氣魄和能力。世宗登基後曾經感歎說：「我若能在位三十年，定用十年一統江山，十年休養生息，十年致天下太平。」可惜英雄無奈，這位被視為五代時期最有作為的明君在位僅五年即因病去世，年僅三十八歲。

雖然早逝，但世宗的雄才大略有人繼承，這個繼承者就是趙匡胤。

趙匡胤的生性注定他就是一個英雄。

民間曾經有一個流傳很廣的故事，叫作「千里送京娘」。故事中的趙匡胤還未騰達時，年少氣盛、行俠仗義，他在山西偶遇一位被人欺負的姑娘京娘，拔刀相助，並不遠千里送京娘回家。

還有一個故事，它並不完全是民間傳說。太祖登基後，有一次大宴群臣，席間翰林學士王著乘醉喧譁。王著在後周世宗時就擔任學士。太祖見了，讓人扶他出去，可是王著借著酒興賴著不走，倚著屏風掩袂痛哭。第二天，有人奏稱：「王著昨夜痛哭，是思念世宗，應當治罪。」太祖道：「王著酒徒而已，從前在世宗幕府時我就知道。何況他一介書生，為世宗哭那麼一兩回，又能怎麼樣？」還是不予置理。

還是在趙匡胤登基後，吳越國王錢俶來到開封朝見他。太祖宴請錢俶，並請了宮內歌伎伴舞。錢俶思念江南，又恐太祖將自己扣住不放甚至趁機滅了吳越國，就在席間和著琵琶聲吟唱了一首詞：「金鳳欲飛遭掣搦，情脈脈，行即玉樓雲雨隔。」太祖雖是行武出身，卻明白錢俶之意。他起身撫著錢俶的背道：「朕誓不殺錢王！」隨後不久送錢俶回國。臨行前，錢俶表示願意納土為臣，太祖送錢俶一句話：「盡我一世，盡汝一世。」他並不隱諱吞併吳越之意，而且他隨時都可以拿下吳越，但他要做個既快意又仗義的英雄，因此他告訴錢俶：在他們二人在世時不會打吳越國的主意。

這麼一個英雄，為世宗所知遇，本來是世宗的幸運。世宗在世時，趙匡胤對世宗的忠誠也是毋庸置疑的。世宗的早逝，打亂了歷史的進程，給了趙匡胤書寫新歷史的機會。

世宗去世一年後，發生了陳橋兵變，趙匡胤在手下將士的擁戴下，接過了八歲的後周恭帝被迫讓出的皇位，建立了大宋。陳橋兵變，可以看作是一個陰謀，對於後周是一個不幸，但是，對於歷史而言卻是一個巨大的進步，對於百姓更是一個幸運。

陳橋兵變的過程，體現了趙匡胤的與眾不同，確切地說是他與五代十國的開國君主們的不同。

後周顯德七年（九六〇）正月初四，在京城開封城北二十多里的小驛站陳橋，將士們簇擁著趙匡胤，強行讓他穿上皇帝才能穿的黃袍，使他被迫當了皇帝，至少看起來是被迫的。這就是「黃袍加身」典故的由來。

既然像是被迫當皇帝，趙匡胤在接受擁戴之前提了幾個條件：「第一，少帝及太后都曾是我的主人，不可凌辱；第二，朝中公卿大臣都是我的比肩同事，不得施暴；第三，朝廷府庫和官民之家，不可掠奪。如果你們能遵守此約，都有獎賞。如果違令，就將違者滅族。」

將士們心甘情願接受了這些條件。

每一次的朝代更替，無不是在血雨腥風中進行的。漢、唐建立的歷史自不必說，就說眼前的五代，朱溫建立後梁的過程中，殺了唐昭宗和唐哀帝兩個皇帝；後唐李存勖滅後梁時，是經過無數次血戰，最後逼死了後梁末帝；後晉的石敬瑭引契丹入室，逼後唐閔帝自殺。後晉少帝決定擺脫對契丹的依附，被契丹所滅，但契丹又無力長期佔據中原，於是後漢劉知遠趁機稱帝建國，算是沒有什麼殺戮。接著是後周太祖郭威起兵反漢，殺了隱帝，又刺殺了準備登基的劉贇。

五代的每一個開國君主第一次進入開封時，從來都是縱容將士在城內搶掠數日，以此作為對手下的獎賞，號為「夯市」，即便是親民如後周太祖郭威者亦是如此。

但趙匡胤沒有效仿他們，所以他沒有讓「五代」變為「六代」，而是以和平繁盛的大宋終結了動亂的五代。

趙匡胤的偉大創舉還有很多。

盛世唐朝最終滅亡，是亡於擁兵自重的藩鎮，藩鎮的主宰者是節度使。這些藩鎮掌握當地的政權、兵權、財權，他們的軍隊只聽命於節度使而不是朝廷。

大宋建立後的一天，太祖同宰相趙普聊天。

太祖問道：「自唐末以來，幾十年間帝王更替不斷，戰爭不息、生靈塗炭，是何緣故？為國家長久之計考慮，我想息天下之兵，有什麼辦法？」

趙普答道：「五代問題的根源是地方的藩鎮強大，君弱臣強。解決藩鎮強大問題也不難，削奪其權，制其財賦，收其精兵，如此天下自然安定。」

太祖即時醒悟，道：「我明白了，你不必張揚。」

太祖首先解決藩鎮兵權過重問題。他採取了兩個步驟。

第一步，就是史上著名的「杯酒釋兵權」。

太祖宴請了幾位手握重兵的大將。他們是石守信、高懷德、王審琦等太祖最親信的舊將，這些人不僅在太祖登基的陳橋兵變中發揮了重要作用，還領兵平定了大宋立國時後周舊臣的幾次叛亂，功勳卓著。手握重兵，不僅是因為他們的職務高、領兵多，更重要的是他們的兵基本上只聽他們的，就如太祖登基前他們只聽太祖的。

酒酣之時，太祖摒退左右，歎口氣道：「若非你們之力，我也當不了這皇帝。但你們不知道當皇帝太艱難，還不如當個節度使。我現在是朝夕不敢安眠啊！」

石守信等忙問何故，太祖道：「道理其實很簡單。這個位子誰不想坐？」

這幾個人一聽此言，心中惶恐，離坐頓首道：「陛下為何這麼說？如今天命已定，誰還敢有異心？」

太祖道：「不見得。你們雖然沒有異心，但如果你們麾下之人貪圖富貴，就像當初你們以黃袍強加於我一樣，也強逼你們黃袍加身，你們雖然也不想接受，可是不接受行嗎？」

石守信等人大驚失色，淚如雨下道：「臣等愚昧，沒想到這些，請陛下哀憐，指條生路！」

太祖趁勢說道：「人生如白駒過隙，你們不如卸去兵權，出守大藩，多買田產，多生兒女，日日飲酒相歡以終天年。我再和你們結為姻親，這樣君臣之間兩無猜疑，上下相安，豈不是好事？」

石守信等人拜謝而退，次日即上表稱病，請求罷去兵權。太祖如約將他們一一妥加安頓，與他們結為姻親，既保護了功臣，又消除了藩鎮割據的隱患。

歷朝歷代的開國皇帝中，沒有濫殺功臣的只有兩個，一個是東漢光武帝劉秀，一個就是宋太祖趙匡胤。若看長遠的影響，趙匡胤更值得稱道。

杯酒釋兵權只是一個開始。趙匡胤解決軍隊問題的第二步是讓文人掌兵。

文人掌兵，體現在兩個方面。第一，文人執掌最高兵權。整個宋朝三百多年間，在朝廷的最高軍事機構樞密院擔任樞密使、副使的，絕大多數時候是文人。第二，文人為帥。各地駐軍的最高領導人是知府、知州、知軍、知監，擔任這些職務的基本上是文人，武人基本上只可為將。戰爭時期，領兵的主帥也多有文人，武將負責衝鋒陷陣。

今人看待宋史，總認為武將受制於文臣是不重軍事，而不重軍事又是大宋積貧積弱的重要原因。殊不知，軍事的強弱，與文臣掌兵還是武臣掌兵並沒有直接的關係。自古以來的軍事家如孫武、孫臏、曹操、諸葛亮，有幾個是行伍出身、親自上陣的？

解決了軍隊的威脅之後，趙匡胤著手解決藩鎮權力過大問題。他實行了中央派出制度。各地原來握有重權的節度使不再管理民政。所有的州、縣以及與其級別相當的地方政府機構的主要官員，都由中央直接派出管理民政。開始時，中央還客氣些，這些官員在州任長官的，稱為權知州事，即暫時主持一州的事務。後來節度使完全被架空後，這些官員乾脆就稱為知州事，不再暫時了。在宋朝以前，州的長官或稱太守，或稱州牧。自宋以後，稱為知州。同樣，州下屬的縣，長官稱為知縣，而宋之前稱為縣令、縣宰。這不是名稱的簡單不同，而是標誌著中央集權的加強。須知，至少在漫長的歷史時期，中央集權意味著政治的進步和民生的保障。

至此，趙匡胤收回藩鎮的最後一個權力——財權，成為水到渠成的事。他在中央設置了財政機構三司衙門。三司，指的是鹽鐵、戶、度支三部。鹽鐵部和戶部負責徵收天下之稅，度支部負責財政支出。三司事宜由其長官三司使主管，三司使的職權獨立於中書門下的相權和樞密院的兵權之外。在地方，則在州之上設置路級機構，任命各路的轉運使負責本路各州財稅的轉運。

趙匡胤在宋朝初年實施的一系列改革，意義巨大。自宋朝開始往後一直到中華民國建立的一千多年間，幾乎沒有發生軍閥擁兵自重、要脅中央、分裂國家的情況。當然，今人所知的現代民國初年是個例外。歷史上文明倒退之事還是時有存在的。

趙匡胤的這些創舉，早已化作歷史的煙塵，不知飄散在何處，不為今人所知。但是，如果今人還願意懷著崇敬之心以古人為師的話，一定能夠發現古人的胸懷在某些方面遠勝於今人。我們可以看看宋朝的另一個光明之處。

宋朝的官場腐敗是中國所有朝代中最輕微的。中國歷史上腐敗無所不在，大宋也不可能是一塊淨土，但宋朝始終沒有讓腐敗成為蛀爛官場和敗壞社會風氣的威脅。無論是官方史書還是民間傳說，控訴宋朝腐敗、貪官遍地的記載和言論遠較其他朝代為少。為什麼？

因為宋朝有一套由趙匡胤建立，歷經太宗、真宗、仁宗幾朝完善的監察制度。

這套監察制度有什麼高明之處，能讓官場腐敗幾無生存空間？

因為監察無所不在。宋朝有完善的專職監察系統。

諫官負責向皇帝進諫，御史臺負責監察包括宰執大臣在內的朝中百官，這是中央一級的專職監察系統。實際上，臺諫官既可以向皇帝進諫，也可以監察百官，並無明確的限制。御史臺官員由皇帝直接挑選，或從近臣推薦的人選中挑選任命，宰相無權任命，甚至沒有推薦的權力。當然，後來也出現過宰相推薦御史臺官員的情況，事實證明這種破壞制度的做法會造成惡果。

地方有專職的監察官員。各路轉運使不僅負責本路的財賦轉運，還負責對本路各州、縣官員的監察，因此各地轉運司又稱作監司。

各府、州、軍、監的主官負責本府州軍監的監察，而主官本人則接受副手的監察。如知州的副手是通判，通判別稱「監州」，監督主官是他的首要職責。本州的公文，即使知州簽署了，但如果沒有通判的副署是無效的。

無論是朝中還是地方，上下級之間都可以監察。轉運使監察州縣官的同時，也受朝中臺諫官和地方州縣官的監察，州縣官也是如此。

為什麼一千年前的官員們敢於對上、對下實行監察？

是因為有合理的監察制度，加上已經延續幾千年的道德覺悟造就的獨立人格。

什麼是合理的監察制度？是監察者和被監察者之間相互不受制約。宋朝的路、州、縣官，以及他們的幕僚官員，不存在上級任命下級的權力。所有這些官員都由中央任命。這一制度的合理性並不在於中央把持一切，而在於對這些官員的任命權掌握在他們之外的協力廠商手上，而非簡單的上級任命下級。

如果將宋朝的官員們看作一個整體，將他們同歷朝歷代的官員相比較，可以說他們的獨立人格前無古人、後無來者。類似唐朝第一諫臣魏徵那樣為追求真理、正義、道德、忠誠而對皇帝犯顏直諫，在宋朝比比皆是。

宋太祖趙匡胤曾經想任命大將符彥卿掌握兵權，宰相趙普不同意。趙普認為符彥卿權位已重，不宜再委以兵權，免生後患。符彥卿是後周世宗和宋太祖的親信大將，他有兩位女兒，一位是周世宗的皇后，一位是後來成為大宋第二任皇帝的宋太宗趙光義的皇后。太祖說服不了趙普，即命令樞密院草擬任命公文。公文還未下達，被趙普攔住。他懷揣公文，求見太祖。太祖問道：「你為何苦疑彥卿？我對彥卿至厚，他怎麼可能做對不起我之事？」趙普反問道：「世宗對陛下也是至厚，陛下何以做了對不起世宗的事？」

范仲淹因廢后諫諍風波被貶時，一位低級官員——將作監丞富弼，上疏痛斥仁宗：「陛下縱容私憤藐視公理，是取笑四方；因色欲之心廢黜皇后卻不告宗廟，是不敬父母！范仲淹是陛下親自任命擔任司諫的，陛下還多次宣諭范仲淹要直言不諱。可是范仲淹今天按照陛下的要求對陛下的過錯加以規諫，陛下卻降責於他，這不是對他的欺騙和陷害嗎？」

無論是趙普還是富弼，都沒有受到皇帝的任何責罰。這種現象，在宋朝不是新奇事，在其他朝代卻幾乎可以成為奇蹟。

當然，獨立人格是需要培養的。它需要君主的寬宏大量，也需要士大夫們的覺醒。

在宋朝，君主已經表現出足夠的寬宏大量了。這時候更為需要的，是士大夫們的自我覺醒。他們是否願意追求獨立的人格、樹立自覺的責任意識，還是追求或滿足於高官厚祿，為此不惜趨炎附勢、傾軋他人，甚至殘害忠良？

在中國的歷史上，這是一個永恆的話題。不僅過去，今天和將來都是如此。統治階層是否寬宏大量，作為知識分子的士大夫、官員階層具有哪種追求，都將深刻影響一個時代的整個社會風氣，並體現於最高的統治階層到最底層的平民中。

6

有句老話，叫作「歷史總是驚人的相似」。什麼歷史與什麼歷史相似？與過去相似還是與現在相似？與別人相似還是與自己相似？也許只有這句老話的創造者自己知道。

直到仁宗景祐年間，五代時期士大夫們因循苟且、無視氣節之風，還繼續飄蕩在建國已七十多年的大宋朝上空。

唐末以來，強權橫行。絕大多數當權者只知道槍桿能打出政權，卻不知道知識才能保住政權。他們不尊重知識，不尊重傳統，不尊重民生。強權壓彎了社會的脊梁。整個五代十國時期，士風沉淪，士人的道德淪喪成為整個社會的普遍現象。面對社會的嚴重被破壞、百姓的極度苦難，幾乎找不出一個振臂高呼、痛斥現狀的士人，更不要說敢於同現實對抗了。

社會政治的黑暗，讓士人形成了病態的社會心理。他們要麼隱居以避禍，要麼混世以度日。舉目世間，沒有一絲氣節。什麼真理、正義，忠君、報國，與他們全不相干。多年後歐陽修重修五代史時曾做過統計，他說五代時期有氣節的人物是「全節之士三，死事之人十有五，皆武夫戰卒」，卻沒有一個「全節死義」、為君主而死的士大夫。有那麼一個讀書人叫馮道，歷經四個朝代，都擔任宰相。當契丹消滅後晉時，身為後晉宰相的馮道竟然諂媚奉承契丹國主：「此時的百姓，就是佛祖出世也救不得，只有大皇帝您救得！」後人歎道：「世間一點羞恥心，至馮道滅盡！」

什麼是氣節？氣節就是敢於為了真理、正義、道德、忠誠挺身而出，無所畏懼。人若是到了無所畏懼的境界，就能夠義無反顧地去做他認為應該做的事情。

在崔少微看來，五代遺風，至今未滅。「我大宋自太祖立朝，與士大夫共天下，這是曠古未有的開明之事。然而放眼望去，士大夫間有德有能者又有幾人？」

范仲淹並不完全贊同崔少微之見。「我朝自太祖開創基業後，以文為貴，尊崇士人，士風為之一變。天下士子都知道『修身以道、修道以仁』的聖人教誨，人思進取，名臣輩出，因此不可謂無人。」

「誠如希文所言，人人皆修身以道、修道以仁，然而修成了仁德卻只知明哲保身，不知竭忠盡瘁，如此仁德又有何用！老夫舉一事例，當見如今士風依舊。」

「願聞其詳！」

崔少微沒有開門見山，而是反問了一句：「以希文所見，自太祖以來至今四朝的宰執大臣中，哪位大臣功勳最為卓著？」

「自然是寇萊公！」寇萊公即真宗朝的宰相寇準。他於真宗天禧四年在宰相任上被真宗皇帝封爵萊國公。「寇萊公於國家危難之時，左右真宗皇帝親征，是為大忠。挽狂瀾於既倒，使萬民免遭水火，是為厚德。其功業勳績，無人可及！」

「希文獨具卓識。」崔少微道，「萊公功勳卓著，卻兩次無端遭讒言被貶，卻是為何？萊公被貶之時，可有人挺身而出為萊公仗義執言？」

范仲淹默然無語。他無法回答。

崔少微說的是一個人，也是一段歷史。這個人和這段歷史讓人心潮澎湃，也讓人扼腕歎息。

三十年前，在建國四十四年後宋朝第三個皇帝真宗秉政的第七年即景德元年，大宋遭遇了前所未有的危機，一個可能亡國的危機。是寇準在關鍵時刻挽救了國家。

危機緣於一片戰略要地。宋朝失去了這片戰略要地，使得它自立國之日起就處於被動防禦的狀態。這種被動一直持續到欽宗靖康二年（一一二七），最終導致了北宋的滅亡。南宋是靠著長江天險才保住了半壁江山，將大宋再延續了一百五十多年。

這片戰略要地就是燕雲十六州，但它們不是大宋失去的。早在大宋建立前二十二年的後晉天福三年（九三八），中原就失去了這片要地。當時的後唐河東節度使石敬瑭起兵反唐，向契丹人建立的大遼國求助。遼國出兵幫助石敬瑭滅了後唐，遼太宗冊封石敬瑭為大晉皇帝，石敬瑭尊比自己小十歲的遼太宗為父，並將燕雲十六州割讓給契丹。

燕雲十六州是長城以南十六個州的統稱。這十六個州是：幽州、順州、儒州、檀州、薊州、涿州、瀛州、莫州、新州、媯州、武州、蔚州、應州、寰州、朔州、雲州。燕雲十六州之所以在歷史上被人們看重，是因為它地理位置的重要性。

自古以來，中原王朝與北方游牧民族是一對歡喜冤家，它們共同譜寫了中華文明史中的重要篇章。在同中原的抗衡中，北方游牧民族幾經變遷。秦漢時有匈奴，兩晉時是「五胡」，即匈奴、鮮卑、羯、氐、羌，唐朝有突厥、回鶻、契丹等族。唐末至五代十國，突厥的沙陀部是這段歷史的一個主角。沙陀人李存勖、石敬瑭和劉知遠分別建立了五代時期的後唐、後晉和後漢三個朝代。

幾千年來，中原總愛將北方游牧民族稱為狄、戎、虜等，把它們看作野蠻的部族。其實，許多北方民族曾經也是中原一族，只不過在中原民族的紛爭中落敗而北徙，以尋找更寬鬆的生存環境；中原的許多王朝也是由北方游牧民族或它們的後代建立的。中華文明的產生，不是中原文化對其他民族文化的抑制和淘汰，而是相互之間的交融和互補。

但是，文化、經濟等方面互補互利的同時，中原始終面臨著北方游牧民族的侵擾和威脅，因為二者的生存方式不同。中原以農耕為主，守土保家是他們的本能需求；北方民族以游牧為主，逐水草而居，水草豐茂之地就是他們的家園，因而爭搶資源似乎是天經地義的事。於是，中原農耕式的安居樂業不斷地面臨著游牧民族的威脅。也正因為如此，在幾千年的互動中，中原始終是防禦者，北方民族始終是進攻者。

中原王朝與北方民族的攻守爭戰中，最重要的一個軍力因素是騎兵。北方民族的生存方式，造就了強大無比的騎兵，並將這一優勢保持了兩三千年。防住騎兵，基本上就擋住了北方的威脅；防不住騎兵，中原王朝即便擁有幾十萬軍隊，也極有可能滅亡於只有區區數萬鐵騎的北方民族之手，這幾乎是中華民族發展過程中的一個必然現象。至於非騎兵作戰，中原民族完全可以充當北方民族的老師。

防範北方騎兵威脅的最大屏障是什麼？是偉大的長城。只要北方騎兵越不過長城，中原大地就安然無恙。

可惜，石敬瑭將長城以南的燕雲十六州出賣了。契丹得到了燕雲十六州，自然也就擁有了修築於它們之間的那一段長城，契丹南下可以不費吹灰之力。不僅如此，燕雲十六州的廣大腹地，成為契丹軍隊尤其是騎兵給養的重要來源。有了這些條件，北方民族南下橫掃中原多數時候就是水到渠成之事了。

失去燕雲十六州，讓後晉之後的中原王朝如鯁在喉。宋朝立國前的後周顯德六年（九五九），後周世宗柴榮決心收復燕雲十六州，並親自率領大軍北伐。在攻佔瀛州、莫州、寧州後，後周世宗準備大舉進攻幽州。就在此時，後周世宗突患重病，不得已下令退兵。退兵不久，後周世宗即病逝於京城開封。

宋太祖趙匡胤登基後，制定了先南後北、先易後難的原則，先後滅掉南方的荊南、楚、後蜀、南漢、南唐等割據政權，剩下的由陳洪進割據的福建泉、漳二州和錢氏的吳越國也已俯首聽命，只待大宋收回。

而北方的割據政權，只剩下一個北漢。太祖並不把北漢放在眼裡。他心目中最大的敵手是契丹，他的目標是收復燕雲十六州。

收復燕雲十六州的戰略也體現了太祖的雄才大略。他打算先禮後兵。所謂的禮，就是向契丹贖回燕雲十六州。太祖建立了一個小金庫，稱為「封樁庫」。封樁是儲備之意。他將消滅各地割據勢力後獲得的金帛財產運至京師，全都存放在封樁庫裡，此後每年的國家財政節餘也都存入此庫。建立封樁庫的目的是什麼？太祖的打算是：「待此庫積滿三五十萬，就遣使到契丹商量贖回幽薊之地。如其不可，就用此庫金帛招募勇士，攻取幽薊數州之地！」

但是，太祖也是壯志未酬，他在盛年四十九歲時突然去世。死前的那一夜，只有他的二弟晉王趙光義陪著他，殿外的宦官們聽到、看到的是他們高聲談論中的「燭影斧聲」。燭光下，趙光義幾次趨拜後，太祖用玉斧拄地，大聲說道：「好做！好做！」趙光義出宮後，皇后凌晨接報：皇帝駕崩。皇后當即派宦官接皇長子德昭進宮，可是宦官接來的卻是晉王趙光義。最終的結果是趙光義登基，並稱「兄終弟及」，讓他接位是太祖和他的母親杜太后生前就欽定的。趙光義就是太宗皇帝。太祖之死和太宗繼位成為千古之謎。

太祖去世，使得後周世宗以來中原與契丹抗衡的能力也隨之消失。

太祖乾德二年（九六四）和開寶二年（九六九），宋軍兩次與契丹軍正面交鋒，都是宋軍大勝。太祖用兵謹慎，在沒有把握的情況下，並沒有因幾次局部戰爭的勝利而輕率地與契丹開戰。

而太宗登基後，兩次親征契丹，結果是兩戰兩敗。

太宗太平興國四年（九七九），太宗親自帶兵北伐五代十國最後一個地方政權北漢。在宋朝重兵圍困下，北漢國主劉繼元開城投降，太宗消滅北漢的同時還得到了北漢的勇將楊業。這時，太宗自信心極度膨脹，挾勝利之師北攻契丹。

一開始，戰事十分順利。宋軍一路高歌猛進，打到契丹國的南京幽州。太宗駐蹕城南，親自指揮，準備一舉攻下幽州城。

兩軍在幽州城外的高梁河展開決戰。在同時展開的幾個戰場上，勝負的天平隨風搖擺，但最終傾向了契丹。宋軍全線敗退，將士們四散逃亡，連自己的君主都無心保護。太宗是靠著一輛驢車隻身逃回，軍中一度還流傳說太宗已經遇難。

將還是太祖留下的將，兵也還是太祖留下的兵，可惜太祖已逝，太宗不是太祖。

雍熙三年（九八六）春天，宋太宗又一次親征，分兵三路北伐契丹，史稱「雍熙北伐」。此時的大遼處於它的第二個鼎盛時期，遼國史上最傑出的女性蕭太后帶領遼聖宗耶律隆緒親征，迎戰宋太宗。

戰事似乎在重複上一次的對決過程。戰爭初期，宋軍連戰皆捷，並攻克了涿州、朔州、應州、雲州。但是，太祖時的名將曹彬率領的東路軍主力在退出涿州時被擊潰，數萬宋軍或被殺，或渡拒馬河時溺死，或被俘。如此恥辱之敗，真讓太祖在天之靈為之歎息！

西路宋軍本來基本上可以全身而退，但由於主帥與監軍不採納副帥楊業扼守要害之地以保護百姓的建議，強令楊業正面與敵軍交鋒，導致楊業兵敗被俘。楊業的一生頗為悲壯。他在北漢時，北漢雖然依附契丹，但雙方也時有交戰，而楊業在與契丹軍隊的交戰中是常勝將軍，契丹人稱他為「楊無敵」。宋太宗滅北漢時，楊業拒不投降，最後是北漢國主劉繼元親筆致信楊業勸其放棄抵抗，使他不得已投降宋朝。降宋之後，楊業對大宋又是忠心耿耿，在太宗第一次北伐失敗後，他幾次與契丹軍隊作戰都取得勝利。可惜一代名將為自己人所誤，被俘後在敵營絕食三日而死。

至此，雍熙北伐也以慘敗告終。

太宗兩敗，是戰略之敗。它讓大宋無論是君臣還是平民百姓，都將契丹視作難以戰勝的虎狼，整個大宋在心理上已經處於下風。自此以後，大宋在北方一線基本上陷入被動防禦的態勢。

宋朝君臣的噩夢僅僅是開始。契丹兩次大勝，增強了自信心，自此及時調整了先前防禦為主的對宋戰略，主動南攻。

還是雍熙三年，十一月，蕭太后與遼聖宗統率遼軍進兵河北，在君子館全殲宋軍數萬人。史書記載，「自是河朔戍兵無鬥志。」恐遼之心已成重疾。

到了真宗咸平二年（九九九）秋，遼軍再次入侵河北。坐守河北重鎮定州的宋軍主將傅潛統率八萬精兵卻不敢出戰，致使遼軍在瀛州消滅大將康保裔率領的宋軍，康保裔戰死。

咸平六年（一〇〇三）四月，遼朝派騎兵數萬在望都再次殲滅一支宋軍，並生擒宋軍主將。

最後，宋遼雙方迎來了又一次生死之戰。確切地說，是決定大宋生死而不是大遼生死的戰爭。這時已是真宗景德元年。

這一年九月，遼國蕭太后再次攜遼聖宗耶律隆緒親征。此次南下，明顯可以看出遼國之志已不在於邊界交鋒的勝負得失。

遼國南下，號稱目的只是收復瓦橋關。

瓦橋關是宋朝北部的邊防要塞三關之一。三關，即瓦橋關、益津關、淤口關。石敬瑭將燕雲十六州獻給契丹後，三關即為契丹所佔。後周世宗顯德六年北征時，收復了三關和瀛、莫、寧等州，並在瓦橋關築雄州城。

但實際上，收復瓦橋關只是一個幌子。

遼軍自九月出征，經閏九月、十月到十一月下旬兵臨黃河邊的澶州城下，遼軍在大宋的河北境內輾轉縱橫了三個月。其間遼軍先是進犯河北的威虜軍、順安軍及北平寨，均被宋軍擊退。轉而進攻保州，也被宋軍小挫。閏九月下旬，遼軍轉攻定州，因宋軍防禦嚴密，又引兵而去。遼軍一部再攻黃河以東岢嵐軍的草城川，被擊潰。十月末，遼軍主力南下圍瀛州城。瀛州是後周世宗北伐時收回的燕雲十六州之一。蕭太后和遼聖宗親自督戰攻城，十餘日未能攻克，遼軍反倒死傷不少人，遼軍只好無功離去。

到目前為止，遼軍基本上一無所獲。究其原因，是宋軍採取了正確的戰略戰術，這就是以城防為主，不輕易以主力決勝。此外，宋軍的諜者斥候偵察得力，多數時候能夠提前偵知遼軍動向和意圖，使得各地能夠提前將兵民撤入城內打防禦戰，疲勞敵師，耗其給養。

顯然，遼軍不太計較是否攻陷河北的一城一地。雖然久戰無功，遼軍卻是邊打邊走，一路南下。十一月下旬，遼軍分兵攻擊德清軍和天雄軍。宋軍力戰，保住了天雄軍，但德清軍失守。德清位於澶州以北約四十里地，攻克德清，是遼軍到目前為止的最大戰績。

攻陷德清當天，遼軍主力兵移澶州城下。雙方迎來了大對決，但是對決的方式有點讓人出乎意料，因為它並不太激烈。

澶州在宋朝京城開封以北約三百里，自西向東穿城而過的黃河將其分為南北二城。此地位於濮水之北，在戰國時期就取名濮陽，因此在歷史上濮陽之名更盛於澶州。

澶州的歷史滄桑是華夏民族延綿發展的一個縮影。黃帝與蚩尤曾大戰於此，顓頊和帝嚳曾以此為都城，故此地古時又稱帝丘。它是夏朝的文化中心，是商朝的陪都，在周朝時期它作為衛國國都的歷史長達三百多年。秦漢時期，濮陽文化昌盛、人才薈萃、經濟發達，並一度是漢朝人口最密集的地區之一。

但是，漢朝滅亡後的魏晉南北朝以來，這一帶卻是戰亂頻仍。為什麼？道理很簡單。魏晉南北朝時期，許多朝代以洛陽為國都。開封以北，天然屏障是黃河，而澶州跨黃河而建城，黃河從城中穿過。大凡這種地方，必定是渡河的最佳地點，何況渡過黃河後往南是一馬平川，可以直抵開封。

誰也沒想到蕭太后和遼聖宗會率遼軍主力南下深入到澶州邊上。宋朝君臣大為震驚，何去何從，分成了兩派。

一派主張皇帝南幸避開遼軍鋒芒。南幸就是光臨南方，是粉飾之詞，其實就是南逃。這一派勢力很大。

另一派主張皇帝北上親征，這一派人佔少數，代表人物是寇準。滄海橫流，方顯英雄本色。史書關於「澶淵之盟」的記載，幾乎是圍繞著寇準來寫的。

皇帝北上親征並不是此時的決策。早在九月中旬，就有皇帝親征之議。

九月十六日，真宗就對輔臣們說道：「連日接邊關奏報，契丹決意南侵。我軍已在河北布下重兵，敵軍必定不敢輕視。朕要親征決勝，卿等商議一下朕何時進發。」

當時，圍繞皇帝親征之事，大臣們也是分成兩種意見。一種意見是緩征，一種意見是急征。持緩征意見的主要是首相畢士安和樞密使王繼英，他們認為皇帝可以親征，但何時親征視戰事進展而定。從戰與逃的角度看，他們是寇準的支持者。持急征意見的似乎只有一人，不用說此人必定是寇準了，他當時擔任次相剛剛一個月。寇準認為，遼國蕭太后和聖宗親自率軍入寇，皇帝親征應當越早越好，以利於鼓舞士氣。

輔臣們意見不一，使親征事無法確定。真宗於是讓輔臣們各述己見上報。

就在這時，輔臣中出現了南幸逃跑派。他們是參知政事王欽若和簽書樞密院事陳堯叟。參知政事是副宰相，簽書樞密院事是樞密使的副手之一。

王欽若是什麼樣的人？十五年後，仁宗皇帝曾對宰相王曾說道：「王欽若久在政府，但細看他的所作所為，真是奸邪啊！」元朝宰相脫脫主編的《宋史》雖然沒有將王欽若列入奸臣傳，但對王欽若的生平敘述和評價近乎描述一個奸臣。

陳堯叟作為皇帝輔臣，對歷史的貢獻不大。他最為知名的一點是他的家庭。陳堯叟兄弟三人，他是長兄，兩個弟弟是陳堯佐、陳堯咨。陳氏三兄弟及父親一門四進士，並且同朝為臣，世所罕見，這還不足為奇。陳堯叟、陳堯佐兄弟二人都官至宰執。陳堯叟在真宗朝當到同平章事、樞密使，也就是宰相級的樞密使，陳堯佐在後來的仁宗朝擔任宰相。最次的三弟陳堯咨，也曾任士人心目中文壇最高地位的翰林學士。雖然已是國家大臣，但陳堯叟的治國能力似乎不及他的文學之才。

王欽若是江南人，因此他私下向真宗建議南幸金陵。陳堯叟是蜀人，因此他也私下向真宗建議南幸成都。

真宗聽了二人之語，心中猶豫，於是召見寇準，徵詢他對南幸的意見。真宗沒有告訴寇準建議來自何人，但是寇準一聽就明白這必然是王欽若和陳堯叟的主意。他佯作不知，對真宗說道：「不知是誰為陛下出此下策？應當立即將他斬首！」王、陳二人在一旁聽了心驚肉跳。寇準繼續說道：「如今天子神武，將帥和諧，如果皇帝親征，遼軍必然遠遁而去。怎麼能丟棄祖宗的宗廟和社稷而南逃呢？」

聽罷寇準一席話，真宗有所醒悟。但寇準自此得罪了王欽若和陳堯叟。

十一月二十日，真宗起駕北赴澶州，正式親征。此時，遼軍還在準備圍攻天雄軍和德清軍。真宗起駕前，司天監報告：白日抱珥，黃氣充塞。太陽出現了黃色的光暈，這一天象的徵兆是不戰而退敵兵，有和解的氣象。對今人而言，這有點神奇，但這確實是史書所言。

兩天後，車駕抵達韋城縣。

但又出問題了。

朝廷此前召集在河北前線的三路重兵回防澶州，但兵馬遲遲未到。這時群臣中有人悄悄地向真宗重提王欽若南幸金陵的建議。真宗又開始迷糊了。他召寇準進見。寇準來到行營，還未進門，就聽見有幾位真宗的後宮嬪御問真宗：「群臣想讓官家去哪兒啊？還不趕緊回京師！」

寇準一進門，真宗就問道：「如果南幸會怎麼樣？」

寇準道：「群臣中有的人怯懦無知，與鄉野村婦沒有什麼兩樣。如今敵寇已經逼近，四方軍民人心不安，陛下只可進一尺，不可退一寸！」

見真宗沒什麼反應，寇準又道：「河北前線的將士日夜盼望陛下。陛下一到，士氣百倍。如果退回半步，形勢將土崩瓦解！到那時，恐怕連金陵都到不了！」

道理已說得再透徹不過了，但真宗仍然沒有下定決心。寇準歎了口氣，告退出來。

出得門來，只見一位老將軍執梃趨前施禮。寇準抬頭一看，是殿前都指揮使高瓊。七十歲的高瓊是歷經太祖、太宗兩朝的老將，沒讀過什麼書，但憑自己的勇武和忠誠成為三大禁軍主將之一的殿前都指揮使。

寇準回禮畢，心中一動。他看到希望了。

寇準對高瓊道：「太尉受國恩深重，今天能夠為此報國嗎？」太尉是當時對領兵的高級將領的尊稱。

高瓊答道：「高瓊是武人，願意為國效死！」

寇準於是重新回去晉見真宗，高瓊跟隨其後，立於庭下。寇準對真宗又說了一番道理，然後說道：「陛下不相信臣的話，何不問問高瓊？」

高瓊在庭下回應，聲如洪鐘：「寇相公所言極是！隨駕軍士的父母、妻子都在京師，他們絕不肯拋棄自己的親人而南行。如果真要南行，他們絕大多數都將半路逃亡！希望陛下盡早到達澶州，有臣等效死，破敵不難！」

寇準抱著最後一線希望說道：「陛下，機不可失啊！」

或許是明白了，或許是被感染了，真宗再一次下定了決心。

二十四日一早，車駕繼續北行。因為天冷，宦官請真宗穿上貂裘帽，真宗拒絕了。「群臣和將士們都在忍受寒苦，朕怎麼能獨自享受呢？」真宗清醒時，確實聖明。

幾乎同時，遼軍主力在蕭太后和聖宗帶領下抵達澶州城北。

宋軍早已嚴陣以待。遼軍一到，即兵分三面環繞宋軍。隨後遼軍先鋒部隊從西北角突進，宋軍則以勁弩遏制。這時，宋軍的一個低級軍官創造了他自己的歷史。

這個低級軍官名叫張瓌，他負責施放床子弩。床子弩是一種用幾張弓同時發力射出的箭，射程可達數千尺。在遼軍前鋒部隊的千軍萬馬之中，張瓌看見了一面與眾不同的旗幟，旗幟前一位遼軍大將立馬督戰。張瓌於是向他連發數箭。片刻工夫，只見一支圓形鐵球狀的箭頭從天而降，正好擊中了這位遼軍大將的額頭。遼軍頓時一片大亂，數百名軍兵擁上前去，冒著箭雨將這位受傷的大將搶了回去。

當時張瓌並不知道，他射中的是遼軍的統軍元帥、順國王蕭撻覽——正是他在十八年前擒獲了宋軍大將楊業。這位遼國名將為了在蕭太后和聖宗面前展現他的英勇，自充前鋒衝在一線征戰。他的死，讓遼軍士氣嚴重受挫。

不光張瓌不知道，連當晚駐蹕衛南縣的真宗和大臣們當時也都不知道。

二十六日，真宗抵達澶州。到了澶州，就算是到達親征的目的地了，於是真宗打算在南城建立行宮，但被寇準攔住了。「陛下不過河，會讓將士們心懷危機，也無法震懾敵軍。如此，親征沒有意義。如今我軍從各方趕來救援，陛下還有什麼可擔心的？」

高瓊在一旁也極力勸說：「陛下如果不到北城，百姓如喪考妣！」如喪考妣就是如同父母雙亡的意思。高瓊是武人，用詞不當，卻很實在。

簽書樞密院事馮拯在一旁呵斥道：「高瓊豈可如此無禮！」樞密院是最高軍事機構，因此馮拯是高瓊的上司。

高瓊大怒，對馮拯說道：「你以文章而入兩府、任宰執，如今敵軍蜂擁而至，你只會斥責高瓊無禮。你若有能耐，請賦詩一首退敵吧！」

說罷，高瓊一揮手，命令衛士進輦。真宗為一相一將所迫，只好隨從坐上輦車。

一條浮橋將澶州南北兩城連接起來。到了浮橋邊，輦車又停了下來。高瓊一急，以手中撾敲向輦夫的背道：「還不快走！已走到這個地步，還有何猶豫！」

真宗聽見，忙命輦夫繼續前行。

北城終於到了。真宗的御輦登上了北門城樓。

從北門城樓上居高臨下向前方望去，只見千軍萬馬分成兩個陣營對峙著。除了戰旗獵獵，對壘的兩軍靜寂無聲。

猛然間，宋軍陣內歡聲雷動！

將士們回身看見了城門樓上的黃龍旗。他們知道，自己為之獻身的、心目中至高無上的皇帝就在身後，就在那座城門樓上！「萬歲」之聲不絕於耳，響徹雲霄。而遼軍陣內則出現了陣陣騷動。

真宗做了此生最正確的一個選擇。

此後，宋遼兩軍陷入了僵持局面。

宋軍並沒有主動開展大規模的進攻，因為需要等待河北、河東等地的軍隊趕到澶州。遼軍也沒有再主動進攻，因為他們在士氣上已經處於下風，一則因為宋真宗親征鼓舞了對方的士氣，二則因為統軍元帥蕭撻覽的陣亡。實際上，蕭太后和遼聖宗已經意識到一個更可怕的問題，那就是僵持下去遼軍將可能面臨一條不歸之路。他們深入宋境，後勤給養一旦被切斷，全軍將潰散。

接下來的幾天裡，真宗在行營裡做著兩件事。

一件事是不斷地保持自己好不容易鼓起的信心和勇氣。

如今大局主要靠寇準主持，但宋軍到底能否取勝，真宗心裡實在沒有把握。他不斷地派內侍悄悄去察看寇準在幹什麼。內侍回報，或是「寇相公酣睡未醒」，或是「相公正讓廚房做魚羹呢」，或是「相公正與楊億學士下棋」，或是「寇準正與賓客飲酒喧譁」。真宗每次聽罷都自我安慰道：「寇準如此心安，必定是胸有成竹，我還有什麼憂愁呢？」

另一件事，就是考慮契丹求和的事情。

契丹主動求和了。在真宗抵達澶州之前，契丹就已經遣使主動表達和好之意，但卻是邊打邊談。如今真宗駐蹕澶州，宋軍整體上已佔上風，蕭太后和遼聖宗加緊了求和的步伐，幾次派遣使節面見真宗，還催促宋朝遣使來見遼主。

十二月初一日，遼軍主動撤離澶州。同日，契丹第二個使臣面謁真宗，遞上了契丹國主致真宗的書信。書信中提出和好之意，但要求大宋歸還遼國關南舊地，也就是當初後周世宗收回的瀛州、莫州、寧州和三關之地。

如何答覆？

幾乎所有輔臣的意見是：第一，可以同意雙方和好；第二，不同意將關南歸還契丹；第三，可以每年贈給契丹一定的金帛，以示宋朝和好的誠意。

但是寇準不贊成。為什麼？遼軍離國日久，軍心不穩，而如今我軍士氣高漲，援兵源源不斷地趕來。這是與契丹決戰的大好時機，我軍必操勝券。

接著，真宗君臣們又獲知了蕭撻覽陣亡的消息。寇準因此更加堅持自己的意見。如果趁此機會消滅契丹的這一支精銳部隊，將永遠消除大宋的隱患！

可是真宗已經知足了。幾十年的戰爭，好不容易讓契丹主動求和，也是機不可失啊。他怕失去與契丹和好的機會，更怕再次兵戎相見帶來的風險。

寇準不再堅持，不僅因為真宗有意與契丹和好，還因為群臣中出現了一些傳言。

「為何事事都需要寇準過問？陛下不能作主嗎？」

這種傳言讓寇準害怕。

寇準本是無所畏懼的人。當年寇準還只是六品的員外郎時，有一次進諫太宗，讓太宗很不高興。太宗拂袖而起打算回宮，寇準扯著太宗的衣襟不讓他走，逼得太宗只好回身坐下，接受了寇準的意見。

這一次，寇準沉默了。他確實左右了真宗太多的事。

使臣們繼續在雙方的君主間穿梭著。契丹基本接受了真宗提出的以金帛換土地的原則，不再堅持要求歸還關南之地。

最後，大宋的使臣再一次赴契丹營內談判，談判的焦點是每年大宋贈送給契丹的金帛之數。臨走前，真宗囑咐使臣：「實在不得已，每年一百萬兩銀子也可以吧。」

有道是「時勢造英雄」，宋朝的這個使臣應驗了這句話。使臣名叫曹利用，這次隨駕親征前，還只是個殿直，即正九品的沒有實職的低級武官。契丹求和之初，大宋沒有人敢赴遼軍營中談判，曹利用主動請纓，出色完成了使命。後來，他官至樞密使。

曹利用從行營出來，寇準派人叫住了他。

寇準道：「雖然陛下已有旨意說許給契丹的金帛數可以在百萬之內，但是你去談判，許諾的金帛之數不許超過三十萬，超過此數你不要來見我，否則我會斬了你的頭！」

曹利用汗流浹背，股慄而去。

談判回來，曹利用片刻不敢耽誤，來見真宗。恰逢真宗用飯，曹利用在外面等候。

真宗心急，讓內侍出來問談判結果。曹利用對內侍道：「此事機密，只能面奏陛下。」

真宗讓內侍再問：「說個大概也可。」曹利用還是不說，被逼急了，以三個手指頭貼面示意了一下。

內侍將曹利用的比劃回奏真宗，真宗失聲道：「三百萬！太多了！」想了想，又道：「能了結此事，也就算了吧！」

行營不比京城宮殿，牆薄屋淺，真宗之語曹利用聽得一清二楚，但又不敢造次稟奏。用飯完畢，真宗迫不及待地召曹利用進來，要問個究竟。曹利用還多禮，不斷自稱死罪，道：「臣許諾得太多了！」真宗急道：「到底多少啊？」曹利用終於回答：「三十萬。」真宗聽罷，真是大喜過望！事後，他將曹利用直接提拔為東上閤門使、忠州刺史。東上閤門使是正六品武官，忠州刺史是從五品虛銜。

宋、遼於景德元年十二月簽訂的和約，史稱「澶淵之盟」。澶淵即澶州，此地古為澶淵郡。

澶淵之盟的基本內容是：宋遼結為兄弟之國，遼聖宗年幼，稱宋真宗為兄；以白溝河為國界，雙方撤兵；大宋每年向遼提供「助軍旅之費」銀十萬兩、絹二十萬匹；雙方於邊境設置榷場，開展互市貿易。

這是雙方皆大歡喜的一個結局。但細究起來，心境各不相同。

契丹南侵所期望的目的可作三等分析。第一目標，是在黃河以南取得決定性勝利，並取得領土或相應的回報；第二目標，是收回關南舊地；第三目標，是一無所獲，但全身而退。

宋朝對戰爭後果的預期也可作三等分析。維持戰爭前的狀態是最好的結果；其次，是失去關南；最糟糕的結果是被穿透黃河防線，果真如此，後果將難以預料。

而澶淵之盟對於契丹而言，得到的結果是次於第二目標、優於第三目標，但這已屬萬幸。蕭撻覽陣亡和真宗親征後，勝負的天平已經傾向於宋軍。宋軍只要守住澶州，再集結重兵半路邀擊，擊潰遼軍的可能性相當大。遼國的這一支傾巢出動的精銳部隊一旦被消滅，那它離亡國或許不遠了。因此，盟約簽訂後，契丹提出了一個十分關鍵的要求，那就是：退兵時，宋朝沿路軍隊不可半路攔截。宋真宗十分乾脆地滿足了契丹的要求。

對於宋朝而言，澶淵之盟的確使自己在戰略上取得了最佳的預期，失去的只是每年三十萬兩的錢帛，佔宋朝全年財政收入還不到百分之一。這在近十餘年對契丹佔下風的情況下已是求之不得之美事，因此君臣上下都是心滿意足。可惜的是，大宋失去了一個千載難逢的收回燕雲十六州的機會。當然，這不是真宗和群臣的有心之過。除了寇準，所有其他人並沒有意識到這一點，或者說他們不敢意識到這一點。其實，賢能與否就是見識深淺的問題。

從歷史的角度看，澶淵之盟對於宋朝仍然是有利的。澶淵之盟後，宋遼雙方沒有再發生戰爭，雙方和平共處了一百一十多年，直到宋徽宗宣和二年（一一二〇），糊塗透頂的徽宗幫助野心勃勃的金國滅掉了忠實遵守澶淵盟約、不再借助燕雲十六州之利侵犯大宋的兄弟之國大遼，從而也幫助金國滅掉了北宋自己。

真宗自己心裡有數。沒有寇準，他或許此時會在金陵或成都，為中原大地的淪陷而憂懼。寇準的忠誠與率直、見識與膽魄讓他從此肅然起敬。他要表彰寇準。

回到京城不久，首相因病去職，真宗任命寇準接任首相。

每次朝政結束，寇準告退後，真宗都會滿懷崇敬地目送他離去。此時，真宗對寇準的信任達到了空前的高度。而寇準也完全有理由受到真宗的信任。當國家處於危難之中，誰若能力挽狂瀾，使國家徹底擺脫危機，那麼他不是應當受到愛戴的嗎？

但是，左右皇帝的意志，即便是為了國家，也要有極大的勇氣，要冒極大的風險。這一點，誰都知道。有些人在權衡利弊之後，會選擇放棄勇氣、避開風險，而有些人則選擇了義無反顧地前進。什麼是責任意識？國家、社會、家庭、個人有需要時，應當堅持而不堅持、應當放棄而不放棄，這是不負責任的意識。反之，就是有責任意識。如果人人或者大多數人都有責任意識，那麼國家必然興盛。而如果一個國家沒有幾個人甚至看不到有誰能夠勇於擔負責任，那麼國家只有衰微乃至滅亡這一個結局。

7

寇準隨後的遭遇是檢驗士風的一個尺規。

他的遭遇簡而言之，就是因讒言而兩次被貶，最終死於離京城幾千里之外的貶所。

第一次被貶是因為王欽若的讒言。

在一次下朝後，真宗又是目送寇準離去。王欽若抓住一個機會進行了成功的離間。王欽若在澶淵之盟後被解除參知政事的職務，與著名才子楊億一起負責編撰後來享譽史學界的史書《冊府元龜》。編撰過程中，凡是真宗稱讚的部分，王欽若都想方設法讓真宗以為是自己編寫的；凡是真宗不滿之處，他都想方設法讓真宗以為是楊億編寫的。通過類似手段，他逐步恢復了真宗對他的信任。真宗為他專門設立了一個職位，即資政殿大學士，使他排名在士林中眾望所歸的翰林學士之上。

王欽若明知故問道：「陛下如此敬重寇準，是因為他在澶州之戰中有安定社稷之功嗎？」

真宗覺得他問得奇怪，答道：「是啊！」

王欽若道：「臣不以為然。澶州之戰，寇準讓陛下冒著危險親征，這是用陛下做他個人功業的賭注。陛下以萬乘之尊被迫與契丹簽訂澶淵之盟，這是自古以來有道明君都不願接受的恥辱之盟。寇準哪有什麼安定社稷之功呢？」

真宗聽罷，如同一盆冷水迎頭澆來，所有的成就感煙消雲散。從此，真宗鬱結著一個巨大的心病，伴隨著他略顯荒唐的後半生。

半年後，真宗找了個小錯，把寇準貶出京城。這一貶就是八年。

靠著真宗朝著名賢相王旦的不斷推薦，寇準於大中祥符七年又回到朝中，擔任樞密使。但因與朝中主要臣僚們氣味不相投，僅僅十個月又被免職。

再過了四年，寇準迎來了人生的最後一次輝煌，隨後也遭遇了最後一次悲慘的陷害。

真宗天禧三年（一〇一九）六月，寇準再次進京，取代王欽若擔任宰相。他能第三次復出，是王旦又一次鼎力相助的結果。王旦病重，真宗命人將他抬進宮中，問他誰可以接任宰相，王旦不答。真宗點了幾個名臣的名字，王旦還是不回答。真宗說道：「以卿之意有誰合適，請儘管說。」王旦答道：「臣愚昧，只知道寇準可任宰相。」真宗不樂，許久說道：「寇準過於剛愎褊狹了。除他之外還有人嗎？」王旦道：「除了寇準，臣不知道還有誰。」王旦去世一年後，寇準復相。當然，寇準能夠再次回來，與他自己的妥協也有關係。他迎合了真宗的期待，向真宗呈上了一封偽造的天書，為真宗歌功頌德。

寇準這次的對頭是時任參知政事的丁謂。

丁謂其實是靠寇準的識拔、推薦，才逐步進入大宋的權力中心的。寇準對他的識拔、推薦，起初還不為一些大臣所認可。早年，寇準曾經向名相李沆推薦丁謂，但李沆對丁謂卻沒有好感：「觀其為人，不可讓他位居人上。」寇準道：「丁謂如此人才，豈能讓他始終位居人下？」李沆道：「他日後悔，當思我言。」李沆顯然比寇準有知人之明。

對於寇準的識拔，丁謂一開始也是十分感恩戴德，平時對寇準敬重有加。但是小人畢竟是小人，恩德是無法將正邪融為一體的，他們遲早會有反目成仇的一天。

某一天的中午，宰執們一起堂食，即在中書省的食堂用餐。寇準不小心將湯羹灑在了鬍鬚上。丁謂見了，連忙起身替寇準拂拭。寇準一抬手攔住丁謂道：「參政是國家大臣，豈能為長官拂鬚？」今人將阿諛奉承稱為「溜鬚」，即源於此。當時在座的都是皇帝的重臣，丁謂滿面羞慚，從此對寇準懷恨在心。

丁謂一旦恨上了誰，就必欲置之死地才心甘。即便是王欽若這類與丁謂一樣奸猾、曾經互相利用之人，一旦得罪了他，他也是毫不手軟。

天禧四年，真宗病重，無法處理朝政，國家大事實際上由皇后劉娥處理。寇準在一次單獨晉見真宗時建議讓太子趙禎監國處理日常朝政，真宗同意了。

太子監國，就是太子當政。太子當政會損害一些人的利益。首先是劉皇后，她不願意交出手中之權。翰林學士錢惟演本就是劉后之兄劉美的妻父，其利益所在一目了然。不僅如此，他前一陣見丁謂受寵，還與丁謂結成了兒女親家。曹利用是武人出身，因澶淵之戰前出使談判出色而飛升。曹利用如今已經身為樞密使，但卻始終難以贏得寇準的尊重，寇準常常以輕蔑的口吻對他說：「你是武人，豈識國家大體？」不尊重他人是寇準的毛病，而對曹利用的不尊重讓他為此付足了代價。

寇準密令翰林學士楊億草擬讓太子監國的詔書，並再三提醒楊億保密。楊億是保密了，但寇準自己酒後失言，被丁謂得知此事。丁謂立即串通劉皇后以及樞密使曹利用、翰林學士錢惟演等人，在真宗面前極力詆毀寇準，稱寇準專權，背著皇帝為自己謀利，要求真宗貶斥寇準。

真宗病重後，常常神志不清，此時他自己也忘了曾經批准太子監國之事。他對皇后等人的詆毀似信似疑，於是做了一個平衡性的決定：免去寇準的宰相職務，但提升了他的官銜，並封爵萊國公。

丁謂等人對這一結果十分不滿意，他們必欲除寇準而後快。他們很快就得到了一個很好的機會。

太子趙禎有一個親信宦官叫周懷政，與寇準的關係很好。他看到寇準被丁謂等人離間，一方面擔心危及自己，另一方面他本來就鄙視丁謂等人，於是策劃發動一次政變。他的計畫是：先殺了丁謂，然後尊真宗為太上皇，讓真宗傳位給太子趙禎，最後請寇準擔任宰相。可是他倚靠的兩個參與者背叛了他，在政變前夕向丁謂告密。丁謂連夜與樞密使曹利用計議後，向真宗做了報告。結果，周懷政被處死。

雖然在周懷政的計畫中有讓寇準擔任宰相的方案，但是寇準自己對這個政變陰謀一無所知。不過，丁謂他們不會因此放過這次陷害寇準的機會。

這時丁謂已經當上了首相，這是對他排斥原首相寇準的回報。當然，錢惟演幫了大忙。真宗原想將參知政事李迪升任首相，但錢惟演極力貶低李迪的為人和能力，推薦丁謂擔任首相。錢惟演是翰林學士，雖然不是宰執大臣，但在朝野的影響力有時不亞於宰相，何況他是皇后劉娥最親信者之一。

錢惟演推薦的宰執大臣還有兩個。一個是馮拯，就是澶淵之戰前被高瓊怒斥的那個學士出身的簽書樞密院事。真宗將他提升為宰相。另一個是曹利用，他本是樞密使，真宗再給他加銜同平章事，即加了宰相之銜。最後，錢惟演自己也摘得了一個勝利果實。他在寇準貶出京城不久後被提升為樞密副使，進入宰執班子。

兩個宰相，樞密院的兩個主要官員，加上一個翰林學士，更重要的是還有一個劉皇后，他們都是寇準的對頭，都是為了自己的私利而對寇準有刻骨仇恨的災星。這種情況下，寇準的命運會怎麼樣呢？

寇準先是由從一品的太子太傅被降級為正四品的太常卿，到開封北邊的相州任知州，不久改貶更遠的安州，之後再貶鄰近廣西的道州任正九品的司馬。

兩年後，真宗去世。成為太后的劉娥掌權，寇準被再貶至雷州任從九品的司戶參軍。

雷州在廣東最南端，幾近天涯，但還不是最壞的結果。當時最壞的是海南，那是生不如死的地方。幾十年後大文豪蘇軾被貶海南儋州時，是抱著必死之心去的。丁謂在草擬貶謫寇準的命令時，起初是想將寇準的貶謫地定為海南的崖州。在援筆未落時，他忽然有所預感，對馮拯道：「崖州之路最是波濤洶湧，你意下如何？」馮拯囁嚅不敢言。丁謂想了想，將崖州改為雷州。

雖然沒將寇準趕到崖州，但丁謂又設了一計，想逼寇準自盡。他請劉太后派一個內侍到道州向寇準宣讀貶謫他的聖旨。內侍帶了一柄寶劍，將它繫於馬頭邊。到道州時，正趕上道州大小官員與寇準這個九品小司馬聚宴。大家一見到攜帶寶劍的內侍，無不相顧失色，以為寇準將被就地斬首。寇準神色自若，對內侍說道：「如果朝廷將我賜死，就讓我看看敕命再死吧！」內侍不得已宣讀貶謫敕命。寇準當即請身邊一位從九品官員脫下官服借給他，立即上路趕往新貶之所雷州，一路上謝絕了各地州縣官對他的接待，沒有給丁謂留下新的把柄。

五個月後，得意忘形的丁謂在安葬真宗的大事上犯了大錯，被劉太后下定決心予以剷除。這時草擬聖旨的是馮拯。他給丁謂擬定的貶謫地是崖州。寇準沒去，丁謂自己去了。

被貶雷州一年之後，寇準病故，終結了他曾經轟轟烈烈也曾經寂寞孤獨的一生。死前不久，他讓家人趕緊到洛陽家中取來通天犀帶。當年，太宗皇帝得到兩條通天犀帶，太宗自己留了一條，另一條賜給了他認為是國家棟梁的寇準。家人取來犀帶後，寇準虔誠地沐浴，然後穿上朝服，佩上犀帶，向北拜了幾拜，回身上床，閉上雙眼，長逝而去。國家忘記了他，但他沒有忘記國家。

寇準生前最後交往的人是丁謂，那是丁謂被貶崖州後路過雷州時。他們沒有見面。寇準的門生和僕人聽說丁謂路過雷州，想找丁謂算帳，寇準將他們全部鎖在房內。丁謂求見寇準，也被寇準拒絕，但寇準另遣人送了一隻羊給丁謂。寇準以澶州之戰時的那般大氣，了結了他與丁謂的恩怨。

寇準死前，最惦念他的是先他而去的真宗。真宗大病之後時而清醒時而糊塗。清醒時，他會問：「為什麼許久不見寇準？他上哪兒去了？」糊塗時，會說：「寇準在道州當司馬，官小了點。」丁謂、馮拯、錢惟演等人聽了會趕忙說：「自從趕走了寇準，朝中清靜了許多。寇準包藏禍心，要在唐朝時早被處死了，是陛下寬仁，對他網開一面。」真宗也會真的如此認為，答道：「是啊，我一直在庇護他。」

許多人在得意之時，總是意氣風發，甚者頤指氣使，更甚者狂妄自大、不可一世。其實，這個世界上的任何一個人，總有被人指點評判的時候，有的是在他還在世時，有的是在他死後。這個時候，能讓他永遠意氣風發的是他曾經給予別人的恩德，而不是他生前擁有的權勢。

寇準有一些讓人難以忍受的毛病。他太過剛直，不太在意別人的感受；他個人好惡感太強，自己欣賞的人就想方設法加以推薦使用，不合己意者則加以排斥。他甚至多次在真宗面前排擠在關鍵時刻幾次幫助他的名相王旦。但是，同這些毛病相比，寇準對國家的貢獻無人可以逾越。建立大宋的是太祖趙匡胤，而打下宋朝近一百二十年邊界安寧基礎的是寇準。他的這些個人性格中的缺陷，遠遠不足以抹殺他對國家的貢獻、他對國家的忠誠以及他安邦治國的能力。

既然如此，那為什麼寇準又會以淒慘的結局結束他曾經輝煌的人生？

表面上看，寇準是毀於王欽若、丁謂、錢惟演等人之手。但歸根結底，官場上正氣不舉、邪氣猖獗，士大夫們道德墮落，是殺死寇準的罪魁禍首。

什麼是士大夫？士大夫就是「學而優則仕」的士人，就是學問高了就當了官的知識分子。王、丁、錢等人都是那些飽讀聖賢書聽遍天下義、寒窗讀罷苦盡甘來的士人之中的佼佼者。但是這種士人中的精英一旦背棄了他們所應遵循的儒家道德，為攫取個人私利、發洩個人私憤而置國家利益和人間道義於不顧，懷爾虞我詐、相互傾軋之心，無推心置腹、坦誠相待之見時，那麼他們對於同類的傾軋和陷害是最徹底、最惡毒的。

寇準的遭遇充分說明兩個道理：第一，學問滿腹不見得就覺悟了聖賢之義、做人之理；第二，官職再高未必就不會道德墮落、喪心病狂。

可悲的是，寇準幾次被貶，士林萬馬齊喑，幾乎沒有一個人站出來為他鳴冤叫屈、伸張點正義。如果說還有人替他說一句公道的話，恐怕只有李迪一個人。

李迪是太子趙禎的老師。在寇準罷相後，真宗曾想讓李迪擔任首相，但為錢惟演譖言所阻。不過真宗還是任命他為次相，與丁謂、馮拯為伍。丁謂掌握大權後，不斷排擠李迪，讓李迪憤懣不已。

一天凌晨上朝前，雙方在待漏院爭執起來，李迪一時忿起，用上朝時所持的笏板砸向丁謂，被丁謂躲開。二人爭執到真宗面前，李迪破釜沉舟，對真宗道：「丁謂奸邪弄權，天下畏懼！」又道：「寇準無罪，卻被他們陷害！」還說：「錢惟演與丁謂是姻親，互相包庇！」

結果，李迪被當作寇準一黨，先貶鄆州，再貶衡州。李迪從鄆州到衡州時，丁謂故技重演，將對付寇準的那套「馬首懸劍」用於李迪身上。李迪是實在人，以為朝廷真要賜死，即引劍自刭，好在兒子李柬之在一旁搶過劍來，李迪才沒有冤死。

除了李迪幾乎以生命為代價的抗議，似乎再沒有什麼人出來為寇準伸張正義了。

崔少微歎息什麼？大宋建立七十餘年了，仍然邪氣盛行，士風仍與五代時期沒有兩樣。但是范仲淹比他樂觀。凡事盈滿則虧，虧極復盈。「世間的正氣終究不會喪亡，必然會在我大宋興盛。只不過需要些時日，讓士大夫輩能夠自我覺悟。」范仲淹是這麼認為的。

崔少微卻不這麼看。「如今不缺時日，缺的是領袖群倫之人，為士人垂範，引領士風，開我大宋士林風氣之先！」

范仲淹擺了擺手：「開創一代風氣，不是一人二人之力所能企及的。天下士人與其期待他人振臂高呼，不如自己勇為天下之先。如果人人都有此心，何患風氣不振？」

崔少微道：「一人二人振聾發聵的功用，有時勝過百年的等待。領袖群倫，不是一般人所能為。有的人有心無力，有的人有力無心。」

「在我輩眼中，范公應當仁不讓。范公兩次上言，雖然均遭貶黜，卻讓天下士人振奮！」章岷插言道。

范仲淹心中略感不安。「仲淹所為，都是因為不可不為。凡事如果應當有所作為，仲淹必定義無反顧而為之，然而我並沒有特立獨行之意，更沒有沽名釣譽之心。」

章岷道：「范公懷君子之心，也只有君子知之。若遇到不肖小人，不論如何作為，都難逃詆毀。」

崔少微道：「希文所慮，亦為長遠。君子無私無利，但卻容易因此被小人污衊為沽名釣譽而進行中傷詆毀。」

三人沉默片刻，崔少微繼續說道：「話雖如此，然而國運繫於士風。士風不振，國運不昌。周公有言：『皇天無親，唯德是輔。』誰有德，天意就向著誰。孔子說：『大德必得其位。』何謂有德？我大宋與士大夫共天下，有德者，即有德之君與有德之臣。」

崔少微此言讓范仲淹感到不尋常。他沒有打斷少微先生的話。

「為人君者，都願自己的江山傳承千秋萬代。然而自古至今，哪個朝代傳至千秋萬代了？沒有一個！」

范仲淹覺得身上有些燥熱。崔少微的話，他不敢接，也不能接。可是崔少微所言，難道不是至理嗎？誰敢說自己的江山就必定能傳承千秋萬代？有千秋萬代的江山嗎？如果有，是什麼樣的江山？

「哪個朝代都不可能傳承千秋萬代。自唐堯、虞舜、夏禹開始，歷經各代，能夠傳承千秋萬代的，是有德者的大德而非他們的江山。這說明了什麼？說明我幾千年的華夏之國，道德的傳承是永恆的，江山的傳承是短暫的。真正的有德者必然深知：幾千年的道德傳承重於江山的權力傳承。只傳自己的江山權力不傳華夏的道德傳統，不是有德者，是自私自利的無德之人，其江山終究是傳承不下去的。有千年萬年之德，才可能有千年萬年之江山！」

聽到這裡，范仲淹大汗淋漓。

崔少微仍然不緊不慢地說著：「如今的士風，關乎我大宋道德之傳承。有德，才有江山；有德，大宋的江山才能穩固。我朝自太祖立下規矩，要與士大夫共天下。天下之興在於士大夫之興，天下之失在於士大夫之失。天子失德，未必失天下；士大夫失德，必失天下！因此，士大夫有德，才能當得起我太祖與士大夫共天下的期望！」

崔少微站了起來：「希文，遍數當今中國，有如此見識者能有幾人？或者說，還需要多久才能出現有如此見識之人？」

相信崔少微還有一句不能明說的話，再或者說：待得人人都有如此見識的時候，這江山還來得及傳承下去嗎？

范仲淹也站了起來。天上又飄起了細雨，讓他燥熱之後感覺有些寒冷。但他更感到心情沉重，而且是十分沉重。

8

桐廬之行，是范仲淹到任以來的第一次出遊。遊歷山川，是那個時代名士官員、騷人墨客休閒交遊、感懷寄興的重要方式。

此前的一個多月裡，范仲淹沒有閒暇出遊。他一到任，就接連訪見縉紳官宦、秀才書生、農夫商人，了解民情、廣採民風。

睦州物產豐富，如果不是旱澇凶年，百姓多數時候衣食無憂。但是兩浙民風躁而不剛，不從規矩。強悍之家，自然就是霸主；貧懦之人，自然逆來順受，這似乎是天經地義。而讀書之人，只知書中之文，不知書外之理，讀書的意義似乎只有功名利祿。

范仲淹的施政似乎也簡單。他自真宗大中祥符八年進士及第以來，至今擔任過十六年的州縣官員，深知黎民疾苦和百姓好惡，也深知民間奸猾之徒的狡詐和官府弄權之吏的貪瀆，一州一縣的治理行政對他來說不是難事。因此，對豪強之族，他曉之以情理、戒之以法令；對貧賤之民，存之以仁慈、施之以寬恤。總之，就是抑豪強、扶貧弱。這是國家和諧的至理。至於讀書人，他們是國家興亡的決定因素。如果讀書人連禮義廉恥都不顧，那麼國家的衰亡也就不遠了。七年前，范仲淹曾執掌著名的南京應天書院的教學，從學者中後來名滿天下的不在少數。范仲淹謹守師門教訓，接見睦州的學子，教誨他們以文章博學、以禮義約束。沒有標新立異，更沒有猛政暴斂，睦州民風卻漸有變化，民風日有更新。

從桐廬回到建德，章岷立即準備修建嚴子陵祠堂事宜。范仲淹則在處理了一些簡單公務之後，靜下心來與師友同僚們互致音信問候。

他首先給晏殊回了一封信。

范仲淹從京城剛到睦州，晏殊的信也隨之而到，這讓他十分感動。晏殊的來信中沒有政治，只有詩文。范仲淹回信盛讚睦州風光，還回贈了在睦州與同僚唱酬的詩歌一軸。

范仲淹的第二封信寫給滕宗諒。

滕宗諒與范仲淹是同年進士。在諸多同年之中，范仲淹與滕宗諒交誼最深。九年前，范仲淹在泰州為官。泰州地域臨海，每遇風災，海浪捲湧而來，毀壞民田無數。此地原來有攔海堰壩，但年久失修。范仲淹經反覆考察，促請朝廷同意重修捍海堰。滕宗諒當時在泰州任軍事推官，受命與范仲淹同修大堤。大堤將成之時，狂風大作、雨雪紛飛，滔天的海浪沖垮了一段大堤，築堤民夫和兵士四處奔逃。滕宗諒站在大堤上，毫無懼色，有條不紊地指揮兵民撤離。天聖七年末，范仲淹因為上書議論太后誕辰禮儀和請太后還政事被貶，不久後滕宗諒也因上書請太后還政遭貶。他們有許多相通之處。

范仲淹也給滕宗諒寄去詩歌一軸，並請他轉呈諫院諸位同僚指正。

八月的南方，秋暑肆虐。

范仲淹處理完公事，在官舍閱讀朝廷發來的最新邸報。本期邸報有幾個重大消息。

第一個消息，是三司使范諷被貶出朝廷，出任兗州知州。范諷刻意結交宰相呂夷簡，希望呂夷簡向仁宗推薦自己進兩府。可是呂夷簡忌諱他的刻薄，擔心他進入宰執班子後對自己不利，因此始終不吭聲。於是范諷開始挖呂夷簡的牆腳。他在仁宗面前多次揭參知政事王隨的短處。王隨尸位素餐、能力平庸是眾所皆知的，但他是首相呂夷簡的同黨，因此呂夷簡多次在仁宗面前替王隨說話，並稱范諷有意排擠王隨。范諷一急之下，向仁宗奏道：「有人說臣意圖擠走王隨而取代他，這是誹謗！陛下可以將我先行貶黜，再讓那些奸邪之臣也離開朝廷，如此朝中就乾淨了！」仁宗將范諷之意轉告呂夷簡，呂夷簡正好順水推舟，說動仁宗將范諷貶出，而呂夷簡、王隨之流在朝中則更加安坐如山。

第二個消息，是仁宗詔令將尚、楊兩位美人逐出內宮。其中，尚美人為道士，楊美人在皇宮外別宅安置。邸報中沒有說明的兩位美人被逐原因是：郭后被廢后，仁宗皇帝與兩位美人更加歡愛。幾個月下來，仁宗終因不敵美人之嫵媚而病倒。楊太后得知此情，趁仁宗病中無暇顧及之時，命閻文應將二人趕出宮去。仁宗病癒後，不得已下此詔書。

還有一個消息，讓范仲淹心中產生了一絲憂慮。本月初，元昊聲稱大宋的慶州以兵馬入侵，他因此親自率兵一萬前來報仇。宋軍不明對方底細，守將只派了七百名士兵與元昊對壘於慶州龍馬嶺，結果宋軍被元昊聚殲。為此，朝廷下詔訓誡元昊不可生事。

天聖九年，元昊之父、西平王趙德明病亡不久，朝廷下詔以元昊襲封西平王。經過趙德明時期的攻佔和經營，西夏到元昊襲封時，東盡黃河，西至玉門，南至蕭關，北控大漠，方圓數千里，其勢力遠非一諸侯巨藩可比。元昊以其西平王之尊，親自率重兵與朝廷計較睚眥小事，其用意令人擔憂。

范仲淹沒有太多的時間琢磨和擔憂。他接到朝廷敕命，讓他移守蘇州。他沒想到這麼快就離開睦州，更沒想到會到蘇州任職。蘇州是大州，由睦州改知蘇州是待遇上的改善，何況蘇州還是他的祖居地。

到蘇州赴任，范仲淹選擇走水路。水路到蘇州，仍然要走富春江。

行到桐廬，范仲淹讓船東將船靠岸。

他先到南岸拜訪崔少微，但沒有見到少微先生。崔少微出遊去了，不知何時回歸。范仲淹心中悵然若失。

他又讓船東將船靠到北岸。

白牆灰瓦的嚴子陵祠堂坐落在嚴子陵釣臺上，面向大江。章岷主持修建祠堂再次展現了他的幹練。祠堂的布局一如范仲淹所期望的那樣。祠堂內，子陵先生的塑像矗立於正中，先生披蓑戴笠，神態安逸，像前几案的香爐上香霧繚繞。祠堂後院，住著幾戶人家。他們是章岷根據范仲淹的指示尋訪到的子陵先生的後裔，在此負責奉祠祭祀。正中堂屋，可供遊人飲茶休憩。

祠堂外，在正門的左側立著一塊石碑，上面刻著范仲淹親自撰寫並親筆書碑的《桐廬郡嚴先生祠堂記》。雖然這篇文章中對嚴子陵和光武帝品德的褒揚引用了《易》中的卦辭，讓今人感覺有些深奧難懂，但它文采斐然，氣勢豪邁，立意深遠。其中尊崇光武帝與嚴子陵的觀點別有見地。

范仲淹認為，光武帝身為萬民之主，若論地位，普天之下無人能及，但是嚴子陵卻能夠以自己淡泊名利的高風亮節超越他；嚴子陵的高風亮節普天之下無人可比，但是光武帝卻能夠以自己對嚴子陵的折節敬重而超越他。是嚴子陵成就了光武帝的聖明，是光武帝成就了嚴子陵的高潔。獨立的人格至高無上。這個觀點或許是《桐廬郡嚴先生祠堂記》這篇短文成為千古名篇的主要原因。

文章是這樣寫的：

先生，漢光武之故人也，相尚以道。及帝握赤符，乘六龍，得聖人之時，臣妾億兆，天下孰加焉？惟先生以節高之。既而動星象，歸江湖，得聖人之清。泥塗軒冕，天下孰加焉？惟光武以禮下之。

在〈蠱〉之上九，眾方有為，而獨「不事王侯，高尚其事」，先生以之。在〈屯〉之初九，陽德方亨，而能「以貴下賤，大得民也」，光武以之。蓋先生之心，出乎日月之上；光武之量，包乎天地之外。微先生不能成光武之大，微光武，豈能遂先生之高哉？而使貪夫廉，懦夫立，是有大功於名教也。

仲淹來守是邦，始構堂而奠焉，乃復為其後者四家，以奉祠事。又從而歌曰：「雲山蒼蒼，江水泱泱。先生之風，山高水長！」

第二章

君子何所憂

如果有道德覺悟而沒有能力，往往會在愛國之餘誤了國家；沒有道德覺悟卻又能力很強，則會發揮他們以權謀私的特長；既無德又無能之輩，則會讓百姓失去對國家的信心。

1

天還只是濛濛亮，但可以看出又是一個陰天。

仁宗坐在御座上，臉上怒氣未消。這是景祐元年的十二月十七日，是上朝理政的日子。自從四個月前大病一場之後，仁宗接受輔臣的建議，每逢單日才上朝處理政事。雖然身體早已康復，但單日視朝的決定沒有取消。

幾位宰相和參知政事小心翼翼地在下面站立著。他們剛剛商議完對李安世的處理意見。

李安世是泉州同安縣的縣尉，一個從九品的最低級官員。他上書朝廷，批評仁宗政務荒廢，指斥輔臣廣市私恩。仁宗政務荒廢的事例是寵近女色，甚至讓上天都有所怒，使得最近氣候反常；輔臣廣市私恩指的是宰執們將官員的任命當作個人之恩，使得被任命者對識拔者感恩戴德而不是感激國家。

李安世雖然官職卑微，但他有向皇帝上書的權力。保障他上書權力的是匭函制度。各級官員都可以將自己對朝政和地方政事的意見，按照規定投進京城登聞檢院的木製匭匣之中，由檢院的官員負責提交給皇帝。不論是古人還是今人都常說「言路閉塞」或「廣開言路」。什麼是「言路」？「言路」就是能夠將自己的意見送達最高決策層的管道。大宋的言路有許多條，登聞檢院只是其中之一。其實不只是官員，平民也有機會，只不過平民不是上書，而是在登聞鼓院擊鼓鳴冤，由鼓院梳理情由後上報。

李安世一個小小的地方官員，竟然毫不客氣地將皇帝和宰相大加撻伐，妄議朝政，這真是毫無規矩！仁宗和宰臣們達成了一致意見，將李安世流放邊遠地區。

議完對李安世的處理，首相呂夷簡稟告了一件讓人高興的事，使得君臣們臉上有了些喜色。交趾的南平王李德政派人進貢了。貢品是兩隻馴象，十分稀奇。但這不足為樂，難得的是南平王連年進貢，在各藩屬國中最是虔誠。君臣議定，給南平王的兩個使臣封官，一個封太子中允，一個為大理寺丞，並賜給二人三品官員的服飾。

從南平王進貢，宰臣們又說起今年四月高麗國王特意送進士康世民到中原赴殿試一事。雖然當時殿試已過，但仁宗還是賜康世民同進士出身並列入當年的進士榜中，高麗一國均感榮耀。高麗國自唐末以來幾乎年年遣使進貢中原，三年一次的進士考試也常有高麗士子參加。太宗時，高麗信州永寧人康戩還就學於國子監並於太平興國五年（九八〇）進士及第，在中原官至工部郎中、轉運使。

自真宗天禧年間開始，因為受到契丹逼迫，高麗已經多年沒有派遣使臣謁見進貢了，但高麗一國仍然心繫中原。後來的一位高麗王王徽曾寫過一首詩道：「宿業因緣近契丹，一年朝貢幾多般。忽蒙舜日龍輪召，便侍堯天佛會觀。燈焰似蓮丹闕迥，月華如水碧雲寒。移身幸入華胥境，可惜終宵漏滴殘。」高麗王常恨不能生於中國，曾於上元節的夜裡夢見大宋天子召喚，陪天子觀燈於京城開封，醒來後即作此詩以紀念。周武王滅商後，將商朝的賢臣箕子分封於朝鮮之地，建立了箕子朝鮮侯國。因為箕子之故，箕子朝鮮歷代都被中原稱作君子之國。高麗王的謙謙君子之風，恰與西夏元昊對朝廷的不恭敬形成鮮明對照。

不過，元昊近來似有改善之意。幾天前元昊派使臣進獻了五十匹馬，同時求取佛經一部。遵仁宗聖旨，有關官員已備好佛經，將於近日交予元昊使臣。自天聖九年元昊襲封西平王以來，夏兵屢屢侵擾大宋邊界，朝廷幾次下詔訓誡但未見其有所收斂。此次元昊獻物求經，可見其仍然心羨中原。看來，元昊還是能像他的祖、父一樣誠心臣事大宋，這真是讓人欣慰。

君臣們接著又議了幾件繁雜的政事。

蘇州知州范仲淹奏請將新建的學校列為州學，成為官辦學校，宰執們都同意。范仲淹到蘇州後又辦了幾件好事，建立學校是其中之一，據說他還延請了泰州如皋的名儒胡瑗到蘇州任教。

仁宗想起了一件事。滁州舒城縣自南唐國時期就負擔了每年七千三百五十斤的茶賦作為軍需所用，當地百姓深受其苦。半年前范仲淹奉旨安撫賑濟江淮災民，回京後奏請朝廷免除此賦。范仲淹隨後被貶出京，此事未再提起。仁宗今天想起來，便讓中書省擬旨，照范仲淹當初的意見辦理。

還有，虔州自今年六月初受災以來，許多貧民仍然苦於生計。仁宗決定將虔州上供京城的米減少三萬斛，讓虔州出售後所得款項用於賑濟貧民。

最近仁宗有幾個特別賞賜，他吩咐不要從三司主管的國庫開支，而是從皇帝的內藏庫支出。內藏庫就是當年太祖準備用來收復燕雲十六州的封樁庫。仁宗的這幾個賞賜是：陝西環慶路參與對西夏軍作戰的士卒賞錢若干；河北天雄軍修復金堤河的士卒和民夫賞錢若干；在京的禁軍各衙門賜給柴、炭以供來春禦寒。

宰相稟奏說今年各地農田收成很好，但是恐怕明年有蝗蟲災害，因此建議讓各路轉運司招募農民掘地挖蝗子。仁宗同意此議，並讓各地衙門通告百姓：挖出蝗子每升賞錢二十。

京城有些民舍侵佔街道，前日開封知府奏請將侵佔街道的那一部分民居一律拆除。今天議定，同意開封府的意見。

三司奏報稱京東、京西、陝西、河北、河東、淮南六路有許多農戶舉家出走，目的是逃避官府的徭役，有的是將家產變賣後遷徙到京城，有的甚至是一族之人分散各地。中書省的意見是請六路轉運司巡察各州縣，查處制止這一現象。

最後，仁宗告訴大家，他譜寫的樂章基本完成了。今後每三年的南郊祭天、謁告宗廟，典禮上都演奏他譜寫的樂曲。

議事方畢，一名內侍喜氣洋洋地上前稟報：下雪了。

走到殿外，飄飄灑灑的雪花落在了仁宗頭上，把仁宗心中的陰霾一掃而光。入冬以來一直沒有下雪，一些官員認為這是因為朝政不健康，對仁宗總有諷諫。此外，一冬無雪，也不利於來年的農田收成。為此，仁宗曾於半個月前專門前往開寶寺、上清宮、祥源觀和會靈觀四地祈雪。今天這場雪，真是一場瑞雪啊！

仁宗臨時決定賜宴近臣，在中書省擺宴。

宰輔大臣們也很高興。仁宗近來總是愁眉苦臉，讓他們很揪心。

但是仁宗的好心情沒有持續幾天。

破壞仁宗心情的是監察御史里行孫沔。里行，是候補之意。孫沔以直言不諱著稱，但他當監察御史的資歷不夠，所以先任里行。

孫沔上章仁宗為李安世求情。「皇帝專門設置了匭函接受臣民投書，為的是虛心聽取諫言，因此應當秉承言者無罪的原則。雖然李安世狂悖妄言、死有餘辜，但他忠心一片。陛下是盛世聖主，難道還害怕獻忠之言？」

這些話還說得有道理，但另一些話就讓仁宗惱火了。「自從孔道輔、范仲淹被貶黜以來，人人只知明哲保身，苟且偷安。李安世之言，至少能讓偷安之士心懷愧疚。如果對安世加以嚴懲，只恐言路更加閉塞，後世的史官對陛下也不會有所好評！」

幾天後，孫沔被貶為潭州衡山縣知縣。貶謫詔書還沒有下達，孫沔又上一書。這時他還不知道自己即將被貶。

第二次上書，孫沔已經不是替李安世求情了，他儼然一副李安世第二的面孔。

他先批仁宗不勤政。「陛下如今一個月之中只有半個月的視朝時間。其中還要扣除十天一日的休沐假，再加上喜慶節日，這僅有的半個月時間又要減去三分之一。陛下退朝之後，左右之人不是刀鋸虧殘的宦官，就是豔冶綺紈的佳麗。如此，豈不要荒廢天下的政事？」

接著再批朝政之亂。「邪佞之人退而復興，忠諫之士黜而未用！」

仁宗感到氣憤。他不是昏庸無能的昏君，也不是凶惡殘暴的暴君。他對黎民百姓由衷地關切，對內外官員十分寬容，為什麼還總是讓一些人不滿？後宮縱情確實不對，也讓他付出了大病一場的代價，但尚美人和楊美人不是已經被逐出宮去了嗎？何以對此還糾纏不休呢？

宰執中也有人十分氣憤。孫沔之輩雖然沒有明言，但是他們與三個月前上書被貶的諫官滕宗諒一樣，名為勸諫皇帝不可耽於聲色，實際上都將矛頭指向宰輔大臣。什麼「罷公卿大夫之中不才諂佞之人」，古時公卿大夫，不就是如今的宰相重臣嗎？什麼「邪佞之臣退而復興」，呂夷簡曾被罷相後又重新起用，這句話不就是說他嗎？

孫沔犯了眾怒。七天之內，剛剛過完景祐二年（一〇三五）的元旦，他就第二次被貶，到偏遠的永州監酒稅去了。

仁宗怒氣未消，回到後宮與皇后曹氏談起了孫沔危言聳聽之事。誰知皇后卻誇讚孫沔，稱皇帝就應當有這樣的直臣，才能時時心中惕然，使邪佞之人無機可乘。

皇后一席話讓仁宗更加鬱悶。

新皇后曹氏，是開國功臣、名將曹彬的孫女。名將之後，家教嚴謹。她熟讀經史，學識不淺，卻又為人謙謹節儉，謹守婦道。

曹氏被立為皇后純屬偶然。她是郭皇后被廢黜後才進宮的，進宮九個多月即被立為皇后。在她之前，尚、楊兩位美人極為受寵。尚、楊被楊太后趕出宮後，曹氏也並非皇后的第一人選。有人向仁宗進獻了壽州商人陳子城的女兒，仁宗十分喜歡，楊太后更是滿意，於是仁宗有立陳氏之心。宰相呂夷簡、參知政事宋綬、樞密使王曾、副使蔡齊等得知後，都認為陳氏出身低微，勸諫仁宗勿立陳氏，楊偕、郭勸等臺諫官也上書反對，但仁宗不為所動。

一天，仁宗親自查閱日期，準備冊立陳氏。閻文應的養子閻士良在太醫院任御藥院主管，當時正在皇帝身邊服侍。他找個機會明知故問：「陛下為何親自查閱日期？」仁宗答：「難道你不知道我要冊立皇后了嗎？」閻士良道：「莫非是陳子城之女陳美人？」仁宗開心道：「正是！」閻士良壯著膽子道：「陛下不知道子城是何人嗎？子城者，子城使也。子城使，是大臣家中奴僕的官名，陳子城是花錢買了此官。陛下立大臣奴僕之女為后，豈不讓公卿大夫羞愧？」仁宗聽罷，目瞪口呆，半晌方道：「若非卿言，幾乎大錯！」立即讓人將陳氏送出宮去。就這樣，才決定立曹氏為后。

歷史往往具有極大的偶然性，而這種偶然卻往往又對後來的歷史產生了重大影響。十三年後的慶曆八年（一〇四八）十月的一天，仁宗夜宿於皇后所居住的坤寧殿，幾名宮廷衛士突然作亂，半夜圍攻坤寧殿，幾乎破門而入。關鍵時刻，曹皇后展現了將門之後的風采，一邊派人召守衛部隊救援，一邊指揮僅有的幾名宦官、宮女抵禦叛亂衛士，終於化險為夷。

再往後三十一年的元豐二年（一〇七九），大文豪蘇軾遭遇「烏臺詩案」。因為反對王安石變法，蘇軾被蛻變為政治鬥爭工具的御史臺誣告誹謗皇帝，贊成變法的宰相和司法部門一致要求處死他。神宗皇帝左右為難。他不想殺蘇軾，但朝中要求處死蘇軾的勢力太強大。這時，神宗的祖母，已經病危的太皇太后曹氏對孫子說道：「記得仁宗皇帝在蘇軾兄弟考取進士的那天十分歡喜地對我說：『今日為子孫錄取了兩名宰相。』蘇軾有才、有德，他再有過錯，也不至於誹謗皇帝。我病重如此，皇帝也不必為我大赦天下，只要饒蘇軾一死就行了。」蘇軾因此免於一死，這顆中國歷史上燦爛的文學巨星才得以繼續閃耀。

而景祐二年正月的曹氏，還只是年僅十九歲、剛剛被冊封不到半年的新皇后。她的見識讓人敬佩，但是仁宗此時的心情不好。仁宗是個好脾氣的皇帝，他即使不高興，也極少發作。曹皇后讓他不高興，他也不發作，只是在這時想起了被廢黜的皇后郭氏。

郭氏脾氣大，也正因為如此，她的敢愛敢恨別有一種讓仁宗難忘的情懷。當初仁宗有新歡尚、楊兩位美人，加上一些人推波助瀾，他一怒之下廢了郭氏，可是畢竟多年的夫妻情分，難以割斷。仁宗獨自回宮，歎了口氣，給郭氏寫了一首詞《慶金枝》，讓身邊的內侍給郭氏送去。

萬事皆有緣，一件事往往為另一件事埋下了伏筆，誰能想到一首詞會成為斷送郭氏性命的引子。

2

延羲閣在崇政殿之西，它和迎陽門北的邇英閣都是仁宗新闢的專門用於聽講的場所。

皇帝聽講，就是請朝中飽學之臣講解歷史、誦讀古代名篇。給皇帝講讀，等於給皇帝授課，是十分榮耀的事情。皇帝對於講讀之臣也往往優禮有加：講讀官可以穿鞋進殿，除了講讀者站立外，其他講讀官由皇帝賜座、賜茶，講讀完畢，皇帝往往還賜給親自寫的飛白墨寶甚至賜宴等。這些待遇，就是宰執們都享受不到。

講讀官中最為人熟知的、最受皇帝禮遇的是孫奭。孫奭是儒學奇才。他自幼在鄉中從學，老師病逝後，同學之人轉而跟他學習，成了他的學生。他在太宗時給國子監的太學生授課，在真宗朝給各位王子講學，仁宗即位後就給仁宗講讀。他講讀時，仁宗總是恭恭敬敬地聽著。那時仁宗還年幼，有時難免走神，孫奭就停止講讀，低眉垂目，拱默不語，此時仁宗就會趕緊回神，繼續恭聽。孫奭七十多歲時反覆請求致仕（退休），仁宗懇留了他幾個月才放他回鄉。今天的兩個講讀官中，有一位賈昌朝，就是他的學生。賈昌朝當講讀官也是孫奭致仕時推薦的。孫奭推薦的人，仁宗都相當看重。可惜，雖然孫奭自己學富五車、一身正氣，但他推薦的人卻證明他不是一個太有眼光的伯樂。

皇帝聽講有季節安排，通常分兩季。春季是二月中至端午節，秋季是八月中至冬至日。現在是正月，不是聽講時節，但仁宗新設了延義閣和邇英閣，心中高興，因此特意在今天聽講。陪同聽講的一般是侍從近臣，宰執輔臣們一般只在每季的開始和結束時陪同，但今天仁宗讓他們也一同聽講。

這天講讀的內容是唐朝的「牛李黨爭」。

什麼是牛李黨爭？就是以牛僧孺為首的一批官員和以李德裕為首的一批官員之間長達幾十年的政治爭鬥。

牛李黨爭是唐朝中晚期影響巨大的事件。牛黨和李黨，這兩個不同的政治派別爭鬥四十多年，影響了中晚唐的政治、經濟、文化等各個方面。其他方面且不說，就以這時期的文學為例。白居易有詩長歎：「同是天涯淪落人，相逢何必曾相識！」這是千古名篇〈琵琶行〉中的句子。李商隱有詩悲吟：「相見時難別易難，東風無力百花殘。春蠶到死絲方盡，蠟炬成灰淚始乾！」這是〈無題〉中的名句。這些為今人所熟知的千古絕唱，都是作者遭受牛李黨爭之害後的泣血之作。白居易、李商隱以及他們同時代的幾乎所有政治人物的身上，沒有不打上牛李黨爭烙印的。在這個政治漩渦中，有人想逃避，但欲遁無路；有人想參與，結果是傷痕累累。

可歎的是，不論牛黨也好，李黨也罷，兩個陣營中的多數人都是國家的精英，都忠於國家、忠於皇帝，陰險奸詐的只是少數。

牛黨領袖牛僧孺和李黨領袖李德裕都是唐朝中後期的著名宰相。他們品行端正、能力卓著、好學博聞、文采斐然。如果要說他們的不同之處，或許可以從兩個方面來看。第一，出身不同。牛黨多數出身庶民，是通過寒窗苦讀、靠科舉制度進入國家政治舞臺的，而李黨多數是靠祖輩、父輩享有的蔭補之恩，不經過考試直接為官的，如李德裕就是靠父親的蔭補為官，但是蔭補也是國家制度，天經地義。第二，政見有所不同。牛黨溫和、保守，與人為善，主張維持國家現狀；李黨強硬、進取，主張弱化各地藩鎮之權，強化中央的管理能力、維護皇帝的權威。

其實，如果一心為公，出身差異、政見不同又有何妨？任何出身的人，都有賢有愚、有忠有奸。同樣道理，任何政見都有利有弊。再好的政見，一旦極端化，都會物極必反。如果再加上意氣用事，那結果跟主政之人是好是壞就沒有關係了，十有八九會誤國的。

牛李雙方結怨始於李德裕的父親李吉甫當權之時。唐憲宗元和三年（八〇八），二十九歲的牛僧孺與後來成為牛黨另一領袖的李宗閔在科舉考試時，毫無顧忌地指陳時政，批評弊端，得罪了時任宰相的李吉甫，被輕用到地方當小官，並多年不被提拔。李吉甫死後，牛僧孺等人才得到重用。李吉甫死了，但他的兒子李德裕卻在朝中擔任要職。父債子還，黨爭之禍從此開始。可是李吉甫也不是一個奸臣，相反，他對國家也是嘔心瀝血，是當時朝廷的重要支柱。

黨爭究竟爭的是什麼？主要就是兩點，但對國家而言卻是十分要命的兩點。

一點，爭的是權。哪一黨上臺，另一黨基本上全部貶光。管他政見如何、品行如何、能力如何，只要不是自己這一黨，一概貶到地方，甚至偏遠之地。而只要是本黨本派之人，不管他品行良莠、能力高低，都毫不猶豫地加以重用。這是一種以政治血緣決定一切的政治手法，目的是擴張自己的政治勢力、延續自己的政治生命。這種政治血緣論無論其實施者主觀上如何高尚，客觀上都是對國家有害的，反映出的是狹隘、自私的心態。

另一點，爭的是政。只要一黨當權，另一黨制定的政策措施不論是對是錯全部都改弦更張，推倒再來。如果兩黨都有人在朝中任職，那麼針鋒相對之事更是時時發生，即使在皇帝面前也毫不相讓，而朝政往往為此被耽誤，以至於唐文宗無可奈何地慨歎：「去河北賊易，去朝廷朋黨難！」當時河北的藩鎮割據傾向嚴重，動亂不已，唐文宗居然認為黨爭比河北的亂賊還讓他煩心！

黨爭雙方為了戰勝對方，都需要同盟軍。那時最有分量的同盟軍有兩種人。一種是宦官；一種是藩鎮，即各地手握財、政、軍重權的節度使。這兩種同盟軍都是虎狼之輩，與他們結盟等於飲鴆止渴、養虎遺患。唐朝的滅亡，終究是亡於宦官和藩鎮之手，而朋黨之爭對此難辭其咎！

聽罷講讀，仁宗歎道：「中唐以後，憲、穆、敬、文、武、宣數帝都不算昏庸，所用大臣也都是一時俊傑，可是他們卻不能振興大唐國運。究其根本原因，都是朋黨之禍！」

宰相李迪附和道：「因此我太祖建立國朝之後，以前代衰亡為鑑，防朋黨、戒小人，確實能防患於未然。」

呂夷簡另有理解：「太祖高瞻遠矚，防患未然，使我朝至今沒有外戚干政之虞、宦官亂政之害、藩鎮割據之機等前代種種禍害。但這些禍害都可見於形，只要有心，防之不難。而朋比為黨卻難以眼見，因此需時時警惕，千萬不可掉以輕心。萌芽將生之時，就應當予以剪滅！」

李迪繼續闡述自己的觀點：「立身端正，心中無私，自可無黨。我朝立國至今，若說有過朋黨之患，那便是王欽若、丁謂之輩朋比為黨，陷害忠良。因此，如果人人懷坦蕩之心，自然無朋黨之患。」李迪吃過朋黨的苦頭。當年丁謂、錢惟演將他與寇準打成一黨，先後貶謫，還差點把他逼死。

呂夷簡不贊同李迪之言：「並非有心結黨才是朋黨。雖然無心結黨，但如果只因意氣相投便事事附和，那也是朋黨。」

其他輔臣加入了爭論。參知政事王隨贊同呂夷簡之言，樞密副使蔡齊附和李迪之論。

見場面有些紛亂，仁宗打斷了他們：「自古至今，朋黨都是朝廷之患，必須預防。卿等都是國家重臣，防朋黨當從自身防起，絕不可自結朋黨！」

講讀就這麼結束了。

回到家中，李迪心中有些煩悶。他感覺到有一股以他為目標的逼人之勢。

不久前，李迪的兒女姻親范諷再次被彈劾。范諷上一次被貶，是因為在皇帝面前指責呂夷簡和王隨是朋黨奸臣。本來范諷是幫過呂夷簡大忙的。呂夷簡因郭皇后之言被解除宰相職務後，范諷在仁宗面前說了他不少好話。呂夷簡復職後，二人又合謀廢黜郭后。但是呂夷簡也忌憚范諷的刻薄，始終沒向仁宗推薦他擔任宰相，范諷因此大失所望，二人反目成仇。

范諷最近半年連遭三次彈劾，彈劾他的人都是龐籍。

半年前，當時的御史臺官員、殿中侍御史龐籍奏稱范諷曾經向尚美人之父送禮，請求將范諷送御史臺立案調查。但范諷並未被調查，龐籍卻因所奏宮中之事不實受到降職處分，到廣東當轉運使去了。

不久，龐籍又彈劾范諷，稱范諷任翰林侍讀學士時借用了幾千兩的銀器公物，在兗州買賣田產掙錢。這回核實了，仁宗下詔讓范諷歸還銀器。

就在本月初，龐籍第三次彈劾范諷。這次彈劾的理由是范諷生活放縱、不拘禮法、敗亂風俗。仁宗指示認真查處，但查處的結論是龐籍所劾與事實不符。如此，龐籍應當受到嚴懲，而范諷則可以安然無恙。但是范諷心中有氣，不等朝廷做出正式結論就擅自返回兗州，因此反而讓人抓了個把柄。如今此案已上報朝廷，只待仁宗與輔臣們商議了。

李迪覺得疑惑。龐籍與范諷以往沒有什麼嫌隙，為什麼死死揪住范諷不放？此外，在這些反反覆覆的過程中，李迪聽說朝中有此風言風語，說他袒護范諷。范諷已經一貶再貶，他能袒護得了嗎？

情況很快就明朗了。

邇英閣講讀的第二天，仁宗與輔臣商議處置范諷之事，但沒有讓李迪參與。李迪在惶惶不安中度過了一天。

第三天，聖旨下。范諷由知兗州貶為武昌行軍司馬，並撤銷他先前保留的龍圖閣學士的館閣職務。龍圖閣學士是皇帝近臣，撤銷這一職務是極為嚴厲的處分，表明皇帝已不再信任他。至於龐籍，只是由廣東轉運使降為知臨江軍。

第四天，李迪被解除宰相職務，到亳州擔任知州。兩天後，改知密州，官階由正三品直降為正四品。李迪解職的命令中嚴厲斥責他「姻聯之內，險詐相朋」，說他與自己的姻親范諷朋比為黨。

李迪始終不明白自己怎麼就成為朋黨之人了。他離京之時，門生故吏前來相送，有人點醒了他。

「相公與呂相本非一路之人，豈能共事長久？」

李迪起初還不相信。「呂公與我平時沒有什麼齟齬爭執，他怎麼會排擠我？何況他還推薦我兒出任邢州知州。」李迪之子李柬之，長期在李迪身邊輔助他。去年（一〇三四）六月，呂夷簡向仁宗推薦李柬之，將他提升為人人稱羨的館職，並出任邢州知州。

此人道：「相公還不醒悟？大郎在相公身邊，相公如虎添翼，呂相公因此設計讓大郎離去。所謂將欲取之，必先予之是也。」

後來人們的說法是：李迪與呂夷簡同為宰相，李迪為人純直，對仁宗忠心耿耿，而呂夷簡老謀深算，處事更為周到。但奇怪的是，平時議事時李迪總是有一些獨到見解，讓呂夷簡自歎不如。久而久之，呂夷簡向李迪身邊人打探：「復古的門生中有什麼高人平時與他商議大事？」復古是李迪的字。對方答說：「李相公門下沒有太出類拔萃之人，只有公子李公明為人處事深思熟慮，遠勝於其父。」李公明即李柬之。於是有一天，呂夷簡對李迪說道：「令郎公明是高才，應當重用。」李迪謙遜稱不敢當。呂夷簡說：「為國舉薦賢才是呂夷簡之職，此事復古不必管了。」不久，李柬之被越級提拔，到外地赴任。李柬之離京還不到半年，李迪就被貶謫出京。

李迪至此恍然大悟：中計了！他兩次為相，都被同為宰相的同僚排擠，並且都是朋黨的罪名，這應該就是命吧。

兩度罷相的李迪走了，兩度為相的王曾來了。王曾是從樞密使的位置上接替李迪擔任次相的。

王曾是一位資深的政治家。他在仁宗即位的那年開始連續擔任了七年的宰相，其中有六年擔任首相。王曾與真宗朝的名相王旦有一些相似之處，寬宏大度，威信極高，但他的性格中還比王旦多出了一個剛毅的優點。

真宗去世時，王曾還只是參知政事。真宗去世當天，劉太后向輔臣傳達真宗遺囑，然後根據遺囑擬定遺詔，遺詔的執筆人就是王曾。遺囑中有一句話是「軍國事兼權取皇太后處分」，「權取」是「暫時聽取」之意。這兩個字，劉太后自己在傳達遺囑時都不敢略去，而丁謂卻要讓王曾刪除。王曾正色說道：「政事要由婦人作主，這已是國運不祥。如果只是暫時的，國運還有轉寰的餘地。先帝言猶在耳，豈能妄加修改？」當時其他宰執大臣懾於太后之威、丁謂之惡，都不敢吭聲，只有王曾「正色獨立」，維護了皇權。

因此，王曾擔任宰相期間，不論是大權在握的劉太后還是丁謂、錢惟演等權臣，都對他有所忌憚。劉太后常常有一些照顧自己家人、親信的私恩，往往被王曾否定。太后要想如意，只有尋找王曾不上朝的時候。錢惟演最終官至宰相銜的節度使，卻沒能真正當成宰相，他為此抱憾終身。有一次他問王曾：「每次宰相之位有空缺，我都不在候選之列，這是為什麼？」王曾告訴他：「錢公之才遠勝於我，但始終未被大用，只有一個原因，那就是天下士人害怕錢公而不害怕我。什麼時候錢公不讓人害怕了，自然就會位登宰相！」

王曾敢於如此言語行事，自有他的依靠。他為人正派，不謀非分的個人私利，別人想抓他什麼把柄基本上做不到。常言說「身正不怕影斜」，但真正能做到的人沒有幾個，王曾是其中之一。他第一次被免去宰相職務不是因為處理政事失誤、以權謀私或舉薦不當，而是因為天災。當時王曾兼任另外一個職務，即玉清昭應宮使。玉清昭應宮是真宗耗時七年建成的宏偉道教建築群，其規模之大或許可與秦始皇當年的阿房宮相比。天聖七年六月的一個夜晚，一個驚雷帶來一把大火，將玉清昭應宮焚毀殆盡。王曾是玉清昭應宮的主管，需要為此承擔責任，劉太后趁機將他免去宰相職務，讓他到河北的天雄軍任職。天雄軍是大宋和契丹往來的門戶要道。王曾到天雄軍後，契丹使者經過此地時都要互相提醒：「宋朝王相公在此鎮守，我等都要小心謹慎！」

王曾為世人欽佩的另一個優點是舉薦人才而不存私心。

天聖六年，晏殊從南京留守回京擔任御史中丞，向朝廷推薦一名館職人選。名單報到王曾那裡，王曾把它扣住，對晏殊說道：「晏公不是知道范仲淹之才嗎，為什麼還舉薦別人呢？我已把名單扣下，請晏公推薦范仲淹吧。」於是范仲淹得以被任命為秘閣校理。

實際上，王曾在此之前與范仲淹並沒有私交。他對范仲淹的了解源自范仲淹的一封上書。在此一年前的天聖五年，范仲淹因母親去世在家守喪。這期間，他根據自己從政十幾年來對國家各個方面問題的觀察、思考和在各地為政的實踐，寫出了一篇「萬言書」，直接呈給中書省的宰執們。萬言書的核心是十條建議，它們都是針對大宋建國六十多年後國家在政治、經濟和社會等方面存在的問題而提出的。

一個在家守喪的、離職的、二等縣的地位不如知縣的縣令，官品只有正八品，他能提出什麼樣的建議？

我們可以簡單地從兩個角度看待這十條建議。

第一個角度：宋朝最重要的兩次改革，即范仲淹的慶曆新政和王安石的熙寧變法，都是以這十條建議為基礎或重要的參考。這是中國歷史上兩次著名的改革，不僅對國家的各個方面影響巨大，並且還在相當程度上檢驗了官場的道德品質。

第二個角度：整個北宋時期，向朝廷系統地提出革除時政之弊的建議者大有人在，但是這些建議沒有早於范仲淹的，其主要觀點也基本沒有超出范仲淹的十條。

正如王欽若、丁謂之輩證明了官大未必道德高尚、未必能為國家做出多大貢獻一樣，天聖五年的范仲淹證明了另一個道理，那就是：位卑者中必有高德優才之人。他們能否展現才華而使國家和大眾受益，取決於二者必居其一的兩個決定性因素：或者有一個有道明君，或者有一套好制度。

就是這個萬言書給王曾留下了深刻的印象，所以他向晏殊提出了推薦范仲淹的建議。在范仲淹擔任館職這一重要的仕途轉捩點上，王曾起到了至關重要的作用。

范仲淹在很長時間內並不知道王曾的幫助。不是王曾有意不告訴他，王曾一貫如此。他舉薦的人很多，他自己卻從不聲張，因此一般人自然也不知道。范仲淹擔任館職後，曾有一次當面批評王曾：「薦舉賢良是宰相之責。相公之賢人人傳誦，但卻缺少一個薦舉賢良的美名。」

王曾聽了也不做解釋，只是意味深長地說了一句話：「夫執政者，恩欲歸己，怨使誰當？」掌權之人如果只想著讓別人對自己感恩，那麼又讓誰來承擔怨恨呢？范仲淹後來對這句話無比佩服。

王曾的這些優點體現出他在政治上的老練。既要為國擔責，又不要讓一些人以朋黨、市恩之類的罪名對自己加以攻擊，不是一件容易的事，但王曾基本上做到了。

比如這一次仁宗讓中書省提出一個人選主管吏部的流內銓，王曾建議由新任御史中丞杜衍兼任。

流內銓是吏部主管七品以下低級官員的機構，事務繁雜，但權力很大。它有權決定被考核的官員中哪些人可以升遷、哪些人可任實職、哪些人需要候補等待職位空缺。大宋歷經四代皇帝，冗官問題越來越突出。什麼是冗官？就是官員太多，沒有那麼多實際崗位，於是一些官員有官無職，就等著吃閒飯。但是他們也不願意吃閒飯，因為有官無職就是沒有權力，更重要的是俸祿與實任官員差了許多。因此，為了防止自己成為有官無職者，一些被考核的官員求流內銓官員高抬貴手、美言修飾的現象屢見不鮮，而流內銓的一些官員攪亂事務再亂中行事的情況也往往有之。主管這類部門的長官，不僅要有較高的道德品質，還要有極強的業務能力。那些把握大權的人，如果有道德覺悟而沒有能力，往往會在愛國之餘誤了國家；沒有道德覺悟卻又能力很強，則會發揮他們以權謀私的特長；既無德又無能之輩，則會讓百姓失去對國家的信心。

仁宗對王曾的建議很滿意。杜衍確實是幹練之才，他不論是在地方主管一方之政，或是在京師主管司法刑獄，不但有清明之聲，還將政事刑獄治理得井井有條，為百姓讚頌愛戴。杜衍曾任陝西乾州知州，隨後轉任鳳翔知府。為了挽留他，乾州與鳳翔府的百姓發生了爭執。雙方在州界上爭搶杜衍，一方說：「杜公是我州賢知州！」另一方說：「杜公如今是我鳳翔知府了！」

「用人當如杜衍。如此人才若是多些才好。」仁宗道。

「用人之道在於指引、激勵。是才皆得用，自然人人願意成才。朝中若是阿諛奉承者得意，忠直幹練者孤獨，則人人都想著投機夤緣，如此人才自然難得。」王曾回答。

仁宗連連點頭。他想了想，問道：「范仲淹現在何處？」

王曾回道：「現在蘇州。范仲淹前年歲末謫守睦州，去年八月由睦州移知蘇州，至今離京已經一年有餘。」

3

這一年（一〇三五，景祐二年）的四月初，范仲淹回到京城，任天章閣待制。

這是一個出乎一般人意料的決定。如果說讓范仲淹回京任職還屬正常的話，直接任命他為天章閣待制就不一般了。

天章閣與龍圖閣都是存放先帝遺物的處所。龍圖閣存放的是太宗的書籍遺物，天章閣供奉的則是真宗皇帝的書籍遺物。龍圖閣與天章閣都設立了為數不多的官職，這些官職與秘閣、史館、昭文館、集賢院等處的官職通稱館職，擔任這些館職的都是現在或未來的國家棟梁。

待制的本意是等候皇帝顧問。作為官職，待制是館職序列中十分重要的一個級別。在它之下有直館、直閣，如直昭文館、直秘閣、直龍圖閣，再往下才是范仲淹此前擔任的校理官及更低的校勘、檢討官；在待制之上，有直學士、學士，少數館閣還設立了大學士。

待制的地位有多重要？待制是皇帝的近臣和朝廷的重臣。

首先，待制是皇帝的侍從官，平時跟從皇帝，備皇帝顧問，向皇帝提出意見和建議，因此是皇帝近臣。如果待制同時兼有其他實際職務，無法侍從皇帝，那也仍然具備皇帝侍從官的身分。

其次，大宋有一個重臣群體，他們與皇帝構成了政權的核心。這個群體習慣稱為「兩制以上官員」，其中就包括范仲淹擔任的天章閣待制。因此，升任待制是范仲淹仕途上一個十分重要的轉捩點。

范仲淹先前是被趕出京城的，雖然當時還保留了秘閣校理的館職。如今一回來，就越過直館、直閣一級職務，直接躋身皇帝近臣和朝廷重臣之列，可見上一次的進諫和被貶並沒有降低皇帝對他的信任。

范仲淹剛回到京城，來看望的老友新朋接踵而至。

在京的老友不少。

去年一起犯顏進諫的臺諫官同僚，多數得到了升遷。郭勸如今是知雜御史，即御史臺的副長官；度支副使楊偕是負責財政收支的三司度支部的主官；身任館職的度支判官段少連是楊偕的副手；孫祖德同范仲淹一樣已經升任天章閣待制。

已升任參知政事的蔡齊是范仲淹的同年進士兼好友，刁約是給王子當教師的王府教授，當年一同在南京應天書院任教的王洙如今是在國子監給太學生上課的國子監直講，葉清臣是戶部勾院的長官，而天章閣待制李紘則既是老友也是親朋，他是范仲淹的妻兄。

御史中丞杜衍年紀比范仲淹大十一歲，因此范仲淹不僅將他視為朋友，還將他當成自己的父輩。杜衍給范仲淹有一種親切感，這或許與他們身世相近有關。

范仲淹兩歲喪父，母親為生活所迫再嫁山東長山縣的朱文翰。范仲淹自幼在縣內長白山的寺廟寄宿讀書，他的刻苦為後人留下了「斷齏劃粥」的成語。范仲淹當時的生活極其艱苦，每天只煮一鍋稠粥，涼了以後劃成四塊，早晚各取兩塊，拌幾根醃菜，吃完繼續讀書。後來，因繼父所生朱氏兄弟言語侵犯，他得知了自己的身世，於是外出遊學，直至學成出仕。

杜衍則是在未出生時就已喪父。母親改嫁後，他與兩個哥哥由祖父撫養。杜衍從小就表現出強烈的責任感。有一次，祖父脫下帽子讓他拿著，突遇山洪暴發，一家人被沖散，杜衍也被沖進河裡。姑姑急中生智，遞給杜衍一根竹竿想拉他上岸。杜衍一手牽著竹竿一手托著祖父的帽子，上岸之後帽子竟然滴水不沾。祖父去世後，兩個哥哥爭財，幾乎將他用劍砍死，他不得已投奔母親，又為繼父所不容。於是他在洛陽、孟津一帶流浪，靠為別人抄書掙點錢糊口，而抄書的過程也是發憤讀書的過程。最終他考得進士及第，進入仕途。

與范仲淹關係密切的老友還有很多，至於今日或昔時的同僚、同年等，自然也是往來不絕，不一而足。

近幾年來，范仲淹結識了一批新朋友，他們是一批充滿朝氣的年輕人，其中最引人注目的是不到三十歲的歐陽修和尹洙。

歐陽修和尹洙二人形影不離，如同他們的文章交相輝映一樣。

在絕大多數官員都有學問的年代，在學問被高度尊重的年代，文章是文化傳承的主要形式之一。古人認為，道德文章是讀書做官、安家治國之根本。道德如同今人常言的道德品質和理想信念，而文章則是闡述思想、啟迪大眾、延續傳統、引領時尚的重要載體，而中國人所信奉的哲學思想和治國理念，也都是代代相傳的文章。

一個時代盛行什麼樣的文章風格，能夠直接、客觀地反映出這個時代社會的道德品位、精神面貌和價值取向。這是一個沒有時代局限性的真理。

文章不論是什麼樣的風格，也不論在這個時代文章的風格是多姿多彩，抑或只是一種風格獨領風騷，只要它紮根於幾千年積澱的傳統——當然是其中優秀的而不是糟粕的傳統，同時又能引領時代的潮流，那麼它必定既能夠傳達深刻的道理、表達濃厚的情感、洋溢淡雅的閒情，又能夠被大眾所喜愛和崇尚。這樣的文章才不會成為一種讓人拒之千里、厭煩不已的枯燥說教或無病呻吟，也不會成為媚俗的時尚或頹廢的流行。

相反，如果當世的文風以功利為目的，缺乏自己的主見、缺乏對社會的認識、缺乏對百姓民生的關注，以長篇大論為文才或以十足官腔樹權威，卻又言之無物、空洞乏味，那麼它反映的是這個社會缺乏思想、禁錮個性，獨立的人格和腳踏實地的作風不被尊重，缺乏原則、見風使舵之人反而易於安身。

或者，如果淺薄之風盛行，不見傳統根基、沒有文化功底，甚至詞義不通皆可入文、粗鄙惡俗也能傳唱，那麼它反映了另一個事實，那就是此時已經弱化了對幾千年優良文化傳統的傳承能力，弱化了對外來文化的包容、揚棄或兼收並蓄的能力，弱化了引領社會道德的能力。

文風的低劣猶可改進，若是整個文化衰微，那將是國家的不幸。如果說中國還能為世人所尊重，這是因為幾千年不斷延續、積澱和發揚光大的文化傳統。如果這些傳統文化消失了，或者即便沒有完全消失卻也只能成為擺設的花瓶，不再出現在我們的嚮往中、文章中、生活中、生命中，喪失了傳承、吸收、揚棄和發展的能力，那麼中國將不會再有昔日的光輝。長此以往，我們幾千年的傳統核心文化必將面臨喪亡的危險，外來文化取而代之則未必不會成為可能。而一旦外來文化甚至是那些沒有根基的淺薄的外來文化在我們的信仰中、事業中、日常生活中佔據了主流，使我們的整個社會、整個民族形成了對外的文化崇拜和文化離心力，淡漠乃至最終斷絕了幾千年來延續的對內的凝聚力，那麼整個國家或許就到了另外一種危險的境地了。我們的歷史表明，朝代滅亡並非文化的滅亡。但是如果幾千年的文化傳承不下去，那麼這種文化的滅亡才是真正意義上的滅亡。

大宋建立以來，以詩文為主體的文壇，最流行的是這樣的文風：詩歌要寫得雕飾嚴密、辭藻華麗、聲律和諧、對仗工整，能否看得懂不重要，重要的是雍容華貴的感覺，是體現遣詞用句的精湛高妙、引經據典的廣博深奧，就像唐朝詩人李商隱那樣的風格，「滄海月明珠有淚，藍田日暖玉生煙」。至於文章，同樣也要寫得浮華侈麗、晦澀難懂。這樣的詩文，技巧是第一位的，至於思想性、可讀性則不是文人最在意的。若說詩風與文風的關係，應當是互相影響；但是由於詩風的宣導者在當時文壇更具地位與影響力，說詩風對文風的影響更甚也是有道理的。那麼誰是這種詩風的宣導者呢？是楊億、劉筠和錢惟演，他們號稱「西崑派」，他們的詩歌作品風格也因此被稱作「西崑體」。之所以被稱作西崑體，是緣於一部詩集《西崑酬唱集》。它是楊億、劉筠和錢惟演等人在皇家藏書的秘閣裡編寫史書《冊府元龜》的那一段時光裡，一起吟詠酬唱的作品集。據說，崑崙之西有群玉之山，是上古帝王藏書之所，就像宋初的秘閣，於是楊億將誕生於秘閣的這批作品以西崑命名。

與錢惟演不同的是，楊億和劉筠都是為人正派、性情耿介之人。楊億是寇準的知己。寇準當年請真宗讓太子監國，就是楊億起草的詔書。楊億忠於對寇準的諾言沒有將此事洩密，倒是寇準自己酒後洩密而導致功虧一簣。劉筠則在丁謂排擠李迪時旗幟鮮明地表明了立場。當時丁謂命他起草讓丁謂自己繼續擔任宰相的詔書，劉筠拒絕了，丁謂不得已改換晏殊起草，此舉讓晏殊這個才子在劉筠面前抬不起頭來。劉筠見丁謂專權，又憤然道：「此地有奸人用事，不可久處！」就請求到外地就任去了。

至於駢體文，它是一種講究對仗的、以四六句式為主的文體。講究對仗，要求每兩句為一對，這一對句子中的上一句與下一句在詞性、詞義等方面相近或相反，並且講究平仄、韻律和諧。四六句式，指的是句子一般都是四個字或六個字。這種文體還十分注重運用華麗的辭藻和引經據典。

駢體文章如果寫得好，它的藝術性是十分強烈的，有相當強的美感。「落霞與孤鶩齊飛，秋水共長天一色。漁舟唱晚，響窮彭蠡之濱；雁陣驚寒，聲斷衡陽之浦。」唐代的王勃在〈滕王閣序〉中描寫的這種意境，難道不是很美的嗎？

但是，駢體文過於注重形式，難以充分而自由地表達內容，一般的作品往往缺乏真摯情懷和深沉感慨。寫多了、看多了，就會給人以無病呻吟和昏昏欲睡之感，如同今天我們常見的無限乏味的現代八股文，更何況又注入了西崑體的風格。

歐陽修是西崑體的受益者。他在第一次禮部考試失敗後，靠著駕馭自如的西崑體在後來的科舉考試中最終進士及第。如果歐陽修不放棄西崑體，他一定能夠將西崑體發揚光大，不僅因為他有無與倫比的文學天賦，還因為他在文學生涯中的機遇——他和尹洙等人剛入仕就在西崑派的泰斗之一錢惟演手下擔任幕僚。

雖然在政治上品德不佳，但錢惟演本人確實是才華橫溢、博聞多識。他任翰林學士時，曾經在一次朝會上根據真宗的臨時要求撰寫文稿，援筆立就，讓真宗驚歎。他十分好學，自稱坐著時讀經史，躺著時讀小說，上廁所時讀小詞，幾乎沒有手中無書的時候。除此之外他還有一個為人所稱道的優點，那就是愛才。

錢惟演在洛陽當西京留守時，幕僚中有幾個著名的年輕人，他們是歐陽修、尹洙、梅堯臣等人。洛陽的政事另有河南府主管，錢惟演兼任知府，但河南府的日常事務實際上是交給了范仲淹的同榜進士、河南府通判謝絳。西京留守司多數時候只是一個表明洛陽陪都地位的象徵性機構，因此是一個清閒衙門。在這種地方，這些思想活躍、精力充沛的年輕人平時更多的不是忙於公務，而是宴遊和文會。

同別的長官對下屬的嚴厲苛責不同，錢惟演對這一群年輕人的行為不僅放任，還推波助瀾。有時，歐陽修等人出遊多日不歸，錢惟演就派人攜帶美酒佳肴甚至還有歌女找到他們，告訴他們未得盡興不得歸來。平時在家，錢惟演也是經常舉辦文會，請他們拿出得意之作共同欣賞。

於是有一天，當歐陽修在文會上沉醉於自己文風綺麗的大作時，他聽到了尹洙誦讀的一篇文章。文章不長，文辭平實，言簡意賅。它沒有華麗的辭藻和韻律，也不需要翻來覆去地尋經問典才能領會晦澀難懂的文中之意，而是主題鮮明、結構清晰，引據得體、立意深刻，自有一種清新淡雅的優美。

歐陽修受到極大的震撼。與他以往所擅長的文風相比，尹洙的文章猶如朝氣蓬勃的旭日，而自己所固守的就像暮氣沉沉的老人。這不就是唐朝著名的文章大家韓愈、柳宗元所推崇的古風之文嗎？

從此，歐陽修跟著尹洙重新學習寫作。時間不長，他對這種文體的領悟和駕馭能力已經不在尹洙之下了。

後人都將歐陽修尊為北宋古文運動的領袖，其實古文運動發源於以歐陽修、尹洙、謝絳、蘇舜欽兄弟、梅堯臣等人為核心的這個群體。其中，尹洙傳承了宋初以來文學名家王禹偁、柳開、穆修等人的文學風格，然後再把它發揚光大。如果不是英年早逝，他在這場影響後世的文化運動中應當有更崇高的地位。當然，在這個領袖群體中，歐陽修無疑是最出色的。

這群年輕人在西京過著他們與世外紅塵有些隔絕的生活，一直到明道二年的九月。那年，因太后去世而失勢的錢惟演被降職離開了洛陽，接任西京留守的是名臣王曙。

王曙是萊國公寇準的女婿。他早年受寇準連累，多次被貶官。擔任西京留守時，他已年近七十歲。王曙對歐陽修等人日日宴遊十分不滿，於是想教育他們一番。

一天，當眾人都在座時，他厲聲說道：「寇萊公晚年得禍，諸君知道是什麼原因嗎？就是因為縱酒過度！」眾人聽了不敢吭聲。

歐陽修站起身來，抗聲說道：「以卑職所見，萊公晚年得禍，純粹是因為他老不知退！」眾人聽了無不大驚失色，「老不知退」，這不是明指寇準、暗諷王曙嗎？可是王曙反倒默默不語。

不久，王曙高升回京，任樞密使。他回京後第一次也是最後一次舉薦人才，被舉薦的對象竟然是歐陽修和尹洙，並且都是推薦他們擔任館閣校勘。館閣校勘同當初晏殊推薦范仲淹擔任的秘閣校理一樣，都是館職，是人人稱羨的清望官。王曙身上體現了古人的一種奇怪的品質，那就是毫無原則的愛才和毫無原則的正直。當然古人也有毫無原則妒才的，不過這不僅限於古人。

范仲淹回到京城時，歐陽修、尹洙也剛進京任職不久。二人似乎非常喜歡來拜訪范仲淹這位儒學前輩，並且總愛隨身帶來他們的文章和詩作請范仲淹指點，然後他們會從文章探討到道德，從道德探討到時政。歐陽修喜歡點評時事，他是個疾惡如仇的人。尹洙喜歡談兵，他是個慷慨仗義之士。

有時，歐陽修、尹洙會帶來京外的一些朋友對范仲淹的問候。而范仲淹對其中一些人的了解和交往並不亞於歐陽修、尹洙同他們的關係，有的甚至更深。

比如說比歐陽修大三歲的富弼。范仲淹剛結識富弼時，富弼才十九歲。第一次與富弼交談，范仲淹就認定他將來會成長為「王佐之才」，即輔佐帝王的人才。可是富弼第一次赴禮部進士科考試時卻名落孫山，沒能進入最後的殿試，因此他有些灰心喪氣。進士科考的是詩賦和死記硬背的經義注釋，這不是富弼的特長。後世流傳的宋人詩詞中確實沒見到富弼的精品，可見這確是實情。

范仲淹也認為富弼無此特長，但他相信自己的眼光。

天聖七年，朝廷舉行制科考試。制科是不拘一格選拔人才的一種方式，不定期舉行，主要有茂才異等、直言極諫等六科。得知此情時，范仲淹正在京城擔任秘閣校理，而富弼已離京到長安探望父親。范仲淹當即讓人快馬加鞭將富弼追回，為他準備了書房、書籍、筆墨紙硯等，一如對待自己的子弟。這一次，富弼一試中第，並在次年皇帝親自考試的殿試中再次中榜。他中的是茂才異等科，此科考的是安邦定國的理念。在此期間，晏殊託范仲淹為自己的一個女兒做媒。范仲淹道：「晏公如果要找一位官人為婿，我不知道有誰更好。但如果晏公只求國士，則非富弼莫屬。」於是，晏殊將女兒嫁給了富弼。

大才子石介不僅是歐陽修和尹洙的好朋友，他與范仲淹另有一層親密關係：他的老師孫復是范仲淹的學生。石介寫的文章往往驚世駭俗。比如他說：「國家即是百姓，有百姓才有國家，否則這國家就是名存實亡！」不過他目前不在京城。本來他一個月前要到御史臺任職的，御史中丞杜衍推薦他擔任御史臺的主簿，但他赴任前對朝廷的一件政事提出批評，使自己不僅沒能進京，反而被貶到江西洪州的鎮南軍去了。

還有一位才華橫溢的蘇舜欽也是仰慕范仲淹已久之人。蘇舜欽的詩橫絕豪邁、飄逸脫俗，有李白之風。他在《大霧》一詩高詠道：「思得壯士翻白日，光照萬里銷我之沉憂！」

范仲淹時常有老邁之感，不光是因為自己已經四十六歲，還因為這個國家的現狀。但是與歐陽修等人的交往讓范仲淹有了一絲青春再現的感覺。

大宋建國已經七十餘年。在太祖、太宗時期，主要精力是剪除藩鎮、統一國家。太宗後期和真宗前期，主要是與契丹之爭。真宗即位後，任用幾位賢能的名臣為相，在澶淵之戰前的咸平年間創造了連續六年社會穩定、經濟發展、百姓安康的「咸平之治」。澶淵之盟給宋遼雙方帶來了和平，也給雙方帶來了社會進一步大發展的良好環境。可是真宗皇帝卻為王欽若的諂言所惑，不僅趕走了寇準，更幹出了一件延續多年的荒唐事，那就是東封西祀。

王欽若關於澶淵之盟是奇恥大辱的言論讓真宗皇帝陷入了嚴重的精神不安之中，將寇準貶走並不能消除這種不安。他時常問王欽若：「今將奈何？」如今該怎麼辦？王欽若在心理上已經完全將真宗掌握在自己手中，他告訴真宗：「陛下出兵收復幽、薊，就可以洗刷恥辱了。」他明知真宗皇帝害怕再與契丹交戰。果然，真宗拒絕了，說不忍心再讓生靈塗炭、百姓遭殃。於是，王欽若拋出了他真正的建議：「那除非陛下做出大功業，這樣才能鎮服四海，讓遠近鄰國敬佩。」真宗問什麼功業可做。「那就是封禪泰山。」封禪泰山之舉自漢武帝開始，那都是建立了豐功偉績的帝王才做的事。

可是封禪泰山不能沒有緣故。怎麼辦？

功夫不負有心人。大中祥符元年（一〇〇八）正月，上天連降三封天書，對真宗皇帝大加讚揚，讚揚他「至孝至道」「清淨簡儉」，並許諾讓真宗「世祚延永」，即讓大宋天長地久。天書有的是掉在了屋簷上，有的是出現在香案上，反正總是出乎人們意料。

自此，一系列活動大張旗鼓地開展起來。

這一年的十月，真宗率滿朝大臣浩浩蕩蕩地東封泰山，即到泰山封禪。封禪之意是敬謝上天。為什麼敬謝上天？因為上天讓真宗皇帝建立了豐功偉績。其實，真宗真正想說的是他已經建立了豐功偉績並得到了上天的讚揚。

大中祥符三年（一〇一〇），真宗西祀汾陰，就是到汾水之陰祭奠后土。后土是誰？是大地之母。真宗說只敬天不敬地是不行的，因此東封之後必須西祀。

大中祥符四年初，崇奉五嶽。真宗派高官分五路到泰山、華山、衡山、恆山、嵩山，將這五座山的山神都冊封為聖帝。這還不夠，年底又給五帝各配了一位夫人，另派人冊封。

大中祥符五年、六年，敬奉聖祖。聖祖是誰？據說是趙家的始祖，姓趙名玄朗，曾經轉世為軒轅皇帝，如今是九天司命保生天尊。真宗尊這位天尊為聖祖，並建了一個景靈宮奉祀他。幾百年後，民間將這位聖祖改尊為主管錢財的神仙，取名叫作趙公明或趙公元帥。

大中祥符七年，真宗又率滿朝文武敬謁鹿邑太清宮。太清宮尊奉的是道教始祖老子。

除了這些重大活動，真宗還在一些地方大興土木，建立宮觀。其中最著名的就是，他死後不到十年就讓一把大火燒得乾乾淨淨的擁有兩千六百一十個房間的玉清昭應宮。

這是一個全國動員的活動，前後歷經十幾年。

這個全國性的活動耗費了多少資源？可從兩個數字管窺：東封泰山直接花費八百多萬貫，建玉清昭應宮約一億貫。這些花費還不包括對百官和勞工、兵士的獎賞。與之相對應的是，真宗時期的年財政收入最多時是四千多萬貫。

這個活動給國家帶來了什麼？什麼都沒有。相反，真宗剛即位時實行的休養生息政策所帶來的經濟快速發展的成果，都讓這一系列荒唐的封祀活動消耗殆盡。封祀猶如費盡力氣吹起來的一個巨大氣泡，氣泡破滅後，一切都化為烏有，留下的只有幾近虛脫的吹泡者。

為了讓全國官員都感受到封祀的好處，真宗每一次發動封祀活動和亭臺樓閣建設的過程中，都大量地賞賜官員。一次性的金錢賞賜還罷，要命的是不斷地蔭補官員和賞官，造成了大量官員賦閒在家、空吃國家俸祿的冗官現象，給國家財政造成了永久的負擔。

國家的負擔最終必然要轉嫁到百姓身上。永久的負擔，意味著永久的轉嫁。如何轉嫁？不外乎增稅、增賦、增役。

增稅、增賦好理解，什麼是增役？

簡而言之，官府需要做的許多瑣碎事情，如官府的各種跑腿打雜之事，都需要有人做。誰來做？就是讓百姓輪流來做。這就是役。不要小看這種勞役。服役之人，除了要拋家捨業，放下自己的農活，還要自己負責服役期間的生活，沒有任何報酬。有一種衙前役，負責官物的押運和供應，如有短缺、丟失要自行賠償，因此承擔此役之人往往為之傾家蕩產。

在官府服役還好，如果是送軍糧之類的遠途之役，甚至有可能讓承役者家破人亡。明道元年

（一〇三二），范仲淹受朝廷委派到江淮一帶安撫賑濟受災百姓，途中遇到幾個從湖南潭州向淮南無為軍輸送軍糧的農民。他們一行三十六個人，路途死亡、逃跑的有三十個，剩下的六人不知何時才能留得性命回家。

為了逃避繁重的稅賦和勞役，許多農民舉家流浪，到外地尋找空閒土地或給別人當佃戶，成為客戶，即離開原戶籍地在外地臨時居住的家庭。找到空閒土地的人家，為了逃避新的稅賦和勞役，往往又放棄新建的家園繼續流浪。這種現象形成了大宋社會的一個奇觀，那就是一邊是天下太平，一邊卻流民遍地。景祐元年，大宋有百姓約一千萬戶、人口約兩千六百萬人。其中，漂泊在外的客戶竟達四百餘萬戶，約佔總戶數的百分之四十；客戶人口六百萬，約佔總人口的百分之二十三。

同五代十國相比，大宋立國時間之長、幅員之廣都遠勝於那些倏忽而逝的朝代和邦國。兩千多萬的人口和仁宗朝迄今每年五六千萬兩的財政收入，已經讓大宋成為大國巨邦。但是，百姓基本上並沒有享受到國家繁榮的多少成果。國家富了，少數人富了，而絕大多數人並沒有富裕，甚至背負著沉重的生活負擔。

國家到底是為誰建立的呢？

4

從西大街往東經過太平興國寺，再往南經開封府就到了興國寺橋。這一路過來都是客店、藥鋪、金銀鋪、香鋪等，行人則以到興國寺上香為多。從興國寺橋沿汴河再往東走，是京城的內城最熱鬧的街道之一。這一帶以州橋為中心，州橋以西店鋪多數賣的是珠寶、時興紙畫、花果等，以東的店鋪則賣的是各地百貨、天下風味小吃食、應時果蔬等，客店、酒樓當然也是必不可少的。汴河上來往的都是在京城與各地之間載運客貨的船隻，因此東街上代客雇覓腳力的牙行也相當多。沿汴河向東南出汴河角子門，這一路數里內是進出京城的主幹道。熙熙攘攘的行人中，有身背行囊的四方遊子，有萬里來朝的域外之客，也有進城販賣糧草薪芻的郊外百姓和出城遊玩的城內居民。

范仲淹騎在馬上，後邊緊跟著一個貼身小廝。他沒有走東南角子門的方向，而是自西向東到了州橋之後右拐上了御街，一路南行。御街是開封的中心街道，南北向。自大內的大慶門往南，經州橋跨過汴河一直出內城的朱雀門，直至外城的南薰門，筆直的大道延綿十餘里。當年這條街剛剛修建好時，太祖讓人打開大慶門，自己坐在大慶殿上望著筆直的大道，十分暢快地說：「此道有如我心，如果有些邪曲，天下百姓人人都看得見！」

此時已近午飯時間，張家酒店已坐滿客人，緊挨著張家酒店的包子鋪熱氣騰騰，包子散發出的誘人的肉香和麵香，與隔壁曹婆婆肉餅店的煎鍋裡傳出的嗞嗞煎烤聲和肉餡的酥香爭奇鬥味，讓路過的饑餓的人們難以邁動步伐。

范仲淹沒有停下腳步。他要去的是朱雀門外坐落於外城西南角的清風樓酒店，赴一個文會。

文會是讀書人高雅的休閒方式，大家聚在一起，以吃飯飲酒為媒介，但是多數時候真正的樂趣不在於酒食，而在於交流——文學的交流、見聞的交流乃至於思想的交流、政見的交流。文會在讀書人的日常生活中極其常見，但也許就因為太常見，文會上閃現的思想和作品並不被參與者們所看重，說完了就過去了。因此，這裡關於文會的詳細描述，不妨看作是一種情景再現。

已經有幾人比范仲淹先到了。倚窗而立的除了歐陽修和蘇舜欽，另一位個頭不高、喜歡低眉順眼之人，其貌不揚，范仲淹並不認識。但昨日歐陽修說是送一位友人赴南方公幹，那麼這位必是那個友人了。

范仲淹猜得不錯，他是左侍禁桑懌，剛剛奉樞密院的命令到廣南東路和廣南西路剿匪。今天大家送別後，明天就要趕往廣東、廣西兩地。

左侍禁是皇帝身邊的低級親從武官，官品只是正九品。大宋建立以來奉行的是以文治武的政策，文臣與武官的關係猶如勞心者與勞力者。孟子說：「勞心者治人，勞力者治於人。」朝中文臣與武臣一般交往不多，文臣們尤其不屑與武臣交往。歐陽修自視極高，卻願意與一個低級武官為友，這個武官必定有不凡之處。

歐陽修將這位具有傳奇色彩的桑懌向范仲淹作了引見。

桑懌原來是讀過書的。他祖籍開封府雍丘縣，這是春秋時期杞國的故地，古人曾笑此地之民「杞人憂天」以至於「廢寢忘食」。仁宗天聖年間，桑懌作為開封府進士參加禮部的省試但名落孫山，自此便到處遊歷。他武藝高強，同時又有古道熱腸，見到不平事就拔刀相助，但從來不橫行不法。他曾在汝州幫助官府破了一個殺人疑案，在郟縣幫助一個膽小的縣尉捉了一幫盜賊，又獨自一人闖到襄城縣的一個賊窩，殺了幾個賊頭，把其餘盜賊捆作一團送交官府。京西轉運使得知桑懌的事蹟和能耐，奏請朝廷任命他為衛南縣尉，負責一縣治安。五六年來，桑懌在河南一帶的幾個縣轉任，哪個縣有盜賊，轉運使就推薦他上哪個縣緝盜，以至於河南的盜賊全跑光了，不願跑的和沒跑成的都進了監獄。

按桑懌的功勞，他早該升任比左侍禁更高的職位了。但他命不好，功勞總被埋沒。他在澠池縣任職時，抓獲一名朝廷通緝的巨盜，但當地駐軍的巡檢帶領士兵要搶他的俘虜，他心一軟把巨盜交給了巡檢報功去了。兩年多前，有幾十名惡賊在京西一帶流竄作案，各地官府拿不住他們，於是樞密院直接下令讓桑懌緝拿。此時的桑懌已經是聞名江湖。他擔心盜賊得知他到來的消息後蟄伏起來，就喬裝打扮後在賊窩中潛伏三日，偵得底細，最後率兵將他們一網打盡。回到京城後，樞密院辦事的小吏向他索要賄賂，許諾讓他升任閤門祗候。閤門祗候官品不高，但在武職中卻十分榮耀，相當於文臣中歐陽修如今擔任的館閣校勘一類的館職。可是桑懌卻不搭理這個小吏，說：「賄賂得官非我所願，何況我一無所有。我即便有錢，也不給你！」結果，他只是從無品級的殿直升為正九品的侍禁。

桑懌不僅有智勇，還很仁義。有一年，他的家鄉遭遇洪水，他將家裡的糧食裝船準備運走，途中遇到災民求救，他將糧食全都扔進河裡，救了一船災民。又一年，當地遭受災荒，他把家裡的糧食都拿出來與貧困之人共食，一直到糧食吃光為止，再一起忍饑挨餓。

歐陽修的介紹不禁讓范仲淹對這位年輕人刮目相看。這是一個不簡單的武官，不簡單的是他的智勇雙全和一身正氣。

當范仲淹還在蘇州知州任上時，住在應天府寧陵縣的同母異父的朱氏兄弟來信說家中缺糧。范仲淹的母親去世後葬在寧陵，范仲淹於是請朱氏兄弟到寧陵安家為母親守陵。他接到來信，連忙在蘇州採購了一批糧食裝船運去，並讓次子范純仁押船。范純仁此時年方十一歲。糧船走後沒多久，范純仁提前回來了。范仲淹詫異地問道：「來去如此迅速，是出了什麼事嗎？」范純仁答道：「沒有出事。」「那為何提前回來？」范純仁道：「船過丹陽，遇見了曼卿丈人。」曼卿就是范仲淹的好友石延年，他是一個有才情但沒有官運的人，後人記住他是因為他的文學家地位。石曼卿是范純仁的長輩，因此范純仁稱他為丈人。范仲淹又問：「曼卿為何會在丹陽？」「曼卿丈人家中長輩過世，他正扶喪回家，路上遇上水災，因此被困在丹陽兩月有餘，花費殆盡。」「那為何不將這一船糧食送與曼卿？」「已經送與丈人，兒子因此早早回來。」范仲淹聽罷點頭道：「真是我兒！」范仲淹父子的義舉，為後人留下了頌揚仗義資助的「麥舟」典故。

桑懌的仁義之舉不亞於范氏父子。他雖然是一個進士不第的武人，但他做人的道理卻比許多飽學之士還要深刻，實在令人敬佩！

正談論間，尹洙也到了。眾人於是一一落座。

清風樓酒店是城內有名的上等酒樓，不光酒好、菜好，環境也好。酒店緊臨皇家玉津園，此園曾是太祖、太宗狩獵之園。真宗是守成之主，沒有帶兵征戰的專長與嗜好，從他開始皇帝狩獵之風漸淡，玉津園變成了皇帝耕種的籍田，同時也是皇帝在城內遊玩的一個場所。站在清風樓的二樓向園內望去，可見園內鬱鬱青青的稻禾，池中與蓮花嬉戲的野鴨，隨風搖曳的楊柳，和淡淡煙水中的亭臺樓閣。不光外部環境好，酒店本身也十分雅靜，那些不管你要與不要都往你手上塞些醃菜、豆干之類的叫賣小販、不呼自來在桌前賣唱的歌女、向客人獻殷勤掙些小費的閒漢等都被擋在門外。因此，這個地方深受士人喜愛。

文人聚宴，除了喝酒就是賦詩作詞，何況是送行酒。舞文弄墨對於在座之人都不在話下。即便是桑憚，他常以士人自詡，作些小詩小詞亦非難事。

歐陽修提議先讓大家分題作一首詠物詩。這是一個急智遊戲，需要在很短時間內作出指定題目的詩。歐陽修文思敏捷，自以為傲，每次宴會都要賣弄一番。他有他的道理：「各位今後都是要侍從皇帝的，沒有出口成章之才，如何在賞花會上應制賦詩呢？」

賞花釣魚會是皇帝每年春天都要舉辦的宮中文化活動。皇帝與群臣一起先賞花、釣魚，再宴食、看戲。賞花釣魚會的參與者有限，原來只有侍從官、負責皇帝重要文稿的官員、宰輔重臣以及宗室近親有資格參與，能夠參與此會是一件榮耀之事。有一年，當時還只是集賢校理的名士李宗諤，雖任館職但還不是侍從官，因此按規矩在賞花會上賦詩一首後就要退出，不能參與後面的宴會。他心中不平，賦詩道：「戴了宮花賦了詩，不容重赭黃衣。無憀獨出金門去，恰似當年下第歸。」不能參與賞花會後面的活動，就跟當年考試落榜一樣的寂寞。太宗見了此詩哈哈大笑，自此校理以上館職都可全程參加活動。

不過，賞花釣魚會也不全都是榮耀。賞完花、釣完魚後，還要作一首賞花釣魚詩。詩寫得好的有賞，寫得差的讓人笑話，太過粗鄙的甚至可能受到降職處分。因此，有些信心不足的與會者就提前做好準備，前一天先寫好一首詩，到時裝模作樣地苦思冥想半天後再將詩呈上，以應付皇帝。而為了對付這種情況，皇帝有時也會來個惡作劇，臨時指定一個題目，讓那些作弊者白費一番苦心。

就在兩個多月前，范仲淹作為侍從官第一次參與了賞花釣魚會。這年的賞花釣魚會仁宗並沒有為難群臣，沒有指定詩作的題目。即便如此，這種場合寫作出來的詩多是對皇帝歌功頌德的主題，難出精品，范仲淹的作品也是如此：「萬匯嘉亨日，皇心豫宴辰。華林新濯雨，靈沼正涵春。帝幄紛仙花，天鉤擲錦鱗。洋洋頌睿唱，賡頌浹簪紳。」恐怕范仲淹自己對這首詩都不太滿意吧。

賦詩之後、宴會之前，君臣還會一起觀看俳優表演節目。只見幾個俳優作翰林學士打扮，搖頭晃腦，嘴裡念念有詞。突然，其中一人被絆了一跤摔倒在地，起來後摸著腦袋滿地亂找東西。邊上之人問他找什麼，他答道：「連日來好不容易作了一首詩，準備在賞花會上獻給皇上，可是這一跤把詩給跌丟了！」仁宗和群臣被逗得哄堂大笑。

歐陽修兩眼直勾勾地盯著眼前飛來飛去的一隻小飛蟲，給出了詩題「詠蚊」，因為他發現那隻飛蟲是一隻蚊子。這個怪題讓尹洙和蘇舜欽十分不滿。

酒過一巡，歐陽修清了清嗓子，剛想吟詠，猛地打住，衝著范仲淹堆起笑臉：「幾乎忘了，范公先請！」

范仲淹也不推辭，笑道：「我討個巧，有舊作一首，恰是《詠蚊》，請諸位指教。」然後起身吟道：「飽去櫻桃重，饑來柳絮輕。但知離此去，不用問前程。」

幾人聽了一齊叫好。詩的前兩句描寫誇張卻十分形象，而後兩句則詩外有意、耐人尋味。蘇舜欽道：「此詩既是詠蚊，也是詠人。」尹洙道：「詠貪官最貼近。」桑懌另有一番理解：「范公此詩用於在下身上也是妙語。」眾人聽了一陣大笑。桑懌說的有些道理，任俠仗義之人是無法更多地展望自己未來的。

蘇舜欽在一旁催促歐陽修，可是歐陽修反倒有些畏縮了。幾次催促之下，他也就拖泥帶水地吟道：「蚤虱蚊虻罪一倫，未知蚊子重堪嗔……」剛吟了兩句，一陣吵鬧聲打斷了他。

吵鬧之聲來自街上。幾個人來到窗前想看看是怎麼回事。

街上，幾個人圍著一個賣藝人正在理論。賣藝人操山東口音，另外幾人顯然是京城中人。看了一會兒，大家都明白了。賣藝人玩的是吞火的雜耍。他手中一根鐵棍，一頭點上火往嘴裡一吞，吐出來還是明晃晃的火。表演贏得圍觀人的喝采，也得了不少小錢。那幾個本地人見了，不信賣藝人真有吞火的本事，便自家拿出一根火棍子要讓賣藝人吞下。賣藝人不幹，因此吵鬧。

樓上眾人看到此處準備回身，忽見吵鬧的那群人中有一本地人從賣藝人手中的盤子裡抓了幾片錢，轉身就跑，其餘幾人仍舊圍著賣藝人讓他無法脫身。可是這賣藝人也不一般，一把推倒二人，起身就追那奪錢之人。眼見得趕上了，賣藝人一伸手扯住對方身上衣裳，一把扯下一個香囊。搶錢者一見香囊被扯下，立即停步回身，與賣藝人廝打成一團。不遠處，他的幾個同夥也飛奔過來。這時，圍觀之人也都圍了上來為賣藝人打抱不平，斥責這幾個本地人。

桑懌早已按捺不住，要衝下樓去，卻被歐陽修攔住道：「不必著急，自有官人會來處置。」果然，幾名開封府的公人已經一路跑來。

回身落座，幾個年輕人心中仍憤懣不平。開封府百姓爭鬥、惡少橫行已經不是一天兩天了，更有甚者，一些有權有勢之家強佔民田，一些為富不仁者高利借貸，讓受害者流離失所，也讓開封府界爭訟不斷。據說開封知府王博文每天需要處理的事務有幾百件，多為民間爭訟。

「開封知府應當用幹練之人。只會舞文弄墨、沒有施政能力的不應該主政一方！」歐陽修道。

「需由令岳翁或段希逸來治理方可。」尹洙對蘇舜欽說道。

蘇舜欽的岳父就是御史中丞杜衍。杜衍於三月中主管吏部流內銓。流內銓考核、銓選官員的制度相當繁雜，以往的主管官員往往不知其然更不知其所以然，這給經辦的小小胥吏們提供了上下其手的機會。他們往往收受賄賂，然後編造些理由給行賄的官員找個好去處，或者開脫他們失職、犯罪的責任。杜衍到流內銓後先不辦事。他讓胥吏們將所有規章制度都找來，連續幾日閉門不出，把這些規章制度認認真真、詳詳細細地研究了一遍，使自己對它們了然於胸。然後他再升堂，讓各曹官員胥吏逐一稟報被考核官員的情況，由他親自提出處置意見。這一措施讓這些胥吏失去了可乘之機。不到一個月，流內銓被杜衍治理得井井有條。事實再一次證明，能力是治國的先決條件。中書大臣們也看出杜衍好用了，剛讓他治理完流內銓，又讓他整頓審官院去了。這幾個管人的機構最需要被管理了。

尹洙說的段希逸是直集賢院段少連，字希逸，也是范仲淹當年一起伏閣進諫的同事。直集賢院也是館職清望官，當然這個職務的官品還不足以擔任開封知府。段少連上個月到江南任兩浙轉運副使。到任後，他讓各州縣官員和胥吏呈上稅賦帳冊，全部予以緘封。一有空，他就隨意抽出幾件查閱，找出毛病後，再將所有帳冊退還給有關州縣，責令修正後再報。於是，各州縣沒有再敢欺瞞的。據說如今杭州的百姓有冤屈都不再找杭州知州，而是直接找段少連為他們申冤。

除了這兩位公認的幹才，幾個人想了半天，再也想不出還有誰更適合到開封府這個天下第一難治的地方主政。其實即使想得出來也都是空談，想了也沒用。可是不管有沒有用，他們還是想。

5

歐陽修他們幾個人或許想不到，范仲淹竟然去當了開封知府。這個任命是這一年十二月的事。

但是，上面對他的此項任命並非出於好意。

開封府的政治地位十分重要。其重要性不僅體現在它是京城，支撐著國家中樞機構的正常運轉，還在於它有許多其他象徵性的重要意義。自太祖以來到真宗時期，潛在的皇位繼承人都要擔任開封府的最高領導人，如太宗、真宗都曾任職於開封府。不過他們不稱作開封知府，而稱為開封府尹、判開封府事、開封牧等，這是居高臨下擔任開封府首長之意。其他官員擔任此職，都只稱為權知開封府事，即臨時負責開封府的事務。

擔任開封知府，意味著已經具有了深得皇帝信任的政治資本，仕途也將更加順暢。自太祖以來擔任過開封知府的官員中，有十幾位後來都位登兩府，進入宰執班子。此外，由於職任重要，日常皇帝早朝理政時，權知開封知府是繼政府大臣、樞府大臣、三司使之後，按順序第四個向皇帝奏事的官員，並且基本上是知府單獨一人奏事。

既然開封知府一職如此炙手可熱，那為什麼說讓范仲淹出任這個職務不是好意？要回答這個問題，先要知道此事是誰提議的。

史書說是宰相提議，但沒有明言是哪個宰相。此時宰相有兩個，一個是呂夷簡，另一個是王曾。根據近兩個月來發生的事，可以判斷出來是哪一位。

十一月上旬，苦命的前皇后郭氏暴病而亡。

郭氏之死，責任首先在仁宗。如果仁宗不給她寫那首傷感的詞，或許她不會死。

從當年的南園綠草、蝴蝶翩飛，到如今的身處冷宮、夜對孤燈，郭氏本來就已經是日日傷悲。讀了仁宗的詞，郭氏更加抑制不住心中的痛悔、悽愴。她提筆也寫了一首充滿哀婉傷情的詞回贈給仁宗。

仁宗讀了郭氏的詞，一樣的傷心不已。他讓內侍接郭氏進宮相會，但是郭氏卻拒絕了。她說：「皇帝如召我進宮，必須先頒布冊命，向百官宣讀。」為後宮頒布冊命，那不是冊立皇后就是冊立妃子。冊立皇后是不可能了，因為已經有了曹皇后。至於冊立郭氏為妃，此前沒有廢后改立為妃的先例，即便開此先例也需按程序與大臣商量。因此，此事就暫時擱置了。

但是有人緊張了，他就是閻文應。當年閻文應與宰相呂夷簡裡應外合讓仁宗廢了郭皇后，如今閻文應已贏得仁宗的信任。仁宗與郭氏相思往來、舊情將續，自然有人向他報告。郭氏要是回到宮中，對於閻文應和其他某些人來說是極大的威脅。

巧合是點綴在歷史之繩上的珍珠，它讓歷史更生動。一個巧合產生了。郭氏在此時偶染小恙，這是天賜的良機。

閻文應親自帶領太醫去給郭氏診治。這個舉動極不尋常，一個被廢黜的皇后是沒有人會把她當成高貴的人物加以崇敬的。這年（一〇三五）八月把尚美人和楊美人放逐出宮時，兩位美人哭哭啼啼不肯走，說要找皇帝求情，閻文應竟扇了她們的耳光，這就是例證，何況閻文應與郭氏之間還有那麼一段恩怨往事。

幾天後，當太醫再一次去診治之後不久，郭氏暴病而死。

郭氏死時，仁宗正在南郊舉行郊祀典禮。

郊祀就是祭天，每三年的冬至日舉行一次。這是國家最重大的活動之一。郊祀前幾天，君臣們都已經分別住在皇宮正殿即大慶殿和朝堂，仁宗要帶領重要的皇室成員和大臣分別祭祀供奉聖祖的景靈宮、供奉歷代祖先的太廟和供奉劉太后與仁宗親生母親的奉慈廟。仁宗對這一年即景祐二年冬至的這次郊祀十分重視，早在半年多前就命大臣反覆訂正祭祀時所用的樂器，並親自為幾個重要的祭禮撰寫了樂章。

南郊祭祀對於仁宗是大事，對於所有其他人而言則更是喜事。南郊祭祀之後的慣例是皇帝封賞。除了賞錢物，更喜人的是蔭補。

蔭補，就是不通過科舉考試就能當官的途徑，前提是自己的祖父、父親或者兄弟是有一定級別的官員，具備了向皇帝請求蔭補的機會。高級別的官員還可以讓自己的旁親、門生甚至是家庭醫生蔭補。當年劉太后的侄兒劉從德死時，連他的僕人都能得到一官半職。求得蔭補的時機有好幾個：類似於南郊祭祀這樣的大禮、皇帝的生日、官員自己致仕時甚至死亡後以及皇帝即位、改年號等突發重大事件的時候。官員級別越高，可以申請蔭補的人就越多，極少數官員甚至可以每年申請蔭補一次。蔭補一般是授予官職，當然多數只是虛職，其作用是既可以光宗耀祖又有俸祿，但蔭補實職的也不在少數，甚至還有蔭補出身的，即皇帝賜給蔭補者進士出身，這可是天大的恩典了。

就在仁宗肅穆地祭天、群臣歡喜地期盼恩賞蔭補的時候，郭氏悲慘而寂寞地死去了。仁宗得知死訊時已是幾天之後。他悲傷不已，命令以皇后之禮埋葬，算是對郭氏最後的紀念。

人人都懷疑郭氏是枉死的，但沒有證據。諫官王堯臣為此上章請求深查為郭氏治病的太醫。但不知道是什麼原因，仁宗沒有同意。這時，范仲淹又站出來了。他上章彈劾閻文應，指出閻文應應當對郭氏之死負責，並彈劾他常常矯旨，即聲稱有皇帝口諭讓兩府大臣執行，而有些宰執大臣竟然不敢對所謂口諭提出質疑。據說范仲淹這次是抱著必死之心向仁宗進言的，他甚至燒毀了自己以往一些言辭激烈的奏章和談論軍事的文章底稿，將家事囑咐給長子范純祐，說：「我若不勝，有死而已！」

結果，閻文應及其子閻士良被貶出京城。

緊接著，有人找到范仲淹，轉達了宰相的意思：「待制是皇帝侍從，不是動口舌的職位。」范仲淹答道：「議論時政本來就是侍從的職責，我只會更加勤勉努力！」

宰相無可奈何，不得已想出一個辦法。既然不可能讓范仲淹不說話，那就讓他沒時間說話，而讓他去開封府是達到這個目的的一個好辦法。

開封府擔負著京師的治安管理、審理刑獄案件、救災恤民、府內各縣稅賦徵收等眾多職能，事務之繁雜號稱天下至極。每逢節假日，其他官員都可以休息，只有開封知府反而更忙。為什麼？一個一百多萬人口的天下第一大、天下第一繁華的城市，節假日是歌舞昇平的好日子，光是維持治安就夠他處理的了。據說案件多得如果不及時處理，監獄都裝不下犯人。

牽扯范仲淹的精力還不是主要目的，只要范仲淹在開封知府任上出些差錯就可以將他貶謫。在開封知府任上被貶不是沒有先例。以尚書工部侍郎知開封府的陳堯咨就因酗酒而被貶到河北天雄軍任知軍，而後來在哲宗朝任宰相的天文學家蘇頌擔任開封知府時因斷錯案件而被貶到外地。更何況，京城裡皇親國戚數不勝數，有些些小委屈都可能上達天聽。還有那些宦官，在京城和朝廷的一些部門都是有職務的，一不小心也許就得罪了他們。大宋的宦官們沒有漢、唐時期的宦官那樣跋扈，但他們在皇帝面前給別人穿小鞋的能耐仍然很強。

這就是讓范仲淹出任開封知府的用意。至於這裡所說的宰相是誰，自然不言而喻，肯定不會是王曾。

宰相又失算了。范仲淹在開封府是怎麼治理的，如今已經無法考證細節。史書只用了一句話概括：「仲淹處之彌月，京師肅然稱治。」他到開封府一個月，就將京城治理得井井有條。因此京城有民謠說：「朝廷無憂有范君，京城無事有希文。」可見，民間對於朝廷的情況是了解的，對於范仲淹在京城的作為更是稱道的。

范仲淹剛到任一個月就把開封治理好了，說明了他的施政能力。不僅如此，他還能抽出空來，將太宗當年任開封府尹時審理刑獄的案例詳詳細細地做了整理，上報仁宗。

可是隨後不久，有人秉承宰相之意對范仲淹在開封府判處的幾個案件提出質疑。如，有一個案件是京城百姓訴一外地賣藝人搶奪財物，前任知府王博文判賣藝人犯強盜罪，范仲淹卻改判京城之民尋釁滋事。糾察在京刑獄司的主管官員胥偃指責范仲淹判罰不當。

胥偃的指責沒有對范仲淹造成傷害，卻對胥偃自己與歐陽修的關係造成了永久的傷害。

胥偃是歐陽修的岳父，官至翰林學士，也是一個有才華、有能力的人。歐陽修還未進士及第時，曾受到胥偃的大力提攜。歐陽修中第後，胥偃還將自己的小女兒嫁給了他。因此，歐陽修之於胥偃不僅是女婿，也是門生。但是，親情、恩情代替不了歐陽修在大是大非面前的正義感。胥偃依附宰相攻擊范仲淹的舉動讓歐陽修十分反感，從此翁婿反目，關係日漸疏遠。

時間來到景祐三年（一〇三六）。宰相兩次改變范仲淹的努力都沒有成功，范仲淹依然故我，按照他自己的信念和方式做他認為應該做的事，說他認為應該說的話。

自從回到京城，范仲淹不斷對時政提出看法和建議，到開封府後仍然如此。在他看來，政事有錯就應當改正，這是對事不對人。至於有些人是否高興，不在他考慮範圍。可是他可以不考慮人家是否高興，但人家卻要考慮自己高興不高興，尤其是當范仲淹批評的一些問題十分敏感也十分尖銳的時候。

比如，范仲淹向仁宗上了一張百官圖，圖中詳細分析了近年來升遷、轉任、貶黜的官員情況。根據這張百官圖，可以明顯看出有些官員的升遷與某些重臣有直接的關係。百官圖不知道是不是范仲淹的發明，但很有些意思。

范仲淹又向仁宗指出了一個現象。有些官員的升遷還未得到皇帝的批准，他本人就事先知道宰相會向皇帝推薦對他的任命。對這些官員而言，一旦批准了任命，這當然是宰相的恩德；如果任命被推翻，那是因為皇帝不同意而不是宰相不盡力。王曾不是曾經說過嗎？如果掌權之人都想攬恩，那麼「恩欲歸己，怨使誰當」？如今有人給出答案了：恩歸權相，怨使帝當。

范仲淹指出的確實是歷朝歷代都十分敏感的話題。

治國的問題，歸根結底是如何使用人才的問題。

如果國家用人的方針是既重品德又重能力，亦即德才兼備，那麼社會的發展總體上必然健康，整個社會的風氣必然端正，政府與百姓的關係必然和諧；否則必然是風氣不正、社會不和諧的。可以想像，有能力而無人品的人怎麼可能會不以權謀私？同樣道理，沒有能力的人，他品德再好，豈能把一個部門、一個國家治理好?更何況,被認為品德好的人當中,真正有道德的到底有幾人?

人才問題,又牽扯到一個獲取權力、使用權力的問題。

誰能決定人才的命運,誰就是最有權勢的人。一個真正的人才,他能否發揮才能並不是最重要的,最重要的是能夠決定他命運的人是不是給了他發揮才能的機會。換句話說,一個人是不是人才並不完全由他的能力決定。如果他一輩子沒有機會,他就什麼都不是。而一個庸才如果被放在一個位置上,他也可以被冠以人才之名,這種情況很難避免。人們可以這麼說:是人才就會脫穎而出。但是在現實中,如果決定人才命運的人本身就是庸才,或者道德品質低下,那麼人才脫穎而出的機會有多大?所以,決定人才命運者是權力的制高點,這是最大的利益,誰都想爭奪這個權力,誰都不願意放棄到手的這個權力,除非他真正具備高尚的品德,並且其他人也是如此。

當仁宗將范仲淹的意見轉告首相呂夷簡時,呂夷簡的憤怒可想而知。所有這些指責沒有指名,但實際上都指向他。此外,他的長子呂公綽在尚書省吏部南曹任主官,而最近總有些閒言碎語說呂公綽常常事先就獲悉一些官員的任命情況並向這些官員透露,讓這些官員對呂夷簡感恩戴德。

又一天,仁宗將范仲淹的另一個意見與呂夷簡做了探討。這一次范仲淹沒有與呂夷簡過不去,他談論的是遷都西京洛陽的問題。

五月初,有人提出遷都西京的建議。范仲淹認為這個建議不可行,但他又認為應當盡快加強洛陽城防和儲備。

無論從歷史變遷還是軍事常識看,開封都不是一個適合做京城的地方,因為它難以防守。開封地處平原,周邊沒有高山或大川作為天險憑據。只要把開封圍住,它就成為一座四面皆危的孤城。

大宋當初將開封定為都城，純粹是延續後周的建制，畢竟新建一個都城需要耗費大量的人力、財力、物力，這在建國之初是難以承受的。

太祖趙匡胤畢竟是極具戰略眼光的政治家和軍事家，他知道開封作為京城的弱點。國家再強大，京城一失就幾近於亡國。因此在他心目中，洛陽才應該是真正的都城。洛陽地處山區與平原交界處，東面是平原，西面是地形複雜的丘陵，南面是自西向東略偏北流過的洛河。如此地形，易守難攻，更何況洛陽作為都城的歷史已有千年。建國幾年後，太祖想把都城遷到洛陽，有一次甚至留在洛陽不想再回開封了。但當時還是晉王的太宗不同意遷都，多數大臣也不同意。開封是繁華享樂之地，誰願意杞人憂天而離開它呢？太祖的高瞻遠矚無人體會。

如今有人再議遷都，這是不太現實的事。第一，經過幾十年的和平，沒有什麼人會擔心京城的安全。沒有人擔心，就會成為擔心者的阻力。第二，大宋與契丹已經簽訂了和約，雙方是兄弟。如果遷都，這明顯是為戰爭做準備。如此，恐怕還未遷都就面臨戰爭了。真宗時，名將李允則防守與契丹交界的雄州。雄州城牆圮塌已久，但為了不讓契丹疑慮，城牆始終不能修復。後來李允則是用計才將城牆修復的。他在城外的東嶽廟裡擺放了一堆銀器祭祀神仙，下屬告訴他此地多盜賊，需要多加看守，他不予置理。不久，銀器果然被盜，盜賊來自契丹境內。李允則表面上暴跳如雷，一邊移文契丹境內的涿州官府，嚴詞抗議並要求其緝拿盜賊，一邊卻是歡天喜地地以防賊為名重新建起了高牆。修一城之牆尚且如此困難，更不用說遷都了。

范仲淹不贊同遷都，是因為目前不是時候。他同樣認為，洛陽是帝王之宅，關河險固。如果邊界不寧，是可以從開封退守洛陽的。如今的問題不是遷都不遷都，而是洛陽守備空虛，沒有戰略儲備。一旦退守，必將難以堅持。因此他向仁宗建議：為避免契丹疑忌，請仁宗以去洛陽拜謁祖宗陵墓的名義巡幸洛陽，然後逐漸從陝西和東南向洛陽輸送戰略物資，做好準備。如此，「太平則居東京通濟之地以便天下，急難則居西洛險固之宅以守中原。」要安不忘危，不可去兵。

九十年後的宋欽宗靖康元年（一一二六），北方大金國兵臨開封城下，最終攻破開封，俘虜了大宋皇帝欽宗和他的父親、太上皇徽宗以及絕大部分皇室成員，使北宋滅亡，整個大宋歷史也幾乎就此結束。當時大宋的經濟實力遠遠超過大金國。那軍事實力呢？大宋軍的作戰能力良莠不齊，不同戰區的軍力有很大差別。軍力最強的，是經過許多次痛苦失敗後得到加強的陝西方面的部隊，而河北的軍力和其他地區的軍力多數時候比較差。如果綜合整個國家的軍事實力，大宋整體弱於大金，但陝西的軍力應當強於大金。當然，沒有經過實戰檢驗，這些都是間接的推斷。但是北宋滅亡前，正是陝西人稱「小种經略相公」的种師道率領的陝西兵成為幾乎挽回北宋滅亡局勢的中流砥柱。在後來岳飛等名將率兵反攻金國時，成建制的作戰部隊、主要將領以及單兵的作戰能力也不比金國差，甚至還強於金國。

既然如此，那為什麼北宋就那麼輕易滅亡了？原因有很多，除了北宋唯一的腐敗皇帝徽宗二十五年的無能統治導致政治、經濟、軍事等各方面大大弱化的因素，守不住京城是主要的原因。京城一破，皇帝被俘，皇室主要成員和朝廷主要官員均被一網打盡，在這種群龍無首的情況下，即便外援再強，也可能亡國。如果細細探究，可以發現許多朝代的滅亡都具備這個特點。

因此，范仲淹的建議同樣也是具有戰略眼光的。

但是，當仁宗對呂夷簡說到范仲淹的建議時，呂夷簡卻說范仲淹迂腐無能、沽名釣譽、有名無實。呂夷簡如此評價范仲淹毫無道理。即使有個人成見，豈能無視國家的根本利益，不假思索地否定了范仲淹的建議，還藉機加以攻擊？

仁宗實在是一個民主的皇帝。他又將呂夷簡的話告訴了范仲淹。范仲淹十分憤慨，於是寫了四篇文章呈給仁宗。

第一篇文章〈帝王好尚論〉說，皇帝崇尚什麼，天下的百姓百官就崇尚什麼，國家就會向榮辱興亡的不同方向發展。比如說，周文王恭迎姜太公，因此建立了近八百年的周朝，燕昭王築黃金臺後引來了強將賢相，而秦朝尚酷好殺導致滅亡，隋煬帝喜好驕奢淫逸，使天下為大唐所有。范仲淹要告訴仁宗什麼？文章似乎另有含意。

第二篇文章〈選任賢能論〉說，治理好國家的關鍵是擁有德才兼備的人才。得人才而天下治，失人才而天下亂。如果寵信那些貌似柔順、實則不忠不直之人，那就會失去天下俊傑之心，終致天下大亂。

第三篇〈近名論〉則回答所謂沽名釣譽的問題。追求出名不見得是件壞事。聖賢們歷來都是用名垂青史來引導士人，因此古往今來激勵了無數忠烈之士獻身報國。如果人人都不愛惜自己的名譽，趨炎附勢、反道敗德必然盛行，甚至將殺君弒父當作平常之事。

最後，范仲淹在第四篇文章〈推委臣下論〉中提醒仁宗：國家政事可以並且也應當讓臣僚處理，但是區別邪正、進退左右之權不可隨意交給臣下之人，否則必將喪權辱國。

仁宗又將范仲淹的文章交給呂夷簡。呂夷簡又是大怒，在仁宗面前告范仲淹越職言事、離間君臣。

仁宗在呂夷簡和范仲淹之間成了傳聲筒，不斷地將雙方的看法轉達給對方。有時雙方也有機會在仁宗面前直接辯論。有理由相信仁宗不是有意挑動呂夷簡和范仲淹之間的爭論，他是個心地善良的皇帝。他只是想讓雙方都解釋清楚，澄清對方批評指責的問題。

就在雙方論戰的過程中，范仲淹又上了一道奏章。這次他的言辭相當激烈：「漢成帝信張禹，不疑舅家，故終有王莽之亂。臣恐今日朝廷亦有張禹，壞陛下家法，以大為小，以易為難，以未成為已成，以急務為閒務者，不可不早辨也！」張禹是西漢成帝的老師，官至丞相，是成帝最親信的人。他晚年時為了讓自己的子孫有所依靠，就在漢成帝面前誇讚掌握重權的外戚王氏一族，最終讓王氏坐大成勢，釀成王莽篡漢、西漢滅亡的苦果。

將呂夷簡比喻為張禹的言論顯得有些偏激，但這種激烈言論仍屬直言不諱的範圍。作為一個寬宏大度的皇帝，仁宗應當不會對這種言論太過敏感。當年真宗寵信丁謂且他的封祀活動正處於登峰造極的時候，名臣張詠上書真宗：「陛下不應當大造宮觀，勞百姓之命、傷天下之財。這些都是賊臣丁謂迷惑陛下的結果。臣請陛下砍下丁謂的頭掛在城門上，讓他向天下人謝罪，然後再砍下我的頭掛在丁謂家門上，讓我向丁謂謝罪！」這麼激烈的言論，真宗也沒怎麼生氣。

范仲淹不會不知道，他在與呂夷簡的論戰中注定是要處於下風的。雖然仁宗始終認定他是忠臣，欣賞他的忠直，但仁宗對於呂夷簡的信任多過對他的信任。在仁宗看來，呂夷簡能力強，作風穩健，見識深遠，是他最可倚賴的左膀右臂。有一個事例可以說明呂夷簡的見識。有一次仁宗大病初癒後，急於見到宰執大臣，於是讓內侍召宰執們進宮。呂夷簡得知皇帝召喚，出門後在路上慢吞吞地走著，內侍在一旁反覆催促，他就是不著急，而其他宰執大臣早已進宮多時。他到了之後，仁宗滿臉不高興地說：「我多日不見卿等，想念你們，讓你們來商量一下最近的政事，你怎麼如此姍姍來遲？」呂夷簡答道：「人人都知道陛下患病多日。今天宮中忽然召喚兩府大臣，如果我們都匆匆忙忙地趕來，別人肯定會以為宮中出了什麼大事。若有人加以利用，可能發生大亂。因此臣有意不急於進宮。」仁宗一聽，嘆服不已：這才是宰相之才啊！

深得仁宗信任，還不是呂夷簡在面對范仲淹批評時的唯一優勢。朝中許多官員都與他關係密切。他舉薦過很多人，其中大部分確實是出類拔萃的人才，當然不排除有一些阿諛奉承之輩。他舉薦人才本身是件好事，但問題是他的做法不妥，有意讓被舉薦之人都知道他的舉薦，使他們對自己感恩戴德，將國家的信任、皇帝的信任，變成了自己籠絡人心的手段。而這些人在關鍵時刻對呂夷簡的支持將產生舉足輕重的作用。

在這種背景下，呂夷簡使出了屢試不爽的有力武器，那就是朋黨的罪名。

怎麼給范仲淹安上朋黨之名呢？可以這麼看：范仲淹在朝中任職以來，舉薦了許多人，這些人平時常常在一起點評朝政，互相引以為知己，這完全是「朋比為黨」。范仲淹舉薦的人，雖然個個都有時名，但與他個人的關係都十分密切。其中，有號稱一時才俊之人——這應當指的是歐陽修、尹洙、蘇舜欽等人；有飽學經典、門徒廣眾之醇儒——這說的應該是胡瑗、石介等人。范仲淹甚至還舉薦現任的兩府大臣堪當重任——這說的是同知樞密院事韓億。不過韓億後來告訴仁宗：「臣與范仲淹既非姻親也非故舊，不知道他為什麼舉薦臣。如果臣在此位置上於事無補，請陛下將臣免職，但臣與朋黨無關。」仁宗連忙下詔撫慰韓億。

仁宗對於雙方的論戰肯定是厭煩了，他必須做出決斷。呂夷簡拋出的朋黨之名是對范仲淹的致命一擊，也可以認為是他給仁宗處置范仲淹提供了一個很好的理由。

6

景祐三年又成為范仲淹之年。他和與他有關的人和事成為這一年最重大的話題。

五月初九，仁宗下詔：天章閣待制、權知開封府事范仲淹落職，知饒州。落職，撤的是天章閣待制的侍從之職，這是嚴厲的處分，范仲淹已不再是皇帝的近臣了。范仲淹此前兩次被貶，朝廷都沒有撤銷他相應的館職。

隨後，一名御史臺官員上書仁宗，請求將范仲淹「朋比為黨」的罪行公布於朝廷議事的朝堂，仁宗同意了。對一名重要官員加以嚴厲斥責並將斥責之詞加以公布，這是一種政治審判，在歷史上是極罕見的。

接下來發生的事在中國歷史上應當是精彩的一筆。

在范仲淹被貶後到五月二十一日的十二天內，又有三個人被貶。本來仁宗只想貶謫范仲淹一人，可是這三個人逼著仁宗貶他們。

集賢校理余靖上書仁宗說：「陛下如果覺得范仲淹所言不妥，不加置理也就罷了，豈可加罪？陛下親政以來，三次貶逐言事者，這不是天下太平的為政之道。請陛下追改前命！」余靖因此被撤銷集賢校理的館職，到筠州當酒稅官。

尹洙上書說：「臣敬佩范仲淹為人忠直，因此視他亦師亦友。臣曾被仲淹舉薦，既然仲淹因朋黨得罪，臣也應當連坐。況且余靖與仲淹素來生疏，他尚且被當作仲淹朋黨，臣豈可僥倖免責？臣請求貶謫！」這不是嚴重的挑釁嗎？於是尹洙到郢州監酒稅去了。

在送走范仲淹、余靖、尹洙後，歐陽修被貶去陝州的夷陵縣當縣令。縣令與知縣不同，雖然都是一縣之長，但知縣是中央官員，朝廷派出身帶朝廷職務的官員到一縣知縣事，因此稱作知縣，縣令則沒有了朝廷職務，更不用說令人驕傲的館職了。歐陽修被貶，是因為痛罵了諫官高若訥，同時又批評了皇帝和宰相。

此事的起因頗為有趣。余靖被貶後，歐陽修去送別，在余靖家裡遇見了右司諫高若訥。高若訥侃侃而談，稱范仲淹為求皇帝賞識而危言聳聽，今日被貶屬咎由自取，余靖實在沒必要為他受連累。歐陽修當時就與高若訥發生爭執，回家之後意不能平，於是給高若訥寫了一封信。信中他這樣對高若訥說：「今日皇帝與宰相不能容忍賢人在朝，君身為諫官不僅不能為范仲淹申辯，反而說他咎由自取，真是咄咄怪事，不知人間羞恥！」他請高若訥將此信公之於眾，作為他與范仲淹共為朋黨的證據。

若想見識歐陽修的文才，不一定要看他的〈醉翁亭記〉〈豐樂亭記〉等名篇，只要讀一讀這一封〈與高司諫書〉即可。歐陽修在這封信中，對范仲淹的崇敬、對余靖和尹洙的讚賞、對權臣的直斥、對高若訥身為諫官卻沒有獨立人格的嘲諷，寫得酣暢淋漓、入木三分，這是一篇幾乎能罵死人的精彩文章。

高若訥惱羞成怒，果真將歐陽修的信呈給了仁宗，並稱：臣經多方了解，范仲淹確實與人朋比為黨。如今歐陽修如此言論，顯然會讓天下人以為天子驅逐賢臣，這將有損天子聲譽，請陛下責令有關部門對歐陽修加以訓誡。於是，歐陽修被貶到相對偏遠的夷陵。

這場紛爭繼續發酵，蔓延到了京外，隨後又回到朝廷。

洛陽的西京留守司的推官蔡襄寫了五首詩，誇了四個人同時又嘲諷了一個人，這五首詩被人統稱作〈四賢一不肖詩〉。蔡襄當時似乎與范仲淹本人沒有很密切的關係。詩中稱讚的四賢是誰？范仲淹、余靖、尹洙、歐陽修。一不肖，自然說的是高若訥。每首詩都很長，但對這五個人都有很典型的刻畫。蔡襄贊范仲淹「漢文不見賈生久」，稱他是漢文帝時的著名政治家賈誼；讚廣東人余靖「南方之強君子居，卓然安首襟韻孤」；讚尹洙「章章節義尹師魯」，稱他是有氣節、講道義的人；讚歐陽修是「斯人滿腹有儒術」。對於高若訥，他則譏諷「四公稱賢爾不肖，讒言易入天難欺」。〈四賢一不肖詩〉一出，竟為時人傳誦，據說許多地方因為傳抄此詩而「洛陽紙貴」，紙張都短缺了。若干年後，大宋出使契丹的官員甚至還在契丹境內見到此詩。

蔡襄因為寫了〈四賢一不肖詩〉，遭到另一名地方官員的彈劾：泗州通判陳恢上書仁宗，請求將蔡襄治罪。

這場朝廷紛爭就像一場大戰，看似無關之人紛紛加入。

有一位立場很微妙的人出現了，他是左司諫韓琦。時年二十八歲的韓琦是公認的青年才俊，為人穩重、見識高深，呂夷簡曾經舉薦過他，道理上可以把他劃作呂夷簡一邊的人。陳恢彈劾蔡襄後，韓琦立即彈劾陳恢越職言事、企圖謀取非分的恩賞，請求將陳恢重貶以杜絕此類奸諛之事。韓琦沒有支持誰也沒有反對誰，他只是彈劾陳恢，是嚴詞彈劾。這是一個需要呂夷簡慎重對待的跡象。

結果，蔡襄和陳恢都沒有受到處分。一場政治紛爭到此基本結束。

這場政治紛爭，爭的到底是什麼？

古代社會，在知識分子的血液裡，一直流淌著一種責任意識，一種以天下為己任的責任意識。在皇帝與士大夫共天下的宋朝，這種責任意識更加明確、更加突出，達到了中國歷史的頂峰。

從狹義的角度看，這種責任意識是忠君報國的思想。而其中，忠君是主體，報國是從屬，因為國家是君主的國家，報國的前提是忠君，因為忠君所以報國。不論君主是明主還是昏君，是真命天子還是混世魔王，忠於君主是他們最基本的道義。君主說什麼，臣子就幹什麼。不管君主是什麼樣的君主，都應當為君而死，為君就是為國。這是將感恩之心絕對化了的一種思想感情。但是如果君主誤國殃民，該怎麼辦？

從廣義的角度看，中國知識分子的責任意識是追求正義的思想。任何人，包括君主在內，都應當以正義作為行為的準則。這種正義，是對國家的負責，對百姓的負責，最終也體現為對君主自己的負責，是以報國來忠君。作為士大夫，應當「致君堯舜」，就是有責任讓君主成為堯舜那樣的明君。如果君主做不到或不願做堯舜怎麼辦？那就要堅持原則，勸諫君主，哪怕君主不高興，哪怕因此丟官，甚至失去生命。如果真的失去生命，那也是為國而死。

三次被貶，范仲淹的感受是什麼？「雷霆日有犯，始可報君親。」只有天天冒犯君主，讓君主時時注意自己的言行，這樣才是報答君主對自己的知遇之恩。為什麼要天天冒犯君主？「以為肆予一人之意，則國必顛危。」君主如果剛愎自用、一意孤行，就會讓國家陷入危險的境地。

這已經不是簡單的忠君報國的思想，而是在「與士大夫共天下」的國家大法之下，以主人翁的態度來負責任地治理國家、造福百姓的天下意識。這就是北宋士大夫獨立人格覺醒的核心意義。後來的程朱理學之所以具有號召力，他們突出強調這種責任意識是一個重要原因，而朱熹甚至因為對這種責任意識的過分強調而被朝廷迫害。不過，幾百年後，程朱理學重申的「三綱五常」等社會功能的內涵被極端化，成為禁錮思想、禁錮人性、提倡愚忠的工具，最後又被沒有太多文化傳承能力的後人不分青紅皂白一棍子將它連同整個儒家的優秀傳統幾乎完全打死，這卻是北宋的先賢們始料不及的。

後來的人們並不太看重景祐三年五月的這次朝廷論爭，只把它簡單地看作范仲淹不畏強勢、盡忠直諫的又一次體現。但是，這次論爭的意義遠遠不止這些。

中國士大夫不畏強暴、義無反顧、追求正義的氣節，經過唐朝末年以來不斷淡漠，在五代時期更加衰微，又歷經宋太祖、太宗、真宗三朝緩慢的復甦之後，從景祐三年的這個時候起突然覺醒，重新煥發出勃勃生機。

這是一個從漸悟到頓悟的歷史過程，正是范仲淹及其一批追隨者完成了這個標誌性的頓悟。在這一過程中，他們必須付出代價，雖然他們當時並非有意識從事什麼、引領什麼或導致什麼，更不會去評價自己的這些行為在中國傳統文化的延續中發揮了什麼重要的作用。他們的所作作為，只是憑藉著一股意氣，一股他們認定不能丟棄的心中的正氣。正如歐陽修在貶謫途中寫給尹洙的信中所言：「五六十年來，天生此輩沉默畏慎，布在世間、相師成風，忽見吾輩做此事，下至灶門老婢，亦相驚怪，交口議之。」在絕大多數人麻木不仁的時候，一個大聲疾呼是會引來許多怪異的目光甚至交口斥責的。

士大夫的氣節在宋朝表現的最高峰就是宋學的形成，而宋學與以往的儒家學說相比有一個十分重要的特點：以往的儒家學說更多地強調君主的作用、大眾的作用，而以南宋朱熹為代表的程朱理學和以陸九齡、陸九淵兄弟為代表的心學作為宋學最主要的成果，強調知識分子這個精英階層中每個人自我意識的覺醒。

個人的修身是齊家、治國、平天下的根本。即便是帝王將相，如果他不能夠在道德上、氣節上、學問上、能力上自我覺醒、自我提高，那麼說什麼國泰民安、繁榮昌盛，說什麼憂國憂民、報效國家，所有的一切都是空話，他們不會真正去這麼想、這麼做，即便真有這些想法也沒有能力去做。

史學家們應當都同意史書中的這麼一句評價：「一時士大夫矯厲尚風節，自仲淹倡之。」是范仲淹的三次被貶喚醒了士大夫的獨立人格意識。

在范仲淹之前，大宋幾乎沒有這麼一意孤行的人。即便是寇準、王旦、王曾這些為士人崇敬的人，因為他們的一些私心而都無法引領士大夫們走向一個講氣節的時代。寇準最後一次能夠入相，是因為他低下頭迎合了真宗希望他編造一封假天書的意願；王旦在真宗皇帝親自賄賂他一罈金子之後，感受到了真宗謙恭背後的強硬，不得已配合並參與了荒唐的封禪活動；王曾也是託人向呂夷簡致意後才復相的。沒有幾個人在利益面前能夠真正做到人格獨立、氣節巋然，雖然能說豪言壯語的人數不勝數。

因此，景祐三年的論爭是一面旗幟，是知識分子覺醒的旗幟，也由此在客觀上影響了宋學的形成和發展，並影響了幾百年奉行宋學的明、清兩個朝代的思想界，從而從思想和文化的角度影響了中國的歷史。

事實上，雖然當時的政治氣氛十分緊張，仁宗與宰相的高壓讓許多人不敢公開為范仲淹說話，甚至沒有幾個人敢在范仲淹離京時去為他送行，但是仍然有一些人勇敢地站出來表明他們對范仲淹的支持，並以這種支持體現出范仲淹的旗幟作用。當然，這些人後來基本上成為公認的北宋名臣。

天章閣待制李紘是范仲淹的妻兄。他還有一個常人所不知的背景，那就是他早年曾經得到過呂夷簡的舉薦。他為范仲淹送行時讚道：「希文此行最光！」

從第一次被貶時的「極光」，到第二次的「尤光」，再到此次的「最光」，范仲淹已「三光」在身。他哈哈大笑道：「我如今已是『三光』，諸公今後要送我，直接去牢房吧！」

集賢校理王質是帶病偕同家裡的晚輩來給范仲淹送行的，他要讓晚輩們瞻仰一下范公的風采。送別范仲淹後，有人問王質：「王公是有名望的人，何苦自陷朋黨之中？」王質答道：「范公是賢者，平庸之人豈能成為他的朋友？如果你真認為我有資格當他的朋黨，我要萬分感謝你！」後來王質與范仲淹結成了親家，他的女婿是哲宗朝的名相范純仁，范仲淹的次子。

翰林學士宋祁在〈送范希文〉一詩中將范仲淹此次被貶比喻為西漢賈誼那次著名的長沙之貶。范仲淹同年進士、負責撰寫朝廷重要文稿的知制誥謝絳也贈詩慰問。

蘇舜欽賦詩讚范、歐、尹，又上書仁宗，提醒他要當心秦朝趙高指鹿為馬導致秦朝滅亡的前車之鑑。

人一旦成為一面旗幟，崇敬者未必都出自知友。有一位剛剛進士及第到饒州擔任幕職官的劉牧，聽說范仲淹被貶到饒州後大喜道：「此公可為我師！」於是趕忙投入范仲淹門下。

當然，也有不贊同范仲淹此舉的正人君子，王曾就是其中之一。

王曾認為，「高若訥輩多是擇利，范希文亦未免近名」。與宰相爭執如此，不就是為了爭個忠直的名分嗎？因此，他沒有參與到這次轟轟烈烈的論爭之中。他不會像呂夷簡那樣打擊持不同意見者，也不會像范仲淹那樣近名。

但是，王曾也走了。他不想論爭，卻逃不脫論爭，而他論爭的對象竟然就是呂夷簡，論爭的話題竟然還是范仲淹曾經過於糾纏的宰相謀取私恩的話題。王曾走時離范仲淹被貶不到十一個月。這是讓王曾啼笑皆非的結果。

回想起來，呂夷簡在天聖七年第一次當上宰相還是王曾出的力。當時劉太后的親信張耆任樞密使，排位在宰相之後。王曾認為呂夷簡能力強，應當讓他當宰相。他對劉太后說：「太后是否礙於張耆的面子，不希望他排位在呂夷簡之後？張耆不過行伍出身，豈能妨礙賢能之人上進？」太后不得已才任命了呂夷簡。

那一次王曾是首相，呂夷簡是次相，呂夷簡對王曾又比較恭敬，二人配合還較默契。平心而論，王曾與呂夷簡的能力都相當強，風格也相近，均屬於行事穩健、考慮周密的類型。而這一次是呂夷簡首相、王曾次相，二人卻總有不協調之處，主要原因是呂夷簡專權，仗著仁宗對他的信任，凡事自作主張，不尊重王曾。

王曾幾次向仁宗請求辭去宰相職務，可是呂夷簡卻也同時向仁宗提出辭職。向皇帝請辭一般有兩種含義：一是真心辭職，二是表達對其他同僚的不滿。

呂夷簡能夠擠走李迪，為什麼不能同樣擠走王曾？呂夷簡何必請辭？有一種比較合理的揣測：王曾的威望遠超李迪，如果王曾辭職而呂夷簡無動於衷，那麼輿論必然對呂夷簡大大不利。因此，呂夷簡的請辭與王曾不同，是一個策略。

果然，仁宗隨後問王曾：「你請辭是因為呂夷簡不尊重你，那呂夷簡請辭是不是因為你也有過錯？」王曾於是揭露了呂夷簡的問題，那就是「招權市恩」，運用手中權力為他人謀利，再由此謀取自己的利益，至少是讓他人對自己個人感恩戴德。他還舉了一個例子：秦州知州王繼明為感激呂夷簡而向他納賄。此事早已在坊間流傳，王曾也是聽說的。

呂夷簡得知王曾告狀，就在仁宗面前與王曾對質，結果王曾所說有不實之處，而呂夷簡也有扯不清的問題。仁宗一氣之下，將二人一同罷相。罷相就是免去宰相職務，嚴格意義上說並非貶黜。他們被罷相時，各自的官階還提升了一級。另外，兩位副宰相也陪著他們一塊兒免職。參知政事宋綬平時總附和呂夷簡，另一位參知政事蔡齊則與王曾關係密切。或許仁宗此時還沒有淡忘半年多前的朋黨話題吧。

仁宗對王曾和呂夷簡各打五十大板的決定，讓雙方看似勝負相當，但實際上呂夷簡是勝利者。他臨走前推薦了兩個人擔任宰相，都被仁宗接受了。這兩個人，一個是王隨，另一個是陳堯佐。呂夷簡推薦他們不是出於公心，純粹是因為他們同自己關係密切，且能力平庸。一旦他們被罷相，自己回歸相位的把握相當大。

名相王曾從此退出國家政治舞臺的中心，直至兩年後去世。他用自己的遭遇證明了他對范仲淹不免近名的批評是錯誤的。

7

范仲淹是一個百折不撓的人，他到饒州後上報的〈饒州謝上表〉再一次印證了他的這種品質。官員每到一地任職，都要向皇帝上一個謝恩的報告，這就是〈謝上表〉。

「有犯無隱，惟上則知；許國忘家，亦臣自信。」雖有過錯，但從不欺瞞；不在乎自己的身家前程，是因為在乎國家的榮辱興衰。這是他的自我評價。「此時為郡，陳優優布政之方。」在一方主政，肯定要為百姓謀利益。「必也立朝，增蹇蹇匪躬之節。」如果有朝一日還能回到朝廷，仍然會一如既往地奮不顧身、盡忠直言！換一句他答著名詩人梅堯臣〈靈烏賦〉的詩句來說，就是「寧鳴而死，不默而生」。

八百多年後，一位與范仲淹品格相近之人林則徐有一個座右銘：「苟利國家生死以，豈因禍福避趨之？」我們不妨把它看作是范仲淹這句話的另一種精闢概括。

但是，「知我者謂我心憂，不知我者謂我何求？」三次因為直言被貶，這在大宋前所未有，何況第三次還是重貶。他已經四十七歲，開始步入那個時代的老年了。朝廷的廟堂似乎離他越來越遠，而身處地方的江湖之中，他又能做些什麼呢？

有一個值得注意的現象，那就是范仲淹幾乎在他從政所經歷的每一個地方，都留下了後人對他的懷念，這種情況歷史上也不多見。因此，我們不必過於追尋范仲淹第三次被貶後在地方主政的政績。范仲淹不會背負著三次被貶的包袱，或者高詠著「人生在世不稱意，明朝散髮弄扁舟」，去做個閒雲野鶴，或者嚮往並實踐著「寧與燕雀翔，不隨黃鵠飛」的混世生活，自甘沉淪。如果套用今人常說的一句話，那就是「是金子總會閃光」。

因此，讓我們暫且放下范仲淹，把目光轉向景祐三年下半年至康定元年（一〇四〇）一月在持續震耳的雷聲中昏昏欲睡的大宋。在這一段令人痛苦的時期之後，大宋展現了另一段為時不長的勃勃生機。

從景祐三年下半年開始的三年半時間裡，有三件大事對大宋的朝政產生了重大影響。它們是天災，群臣關於朝政的又一次大論爭以及西夏與大宋的戰爭。

景祐三年七月的一天夜裡，開封府界雷雨大作，一場嚴重的雷電擊中了開封府倚北面的興國寺，奉有太祖御容之像的大殿連同幾百間房子頃刻之間被燒成灰燼。

景祐四年（一〇三七）六月，流星雨自西南向東北降落，隨後畢宿星群之下可見數丈黑氣。這一天象主兵主雨，不是邊境有警，就是暴雨成災。

這一年七月，杭州突發大風，錢塘江狂潮拍岸，浪高六尺，沖壞堤壩幾千丈。

十二月，北方忻州、代州、并州發生強烈地震，京城開封也有明顯震感。在忻、代、并三州，地裂水湧，兵民死傷近四萬人，損失牲畜五萬多隻。這次地震餘震不斷，長達數月。地震之災反映的是兩個現象：一個是通過貴婦到皇帝後宮這條「女謁」管道在皇帝面前求官求賞的問題嚴重，另一個是大臣專權。

畏懼自然是中國人幾乎與生俱來的傳統。先人們認為，重大的自然現象都是國家政治明暗良莠的反映，君主都應當在道德上和政治上做出相應的檢討並制定出更加正確的國策。在絕大多數時候，這種畏懼的積極意義遠遠大於消極的一面。它能夠讓統治者將自然災害作為上天對自己的提醒、批評乃至懲戒，從政治上和道義上尋找自身的問題加以改正。而此時，官員們往往也會藉機向皇帝進言，有的是因為憂國憂君憂民而對皇帝進行勸諫，而有的則將它看作是藉機排斥異己的又一次機會。

仁宗對於上天的警示是十分敬畏的。他採取了自認為很虔誠的辦法，就是祈禳。他派出內侍到各地名山道觀祈禱，甚至在皇宮的正殿大慶殿建立道場，請和尚們誦經消災。

一些朝廷官員開始上書表達意見。

直史館葉清臣上書仁宗，以范仲淹等人被貶近兩年為例，批評仁宗對下有失民意，對上有拂天意。他請求仁宗深深自責，提拔使用忠直敢言之士。

改任右司諫的韓琦上了三道奏章。他指出以祈禳之法應對連連出現的災異不是解決問題的辦法，委婉地建議仁宗聽取臣下們的直言。

而直史館宋祁則說得更為直率，言辭的嚴厲程度不亞於葉清臣。「如今災異日益嚴重，卻聽不到陛下自我問責之語，聽不到群臣解決問題的建議。用一些荒誕不經的祈禳之法來應付上天的警示，凡人尚且不信，難道還能騙得了上天？」他強烈建議仁宗廣聽百官之言。

宋祁上書後的第二天，冬雷大作，這也是不吉祥的現象。仁宗立即頒布詔書，向百官求取直言。「朕的缺失、宰執的過錯，政教不當、刑法不公，尸位素餐之人、貪污腐敗之吏，都仰仗諫官、御史及朝中百官指摘，言之務盡。朕將親自閱覽，擇善而從，絕無虛言！」百官都可以將奏章密封後通過匭匣直接呈遞給仁宗。仁宗決心很大，也很誠懇。

一場範圍更大但不太激烈的論爭又開始了。不知道為什麼，范仲淹又是這場論爭的一個話題，此時他身處遠離京城的饒州、潤州或越州，忠實地履行著一州之長職責，在他一生中的第二個創作高峰時期構思著、吟詠著自己的作品，與後來成為宋代重要思想家的孫復、胡瑗、石介、李覯等人切磋交流著儒學經典中的治國安邦之道——他深信學以致用是儒學發展至今的出路和現實的作用。

蘇舜欽借范仲淹直言被貶的經歷，批評直言者總是橫遭中傷的現象。他還指責王隨等宰執大臣無能、臺諫官員軟弱。

於是接下來，平庸而自私的宰執班子成為仁宗下詔求言後群臣上書的第一個靶子。

直史館宋祁、蘇紳上書說：「競進之徒奔走於權勢者之門，投機鑽營，無所不至！」「權歸大臣，政不由君，陛下為什麼不加以糾正？」

葉清臣又上一書：「如今只要提拔一個人，人們都認為他是宰相的親舊；只要抑黜一個人，人們就議論說他與宰相有嫌隙。如此風氣，天能不怒、地能不震嗎？」

韓琦繼蘇舜欽之後，列數了王隨、陳堯佐等宰執大臣們的無能、自私的事例。

以王隨為首相、陳堯佐為次相的宰執班子確實是極平庸的班子，無怪乎為百官所抨擊。王隨因呂夷簡推薦，越級升任首相，卻無所建樹。他平日信佛篤深，他的家儼然就是一個佛教道場，但他又沒有佛門中人的涵養。在中書省宰相辦公的都堂之上，經常對不順眼之人破口大罵，他也因此貽笑四方。

陳堯佐則熱衷於謀一己私利。他越級提拔兒子，還為犯錯的親信護短。陳堯佐在密州有一個親信犯罪當死，他利用職權百般為此人解脫。宋祁之兄宋郊時任審刑院主官，他堅持將此人判處死刑，為此得罪了陳堯佐。

而參知政事石中立則像一個俳優。他機敏過人，出口成謔，但才能似乎主要體現在插科打諢上。只要有他在的地方，那裡必然笑聲不斷，為此他常常被邀請主持宴會一類的活動。

這些宰執大臣不僅為自己謀利，相互之間也是明爭暗鬥不止。宰相王隨、陳堯佐又先後因為老、病，多數時候在家休息，朝中官員為此給中書省起了一個「養病坊」的綽號。

歷時三個月的群臣進言，讓仁宗自己也認識到宰執的問題。他當初下詔時曾說過，擇善而從、有則改之。這回他很乾脆地採納諫言、改正錯誤。

寶元元年（一〇三八）三月，仁宗下詔改組宰執班子。宰相王隨、陳堯佐和副相韓億、石中立都被免職。

一個平庸無能的宰執班子被解散了，但是又一個平庸無能的宰執班子產生了。

仁宗任命張士遜、章得象為宰相，原來的同知樞密院事王鬷、開封知府李若谷為副相，王博文、陳執中為同知樞密院事。

已經七十四歲的張士遜是仁宗當太子時的東宮舊臣，為人厚道。一個七十四歲的老實人，還能在宰相的位置上做些什麼事呢？順皇帝之意，做一些皇帝喜歡的事，說一些皇帝高興的話，如此而已。任相不久，他就率領群臣上表，請求給仁宗加上一個「寶元體天法道欽文聰武聖神英睿孝德」的尊號。尊號的作用，就是表明皇帝擁有尊號中所列的那些品德。還有人說，讓張士遜出任首相是呂夷簡向仁宗密薦的結果，呂夷簡推薦張士遜的目的自然與推薦王隨、陳堯佐一樣。

而六十歲的章得象當了十二年的翰林學士，以行為端正為仁宗所欣賞。當年劉太后當國時，太后身邊的宦官、親信找章得象辦事，章得象面對他們一聲不吭，讓他們無可奈何。但是，如果章得象也用這些辦法對付正人君子、對待國家大事，那會怎麼樣呢？五年後就會有答案的。

同知樞密院事的王博文高壽幾何無從知曉，他任職三十六天就病死了。他擔任這一職務的理由很可笑。王隨等人被解職後，王博文對仁宗哭訴道：「臣快要死了，卻還沒有機會位列兩府！」仁宗聽了心中惻然，於是任命他為執政。此事在朝野傳為笑談。

至於從同知樞密院事轉任參知政事的王鬷，有一個事例可以說明他是否具備宰執大臣的眼光和能力。天聖年間，王鬷受朝廷委派巡察河北。經過真定時，名將曹瑋告訴他：「王君今後也許會擔當宰執重任，建議你多留意邊防。元昊有智有勇，他日必為禍患。」當時元昊才十六歲，王鬷不以為意。他入樞密院後，仁宗幾次詢問他關於西夏的事，他一無所答。

新的任命一出，朝野上下大失所望！韓琦曾經建議任用有能力的杜衍、孔道輔、胥偃、宋郊、范仲淹等人，或者重新起用前一任宰執王曾、呂夷簡、蔡齊、宋綬等人。仁宗採納了韓琦更換宰執大臣的建議，卻沒有接受他推薦的人選。為什麼他連呂夷簡都不用？這或許與仁宗此時的心態有鬭。他畏朋黨如虎，而呂夷簡與王曾的爭鬥應當讓他感覺呂夷簡也有朋黨之嫌。在他的這種感覺淡化之前，他還沒有召回呂夷簡的想法。

在韓琦、宋祁、葉清臣、蘇舜欽這些有朝氣、有見識的年輕人再次提出他們對新任宰執班子的看法之前——或許他們目前還不具備再次對宰執們品頭論足的情理條件和制度前提，來自西部的威脅轉移了他們的視線。

自寶元元年十二月起，元昊已經不再是西平王，他的名字也已不再是趙元昊。早在七年前他襲封西平王後，就私下對內自稱「兀卒」而非大宋賜封的西平王。兀卒者，青天子也。元昊自稱青天子，稱大宋皇帝為黃天子。他的趙姓是宋太祖賜予他祖父的，而他對內始終用的是李姓。唐朝末年，党項族的祖先拓跋思恭因為保衛唐室有功而被唐僖宗賜姓李，封夏國公。李元昊是他自己使用的漢名，他還為自己恢復了党項族的姓名，即嵬名曩霄。嵬名是姓，曩霄是名。

如果說元昊自稱兀卒還屬暗自所為的話，那麼寶元元年末他自稱皇帝就是公然反叛了。但這是水到渠成的事，西夏注定要壯大的。

西夏的發展壯大是宋太祖唯一一次削藩鎮不成功的結果。元昊的祖父李繼遷是世襲的夏州節度使的族弟。他在宋太祖削藩時逃出了京城開封，回到他祖輩世襲的領地重新發展。在與大宋的幾次戰爭中，李繼遷打敗了宋軍。真宗即位後，為擺脫煩惱，將夏、綏、銀、宥、靜五個州賜給了李繼遷並封其為西平王，以此息事寧人。

但是李繼遷和他的兒孫們並不想息事寧人，他們有自己的志向。

如果把真宗將夏、綏、銀、宥、靜五州賜給李繼遷作為一個觀察歷史的時間點，此時的西夏，東北面有大遼和東南面的大宋這兩個強國，西邊是幾個回鶻族的政權以及一批漢人自唐朝末年以來保持的歸義軍政權，南邊則是四分五裂的吐蕃諸部，其中以唃廝囉一部為最強。

歸義軍的歷史是悲壯的歷史。如今聞名世界的敦煌，在那時叫作沙州。沙州及其周邊的大片土地曾經是唐朝的領土，隸屬於駐紮在涼州的河西節度使。後來，這片土地被吐蕃佔領。再後來，當地漢民在張議潮率領下起兵趕走了吐蕃兵，將與中原隔絕的十一州奉表歸復沒落的大唐。唐宣宗將此地設置為歸義軍，任命張議潮為歸義軍節度使。環伺在歸義軍四周的吐蕃人和回鶻人使歸義軍經歷了種種困擾，也使它的領地從收復涼州後一度擁有的十二州變成了僅有的一個沙州，而它的統治者也從張姓變成了曹姓。但是，無論是外侮還是內亂，無論中原是唐、宋的大一統還是五代的戰亂，歸義軍這個遠離中原三千多里的孤壘都始終不渝地心繫中原王朝，主動接受中原王朝的管理。但是中原王朝給了它什麼呢？——一個歸義軍節度使的封號，然後讓它自生自滅。

唃廝囉是吐蕃首領贊普的後代。贊普是王的意思。也就是說，唐太宗時期那個著名的贊普松贊干布是唃廝囉的祖先。但是唃廝囉的輝煌並不只是來自祖先。他在吐蕃帝國四分五裂之後流落他鄉，被兩個吐蕃豪強先後挾持作為名義上的領袖為他們統治當地服務。經過了無數艱難困苦，唃廝囉傳奇般地成為青海湖畔河湟地區的主人。唃廝囉堅定地向大宋奉表稱臣，並向大宋源源不斷地輸送大宋緊缺的戰馬。一個強大的唃廝囉政權成為西夏擴張野心的重要牽制力量。據說，唃廝囉就是他的後人世代傳唱的史詩《格薩爾王》中的主角格薩爾王。

真宗、仁宗父子統治大宋的時候，西夏由李繼遷與元昊父子相繼統治。大宋的父子是以十分溫柔的眼光看著回鶻人消滅了歸義軍，再看著西夏的父子隨後消滅了回鶻諸部落的政權，又將強悍的唃廝囉打得從此退守在青唐城以西，並被自己的兩個兒子的內耗消磨了雄心壯志。最後，西夏父子中的兒子再回過頭來與無動於衷的大宋父子中的兒子反目成仇。此時，元昊已經擁有了河西的廣大土地，更重要的是佔據了水草豐美、土地肥沃、可農耕可游牧的河西走廊。

佔據了沙州以東的大片土地後，西夏的後方已經得到安定，元昊已經不在乎大宋賜封的西平王這個稱號，更不用說趙氏的國姓和元昊的漢名了。其實他保持西平王的稱號是為了讓大宋在他去攻佔西部時保持漠不關心的態度，同時也是給大宋一個面子。只要元昊沒有讓雙方撕破臉皮，那就是給大宋面子了。大宋害怕和平共處的局面被打破，哪怕這種局面只是一種假象。而一旦元昊沒有了給大宋面子的需要，那麼他公開的反抗也就成為必然。

寶元元年九月上旬，一個信使從西夏來到陝西延州以北的金明縣。派他來的人叫趙山遇，党項名叫嵬名惟亮，是元昊的叔父。

元昊的叔父，一個在西夏舉足輕重的人，他派人來金明縣幹什麼？

誰也想不到，趙山遇想投誠！

山遇在元昊的父親德明在世時就是西夏的重要人物，在党項人中的威信極高。景祐四年元昊建立了西夏的兵制，讓山遇與他的弟弟惟永分別負責左右廂的兵馬。左廂在西夏的宥州路有兵馬五萬人，防備大宋陝西的鄜州、延州和河東路的麟州、府州；右廂甘州路有三萬人，防備西邊的吐蕃和回鶻。

如此一個重要人物，政見卻與元昊不同。寶元元年的九月，是元昊建國的關鍵時刻。山遇不贊同元昊反宋，勸諫元昊：「中國地大兵多，如果反宋，大宋只要扼守住環慶、鄜延兩路，我牛羊無處可售，大宋的糧、帛我無從獲取，最終必將坐困。」山遇的觀點是有見地的，元昊後來果然陷入這種困境。

但是元昊反宋的決心已經積蓄了三十年，放棄這個決心是不可能的。元昊決定剷除山遇。他逼山遇的從弟誣告山遇，說：「你告山遇謀反，我就把他的官爵賜給你。」從弟心中不忍，將元昊之謀向山遇透露。山遇見元昊殺機已起，決定降宋。他的弟弟惟永道：「大宋沒有人不知道兀卒所為，但是他們也不會接納兄長。真到了這一步，兄長將無路可走！」山遇悲歎道：「如果大宋有福，就不會拒絕我！」

結果，大宋無福，拒絕了山遇。朝廷接到延州知州郭勸和兵馬鈐轄的報告，同意延州帥臣和主將的意見，如果山遇來投靠，務必將他攔住，不可讓他進境。

可憐的山遇還不知道宋朝的這個決定。他以為以他對大宋的忠誠，以他在西夏人人盡知的智勇，以他對西夏軍力部署的了解，以他對元昊稟性的熟悉，他可以幫助大宋免去橫禍。

山遇帶著妻、子和親信三十多人在元昊的追趕下來到了延州。延州知州郭勸和兵馬鈐轄李渭讓山遇回去，山遇不從。於是郭、李派一員將官將山遇一家捆作一團，送進夏界，一直送到西夏控制的宥州。元昊為追趕山遇，已經親自帶兵來到宥州了。

宋將將山遇一家交給元昊，但元昊不要。他說：「延州誘我叛臣，我要親自到延安，在延州知州衙門廳前接收叛臣！」宋將好言好語懇求半晌，元昊才放下架子接收了山遇。

從被宋軍捆綁起來的那一刻，山遇才完全知道他的命運和大宋的命運。他仰天大哭。他實在無法接受這世間的荒唐。押送他的宋將看著他和他的一家被元昊亂箭射死。

曾經的著名諫官、如今的延州知州郭勸的一世盛名毀於這一件糊塗事上。但是，如果他不糊塗又能怎樣呢？堂堂大宋，從仁宗到滿朝文武，有幾個人不糊塗呢？

山遇死了，元昊也回他的都城興慶府了。對大宋君臣來說，此事到此為止。

然後呢？然後，朝廷的議論紛爭按照原有的軌跡繼續進行。

還是這一年（一〇三八）的十月初，仁宗下詔警戒百官不得朋比為黨。這是兩年多前將范仲淹貶出朝廷之後的又一次警戒。為什麼這個時候又出此詔？這是因為，仁宗發現一年多來許多人借天災上書的機會為范仲淹翻案。

仁宗並沒有讓范仲淹永不翻身的想法。他對於范仲淹，似乎陷入了一個相當煩惱的矛盾心態中。前一年的七月，葉清臣上書為范仲淹呼籲，仁宗隨後將范仲淹從饒州調到離京城更近、條件更好的潤州。但緊接著有人在他面前告發說范仲淹出言不遜，仁宗一怒之下又要將范仲淹貶到嶺南，好在參知政事程琳駁斥了謠言，打消了仁宗的想法。

這次下詔後，新任的參知政事李若谷提醒仁宗：「近年士風淺薄，有人專門以朋黨之名誣陷善良。如果將善良之人視為朋黨，正直之臣將難以立足。」仁宗又覺得李若谷的話很有道理。

不久，仁宗又想起了朋黨的可怕。他對輔臣們道：「近來上書言事的官員不是詆毀大臣就是指摘皇帝過錯，以此沽名釣譽卻無益於國事，朕實在感到厭煩！」張士遜忙答道：「陛下既然能洞察邪正，奸人自然會收斂。」

在西夏，元昊也在按照他自己的既有軌跡推進著他的事業。仁宗下詔警戒朋黨八天後，元昊也下詔了。詔書是皇帝才能下的，元昊能下詔嗎？能，因為他當皇帝了。

寶元元年十二月十一日，元昊正式登基，國名大夏，自稱大夏皇帝。而此時大宋朝廷最重要的事是即將到來的三年一度的冬至祭天大禮。群臣們都將享受到皇帝的恩賜。元昊沒有過早地來打攪他們的歡樂。

一個多月後，鄜延路報知朝廷：元昊反了。

是元昊主動告訴他們的。他派了一個使者向大宋通報他建國登基之事。

怎麼處置元昊的使者？這關係到大宋對元昊登基的態度。元昊又給大宋出了一個難題。

有人建議將使者拒之門外，不要讓他進京，但朝廷商議後決定讓使者進京遞交元昊的書信。於是延州派人將元昊的使者送到了京城。

使者到了京城後，有兩位執政大臣建議殺了來使，而另外三位大臣反對。

使者在京城十分跋扈，於是又有人建議趁他身在館舍時將牆推倒，造成一個意外身亡的假象。這個建議沒有人認為荒誕，只是認為不仁不義，所以沒有通過。

算計了半天，朝廷總算本著兩國交兵不斬來使的原則，送夏使出境。

元昊出的難題解決了，仁宗給自己人出了另一個難題：對西夏該怎麼辦？

諫官吳育說：「西夏就是因為看到了我大宋因循苟且之風盛行，才敢內蓄奸謀。陛下應當與大臣們檢討缺失，博採眾議。」

過了幾天，吳育又上書提醒：「嚴防我方將士心懷盛氣、輕進貪功，否則可能陷入對方誘詐詭計之中！」

又過了幾天，吳育第三次上書：「元昊剛剛反叛，銳氣正盛，不宜討伐，或則貪功冒進，容易上當。」

吳育的建議似乎沒有得到重視。

講讀官賈昌朝不太看重西夏的反叛：「西夏僭狂，不足為慮。而國家財政開支太大，國庫不實，百姓貧乏，這才是嚴重的問題。」

新任知樞密院事夏守贇從用兵的角度建議：「如今邊界兵力分散，無法與西夏交鋒，應當將兵力集中，在夏兵入境時半路邀擊。」

知永興軍夏竦在仁宗的要求下上書，提出了他的見解。他認為，是朝廷將元昊豢養過飽，使他有能力如此猖獗。如今元昊反宋，人人都欲大行誅討。但是當初我大宋與元昊之父李繼遷交戰尚且負多勝少，如今元昊的富強遠勝於其父，而我方軍力不強、兵不習戰，如匆忙交戰，必然不利。夏竦建議，陝西沿邊各州要大量增兵。夏竦的看法有些道理，但是僅靠增兵就能解決問題嗎？

夏竦所在的永興軍治所在陝西的長安，是自西向東進入中原的大門。夏竦曾任樞密副使，讓他擔任知軍，是對永興軍這一戰略重鎮的重視。

知延州范雍也曾任樞密副使，如今是陝西鄜延、環慶兩路的都部署。都部署即是總帥，總領兩路兵馬。他上書說：「鄜延、環慶、涇原三路都靠近西夏，只有鄜延路道路最多、兵力最弱，元昊如果入寇，極有可能由此進攻，希請朝廷盡快增兵添將。」後來的事實證明他的分析也有見地，但是建議仍舊只是增兵。

范雍的副帥劉平指出了盡快平定西夏的重要性：「朝廷養兵百萬，如果連一個小小的西夏都不能平定，那麼北方的契丹必將有犯中國之心！」如何平定西夏？他建議，重新整頓陝西四路軍馬，廣徵陝西能征善戰的土著蕃兵，先攻佔橫山一帶的宥州、洪州，委任蕃官治理，廣收蕃民之心，使元昊失去邊界一帶熟悉地形、驍勇善戰的土著蕃兵的支持，如此步步為營，就可逐步將元昊政權扼殺。劉平此議，最有見識。

河中府知府楊偕上書反對夏竦的增兵要求。他認為兵在於精而不在於多，如今陝西邊境陳兵二三十萬還不夠，說明軍隊的戰鬥力不行。如果再增兵，徒增國家負擔。

夏竦對楊偕的意見進行反駁，稱有不忠小人破壞國家大計，楊偕居心叵測，必然是朝中有人指使他。

就在這些無休止的爭論、研議之中，又一年過去了。其間，雖然大宋與西夏之間互有攻守，宋軍卻是勝多負少，並且這些都是無妨大局的小衝突。多少年來，就是雙方和顏悅色相處的時候，這些衝突也都沒有間斷過，何況是現在。

大宋迄今採取的最嚴厲措施，就是削去元昊的趙姓，將他從皇家宗室中除籍，並懸賞元昊的人頭。可是後兩項措施鬧了大笑話。元昊祖先雖然被賜姓趙，但並沒有被賜予大宋皇家宗室的籍貫。至於懸賞元昊，言者批評這是無法緝拿到逃犯時無可奈何的做法，難道大宋與西夏還未交兵就承認無法戰勝元昊了嗎？

國事家事，急事緩事，仍然沒有主次、沒有輕重、沒有先後。范仲淹、宰執大臣、仁宗皇帝，還有其他人，他們之中能夠操心的人或許正在不需要操心的位置上，而那些身處需要操心位置上的人正在日復一日地過著不操心的生活。

范仲淹此時正在越州等待李覯的到來。他邀請李覯來越州執教，同時也期待相互切磋儒學。對於李覯用儒學經典指導國家富國、強兵、安民大政的理論，范仲淹十分欣賞，並對李覯多有指導。可惜李覯的這種思想直到九百年後才被後人發現它的光輝。

歐陽修與尹洙之間不斷有書信往來，他們在商量重修五代史的事。宋初宰相薛居正奉太祖之命主持編修的《五代史》，他們認為過於平鋪直敘、缺乏思想。他們想把名分、綱常顛倒的亂世五代作為一部教材，讓後人知道什麼是廉恥。早在西京的時候，歐、尹二人就分頭撰寫了《十國志》作為試筆，如今打算在總結《十國志》撰寫心得的基礎上撰寫五代。依舊是二人分工，歐陽修負責後梁、後漢和後周部分，尹洙負責後唐和後晉。

為人厚道的宰相張士遜利用一起腐敗案件巧妙地趕走了一個特立獨行、不依附自己的人。腐敗案件牽扯到兩個執政大臣：知樞密院事盛度和參知政事程琳。開封府查出他們非法侵佔他人房產，仁宗因此將他們罷去執政職務並貶出京城。御史中丞孔道輔被宰相張士遜說動，替程琳求情，使得仁宗懷疑他與程琳朋黨結派，也將他貶黜。這是孔道輔第二次在御史中丞的位置上被貶謫，他後來才知道是張士遜設計陷害。張士遜厚道不假，但陷害孔道輔也是真的。

仁宗十分得意於自己對朋黨之輩的警覺。他又一次下詔，將處置盛、程、孔等人之事通告天下。

時間過得讓人有些昏昏欲睡。如果真睡著了，或許將不再醒來。

就在這時，一聲驚雷響徹大宋。

那天，仁宗退朝回宮。路邊一個老兵手持掃帚心不在焉地掃著地。當仁宗經過他身邊時，老兵忽然厲聲叫道：「可惜了劉太尉！」

仁宗著實嚇了一大跳。醒過神來，他讓一擁而上的衛士放開老兵，問道：「你何故如此怪叫？」

老兵撲通一聲跪下，放聲大哭道：「官家真沒聽說嗎？延州大戰，劉太尉與一干大將都沒了！」

仁宗聽了，猶如晴天霹靂，這兩天剛接到延州來報說元昊可能入寇，怎麼馬上就有大將陣亡了？「此話從何聽來？」

「臣女婿在劉太尉身邊虎翼營中，虎翼營也全軍覆沒了！」他遞上幾張紙，「這是臣家書急報！」

仁宗二話沒說，一邊顫顫巍巍地往回走，一邊告訴內侍：「速召兩府大臣！」

兩府大臣們來了，他們不知道仁宗為什麼突然把他們召回來。仁宗把老兵的家書甩給了樞密院諸大臣。軍事由樞密院負責，中書大臣不過問。

不知是哪位樞密大臣說道：「此事樞密院早已得到報告，但怕說不清楚，因此已經讓延州趕緊報來詳情。原打算了解詳情後再商議如何奏知陛下，以免陛下焦慮。」

仁宗也像那個老兵一般厲聲叫道：「如此大事，還說不使朕焦慮！你們真的有耐心！」話未說完，雙耳盡赤。仁宗真的發火了：他一發火，兩隻耳朵就會通紅。

第三章

誰將補天裂

在電光石火的關鍵時刻，一個人的本性和能力能夠得到最真切的檢驗。在這個時刻，不進則退，不生則死，任何虛偽的外表、空洞的言談都會被即將坍塌的泰山壓得粉碎。

1

君不聞胡笳聲最悲，紫髯綠眼胡人吹。
吹之一曲猶未了，愁殺樓蘭征戍兒。
涼秋八月蕭關道，北風吹斷天山草。
崑崙山南月欲斜，胡人向月吹胡笳。
胡笳怨兮將送君，秦山遙望隴山雲。
邊城夜夜多愁夢，向月胡笳誰喜聞！

這是唐代邊塞詩人岑參寫給赴隴右傳達皇帝詔命的名臣顏真卿的一首送別詩。岑參筆下那淒涼的蕭關位於橫山山脈的西端。橫亙陝西東北至西南的橫山山脈是分隔農耕民族與游牧民族的天然屏障，橫山以西、以北的高原就是塞上，或稱塞外，而橫山以東、以南地勢逐漸低矮的半高原、丘陵以至平原就是塞下，或稱作塞內。大宋建立後修復的蕭關在塞內，東南距環慶路的環州約二百里。塞上塞下、塞內塞外，農耕民族與游牧民族為爭奪土地和生活資源而進行的千百年勢不兩立的衝突，產生的卻是水火交融之後密不可分的燦爛文明和各民族的統一和諧。黃沙來又去，桐花落復繁。橫山上的鷹隼世世代代地見證著關塞內外的悲傷與歡笑。

劉平帶著三千騎兵馳騁在崎嶇的山路上，再有一個時辰就可以抵達保安軍。這是康定元年一月十八日。三天前劉平接到主帥范雍的命令，從環慶路的慶州帶兵馳援慶州東北二百五十里外的保安軍。據范雍報告，西夏重兵將自保安軍北面的土門寨入寇。

劉平身任環慶、鄜延兩路副都部署，是這兩路兵馬的副帥。雖然都部署范雍是主帥，但實際領兵作戰主要依靠劉平。

被仁宗稱為「詩書之將」的劉平在仕途的前半生是文官，後半生是武將，因此能文能武。他本是將門之後，自己卻進士及第。在真宗朝擔任監察御史時，劉平得罪過權相丁謂，於是丁謂對真宗說：「劉平是將家子，素來知兵。如派他到西北守禦，必可制敵。」真宗去世不久後，劉太后想起丁謂的話，就將劉平改為武職，出守陝西邠州。武職改文官對武官來說是求之難得的事，而文官改武官則沒有幾個人願意。但劉平卻忠於武職之守，以他文官的戰略眼光來審視國防安全。他歷任陝西、河北、河東等地地方長官兼軍事長官，提出了一些重要的加強邊防的意見和建議。十年前的天聖八年，當元昊尚未襲封西平王時，劉平就提醒朝廷說元昊必叛，建議多加防備，但這一建議不被重視。元昊反宋後，因劉平是宿將，朝廷委以重任，讓他協助范雍防守環慶、鄜延兩路。

古人道：「經略中原必自長安始，取長安必自隴右始。」隴右最富庶的黃河以西地區如今已為元昊所有，只剩下隴右最東端的慶州、渭州一帶仍在大宋掌握之中，因此這一帶也成為大宋保衛以長安京兆府為核心的關中地區、防範西部邊境威脅的前線。

為了防守西夏，陝西設立了四個路級建置，依次是鄜延路、環慶路、涇原路和秦鳳路。除了秦鳳路以防備西邊的吐蕃部落為主，其餘三路均面對西夏。范雍與防守秦鳳、涇原兩路的夏竦都曾任樞密副使，讓這兩位曾經的兩府大臣一起鎮守陝西，就是因為陝西讓仁宗難以放心。不過，這四個路級建置是專為軍事目的而設，民政事務仍然是各州軍自主，監察和賦稅的轉運仍歸總於陝西轉運司。范雍主管的環慶、鄜延兩路在陝西的東北部，地勢複雜，防禦戰線長，而鄜延路尤其如此。范雍與劉平二人分工把守這兩路，其中范雍由鄜延路的副都部署石元孫輔佐駐延州，鎮鄜延，劉平駐慶州，鎮環慶。

鄜延路的延州在鄜州正北約一百五十里，距正西偏北的保安軍也有約一百五十里，距正北偏西的金明縣則有大約八十里的路程。保安、金明是拱衛延州的軍事重鎮，與延州三足鼎立。而劉平駐紮的慶州距保安軍有二百五十里左右的路程，距延州則有近四百里之遙。

范雍為什麼把劉平從幾百里外的慶州緊急調往保安軍？這是因為此次的西夏入侵讓范雍措手不及。若以後人的眼光看，范雍正在犯下重大的戰略錯誤。

范雍犯的錯誤是一系列的。

寶元二年（一〇三九）十一月，西夏兵入境圍攻保安軍及保安軍以北的承平寨，都被守將擊退。於是元昊致信范雍求和，表示願意悔過自新。范雍見信十分高興，將此情上報朝廷，同時放鬆了警惕。

自元昊致信范雍求和後，常有一些西夏境內的蕃兵蕃將來到金明縣投降。金明縣駐軍長官、都監李士彬是蕃官。李家是當地羌族首領，世代在此為官。李士彬手下有羌族蕃人近十萬人，平時為民，戰時為兵；平時半耕半牧，戰時將家挈口遷入堡寨或戰或守。金明縣北的橫山丘陵起伏、溝壑縱橫，生活在此的羌族部落數十個，羌民熟悉地形、驍勇善戰。金明縣有堡寨三十六個，均由李士彬統管。在與西夏兵的衝突中，李士彬常常獲勝，當地人稱「鐵壁相公」。

李士彬讓元昊恨之入骨。元昊幾次對他採取離間計和誘降計，都沒有成功。寶元二年三月，元昊派人散布已經拉攏重用李士彬的謠言，但李士彬的主帥、鄜延路副都部署石元孫的前任識破此計，沒有上當。九月，元昊派自己的環州刺史到金明縣勸誘李士彬一族，被李士彬捕獲後送至京城斬首。

對來自西夏境內的降兵降將，李士彬建議范雍將他們遷至延州內地，但是范雍不同意。范雍將降兵降將隸屬李士彬，並獎賞他們，以圖誘使更多夏兵來降。范雍十分幼稚的誘降計很容易地讓元昊的詐降計獲得成功。

這些都不是范雍犯下的最大錯誤，最大的錯誤是他根本沒有摸清這次敵軍的戰略意圖，每一步都落入元昊的陷阱，當然他還不知道自己將經歷大宋對西夏最大的一場敗仗。

十八日夜，劉平與范雍從延州派來的石元孫部會合。按照此前范雍的指令，他們於次日清晨直趨保安軍西北五十多里的土門寨。土門寨是扼守敵軍自橫山居高臨下侵入塞下的一條要道。

土門寨已成灰燼。有蕃官來報，敵軍數萬人兩天前入塞，不到半日便攻破寨堡，擒獲寨主，隨即直撲金明縣。

劉平和石元孫立即整兵返回。這時他們接到了范雍的第二份命令，讓他們急速回保延州，因為金明縣已經陷落。

由能征善戰的李士彬率領十萬蕃兵鎮守的金明縣怎麼會陷落？這是因為范雍犯下了另一個大

錯。

得到夏軍越過土門寨直趨金明縣的消息，范雍令李士彬將十萬蕃兵分守金明三十六寨，不可讓夏軍突破金明威脅延州。延州已經沒有兵力了，主力部隊已被石元孫帶往保安軍。

李士彬之子李懷寶更有眼光。他提醒李士彬：「敵軍主力深入，我軍應當集合兵力與其對抗。如果分兵三十六寨，勢必會被各個擊破。」但李士彬沒有聽取兒子的意見，他執行了范雍的命令。

那一夜，李士彬在金明三十六寨中路的黃堆寨枕戈待旦，準備迎戰，但敵人沒有動靜。黎明時分，李士彬卸下盔甲稍作休息。剛剛入睡，敵軍已經攻入寨子。李士彬急呼左右牽馬，左右卻牽來了一匹老邁的駑馬。元昊的詐降計獲得了成功，李士彬身邊之人已經被西夏降將策反。

十七日，金明三十六寨一日之內被全部掃蕩。李士彬被俘，兒子李懷寶戰死。元昊將李士彬割去雙耳，以洩心中之恨。而當范雍見到逃歸延州的李士彬的老母和妻子時，甚至還不相信金明縣就這麼輕易陷落。這時，劉平、石元孫和范雍稍後派出召他們回守延州的傳令官都在各自趕往保安軍的路上。延州也隨後被元昊親自率領的夏軍包圍。

接到范雍的第二道命令，劉平下令大軍倍道兼行，但屬下有些人提出疑惑。金明有十萬之眾，能夠輕易被擊破，敵軍絕非一般主力。劉平答道：「義士如果赴人之急尚且視赴湯蹈火如履平地，何況如今是赴國事！」

漫天的大雪遲滯了他們的行進。二十二日夜，隊伍行進到離延州三十里的地方，劉平見到了范雍第二次派來的傳令官。傳令官報告：「范太尉已在延州東門迎候。為防奸細混入，范太尉命令讓兵馬逐隊點放入城。」

劉平和石元孫親自點放人馬。每隊五十人，放行五里後再點放下一隊。點放了五十隊共兩千五百名士兵後，劉平一回頭，突然發現傳令官不見了。二人大驚，立即派人前往察看，回報說五十隊士兵已不見蹤影，延州方向一片黑暗，並沒有迎接的燈火。二人知道上當，急忙引兵後撤。

黎明時分，奉范雍之命從保安軍周邊防地趕來的部將黃德和、郭遵等三支隊伍與劉平、石元孫會合。黃德和是鄜延路駐泊都監。都監、監押都是監軍官，是皇帝派來監督軍隊的軍事官員。黃德和和許多監軍一樣都是皇帝內宮的宦官，當然並非所有監軍都由宦官擔任。

劉平重新整頓隊伍後，回身繼續向延州進發。部將郭遵提醒劉平：「敵軍深淺尚未了解，不可貿然進發，否則有全軍覆沒的危險！」

劉平聽了訓斥道：「你號稱勇將，今天怎能如此懦弱！」他催馬，親自帶領隊伍向前進發。

清澈碧綠的清水河，在延州以東不到十里之處彙集了源自橫山、自北向南和自西向東的兩條小河，然後又與源自延州南面勞山上的一條小河彙集，再一路逶迤向東匯入南北走向的黃河。也許，這幾條無名小河在那時也有一個如清水河一樣美麗清新的名字，只是歲月的摩挲讓它們在人們的記憶中變得越來越模糊。

就在這幾條河流彙集的三川口，元昊的十萬人馬對宋軍發起了殲滅之戰，而劉平和他的八千名將士義無反顧地走向這個白雪皚皚的慘烈戰場，沒有絲毫退縮的念頭。這一天是康定元年一月二十三日。

兩軍在清水河的西南面相遇，應當說是夏軍在清水河西南擋住了宋軍東進的去路。不太空曠的地帶並不利於夏軍發揮他們的鐵騎優勢，但是只要堵住了退路，南北兩邊古木參天的丘陵也能幫助夏軍形成對宋軍的包圍。

夏軍結成陣勢，一員蕃將點名向郭遵叫陣。郭遵和他後來成為大宋樞密副使的弟弟郭逵都是智勇兼備的戰將。他挺身而出，手中的鐵杵把敵將的腦袋砸開了花。宋軍乘勢進攻，斬殺敵軍六七百人。夏軍倚仗人多，結盾為陣穩住陣腳，但宋軍再次衝擊，將敵方後軍壓入河中，夏軍被殺或溺斃又有近千人。面對十倍於己的敵人，宋軍的勇敢震懾了強敵。

激烈的戰鬥自晌午持續到傍晚，劉平身上已經多處負傷。這時，宋軍戰士借停戰空歇，紛紛提著夏兵人頭向劉平報功。

劉平急忙高聲喊道：「激戰正酣，你等先各自記住功勞，戰後再賞！」但是夏軍抓住了機會。敵軍輕騎兵趁機突進，將宋軍逼退了幾十步，宋軍陣勢仍未混亂。最令人痛恨的事情發生了。

後軍黃德和見前軍後退，以為兵敗，立即率領自己的隊伍逃跑。前軍見此情形不明就裡，也隨黃德和敗退，陣勢就此潰散。劉平急令兒子策馬追上黃德和道：「太保千萬不要撤退，與我家大人並力抗賊！」黃德和不聽，策馬飛奔，爬過重重丘陵，苟且留得一條性命。

郭遵明白自己已經沒有生機。他手持一杆長槊向敵軍最密集處殺去。不知殺了多久，長槊早已彎曲。元昊的目光不斷地跟著郭遵遊走。他讓手下人在郭遵前方扯起絆馬索，但被郭遵拔劍斬斷。元昊又急令弓箭手放箭，亂箭射倒了郭遵的戰馬，郭遵也隨著戰馬摔倒在地。就在他立起身來的一剎那，無數支長槍扎進了他的後心和胸膛。

劉平手握寶劍，與身邊的幾名軍校一起斬殺了多名四處奔逃的士兵，終於攏住了一千餘人。他和石元孫率領這僅有的一千多名士兵再次向前方衝擊，將夏軍又一次逼退河中。如今，前方是大河，河對岸是數不清的敵軍，過河已經沒有可能。劉平於是率軍向西南撤至一個小山包上。幾萬名夏兵團團圍住了只有一千多人防守的山頭。山下燈火通明，山上寂靜無聲。元昊派人高聲詢問：「宋將何人？」山上沒有回應。元昊又派人喊道：「幾許殘卒，不降何待！」劉平讓士卒回答：「狗賊！你們還不投降！明天我大宋援兵到來，你們想投降也沒有機會了！」

劉平他們心裡都明白，大宋的援兵不會到來。

天亮了。夏軍發起總攻，將宋軍斷為兩截。經過最後的廝殺，劉平和石元孫力竭被俘。

三川口震天的喊殺聲一定是傳到了五里外的延州的。

當范雍看到撤離三川口戰場後直奔延州而來的不是劉平的宋軍而是夏軍時，他幾乎陷入了絕望。他應當明白了元昊的意圖。

延州被圍七天而未被攻陷，不是西夏兵力不足，更不是元昊心存憐憫，而是元昊要圍城打援。如今外援被殲，延州對於元昊而言已經沒有再讓它存在的價值了。攻下延州，將是西夏這次戰役的圓滿結束，也將是一個標誌，標誌著西夏有能力攻入塞內並佔領一座重要城市，這與此前游擊式的騷擾有本質的不同。果真如此，宋夏之間的戰爭已經不再是局限於邊界的一般的攻防戰守、燒殺掠奪，而是關係全域的戰略得失甚至涉及大宋的生死安危了。

范雍與延州城內僅有的幾個高級官員緊張地商量對策。內侍出身的鄜延路統兵官盧守勤對著范雍號啕大哭，然後建議派都監李康伯出城向元昊求和。此時求和，就是求元昊放一條生路，與投降無異。

李康伯道：「可以死難，不可以出城見賊！」

范雍無奈，問延州通判計用章還有沒有辦法。計用章道：「在下早就勸大人修補城牆、做好防備，大人不聽。如今只有一死報國而已！可惜一城的老幼無辜都要陪我們慘死！大人上對不起天子，下對不起百姓！」

范雍悔恨不已，但不能坐以待斃。他讓城中有些力氣的百姓都穿戴上盔甲，拄著長槍，與僅有的幾百名士兵一起站立在城牆上，作為疑兵。

天快要暗了。身邊的親隨私下勸范雍：「大人何不棄城而走？」范雍的平庸並沒有讓自己失去良知。他答道：「如今是我以死報國的時候，我豈能棄一城百姓而逃？」

在夏軍完成攻城部署之前，范雍做了最後的努力。

他跪在地上，向著延州城外的嘉嶺山連磕了幾個響頭。他祈求嘉嶺山神保佑這一城百姓。

嘉嶺山上的寶塔無語地看著這一切。

但是，神奇的事情發生了。

天上飄飄灑灑地落下了一些東西。起初很小、很輕，但很快就很大、很重。

是雪！天降大雪了！

大雪下了一整夜。天亮的時候，深陷於恐懼與悲傷之中的延州軍民突然發現，西夏兵已經無影無蹤。元昊撤兵了！一城之內皆是哭聲，這是恐懼至極到絕望之後的喜極而泣。

延州的百姓感謝范雍，因為范雍沒有拋棄他們。而范雍則感謝嘉嶺山神，是山神讓天降大雪救了延州。他甚至向朝廷報告了山神的靈驗，而仁宗後來也特意降詔敕封嘉嶺山神為威顯公。

其實范雍應該感謝他自己。是他在元昊攻城前看似徒勞的最後部署，以及自己在元昊入侵之初不經意派出的三路人馬在西夏境內連克西夏數寨的成果，改變了元昊的決策。元昊黑暗中看見紛飛的大雪下延州城頭站立著一批似鬼似神的怪物，因此判斷夏軍一時難以攻下延州，同時又擔心大軍後路被斷，於是決定撤兵。

延州的事還沒有結束。

范雍被降職，到京西路的安州任知州。

黃德和因臨陣脫逃，並誣告劉平、石元孫投敵，後又企圖串通皇宮內侍為自己開脫，被腰斬後懸首於延州示眾。

那天在延州當著眾人號啕大哭的武將盧守勤搶先告發延州通判計用章、都監李康伯在大敵當前的時候拒絕執行命令，且計用章在延州被圍之初曾有棄延州退保鄜州的建議，朝廷因此將計用章革去一切職務，發配嶺南雷州，李康伯也被降職。而盧守勤因有皇帝身邊的內侍幫助，反而升任鄜延鈐轄。消息傳出，許多人憤憤不平。負責朝廷重要文稿的知制誥葉清臣上書痛斥這種不公正的決定，但盧守勤最終也只是小做降職處理。計用章後來被平反，那是范仲淹到陝西後上疏皇帝的結果。

劉平、石元孫和李士彬被元昊押入西夏。石元孫在慶曆四年（一〇四四）宋夏議和後被放歸大宋，鬱鬱而終，劉平和李士彬則於多年後病故於西夏。

後人都將三川口之敗歸咎於劉平的輕敵。誠然，劉平在此戰中犯了許多錯誤，如不知敵軍動向、輕信敵軍假冒的傳令官等等，尤其是輕敵冒進。但是更應當看到的是，正是劉平及其所率宋軍的慷慨赴死，拖延了元昊進攻延州的時間，使得元昊得知宋軍三支隊伍在西夏境內騷擾的時間與延州天降大雪的時間形成了巧合，迫使他放棄攻打延州的計畫。如果劉平懾於夏軍的強大兵力而遷延不進，元昊必然先行攻克延州。延州一失，京兆府長安城則岌岌可危，而京兆府到開封沒有黃河天險阻攔，在某種意義上比契丹的南下還便利。此外，如果范雍因此戰死或被俘，它對宋夏雙方心理上的震撼也遠遠大於劉平之敗。

還有一個沒有多少人意識到的事實是：沒有三川口大敗，大宋仍然會有其他大敗。三川口之敗是驚醒大宋的一個十分悲壯的聲音，雖然它還不足以完全驚醒大宋。大宋需要兩個、三個甚至更多悲壯的聲音，或許才能讓自己醒來。

大約五十年後，大詩人蘇軾在杭州寫了一首著名的送別詩〈贈劉景文〉：

荷盡已無擎雨蓋，菊殘猶有傲霜枝。一年好景君須記，正是橙黃橘綠時。

劉景文就是劉平的小兒子劉季孫。這算是歷史對於劉平這位悲劇英雄的一絲記憶吧。

2

如果把一個國家權力中心的活動和變更當作歷史的主線，那麼從康定元年開始的中國，因為有了宋夏之間的戰爭，因為有了宋軍三川口之敗和之後的第二次、第三次大敗，而突然被插入了一段以范仲淹為中心人物的歷史。直到六年後，歷史似乎又突然回到本來就不應該有范仲淹的軌道上。

康定元年的三月，范仲淹再一次從貶謫地復出了。他的復出得力於韓琦的推薦，而韓琦此時正在陝西前線。

三川口之戰的硝煙剛剛散盡，韓琦被任命為陝西安撫使。安撫使在此時還只是一個臨時職務，主要負責對遭受天災人禍的地區進行巡視和撫恤。

在環慶、鄜延兩路，韓琦發現當地的官員和將領都相當懷念范雍，他們請求韓琦向朝廷轉達希望范雍留在陝西的要求。范雍雖然謀略不足，肯定不是一個帥才，但為人寬厚，是一個好上司。曾經有一個小校因違犯軍法罪當處斬，范雍知道這名小校作戰勇敢，因此心存憐憫，饒了他的性命。十幾年後，小校成為大宋的最高軍事長官樞密使，他就是仁宗朝第一名將狄青。

范雍被降職後，朝廷任命知樞密院事夏守贇為陝西都部署兼經略安撫使，將原來由夏竦和范雍分別承擔的陝西地區四路的軍政權力合而為一。都部署是戰時最高軍事指揮官，經略使總領兵民事務，安撫使則與韓琦所任職務相同。在以分權為軍政體制最大特色的宋朝，一人同時身兼這幾項職務，使夏守贇成為一個地區的最高軍政長官，實屬罕見。為了提高夏守贇的權威，仁宗還派了兩名宦官持御劍相隨，這意味著夏守贇有仗劍生殺予奪的大權。後世流傳的持「尚方寶劍」可就地誅殺文官武將的做法是始於宋朝的。當然，負責財稅的徵收和轉運職責同時又專職監察當地官員的轉運使一職是不會讓夏守贇再兼任的，他仍然受到轉運使的監察，否則他就有點像唐末和五代時期的節度使了。

夏守贇曾經在陝西守邊，但他昔日的戰友們對他的能力並不欣賞。他是真宗的親隨衛士出身，沒有經歷過戰陣就一步一步當上了節度使，不久又在國家最高軍事指揮機構樞密院任知樞密院事。人們對他的評價是：平庸怯懦，無謀寡略。他還不如范雍受歡迎。

韓琦呈上了一封奏章。「范雍曾經擔任兩府大臣，盡心於邊防大事，邊疆之民都懷念他。建議陛下不要將范雍調離陝西，以安眾心。」

其實韓琦也明白，范雍對三川口之敗負有主要責任，不受到貶職處理是不可能的。而如果范雍不再擔任軍政長官，他留在陝西擔任知州、知軍等一般地方官員，也沒有太大意義。

韓琦做如上建議的目的並不在於真正留住范雍。

「如果說范雍能力不足因此必須調離，那就請陛下召越州范仲淹到陝西任職，統領諸將。」韓琦接著說。

既然范雍不行，那就起用范仲淹，這是什麼邏輯？韓琦的這個建議出人意料。

如今的陝西，它的安危關係到大宋的國運甚至存亡，在陝西主持或參與主持軍政大計，需要最受朝廷信任、最有能力的人。而范仲淹三次被貶後，比他更得仁宗信任的人不可勝數；雖然范仲淹在各地擔任州縣官尤其是擔任開封知府期間展現出卓越的理政能力，但是他沒有任何實際帶兵的經驗，更沒有在陝西或其他邊境地區任職的經歷。韓琦有什麼理由認為范仲淹是最合適的人選？如果提不出讓人信服的理由，人們大可懷疑韓琦與范仲淹這個身上具有濃重朋黨色彩的人之間有什麼特殊關係。

韓琦沒有提及他推薦的理由，他似乎認為起用范仲淹是天經地義的，范仲淹值得起用也是不言而喻的。他只是這麼告訴仁宗：「在陛下殫精竭慮之際，臣不敢因為害怕別人的閒言碎語而不替國家著想。如果臣與范仲淹有朋比之情，耽誤了國家大事，臣甘願被族誅！」他以韓氏一族的性命做擔保。當然，即便他保舉有誤，也不至於遭受滅族這種殘酷的刑罰，但韓琦至少要讓自己的信譽和仕途承擔巨大的風險。他是以這種十分鄭重的方式讓仁宗十分嚴肅地思考他的建議。

一個多月後的三月，仁宗對韓琦的建議做出了反應。他在一天之內做出了多項重要人事調整。

仁宗首先改組樞密院。

樞密院的三個大臣王鬷、陳執中、張觀都被罷免，取而代之的是三司使晏殊、正直的老臣宋綬和仁宗的姐夫、駙馬都尉王貽永。王貽永因為自己的內斂謙遜而成為太祖限制皇親外戚干政的理念下迄今唯一一個位登輔弼的皇親。

晏殊升職後，接替他擔任三司使這一「計相」要職的是范仲淹的連襟鄭戩。鄭戩之妻是范仲淹的妻妹，而他是一個堅持原則到了翻臉不認人的名臣。兩年前的一宗腐敗案，使仁宗同時罷免了兩位宰執大臣盛度和程琳，呂夷簡的兩個兒子還因牽連此案被逮捕下獄，這件轟動一時的案件就是時任開封知府的鄭戩所辦的。

杜衍從知永興軍回京任開封知府。杜衍是另一塊永遠能夠閃光的金子。陝西進入戰爭狀態後，關中百姓承擔了繁重的調撥之役，幾乎家家戶戶都要出人丁向邊境運送糧食、芻草甚至木柴。杜衍根據永興軍不同地區的情況，區分百姓的勞役輕重，嚴禁官吏藉機魚肉侵貪，盡量減輕百姓負擔。他到了開封府，沒有鄭戩那種咄咄逼人的盛氣，卻自有一股懾人的氣魄，有權勢之人都不敢在他的職權範圍內無事生非、以權謀私。

最後，仁宗讓范仲淹接替杜衍到永興軍擔任知軍。從越州知州到永興軍知軍，級別沒有什麼變化，但是范仲淹恢復了天章閣待制的侍從之職，這是他在朝廷地位的象徵，當然也是他被重新重用的標誌。

永興軍是陝西的心臟，不僅因為它管轄之地京兆府的長安，它是陝西的行政、軍事和經濟管理中心。夏守贇的都部署司、經略安撫司以及陝西轉運司都設在這裡。不過從另一個角度看，永興軍知軍的主要職責就是為陝西的這些首腦機關和前線的戰事服務，很大程度上發揮的是後勤保障的功能。這個職務對於陝西的大局不會產生直接的重大影響。

不過一個月後，當范仲淹還在赴任的途中，仁宗發布了新的任命，將范仲淹改任陝西都轉運使。都，是總領之意。陝西已經有了一個轉運使，任命范仲淹為都轉運使只是給他一個更高的地位，他的職責是統籌安排陝西軍事物資的運輸。

又一個月後的五月下旬，仁宗再次更新任命。兩個月內的三次任命，使范仲淹終於獲得了一個展現他才能的新天地。他與韓琦一起被任命為陝西經略安撫副使，並共同負責都部署司事務。就在前一天，仁宗罷免了夏守贇在陝西的職務，夏竦接任成為陝西的最高軍政長官，因此范仲淹與韓琦成為夏竦的副手。范、韓二人與夏竦共同負責都部署司事務，這意味著他們也是軍事上的實際負責人。

仁宗不僅對范仲淹委以重任，還進一步提升了他的地位。范仲淹的館職從天章閣待制升為龍圖閣直學士。從待制升直學士，范仲淹在兩制以上官員這個重臣群體中的地位有了重大提升。

據說，將復職天章閣待制不久的范仲淹提升為龍圖閣直學士是呂夷簡的建議。

呂夷簡又回來了，這是必然的。老邁的首相張士遜終於覺得自己再也不能尸位素餐，於是主動提出辭職。呂夷簡回京擔任次相，原先的次相章得象進為首相，但仁宗當然更加倚重呂夷簡。

呂夷簡剛到任時，恰逢仁宗準備任命范仲淹為夏竦的副手。呂夷簡對仁宗說道：「范仲淹是賢才，朝廷既然要用他，就不能僅僅恢復他的舊職。」仁宗對呂夷簡的大度十分讚賞。范仲淹赴任途中到京城向仁宗面辭，仁宗讓他與呂夷簡消除恩怨，范仲淹以發自肺腑之情對仁宗說道：「臣嚮往所論都是國事，臣與呂夷簡沒有私怨！」

這是六十二歲的呂夷簡最後一次入相。他確實有些變化，但變來變去。他有時大度，有時狹隘，有時甚至又完全回到本來面目。

天下的士人不會在意這些事。他們為范仲淹的復出而歡欣鼓舞。

其實，即使沒有此次的復出，范仲淹也已經是聲望最高的士林領袖，雖然此前身為知州的他還只是官階為從六品吏部員外郎的中級官員。

一個為國盡忠、不計寵辱的人，一個胸懷坦蕩、剛正不阿的人，會被更多的景仰這種精神的人寄予厚望，期望他能夠將國家從面臨的現實威脅和長遠危機中解脫出來，由此再回過頭來證實他所具備並為眾人景仰的這種精神的巨大力量。這好比東晉時期的謝安。「安石不出，奈蒼生何！」在天下之人的呼喚下，謝安結束隱居入世了，並領導處於明顯劣勢的東晉戰勝了強大的前秦，將岌岌可危的東晉一朝延續了近四十年，更為後來的南朝近二百七十年的存在打下了基礎。

這就是此時的范仲淹。

但是范仲淹不是謝安。他不知道自己在陝西的職任會有什麼樣的結果，他只是將它作為自己忠於職守、為國家服務的又一個新的崗位，與他二十多年來的所有經歷一樣。如果他在以往的職任上是稱職或出色的，那麼他在陝西的職任上也必然有所建樹。相反，如果他二十多年來都是庸碌無為，那豈能指望他在陝西表現出什麼卓越的能力呢？

四年後的慶曆四年，當范仲淹離開陝西時，無論是後來景仰他的人還是曾經譏諷他的人都承認，他除了具有崇尚氣節、憂國憂民的精神，還具有力挽狂瀾、治療國家沉疴宿疾的能力。

崇尚氣節也好，憂國憂民也罷，如果只有慷慨激昂的熱情而沒有安邦治國的真才實學，那是誇誇其談，其結果就是失敗甚至滅亡。東晉的人們為什麼盼望謝安？因為在他之前，比他更加滿腹才學的清談名士殷浩懷著以手中拂塵掃遍北方前秦的大志，在北伐大戰中一敗塗地，最後躲在家裡天天用手對著空中書寫「咄咄怪事」，留下這個成語作為後人對他的唯一紀念。而殷浩的父親智者般地對自己兒子的評價，是所有沉浮於宦海之人的最終結局：「沉者自沉，浮者自浮！」

懷著一腔始終不渝的報國情懷和一身有待驗證的經世之才的范仲淹，完全知道自己和這個國家所面臨的來自西夏反叛政權的強大壓力和大宋內部的諸多問題。如何看待和解決這些問題，將決定大宋能否安定陝西的邊防。

歸結起來，當時的問題主要體現在三大方面。

一個是地理上的絕對劣勢。

面對強敵時在地理上的劣勢是大宋的一個可悲之處。與契丹背靠長城形成對大宋的地理優勢一樣，西夏也佔有類似的天然優勢。

地勢複雜的橫山山脈歷史上一直是中原地區抵禦西北游牧民族入侵的重要屏障。何以見得？不必去探究歷史，也不必去翻閱地理，橫山上蜿蜒的長城遺跡說明了一切。它是戰國時期的秦、趙兩國和後來一統天下的秦朝為防備匈奴而修建和完善的。

而如今成為分隔大宋與西夏天然屏障的橫山，基本上完全被西夏佔有，西夏佔領區一直深入橫山以西、以南、以東的陝西腹地。無論是進攻還是防守，陝西都處於西夏佔據的橫山的陰影之下。西夏在地理上的優勢還帶來了另一個副產品，那就是擁有幾十萬強悍能戰的橫山羌民。有人說橫山羌本就是党項族，包括三川口之戰前被元昊擊潰的金明縣李士彬部。如果真是這樣，那麼河西党項與橫山地區的党項是有差別的。西夏兵中攻擊力最強的不是從河西帶來的軍隊，而是橫山一帶的蕃兵，這如同大宋在陝西戰鬥力最強的部隊也是當地蕃兵一樣。元昊知道橫山羌的這一特點並對它善加利用了，而大宋的許多人不知道這個特點，且常常公開歧視將自己視為大宋子民的蕃兵。

為什麼西夏能夠佔據整個橫山山脈？這是另一個故事。如果用簡練的話描述，它的經過是：元昊的祖父李繼遷在宋太宗時期攻佔了橫山上的銀州，並繼續騷擾大宋。在遭受一系列挫折後，宋真宗為了息事寧人，將橫山南北的夏、綏、銀、宥、靜五州正式賜給了李繼遷，因此就連帶放棄了橫山。如果宋太祖在世，他肯定不會幹這種傻事。

陝西邊防的另一個大問題是大宋自身的軍事體制與人員素質問題，它存在於軍事管理的各個重要環節之中。

大宋的最高軍事指揮機構樞密院常常由幾名平庸的文人執掌。文人管理軍事不是問題，問題在於不是所有的文人都適合管理軍事。換句話說，管理軍事的文人需要有戰略眼光，熟悉軍事運作的特點和規律，而這種文人肯定是少數。從元昊崛起到正式反宋，樞密院的長官換了不下十個，但沒有一個人對元昊反宋的必然性有一絲一毫的敏感，這種麻木不仁是讓國家喪失活力、陷入危機的慢性毒藥。

還有，大宋不缺勇將，但缺乏有智慧、有謀略的將領。軍事將領往往很容易成為兩種人，一種是只會表達忠心卻沒有什麼能耐，另一種是有能耐但只有匹夫之勇，自己衝鋒陷陣、與敵將面對面單打、帶領隊伍與敵人決一死戰都十分勇敢，但敵人略施小計就會讓自己全軍覆沒。三川口之戰充分說明了這一點，今後還會有慘痛的事實進一步印證它。

大宋更不缺兵員。超過一百萬人的兵力，當時任何一個國家都無法在數量上與大宋匹敵。佔兵力三分之二的禁軍是正規軍，被稱為廂軍的地方軍佔三分之一。但是人多並不意味著戰鬥力強。長期的社會穩定讓絕大多數人養成了養尊處優的心態，即便是普通階層的百姓也是如此。這種現象反映在軍隊，那就是治軍不嚴、不重訓練。平時練的多是花架子。乍一看，佇列齊整，軍容威武，但是真正打仗誰跟你較量佇列是否整齊？士兵最重要的是戰鬥技能，但這在平時基本沒有訓練，有訓練也多是應付了事、視同兒戲，如：騎兵不會上馬，上了馬跑不起來，跑起來不會使用武器；弓箭手射出的箭只有一二十步遠，甚至有向天射箭指望那些箭能落到敵人腦袋上的。

按理說，禁軍的戰鬥力肯定強於廂軍，但實際上有些禁軍部隊的戰鬥力還比不上廂軍。為什麼？禁軍平時都是集中駐守在京城一帶。需要駐守邊防的，按照宋軍更戍法的規定，定期輪換調往邊疆地區。平時在京畿地區嬌生慣養的士兵，到了邊疆艱苦地區必然難以適應。這些部隊沒有固定的帶兵將領，調往邊境後，需要出兵時，臨時調派將領帶領，因此往往是將不知兵、兵不知將。

這些都是在戰爭中甚至不必通過戰爭就能夠直觀反映出來的問題。更多的問題只有讓戰爭的失敗者去細細體會了，如果他確實想痛定思痛、發憤圖強的話。這不是容易的事。軍隊有時是社會的縮影，無論是社會的正面還是社會的反面，軍隊甚或有過之而無不及。好在大宋沒有腐敗透頂的政治，因此也沒有腐敗透頂的軍隊。

最後一個問題，是財政經費和後勤保障上的巨大壓力。

禁軍一個士兵年需經費約五十貫錢，廂軍一個士兵年費約三十貫。陝西用兵最多時近三十萬人，僅此一地每年軍費就達一千萬貫以上，佔國家財政收入約四分之一。自真宗大搞封禪以來，國家財政並不充裕，甚至在西夏尚未反叛的時候，仁宗就常常動用大內的內藏庫經費資助軍費和賑災。

古人的軍需運輸不比今人。軍服、糧食、芻草、燒柴、食鹽，所有的一切，都需要民夫車推肩扛運進陝西。遇到有戰事的時候，大量民夫要冒著生命危險將一天都不能缺少的糧食隨軍送往前線。如果是運動戰，民夫也要隨著部隊不斷地轉移。如果打了敗仗，死傷的不僅有士兵，還有數量可能更多的民夫——因為他們沒有武器、沒有戰鬥技能。所有這一切，都是百姓的沉重負擔。

如果沒有戰爭，這些問題都不會很快地、明顯地導致惡果。但是一旦發生戰爭，這些問題就很可能導致重大失敗。即使能夠僥倖免於一時的失敗，長期的戰爭狀態也會將國家拖垮。

或許是在到陝西之前，或許是在到陝西之後，范仲淹對這些問題形成了清醒的判斷和認識，並把它們體現在他這一段時期呈報給朝廷的奏摺中。只是，提出成熟、完整的解決這些問題的思路並加以有效實施需要時日，就看朝廷和元昊能給他多少時間了。

而元昊對大宋內部的這些問題未必有太多了解，但是他此時正處於高度的自信狀態，因此他在繼續尋找機會，打算給予大宋新的沉重打擊。鎮戎軍防守的地域成為他新的攻擊目標。

六盤山在鎮戎軍以南約四十里，它向南延綿四百里形成著名的隴山。

隴山古稱隴阪。隴阪九回，其高幾里；崖險壑深，攀者落淚。「我所思兮在漢陽，欲往從之隴阪長！」一望無際的隴阪，能阻隔英雄對美人的無盡思念。

大宋在涇原路的防守，因六盤山的存在而形成了重視東面而輕視西面的局面。

六盤山和隴山以東，是西北高原進入中原的另一個要道，古絲綢之路即由此經過。這一段要道從橫山餘脈的天都山南麓開始，自西北往東南沿著六盤山和隴山以東，依次設立有鎮戎軍、渭州、涇州等幾個軍事重鎮，其中鎮戎軍首當西北之鋒，著名的蕭關就在它的正北。而六盤山和隴山以西，則一個州級建置都沒有，這一面的防守是靠設在一些要衝的堡寨來完成的，這些堡寨多數隸屬於鎮戎軍管轄。

鎮戎軍是一個著名的邊城。秦始皇曾經巡視到此，並在此停駕避暑；漢武帝六次到此巡視，那時這裡稱作安定郡；東漢光武帝親自帶兵到此平定了試圖與他分庭抗禮的隗囂，那時這裡稱作高平。到了東晉十六國時期，赫連勃勃在此殺死羌族著名的首領沒奕於，開始了他建立大夏國的征程。而被赫連勃勃殺死的沒奕於，或許就是元昊一族的祖先吧？

宋夏圍繞著鎮戎軍的爭戰歷時一年多，其結果是宋軍三戰皆北，史稱「鎮戎三敗」。

康定元年九月，鎮戎軍西北約九十里的三川寨被元昊攻破，宋軍幾路援兵都被夏軍擊潰。夏軍隨後繼續攻佔鎮戎周邊的三個堡寨，另一個堡寨劉璠堡守將見夏軍勢大，乾脆開門投降。夏軍在鎮戎軍界內縱兵搶掠三天後才以勝利者的姿態主動退兵。此戰宋軍傷亡五千餘人，一將戰死，二將降敵。消息傳到京城，朝廷下令處斬臨陣脫逃的將領一名，其餘五名戰敗的將領全部被降職。

三川寨之戰也有些許亮點。大將王珪率三千名士兵從三川寨西南的駐地瓦亭寨趕來救援，中途被夏軍重重包圍。王珪殺出重圍，來到城門緊閉的鎮戎軍城下。他沒有請求進城，而是請求增兵支援以便繼續戰鬥，但鎮戎守將沒有答應，只是應王珪請求從城上扔下一些糧食。王珪沒有灰心。他讓手下兵士飽餐之後道：「如今天色已晚，正是我們以寡擊眾的時機！」然後出其不意殺入敵陣，連斬兩名夏軍將領。夏軍見王珪勇猛，四散奔逃。王珪還想乘勝追擊，無奈坐騎中箭倒地，自己也身負重傷，只好收兵回營。他是這次大戰中唯一沒有被處分的將領。

大宋朝野沒有將鎮戎軍此次的三川寨之敗看成是一次影響大局的重大失敗，因為宋軍在此戰中沒有損失像劉平、石元孫這樣的高級將領。

自延州的三川口之戰後，除了范仲淹駐守的鄜延路，秦鳳、涇原、環慶路在防守上並沒有採取太多的舉措。此次鎮戎軍的三川寨之戰後，情況依然如此。如果說有些變化的話，那就是陝西都部署司正在考慮一個重大戰略部署：主動進攻，打入西夏。

3

范仲淹站在嘉嶺山的寶塔上，極目遠眺。

延州城內熙熙攘攘。此時剛過午後，洞開的城門下進出之人絡繹不絕。這種景象，看不出戰爭時期的邊城所應有的那種緊張氣氛。只有重新修繕的城牆、城外行進中的士兵、低沉的號角聲和遠山上的烽火臺，時時在提醒著人們不要忘記隨時可能到來的滅頂之災。

山風帶著一絲絲寒意，吹得深褐色的落葉飄來飄去，與依然留戀在樹上的它的兄弟姐妹們相擦之後做最後的告別，那是深秋的寂寥之聲。仲秋時節，五彩斑斕的山野到此時已經籠上了一層淡淡的灰煙，讓人們的雙目有些迷離，有時會錯把遠方南飛的大雁當作不知秋悲的山雀。大雁是秋思，大雁是鄉愁。據說，南飛的大雁到了南方衡陽的回雁峰就不再南行了，因為它們不忍心繼續那更加遠離故鄉的跋涉。

在蕭瑟秋風中，五十一歲的范仲淹寫下了他作為宋詞豪放派先驅的代表作〈漁家傲〉：

塞下秋來風景異，衡陽雁去無留意，四面邊聲連角起。千嶂裡，長煙落日孤城閉。濁酒一杯家萬里，燕然未勒歸無計。羌管悠悠霜滿地。人不寐，將軍白髮征夫淚！

范仲淹是不善於修飾感情的人。他在陝西先後作了十首〈漁家傲〉，都是反映邊關的勞苦、將士的艱辛以及對家鄉的思念、對國家的責任。說他是宋詞豪放派的先驅，因為在那時的人們看來，宋詞就應當是抒發兒女情長的媒介，應當有一種柔婉之美，就如唐朝溫庭筠的「江上柳如煙，雁飛殘月天」，或是南唐後主李煜的「林花謝了春紅，太匆匆，無奈朝來寒雨晚來風」，或是本朝晏殊的「昨夜西風凋碧樹，獨上高樓，望盡天涯路」。而如果一定要用詞來描寫邊塞生活，那也應當像盛唐的邊塞詩人那樣慷慨激昂，比如「黃沙百戰穿金甲，不破樓蘭終不還」，或者是「但使龍城飛將在，不教胡馬度陰山」。

歐陽修就是這麼認為的。讀了范仲淹寄來的十首〈漁家傲〉後，歐陽修諧謔地將范仲淹稱為「窮塞主」，因為這十首詞都是以「塞下秋來」起始。據說，後來名臣王素出守陝西渭州時，歐陽修也作了一首〈漁家傲〉相贈，詞的結句是：「戰勝歸來飛捷奏，傾賀酒，玉階遙獻南山壽！」他得意地對王素說道：「這才是真元帥！」可是歐陽修諧謔了他自己。他的這首「真元帥」詞流傳至今的似乎只有這幾句。

范仲淹的〈漁家傲〉展現的是在以國為家、保家衛國的胸懷之下對國家前途的擔憂和對守邊將士的人文關懷，它是一種蒼涼而悲壯的美。這種蒼涼和悲壯貫穿於有宋一朝，從世代鎮守北部邊關的楊業及其楊家將到劉平，到狄青、种世衡及种家將，再到將這種蒼涼悲壯抒發到極致之後轉為無奈。從「壯歲旌旗擁萬夫，錦襜突騎渡江初」變成「卻將萬字平戎策，換得東家種樹書」的辛棄疾，再到「人生自古誰無死，留取丹心照漢青」的文天祥，最後到抱著南宋末帝蹈海赴死、將這種蒼涼悲壯變為大宋絕唱的陸秀夫，這是大宋輝煌文明的另一條主線，是大宋留給後人的另一筆寶貴的精神財富。

在此時的陝西邊關，蒼涼而悲壯的現實無所不在。這種現實無法改變，但人們可以改變它的最終結果。不過，人為的努力可能產生不同的結果：或者是將這種蒼涼悲壯化為邊境安寧、百姓安居的局面，或者是將這種蒼涼悲壯變為更加慘烈的結局。

陝西都部署司的人正在謀劃著改變現實。他們謀劃的，也是兩種不同的事，兩種截然不同的陝西邊防戰略。

一種是戰略進攻。

早在劉平的三川口之敗後，都部署司就有人提出了五路進兵的建議。具體方案是：陝西四路加上河東路的麟州、府州作為一路，舉兵四十萬，全線攻入西夏。

這是在遭受重大挫折後的報復心態下的倉促之舉，遭到多數人的反對。當初在李繼遷僅擁有靈、夏等幾州的情況下，太宗親自部署五路進兵深入夏境，卻始終找不著敵人，最終被夏軍分路截擊，大敗而返，損兵將、民夫近十萬。如今西夏的實力遠勝於李繼遷時期，而此時大宋的將帥、兵士與擁有勁兵宿將的太宗時期也不可同日而語。

五路進兵計畫被擱置了。不久，宋軍又遭受鎮戎軍的三川寨之敗。這時，陝西都部署司提出了另一個主動進攻的方案。這一方案的主導者是韓琦。

韓琦不是沒有頭腦的魯莽之人。他也知道全力進攻存在的風險，大軍如果進入西夏境內，地形複雜、糧草不繼都是十分嚴重的問題。夏軍在他們熟悉的山地擅長伏擊，在平原地區他們驍勇的騎兵更是佔據了對宋軍的攻擊優勢。

既然如此，韓琦為什麼主張進攻？

韓琦的考慮主要有兩點。

其一，元昊能夠用於對宋作戰的兵力只有十萬左右，這與大宋在陝西二十多萬的總兵力相比實際上處於劣勢。在韓琦給仁宗的奏疏中，他甚至認為元昊可用的精兵不過四五萬，當然這是過於樂觀的看法。由於長期以來大宋都是分散兵力拒守各處，使得元昊在作戰中能夠採取各個擊破的戰術加以圍殲。如此，宋軍兵力上的絕對優勢沒有任何作用，反而只能永遠被動挨打。只有集中兵力與夏軍主力決戰，才可能畢其功於一役，擺脫被動挨打的局面。

其二，近三十萬大軍集中在陝西，耗費了國家大量的財力、人力、物力。尤其是陝西，因長年經歷戰爭，朝廷為了減輕從外地向陝西運輸物資的負擔，就地增加賦、役，陝西百姓的負擔幾乎到了極限。如果與西夏長期對峙下去，國家財力難以維持，陝西之民更是難以承受。

贊同主動進攻的朝中大臣還有一個考慮，那就是：如果一個小小的西夏都不能盡快降服，那麼北方契丹的威脅將越來越大。如果契丹趁虛而入、趁火打劫，那麼大宋同時打兩場戰爭而不落敗的可能性微乎其微。

根據韓琦的進攻方案，涇原、鄜延兩路先後出兵，其中涇原之兵主攻，鄜延之兵配合。范仲淹坐鎮的鄜延路先往北進攻目前仍被西夏佔據的綏州，之後向西穿越橫山攻入西夏，在西夏境內抄掠以吸引元昊的兵力。稍後，韓琦的涇原之兵從西路北進，直趨西夏腹地，逼元昊以主力決戰。發動進攻的時間，定在慶曆元年（一〇四一）的開春時節。

范仲淹不贊同韓琦的方案。

范仲淹提出了幾個不利於進攻的理由。第一，宋軍對西夏境內地形不熟，深入敵境，對方可守可攻。守，可以堅壁清野以斷宋軍的給養補充；攻，可以在半路設下埋伏邀擊宋軍。第二，初春時節天寒地凍，塞外往往大雪紛飛，兵士容易凍傷，給養運輸不便。第三，如此出兵，難以尋找到敵軍主力，也無法在敵界內長期立足，因此這實際上仍然只是到西夏界內騷擾，其進攻的意義不大。

反對韓琦的進攻方案只是范仲淹整個陝西戰略思路的一個組成部分。隨著敵我雙方優勢和劣勢的對比越來越清晰，以及後來他在陝西其他幾路鎮守的實踐經驗的不斷豐富和完善，范仲淹的陝西戰略思路變得更加成熟。

如果用一言以蔽之，范仲淹的戰略思路是以防守為主、伺機進攻的積極防禦的思想。

首先，要盡快建立有效的防禦體系，抵禦元昊的游擊式的騷擾或者集中優勢兵力的聚殲戰略。

其次，防守穩固後，對西夏採取疲兵戰術，主動襲擾，將元昊大軍不斷地從西夏腹地調到宋夏邊界抵禦宋軍的襲擾，消耗其國力，並繼續斷絕與西夏一切貿易，阻斷其對中原依賴性極強的生活和生產物資來源，為其內亂製造條件。

再次，一旦西夏內部出現重大變故，宋軍則全線出擊，全面佔領橫山，佔據對西夏攻防戰守的這一戰略制高點。如此，宋軍進可以由橫山出兵主動攻擊，退也可將防線推進到橫山一線，戰略的主動權、主導權將牢牢掌握在大宋的手中。

七年後的慶曆八年正月，元昊之子寧令哥因對母親失寵於元昊、元昊又奪了自己的未婚妻而不滿，起而弒逆，重傷其父元昊。元昊殺死了寧令哥後自己也不治身亡，遺言立堂弟為國主。此時元昊新寵的第六妻沒藏氏有孕在身，她的兄長聯合部分党項貴族拒不執行元昊遺命，將元昊死後三個月才出生的諒祚立為國主。主弱臣強，內部紛亂，西夏陷入了巨大的危機，而大宋則等到了幾十年來收復西夏最有利的時機。

這種天賜良機似乎專為范仲淹的防禦戰略而設。但是范仲淹又能做些什麼呢？他、韓琦、富弼、杜衍、歐陽修這些北宋中期乃至終宋一朝最有遠見卓識、最有執政能力的政治家，全部被趕出了中央政府，在他們的知州、知軍任所防備著對他們的中傷和迫害。這些隨時可能降臨的中傷和迫害來自朝廷中那些竭力保持既得利益、置國家的長治久安於不顧的權要和新貴。「橫山一帶，正可實行當時商定的策略。」范仲淹在給韓琦的信中說。可是，「西寇天誅，卻與而不取，可惜！可惜！」范仲淹只能深深地歎息。

雖然喪失了奪取橫山的最佳時機，不過以攻取橫山為攻守戰略轉捩點的思路還是成為此後大宋對西夏戰略的一個核心。但是失去了這次機會後，大宋還有多少機會？即使有些機會，大宋還能有多少人再有這種見識和膽略去實現它？大宋後來還有比范仲淹更合適的兼具政治家和軍事家眼光的統帥嗎？

再回來繼續看看范仲淹的積極防禦戰略。如果沒有穩定的財力和物力支撐，范仲淹的這一戰略是難以為繼的。

那麼，包括韓琦在內的許多人竭力想擺脫的財政負擔和戰略物資運輸問題如何解決？

第一，屯田戍邊，讓部隊養活自己。這是許多人都主張的，但需要堅定不移的實幹精神。

第二，多用土兵。陝西的土兵多數是羌族的蕃兵。蕃兵不僅戰鬥力強，而且戀家守土，為了保衛家園他們願意全力抵禦西夏的侵略。這與那些純粹應付差使的東兵也就是禁軍有本質的差別。一個土兵的費用只相當於東兵費用的一半到百分之六十，因此減少東兵將節省大量的財政費用。

第三，內徙就糧。就是在沒有重大軍情時，將一部分部隊從邊境調回陝西內地的州軍供養，減少軍糧運輸的壓力。

除了這些措施，朝廷內外還有許多人提出了減輕財政和運輸壓力的辦法。歐陽修就提出了三條解決陝西運輸和增收減負的意見，很有見地。

歐陽修此時已經回到朝廷，恢復了館閣校勘的館職。此前，范仲淹舉薦歐陽修擔任陝西經略安撫司掌書記，負責經略安撫司重要文稿的起草。這個職務本身並不太起眼，令人矚目的是歐陽修乃是范仲淹復出後舉薦的第一人。但是歐陽修婉拒了范仲淹的舉薦。他說：「我昔日隨仲淹吶喊，不是為今日之利。」歐陽修就是這麼率真。范仲淹還舉薦了段少連，稱讚他的才能堪任將帥。於是仁宗將段少連升為龍圖閣直學士，到陝西涇原路的涇州任知州，可是段少連還未赴任就病逝於廣州，讓仁宗惋惜不已。

圍繞攻守戰略的爭議還沒有結束。

陝西都部署司兩個最重要的官員產生了嚴重的意見分歧，這讓主帥夏竦很為難。夏竦贊同韓琦的攻策，於是他派韓琦和尹洙二人攜帶攻、守兩個方案，到京城向朝廷報告，請朝廷定奪。尹洙此時擔任秦鳳、涇原兩路的經略安撫判官，是韓琦的助手。

朝廷以壓倒性的優勢批准了進攻的方案。呂夷簡說：「自劉平之敗，凡論及陝西之事，人人怯懦。如今韓琦、尹洙有如此勇氣，怎麼能加以壓制？」

兩府大臣中明確反對進攻的只有一個人，那就是樞密副使杜衍。他是這一年的八月由開封知府進樞密院的。他是如此堅決地反對，以至於有人以阻撓用兵為名要求仁宗將杜衍治罪。仁宗沒有責怪杜衍，但他支持進攻。實際上，陝西都部署司主攻，在一定程度上也是附和仁宗之意的結果。仁宗太想扭轉局面了。

還有一些人也反對進攻，或者建議慎重行事，其中包括陝西決策層的重要人物，比如田況，他是陝西經略安撫司簽書判官，有簽署公文權的判官是經略安撫使和副使之下的實權人物。田況提出了七條不可進攻的理由。另一位判官田京說：「以沒有戰鬥力之兵，深入敵境與強盛的敵軍一爭高下，這是兵家大忌，師出必敗！」陝西轉運使龐籍也提出與范仲淹類似的意見。這些人的意見都不被朝廷採納。

十二月二十四日，仁宗下詔，命令陝西都部署司從鄜延、涇原兩路進兵，向西夏發起進攻，時間定在正月上旬。為了做好後勤準備，朝廷急令臨近陝西的開封府、京東西路和河東路三地徵召五萬隻毛驢發赴前線，供隨軍調運糧草所用。

在陝西奔忙的幾萬隻毛驢提醒陝西百姓，一場大戰即將來臨。陝西人心惶惶。

五天後，范仲淹接到仁宗的命令。他立即向朝廷呈上一個奏章。這份奏章使即將啟動的戰車暫時遲滯了一下。

范仲淹的奏章有幾層意思：一是鄜延路正在加緊完善防禦體系。一旦完成，將不再懼怕元昊的突襲、侵擾。他已建議都部署司在環慶路推廣鄜延路的做法。在這種情況下，以攻為守的考慮就不必太急切。二是從目前的局勢看，仍要盡可能招撫元昊。如能招撫成功，也是平定西夏的一策或是緩兵之計，有利於我方繼續建立防禦體系。而鄜延路是西夏以往進貢大宋的通道，希望此路不參與作戰，為元昊他日歸順留下一條管道。三是如果招撫之策無效，可再考慮發重兵攻佔橫山南北的綏州和宥州，控制山界，屯兵營田，作長久的攻防之計。最後，如果一定要在近期開戰，建議放在二月中旬以後。在二月中的春深時節，西夏馬饑人瘦，人不思戰，這時鄜延路繼續突進前沿修築堡寨，以此牽制西夏軍隊。這樣，雖然鄜延路不出兵，但實際上也達到了原先確定的從東路牽制西夏的目的，然後涇原和環慶兩路再出兵，如此將更為穩妥。

時間已經進入慶曆元年。

朝廷於一月八日緊急回覆陝西，同意范仲淹的意見，讓鄜延路暫不參與出兵，同時要求范仲淹與夏竦、韓琦加強協調溝通，如果時機成熟即可出兵，不拘泥於具體時間。

朝廷的回覆，在事實上否決了韓琦初春出兵的方案。因為鄜延一路不出兵，涇原一路是不可能出兵的，否則等於自蹈危機。

夏竦感到不滿，韓琦感到失望。

夏竦上疏指責范仲淹，並稱西夏境內風聞宋軍進討計畫後十分害怕，他請求朝廷派專人到鄜延路督責范仲淹盡快出兵。朝廷此次沒有再次改變意見，只是將夏竦的奏疏轉給了范仲淹參閱。

與范仲淹一樣為國家擔憂、勇於任事的韓琦，此時還不能理解和接受范仲淹的穩健。范仲淹與韓琦二人在力協作、一起成為陝西邊防的主要謀劃者的路上，還要經過許多坎坷。

韓琦立即派尹洙趕赴鄜延路勸說范仲淹。

一直以來，朝廷上下陷於攻或守、戰還是不戰的激烈爭議之中的時候，范仲淹始終在堅定不移地推進他的防禦體系的建設。

當然，范仲淹能夠完全作主的主要是鄜延路。他上任後到鄜延路巡察邊防情況，延州知州對陝西之事有畏懼之心，又稱自己母親八十多歲需要奉養。見此情況，五十一歲的范仲淹自告奮勇代他任延州知州，並常駐鄜延路，也就等於專管鄜延一路了。

自康定元年八月到延州，范仲淹在半年多的時間內基本完成了強兵、修寨、撫蕃三項主要工作。

強兵就是提高部隊的戰鬥力。其中一條重要措施，就是分置六將。

自太宗即位以後，大宋的軍事制度中出現了很多奇怪的規矩，其中之一就是將領與兵士分離，二者平時相互之間沒有什麼聯繫。部署、鈐轄、都監或監押這些將領的名稱，不僅標誌官職大小的不同，也標誌平時分工的不同。管兵的是一位軍官，訓練的是一位軍官，帶兵作戰的則可能又是另一位軍官。又比如，遇有作戰任務時按官職大小出戰，誰官小誰領兵先出。小官死了或敗了，再由職務高一些的將領逐個出戰。范仲淹將這種荒唐的出兵法稱為「自取敗亡之道」。

駐守延州的兵力有一萬八千人，范仲淹將他們分為六軍，每一軍三千人。他又從眾將中選拔了六名將領，各領三千名兵士。平時，由六將負責本軍士兵的技能訓練和戰術演練，每將各主管一軍，做到兵將互知。遇有戰事，根據敵軍情況決定如何出戰、派多少兵將出戰。

神宗時期著名的王安石變法及其後的軍隊體制改革中建立的「將兵法」，即一將固定主管一軍的制度，就是始於范仲淹。

這個強兵之法在鄜延路實施之後，陝西其他幾路也開始推廣。修寨，就是恢復和新建對西夏防禦的重要堡寨。堡寨是主城周邊的重要屏障，也是最靠近前沿、把守重要通道的要害。這些堡寨的作用首先是防守，這是迄今為止最被看重的作用。除此之外，堡寨還有兩個重要作用。一個是穩定當地羌民。有了堡寨，當地羌民就有了歸屬感和安全感，感覺到大宋沒有拋棄他們。另一個是掌握敵情。許多堡寨處於宋夏交鋒的前沿，以堡寨為基地可以擴大和加強斥候偵察敵情的範圍和能力，以便提前部署迎敵。迄今為止大宋的幾次重大敗仗，失敗原因之一就是偵察敵情不力。

范仲淹在延州期間總共規劃修建了十二個堡寨。這些堡寨修成後，相互之間就可以呼應聲援。敵軍大至則閉壘堅守等待援兵，敵軍小至則堡寨之兵即可扼險制勝。如此，橫山一帶已在眼中，對橫山一帶歸順西夏的那些羌民部落，強者可攻襲，弱者可招撫。

就在這一時期，一個人物的出現為范仲淹招撫羌人的政策在推行上提供了強有力的支持，而范仲淹則使他改變了命運，成為著名的歷史人物。這個人就是种世衡。

种世衡是又一個前半生是文官、後半生是名將的傳奇人物。因為他，才有了三世守護陝西的种家將。後來鎮守陝西的「老种經略相公」种諤是他的兒子，在北宋滅亡前從陝西趕到京城統兵抵抗金兵的「小种經略相公」种師道及种師中兄弟都是他的孫子。

种世衡的事蹟值得細說一番。

种姓是一個小姓。在宋朝，史書記載的种姓名人都是种世衡家族的。當然，种世衡不是其中的第一個。种家第一個有名人物就是著名的隱士种放。

种放自幼聰明，七歲能文。父親去世後，他為贍養母親，在長安的終南山隱居三十年，以講習教書為業。种放滿腹經綸，見識不凡，同時又生活淡泊、甘於清貧，唯一的嗜好是喝酒。跟從种放學習的人不計其數，使得他聲名遠播，以至於太宗、真宗兩位皇帝對他仰慕不已。太宗幾次召請也沒能把他請來。真宗即位不久，种放母親去世，真宗賜錢幫助种放安葬了母親，並因此終於把他請來。种放到了京城，真宗與他對坐相談，當天就任命他為左司諫、直昭文館，還賜他一座宅第、三十萬貫錢。一個沒有科舉出身的隱居之人直接被任命為帶館職的諫官，得到皇帝如此恩寵，引起了朝野極大的轟動。但是沒多久，种放懇求真宗批准，辭職歸山去了。种放回去之後，真宗又派使者專程去慰問。

過了幾年，种放在真宗幾次召請之下再次來到京城。真宗任命他為四品右諫議大夫，後來又將他提升為給事中。這兩個職務都屬兩制以上高官。許多身為參知政事、樞密副使的執政大臣官階也就是給事中、諫議大夫而已。不久，种放又請辭，真宗於是親自在龍圖閣為他餞行，席上還讓翰林學士為他賦詩，真宗甚至自己也作詩向他表示仰慕。

种放一直有淡泊名利之心，但到了後來，因為皇帝恩寵有加，讓他不免在得意之餘有些忘形之舉。為此，他被一個狀元出身、恃才傲物的名人作弄了一番後，被時人笑話。好在他及時辭世，保持了清名。臨死前，他把弟子們召集在一起開懷暢飲一番，然後把平生的書稿全部燒毀，片紙不留。

雖然得到一般人少有的皇帝恩寵，但种放任官期間並沒有什麼引人矚目的意見和建議，而皇帝似乎也並不在乎他能提出或施展什麼安邦定國之策。只要他能出山為皇帝所用，皇帝就知足了。

大宋的皇帝為什麼有那份閒情逸致，去仰慕一個隱士，甚至不惜給他高官厚祿，把他供養起來？

其實，皇帝們在此事上無一例外地都抱有一種特別的心態。從高尚的角度看，這是博大的胸懷；以陰暗的眼光看，這是庸俗的籠絡。

野無遺賢，讓高明之士都為朝廷服務，以造福於國家、造福於百姓，這是歷代有為之君、賢明之主的願望。這種類型的君主，常恨人不盡其才、物不盡其用。如果真有人不盡才、物不盡用的情況，他們就會謙恭地把原因歸咎於自己不夠虛懷若谷、不夠禮賢下士，總要採取一切可能的辦法去尋找人才、發現人才、使用人才。

而另外有些君主，雖然他算不上有為、賢明，但他還有頭腦、還算聰明，因此他會盡量給人才們一些虛名、閒官和厚祿，以此籠絡住他們。籠絡人才，至少有三個好處。首先，用之則利國利民；其次，即使不用也可以安撫他們的心，至少不讓這些人反過來成為反對勢力，或者讓反對勢力失去像他們這樣有能力、有真才實學的領導者；再次，如果有些人才實在不願為國為民做事，或者事實證明他們不是真正的人才，也不至於讓君主們受到批評指責。

只有最笨的君主，才會自以為是，以為我自尊大、人奈我何，只讓自己的親信、私友把持權力，讓他們獨得權、錢私利，並竭力維護這種現狀，把許多人才推向反面。可是，這種狀況豈能永遠持續下去？最終的結果，是君主們必將失去所有的權力和利益。當然，這類愚蠢而自大的君主是看不到這一點的。

種放的際遇看似是种放和他這一類的隱逸以他們的高明折服了皇帝，實際上卻是不知不覺讓皇帝籠住了自己的心志，從而心甘情願地為皇帝服務。唐太宗在改革了科舉制度這一讓天下最貧寒的人也有機會入朝做官的制度之後，曾經說了一句話：「天下英雄盡入吾彀中矣！」他興高采烈，正是因為他達到了「天下英雄為我所用」的目的。

种放的為人深深地影響了他的後代。第一個被影響的就是种世衡。

种世衡是种放的侄兒。他自幼跟隨叔父學習，十分仰慕叔父的高尚、超逸。种世衡有才智、重氣節。說他重氣節，從他當官初期的一些經歷就可以看出來。

种世衡在任知縣時，手下有個辦事的胥吏叫王知謙。王知謙貪贓枉法，事情敗露後逃走了。不久皇帝舉行南郊祭天大禮，隨即大赦天下。這時王知謙回來了，準備等种世衡將案件上報到州衙後即可享受皇帝大赦的恩典。种世衡知道其中的奧妙，因此他先不上報此案，而是直接將王知謙處以杖刑，然後自己到州衙請罪。好在知州是個明白人，奏請朝廷對种世衡免於處罰。不久，种世衡升任鳳州通判。通判是知州的副手，但職責是監察知州，而此時的知州王蒙正是太后的姻親，在當地頗有些不法行為。王蒙正想收買种世衡，但被拒絕。於是王蒙正唆使王知謙誣告种世衡，自己又在太后面前添油加醋，終於使种世衡蒙冤被流放。後來，身為朝廷重臣的龍圖閣直學士、范仲淹的妻兄李紘與兩個老臣為种世衡鳴冤，才使他重新當上了一個小官。又歷經多年、輾轉多處後，种世衡來到了鄜州擔任判官。判官是知州的屬官，負責某一方面的行政事務如民政、司法等。

劉平三川口之敗後，延州西北面的金明縣及其以西、以北的堡寨被夏軍掃蕩殆盡，延州直接面對著夏軍的兵鋒。不僅如此，延州以北從横山一直到黃河西岸的廣大地域被西夏佔據，延州面臨西、北兩面的威脅。因此范仲淹到延州後，立即修建、恢復堡寨。這時，种世衡向范仲淹建議在距延州東北二百里的唐朝宥州舊址上修建一個城堡。這個城堡可以發揮三個重要作用：既可以抵禦北面的威脅，又可在關鍵時刻成為延州從黃河東岸的河東路獲取給養的重要通道，還可成為進攻西夏銀州、夏州的橋頭堡。

范仲淹立即同意了，並派此時還是文官的种世衡領兵修建。

修建城堡的過程是艱苦的。夏軍豈能容忍大宋在自己的地盤上打下一個讓自己十分難受的楔子？堡寨修築了幾個月，幾乎天天都是在與西夏的激烈爭奪中進行的。

修成了城堡，還需要水源才能讓守衛它的士兵生存下去。挖井挖了一百五十尺深，遇到了堅硬的岩石。石匠說岩石太堅硬了，不能再打下去，而种世衡堅信岩石之下就是泉水。他立下懸賞，打一畚斗石屑換一百錢。就這樣，重賞終於換來了甘冽的清泉。

范仲淹將堡寨修成的情況上報朝廷，仁宗十分高興，親自給這個堡寨賜名「清澗城」，並按范仲淹的建議任命种世衡為清澗城的知事。從此，种世衡變成了武將，開始了他的軍旅生涯。

种世衡把清澗城作為實施他與范仲淹思路一致的防禦戰略的一個試驗田。他在城外開墾營田兩千畝用於養兵，又招募商人來往貿易以充實軍需、解決百姓生活的基本需求。

修建和經營清澗城體現了种世衡的戰略眼光。他不僅具有戰略眼光，而且是個懂得與羌族部落打交道的人。

种世衡與羌族部落打交道的方式是智勇兼用、恩威並施。他為人豪爽大氣，常常走訪或宴請部落酋長，談到言語投機時，就拿身邊的貴重物品相贈，因此部落酋長們人人願意為他效勞。對投靠西夏的部落，不用种世衡出兵攻打，只要他一聲令下，這些部落酋長就心甘情願地代他去討伐。夏軍有些風吹草動，這些部落酋長都能夠事先探聽到，及時向他報告。一個种世衡，頂得上千軍萬馬。

在种世衡治理蕃部的時候，范仲淹又做了一件事，那就是奏請朝廷批准，將鄜州的鄜城縣升為康定軍，將延州以南河中府、同州、華州三地的賦稅都集中交納到此地，每逢春夏用兵不多的時節，將部隊移屯此地，如此可以減少本路十分之三的軍糧運輸，大大減少民夫的負擔。

所有這些事做完之後，人們突然發現，范仲淹構築的防禦體系讓延州乃至鄜延路不再是任由元昊宰割的羔羊。

在范仲淹鎮守以前，防守最脆弱的鄜延路是西夏進攻的重點，即使在三川口之敗後依然如此。金明縣以北的塞門寨被夏軍圍攻五個多月，延州前任知州始終不敢派兵救援，致使塞門寨陷落，寨主高延德被俘。范仲淹來了之後，鄜延一路再也沒有遭受失敗，這種局面一直持續到宋夏議和停戰為止。當然，主要原因是元昊沒有再把這一路納入重點進攻的範圍。為什麼？除了元昊考慮整體戰略的因素，橫山一帶的羌人有一句話很有說服力：「千萬不要再打延州的主意！如今小范老子胸中有數萬甲兵，不比大范老子好欺負！」老子，是羌民對自己敬重的長者的稱呼。小范老子自然是指范仲淹，大范老子則說的是范雍。

在和平時期，判斷一個人的作用其實是件很難的事。同樣一個崗位，不同的人做出的成就在多數時候沒有太大的本質區別。如今的人們如果要看重一個人，總喜歡稱讚他「做出了不可磨滅的貢獻」，是「不可多得的人才」。這種評價也許有恰如其分的時候，但這種情況少之又少。如果只是言過其實的評價，它不會給國家和百姓造成太明顯的危害。但如果是文過飾非甚至縱容包庇一個無能乃至違法之人，那它就是一種禍害。

而在電光石火的關鍵時刻，一個人的本性和能力能夠得到最真切的檢驗。在這個時刻，不進則退，不生則死，任何虛偽的外表、空洞的言談都會被即將坍塌的泰山壓得粉碎，都會被熊熊的危機之火燒成灰燼。如果他經受住了泰山的高壓、烈火的煆煉，那麼他就是天地間的棟梁，他就是人世間的真金。

然而，和平時期總是多於危機時刻。難道和平時期就沒有棟梁，就發現不了真金？當然不是。和平時期的棟梁和真金必定也是多於危機時刻的，關鍵是有多少有眼光的人能夠出於公心，同時又有科學合理的制度保障去發現他們、使用他們。

就在大宋面臨西夏猛烈衝擊的嚴峻時刻，范仲淹以他力挽狂瀾的見識和能力證明了他是大宋的棟梁之材。從朝廷到陝西，在幾乎誰都認為防守是不可能的、無法抵擋元昊以局部優勢兵力將陝西的防線各個擊破的戰術的時候，范仲淹始終堅信、堅持並堅韌不拔地推進他的積極防禦戰略，他最終成功了。這是大宋之幸。

不過，要讓人人都知道大宋之幸，還需要一個痛苦的過程。

4

有人把元昊反宋、建立中國西部地區少數民族政權看成是少數民族對統治階級的正義反抗，甚至將元昊對大宋發動戰爭歸咎於大宋不承認西夏的獨立、斷絕與西夏的貿易。這是十分錯誤的觀點。

無論從動機還是結果看，元昊反宋都算不上正義。他反宋只是為了少數党項貴族的利益，而不是整個党項族乃至中華民族的利益，尤其不是為了党項百姓的幸福生活。與當時就已被公認為寬厚仁愛之君的仁宗相比，任何一個人都不可能讓自己治下的子民得到更加安康的生活。仁宗時期，甚至是敵國之民都能感受到仁宗的仁慈。曾有契丹難民因天災缺糧而集體逃到大宋，仁宗道：「都是我的子民，怎麼能不賑濟他們呢！」嘉祐八年（一〇六三）仁宗去世時，無論是大宋還是大宋的敵國都為此感到無盡的悲傷。大宋最偏僻山村裡的老邁農婦都自發地為他戴孝；宋使到契丹報喪，所經過的地方得到消息的遼民都哭悼仁宗；遼道宗耶律洪基拉著大宋信使的手泣不成聲，悲痛多時道：「四十二年不識兵革矣！」一直到二十多年後，道宗與宋使談到仁宗時還淚流滿面：「本朝敬奉仁宗御容畫像如同敬奉祖宗！」有誰敢說自己的仁愛之心能超過仁宗？事實上，元昊反宋之後的党項百姓生活更加困苦。

因此，元昊反宋只是單純意義上的党項族的獨立。元昊確實是党項族最了不起的英雄人物，從結果上看，元昊的事業也確實為中華民族的歷史增添了十分精彩的一頁。但是如果西夏自此永遠脫離了中華民族，我們還會認為他是值得中華民族稱道的英雄嗎？他的窮兵黷武造成了數以十萬計的軍民百姓的死亡和更多家庭的困苦，這也不應該是值得讚頌的吧？

評價歷史，應當以中華民族的發展為前提，以中華民族的昌盛為指標，以傳統道德文化之精華為標準，絕不可以政治、經濟、文化、宗教等觀念和傾向的不同而割裂歷史、抹殺歷史或拼接歷史。只要是有利於中華民族的歷史，都應當以包容的心態去評判；凡是有害於中華民族的歷史，也絕不可無原則地加以褒揚。

即便不去做這些正統和嚴肅得有些煩人的思考，僅看看元昊在大夏國建國前後不斷地向沒有任何軍事進攻企圖的大宋發起軍事攻擊的行為，也可以得出元昊所發動的戰爭並不正義的結論。党項和西夏最終還是回歸並融入了中華民族大家庭，元昊也成為中華民族具有英雄氣概的祖先之一，但是這些都是後話，當時，元昊可是一次又一次地給大宋增添了莫大的痛苦。

鎮戎軍的三川寨之戰後不久，大宋的第二次大敗仗很快到來了。

敗仗發生在涇原路鎮戎軍地界。又是鎮戎軍！

這次敗仗的發生很偶然，但也是必然。

慶曆元年正月下旬，韓琦派尹洙到延州，希望說服范仲淹按照他策劃的進攻方案出兵。

老友相逢分外親切，尹洙受到范仲淹的熱情接待。但當尹洙談到出兵之事時，范仲淹卻未置可否。

三天後，范仲淹告訴尹洙：「剛得到朝廷旨意，同意鄜延路不出兵。」

其實，這三天來范仲淹一直在做兩件事。

一件事是與元昊派來的人接洽。

元昊派了兩路人馬，分別到涇原路和鄜延路面見韓琦和范仲淹，聲稱商談宋夏議和之事。派往鄜延路的不是西夏本土之人，而是被他俘獲的延州塞門寨寨主高延德。高延德沒有帶來元昊的書信，他轉達了元昊的口信。范仲淹通過與高延德的交談，感覺到元昊並沒有和談的誠意。於是他寫了一封信，派自己的使者隨高延德帶給元昊。范仲淹在信中指明了八個利害關係，奉勸元昊向朝廷謝過，求得朝廷寬大，否則，「他日再想求得朝廷原諒，恐將後悔莫及。請大王深思！」

高延德是尹洙來到延州後第四天走的。

范仲淹做的另一件事就是等待朝廷對夏竦奏疏的答覆意見。

朝廷沒有對夏竦催促范仲淹出兵的請求表態，只是將奏疏轉給了范仲淹。這表明朝廷沒有改變支持范仲淹先前提出的鄜延路不出兵、存此一路以待今後與西夏議和的建議。范仲淹將朝廷繼續支持他不出兵之意告知了尹洙。

尹洙在延州前後等待了二十多天，始終沒能讓范仲淹出兵。尹洙無奈，只好起身回永興軍。走到環慶路的慶州時，他得到了宋軍遭受重大失敗的消息。

這次興兵十分突然。

就在尹洙前往延州勸說范仲淹後不久，韓琦深感此次出兵西夏的方案已經無法實現，因此他又給朝廷上了一道奏疏。他再次表達對元昊各個擊破策略、吞併陝西意圖的擔心和對國家將陷入長期負擔的憂慮之後，從初春出兵的方案後退了一步，建議朝廷暫且採納范仲淹防禦和招撫之策，如果未見成效，即可再次謀劃於秋季進兵西夏。

也就是說，在派出尹洙到鄜延路後不久，韓琦已經接受了他的出兵方案無法實現的事實，在心理上放棄了此次的進攻計畫。

這時，元昊派出的另一路使者到涇原路商議和談之事。韓琦不相信元昊的誠意，說：「無約而和，必有陰謀。或是怕我舉兵進攻，或者是有寇我之意圖。」他決定外出巡視各州、寨，做防禦準備。事實證明韓琦的預判是正確的。

二月初，韓琦巡邊到達涇原路的涇州。這時，他突然得到一個消息：元昊在橫山誓師，準備入侵渭州界。渭州的州治位於鎮戎軍東南約一百八十里，但渭州管轄的範圍很大，鎮戎軍西南至東南都在渭州州界內。元昊此次入侵的渭州界，是在鎮戎軍的西南。

鎮戎軍及六盤山、隴山以西的涇原路管轄範圍內，此時主要靠一些堡寨把守著南北要道。自北向南，這些城堡依次是：三川寨，在鎮戎軍西北，第一次鎮戎之戰就發生在這裡；往南不到三十里是懷遠城，東距鎮戎軍六十餘里；懷遠城往南約四十里是德勝寨；再往南偏東三十五里是羊牧隆城。

剛剛因為范仲淹的反對，韓琦失去了主動出擊的機會。如今元昊主動送上門來，並且宋軍又提前偵得元昊的計畫，這真是一個難得的機會。韓琦打算趁此機會聚殲元昊的主力，至少要給元昊一次強有力的打擊。

韓琦立即從涇州趕赴鎮戎軍進行部署。鎮戎軍有守軍一萬名，加上臨時召集的周邊堡寨部隊和蕃兵，共有一萬八千名士兵。韓琦的方案是讓大軍自懷遠城經德勝寨，繞到進攻渭州的夏軍之後，斷其歸路，與渭州之兵兩面夾擊元昊。這一路堡寨相望，可以保證大軍的糧草補給。如果敵軍勢大難以正面作戰，則可在其歸路上選擇險要之地設伏邀擊。

此次行動的統兵主將，韓琦指定由大將任福擔任。任福是環慶路副都部署。

環慶路的副帥怎麼會來到涇原路擔任此次行動的主將？這純粹是一個巧合。

在韓琦放棄正月出兵方案的奏疏還在送往朝廷的路上的時候，朝廷讓任福從慶州趕到西面的涇原路與韓琦繼續商議出兵之事。任福匆忙趕來，只帶了一個柔遠寨的寨主隨行。到了涇州，正好趕上韓琦緊急調兵，而此時的涇原路副帥葛懷敏不在韓琦身邊，韓琦於是讓任福領兵。臨時點將，歷來如此，除了范仲淹現在經略的鄜延路。

自劉平戰敗被俘後，環慶路副都部署任福和涇原路副都部署葛懷敏成為陝西最負盛名的大將。任福與劉平不同，他本來就是武將出身，作戰勇猛。就在五個月前的第一次鎮戎之戰時，為了策應鎮戎軍的防守，任福率環慶之兵攻打慶州東北二百多里的白豹城。白豹城是西夏東侵鄜延、南侵環慶的重要軍事基地。任福以陣亡一人、負傷一百多人的極小代價，攻破了城池。元昊得知白豹城被襲，急忙率兵撤離鎮戎軍回援白豹城，又被任福打了一個埋伏。任福的白豹城之勝讓宋軍從鎮戎之敗獲得了一些補償，可以算作是失之東隅、收之桑榆吧。

此次出征，輔佐任福的還有幾位戰將。

先鋒是桑懌，是名震河北的俠客。他因廣西剿匪有功，被提任為廣西都監。元昊反宋後，參知政事宋庠向仁宗推薦，將桑懌調任陝西，如今他是涇原路的都監。

勇將王珪，是在鎮戎第一戰中唯一有功的戰將，他曾在宮中擔任仁宗的衛士。

朱觀，長期在宋夏邊界戍邊，曾任河東路麟州知州，如今是鎮戎軍知軍兼涇原路鈐轄。武英，其父親曾與名將楊業在北漢同朝為將。武英不僅勇猛，還有見識。這幾人都是陝西有名的將領，因此韓琦信心十足：「如今我方名將雲集，士兵精銳，此戰必勝無疑！」

不過，韓琦不是一味盲目樂觀。大軍臨行前，韓琦一再叮囑任福：以我為主，按照既定的路線進兵，以免糧草不濟。可戰則戰，不可戰則採用伏擊戰術。「如有違犯，即使有功也要將你斬首！」為穩重起見，韓琦又派文官耿傅隨軍參與軍事，作為任福的參謀。

但是，結果還是失敗了。

自二月初十出兵到十四日宋軍戰敗，前後五天，整個過程令人歎息，讓人落淚。令人歎息的是，宋軍重蹈覆轍，輕易落入元昊反覆使用的誘敵之計；讓人落淚的是，這些忠勇的將士在生死關頭毫無懼色，義無反顧地為國捐軀。

一開始宋軍就陷入了元昊的誘敵之計而不自知。

剛出兵時，大軍按照韓琦的部署西進到懷遠城，然後一路南下直趨德勝寨。任福開始還記著韓琦的囑咐，「中令持重」。但離開懷遠城不久，宋軍發現了敵軍的行蹤，於是一路往南偏東跟隨。而宋軍原先行進的目標德勝寨是在懷遠城的正南偏西。

追到張家堡時，夏軍回身與宋軍對壘。宋軍先鋒桑懌奮勇當先，率兵與夏軍激戰一場，斬殺夏兵幾百人。夏軍一路丟盔卸甲向南逃竄，桑懌在後緊追不捨。見此情形，任福也率領大軍緊跟在後。又追了二十餘里，來到了好水川。好水川發源於六盤山西麓，自東向西在羊牧隆城以北流入瓦亭川，頭尾不過百里長。

此時已經是十三日。宋軍自十一日追敵至張家堡，因為偏離了預定的行軍路線，已經有三天沒有補充給養，部隊早已缺糧。但是巡邏兵報稱敵軍兵力不多，因此宋軍仍然鬥志旺盛。

天色已晚，於是宋軍屯兵好水川。任福連夜部署翌日的作戰計畫。他將大軍分兵兩路，一路由他親自率領，沿山南的好水川向西追擊夏軍，另一路由鎮戎軍知軍兼涇原路鈐轄朱觀和涇州都監武英率領沿山北的龍落川西進以截住敵軍。兩支隊伍僅一山之隔，齊頭並進。

耿傅隨朱觀一軍行動。夜裡，他在營中與朱觀做了商議，然後提筆給任福寫了一封信，提醒任福警惕敵軍的誘敵之計。但是任福沒有在意。

次日一早，兩軍繼續行動。先鋒桑懌率兵一路殺到好水川與瓦亭川的交匯處附近，不見了敵人的蹤影。

兩邊陡峭的山崖上，微風吹得密林瑟瑟作響。前軍報告桑懌，前方開闊地上放著一堆土籠子，裡邊不時發出撲棱棱之聲。

桑懌不知道這些土籠子都是什麼東西，不敢造次。他約束部隊等待主帥的到來。

任福來了。他也不知道夏軍遺棄這些土籠子是何用意。但事情總是要弄明白的，任福示意手下將這些土籠子打破。

一群哨鴿自打破的土籠子中騰空飛去。緊接著，淒厲的號角聲四處響起。數不清的夏兵不知從何處擁出來，將好水川前後攔截。

不等宋軍擺好陣勢，夏軍的鐵騎已經壓上。桑懌率前軍死命抵擋，任福倚靠不完整的陣勢頑強抵抗。連殺了三個時辰，宋軍仍然無法突圍，於是任福下令奪取兩邊的峭壁。

桑懌率數百名士兵奮勇攀登，終於爬上了懸崖。可是沒等他們站穩，密林中一陣梆子響，無數支亂箭射向了桑懌和他的勇士。這位著名的勇將就此陣亡。

此時宋軍陣勢已亂，任福已經無法控制部隊，部隊陷入了單兵作戰的局面。

任福左右奔突，被親兵扯住喊道：「太尉殺出一條路去吧！」

任福道：「我身為大將，兵敗如此，只有以身殉國，豈可獨自逃竄！」

又有一人拽住任福的戰馬喊道：「父親救我！」兒子任懷亮在激戰之中跌落馬下，一臂已斷。

任福一把扯過轡繩，顧不得擦掉眼淚，對兒子吼道：「你父也要為國捐軀了，你還留戀此身何用！」

他揮著四刃鐵鐗向敵軍衝去。不知殺了多少敵兵，也不知還有多少敵兵圍住了他。幾支長槍一齊刺來，任福絕喉而死。

王珪從羊牧隆城率領幾千名士兵趕來救援。他遠遠望見夏軍包圍圈裡任福的旗幟，心急如焚，殺向敵軍，希望為陣中的宋軍殺出一條路。無奈夏軍人數太多，衝擊了幾次都沒有成功。

王珪殺了身邊一名膽怯後退的軍校，下馬向京城方向磕了幾個頭道：「臣沒有負國，只是力不從心，唯有戰死而已！」他揮舞鐵鞭，騎著那匹仁宗賜給他的戰馬，率兵再一次衝向敵陣。他連殺數名夏兵，直殺得鐵鞭彎曲、手掌破裂，最終被夏兵亂箭射死。

山北，另一路宋軍也同時遭到夏軍的圍攻。武英身負重傷，已經無法行動。他和朱觀對耿傅說道：「你是文官，不必與我等同死，趕緊逃生去吧！」耿傅拒絕了。激戰了近三個時辰，這時元昊已經結束了對任福一部的圍剿，增兵圍攻朱觀和武英所部。宋軍在夏軍強大的攻勢下完全潰散，武英和耿傅先後戰死。朱觀率一千多名士兵退守在一片民居中，以弓箭自守，堅持到夜幕降臨，夏軍收兵撤退。朱觀是宋軍唯一倖存的將領。

好水川一戰，宋軍死亡一萬零三百人。

這一次敗仗，韓琦負有不可推卸的主要責任。

戰爭不是文章。文章可以隨心所欲地體現個人的風格，可以毫無顧忌地直抒胸臆，可長可短，可華麗可樸實。但是戰爭是殘酷的，僅靠個人的必勝信念和一廂情願的部署是不夠的。

韓琦始終堅持的以攻為守的戰略思想有它的合理性，他在好水川之戰前的部署也有其合理成分，但是他沒有想到贏得戰爭需要許多複雜的條件。

首先，最重要的因素是人，是將領和士兵。他們領會戰略戰術並加以忠實而靈活運用的能力直接決定戰爭的成敗。好水川之敗再次暴露出宋軍有勇無謀的弱點。韓琦臨出兵前的部署，如果任福和諸將能夠遵守，雖然勝算不大，但也不至於慘敗。

其次，知己知彼是一個軍事家必須具備的基本能力。元昊兵分兩路深入涇原腹地，一路誘敵，一路伏擊，而宋軍對如此大動作的部署卻毫不知曉，以至於完全按照元昊的計畫落入陷阱。

再次，民心是勝利之本。鎮戎軍周邊一帶丘陵起伏，溝壑縱橫，地形十分複雜。一條看似通暢的山道，七回八盤之後或許就成了面對山崖的無頭之路。元昊能夠重兵深入這種地方，離不開當地羌民的引導配合；宋軍不能掌握夏軍的動向，說明宋軍沒有得到羌民的大力支持。

除了這些，將帥不協調、兵將不一致等問題，也都在這次戰役中暴露出來。

慘痛的代價終於喚醒了韓琦，也為他與范仲淹的精誠合作打下了基礎。但是在他與范仲淹合作之前，他們二人都還需要經歷另一次挫折，因為朝廷仍然沒有走出彷徨和迷惘。

戰後，范仲淹接到仁宗詔令，讓他考察目前士氣情況，為下一次出兵西夏做準備。范仲淹再次提出反對。他詳細陳述了自己的防禦思想，並引用了孫子的一句名言：「勝兵先勝而後求戰，敗兵先戰而後求勝。」不能打無把握之仗。他還說：「臣也知道，固執己見不出兵必然要犯眾怒，臣也並非不能調動眾將去貿然出擊。但是此事關係國家安危，萬一失敗，即使將臣斬首也無濟於事。朝廷的命令，臣暫時收掌，不敢遵從！」

朝廷接受了范仲淹的建議，不再考慮短期內出兵之事。

下一步怎麼辦？

下一步朝廷是這麼辦的：將韓琦和范仲淹降職，撤銷他們在陝西的決策權，然後，給陝西再配備了兩位高官。

韓琦被降職是因為好水川之敗，他被貶到秦鳳路的秦州任知州。處分韓琦是必然的。韓琦對於好水川之敗負有重大責任，他自己也上章自劾。曾經有人說韓琦派耿傅督戰，是耿傅催逼任福過緊導致兵敗。但是後來戰場上發現了耿傅致任福的信，證明了失敗的主要責任在於任福沒有遵守韓琦的囑咐。許多人都不希望韓琦受到太重的處罰，最終朝廷將韓琦降官一級，撤銷陝西經略安撫副使職務。

兩天後，范仲淹也被降官一級，到永興軍之北的耀州任知州，同樣被撤銷副使職務。他被降職是因為與元昊有書信來往，但這不是唯一的原因。他被降職，還因被朝中大臣當作傾軋別人的一個工具。

范仲淹致信元昊之時，大約是元昊正在誓師、向大宋做出大舉進攻姿態的時候。范仲淹的使者並沒有見到元昊。四十多天後，元昊讓他的親信大將野利旺榮回信稱不敢將范仲淹的書信呈給元昊，野利旺榮在信中還有許多對朝廷的不恭語言。范仲淹當著來使的面將書信燒毀，另將其中部分文字上報朝廷。

「人臣無外交」是大宋處理對外事務的準則。任何官員都不能私自與外國有來往，也無權代表朝廷處理與外國的關係，除非得到朝廷授權。因此有一個問題需要先弄明白：元昊派高延德來和談，范仲淹為什麼不向朝廷報告，而是直接向元昊回信，後來又將野利旺榮的來信燒毀？

朝廷曾發來敕文同意范仲淹的建議，將延州作為今後與元昊和談的一個通道。此前仁宗還曾發過一道旨意，強調如果西夏來人有無禮僭越行為，不得代來人報告朝廷，而應直接遣送出境。以此為背景，在高延德來延州轉達元昊之意時，范仲淹發揮了朝廷敕文和仁宗旨意的含義，一方面不向朝廷報告，另一方面派人與西夏接洽，確實有擅自作主的意味。至於後來他燒毀野利旺榮來信一事，是因為鄜延路兵馬都鈐轄張亢告訴他，寶元二年七月，朝廷曾發來仁宗旨意：如果西夏寄來官方書信，應先行開視。如發現其中有悖慢無禮之詞，應立即就地焚毀，以免散布流傳。范仲淹後來果然在耀州查閱到這一敕令。

人們都說范仲淹外和內剛，與元昊的書信往來是他這一性格的一個例證。為了國家利益，他在不觸犯國家大原則的前提下，勇於任事，敢做敢當。

但是朝廷有人藉此來了一個一箭雙雕：既處分了范仲淹，又排擠了政敵。人們可以很輕易地判斷出能做這種事的人是誰——肯定是呂夷簡。

呂夷簡捧著范仲淹的報告，老長時間沒有吭聲。等到參知政事宋庠開始關注他的時候，他像是自言自語地沉聲說道：「人臣無外交，希文豈能擅自與元昊往來，甚至燒毀元昊來信？除了他，還有誰敢如此行事！」

宋庠原名宋郊，是科舉考試中州試、省試、殿試均為第一的著名才子。州試是州一級的考試，合格入榜後進京參加禮部的省試，省試入榜後是皇帝親自考試，這叫殿試。三級考試都得第一，後人稱為「三元及第」。不過，宋庠在天聖二年殿試的狀元來得僥倖。本來是他的弟弟宋祁考得狀元，但是劉太后得知他們是兄弟之後說：「豈有弟在前、兄在後之理！」結果宋祁屈居第十，讓宋庠得了第一。

宋庠人品總的來說是不錯的，史稱他為人莊重謹約，敢於直言。可是，人都是有弱點的。宋庠都有哪些弱點已無從可考，但他至少有一個弱點如今還是可以看得出來的，那就是太在意與呂夷簡的關係。他不是想親近呂夷簡，而只是想讓自己和呂夷簡的關係不要太僵。

如此說來，宋庠與呂夷簡關係有些不太順暢了？是的。不只宋庠，還有三個人都與呂夷簡關係不太和諧，他們是：樞密副使鄭戩，也就是曾在開封知府任上辦了盛度和程琳兩位宰執大臣的腐敗案的人，此案牽扯了呂夷簡的兩個兒子，而他還是范仲淹的連襟；三司使葉清臣，多次公開支持范仲淹；第三位也是重要人物，是開封知府吳遵路，巧的是他也曾步范仲淹後塵，在范仲淹第一次被貶後不久，與滕宗諒一起因勸劉太后還權於仁宗而被貶。這四人平時過從甚密，都有銳意進取之心，經常提出一些有見地的朝政意見。參知政事、樞密副使、三司使和開封知府都是要職，因此他們的意見在朝中有相當的分量。他們的意見有分量，相對而言呂夷簡說話的分量就要降低，更何況仁宗很欣賞宋庠之才，總想重用他，呂夷簡心中自然十分忌憚。

宋庠很在意呂夷簡對他的態度，在這一點上與其他三位不同，他們三人都是無所畏懼之人。其實宋庠與他的這三位知友還有一個不同點，那就是鄭、葉、吳三人都是幹練之能臣，而宋庠似乎最擅長的是寫文章。

呂夷簡何其精明，他選擇了宋庠作為突破口，要將四人一網打盡。

第二天一早，仁宗與大臣們議政。中書省呈上了范仲淹關於野利旺榮書信的報告。仁宗詢問大臣們有何意見，有幾位大臣認為范仲淹不應當擅自與元昊通信，更不能擅自焚毀書信。這時，宋庠突然說道：「范仲淹當斬！」

此言一出，眾人盡皆失色！

自太祖以來，除了一個例外，皇帝從來沒有殺過一個文臣。這個例外就是太宗曾在盛怒之下殺過一個小文官，但太宗後來對此事非常懊惱。除了此例，「誓不殺士大夫及上書言事者」的祖宗規矩從來沒有被逾越過，何況要殺的是范仲淹，這個當今最孚眾望的龍圖閣直學士。可以說，宋庠的建議愚蠢至極。

樞密副使杜衍立即嚴厲反駁：「范仲淹意欲招降元昊，這體現了他忠於朝廷、為國分憂之心，豈能如此加罪？」

宋庠還以為呂夷簡必定會贊同自己的意見，昨天呂夷簡不是還對范仲淹之舉深表不滿嗎？誰知，呂夷簡慢條斯理地對仁宗說道：「杜衍所言極是，只可對范仲淹稍加處分。」

宋庠聽罷，頓時張惶失措。

仁宗綜合了大臣們的意見，對范仲淹做出了保留龍圖閣直學士的館職、降官一級知耀州的處分，算是稍加處罰。

宋庠請斬范仲淹的建議傳出，朝中輿論譁然，他受到朝臣們嚴厲的指責。此事不僅讓宋庠的聲譽嚴重受損，也成了他本人的一個長期心病。十多年後，他懷著愧疚之心舉薦范仲淹次子范純仁擔任館職，但被范純仁拒絕了。

仁宗想必對宋庠的建議也相當不滿。當呂夷簡將宋庠與鄭戩、葉清臣等人說成是「同年黨」時，仁宗乾脆將四人一併免職。若說「同年黨」，或許有之。宋庠和他的弟弟宋祁以及鄭戩、葉清臣四人都是同年進士，因此關係密切，而吳遵路與他們又十分友善，因此一併被打入「同年黨」。其實，若是一心為國，同年友善又何妨？

范仲淹離開了延州，留給他的繼任者龐籍一筆寶貴的財富，這就是基本完善的防禦體系。仁宗派到陝西考察軍政情況的王堯臣形容范仲淹離開時的延州，「分置六將，上下一心，將強兵精，足以禦敵」。

還有，後來幾十年間幾位最著名的大宋將領，幾乎都在延州接受過范仲淹的教誨。

比如說狄青，他是尹洙向范仲淹推薦的：「狄青可是良將之才！」范仲淹贈給狄青一本《左氏春秋》：「熟讀了此書，自然有斷大事的能力。你不應當滿足於當一個不知古今、只有匹夫之勇的將軍！」狄青自此發憤讀書，精通兵法，終成一代名將。與同時代的絕大多數人相比，范仲淹對人才的識拔和使用是客觀而不帶偏見的。多少年後，當狄青被任命為樞密副使、後來又提升為樞密使時，龐籍、歐陽修、余靖等曾經賞識過他或以正直敢言著稱的名臣以狄青出身行伍而加以反對，號稱名臣、名相的文彥博等人甚至將狄青排擠出朝廷並派人對他嚴加監視，讓這位對大宋忠心耿耿的名將驚悸而死。如果范仲淹還在世，我們有充分的理由相信他會站出來為狄青仗義執言，就像他曾經冒著仁宗的雷霆大怒為自己的老友兼部下滕宗諒和張亢仗義執言一樣。

郭逵是范仲淹賞識的另一位名將，他的兄長郭遵就是在三川口之戰中被元昊親自指揮亂箭射死的那位勇將。當初韓琦堅持兩路出兵，而范仲淹堅執反對意見，其中就有聽取郭逵建議的因素，雖然那時郭逵還只是一個不太知名的低級軍官。范仲淹很欣賞這個年輕人，「待以子侄」「勉以學問」，像對待自己的子弟一樣勉勵他。

种世衡繼續在清澗城打造延州北部的屏障，並鞏固他安撫蕃部的成果。他還有機會在范仲淹手下效力。

張亢如果沒有文官背景，他的慷慨仗義往往會讓人以為他只是一個勇猛無比的悍將。張亢原先是進士及第的文官。他早就預言元昊必反，並上書仁宗提出許多有戰略眼光的防備建議。他在延州總管兵馬，范仲淹對他敬重有加，待他如國士而非武將，凡有大事都與他商議。

范仲淹和韓琦離開了陝西的決策中心。作為對決策能力的彌補，朝廷又任命了一位與夏竦職權完全一致的官員，他是曾任同知樞密院事的陳執中。朝廷讓他與夏竦同任陝西都部署兼陝西經略安撫招討使，此外還都兼任永興軍知軍。

這兩位擁有同樣權力的大人物在陝西的合作並不融洽，其原因在於缺乏同舟共濟的精神，互相不服氣，他們就陝西方面提出的意見和建議往往也是互相矛盾。仁宗不得已，讓他們輪流巡邊視察。一人巡邊，另一人就單獨負責都部署司事務。

當然，陳執中和夏竦也並非完全沒有共同語言。四年後，維護既得利益的私心讓他們無意識地走到了一起，參與扼殺了極有可能使大宋發展壯大的慶曆新政。

但是此時二人之間的不協調讓仁宗十分不滿。為了進一步理順陝西決策層的關係，仁宗又採取了一項重要的措施，那就是任命范雍為第三位永興軍知軍，同時將陳執中和夏竦分開，一位屯駐涇原路的涇州，一位屯駐鄜延路的鄜州。

三位前樞密院大臣擔任永興軍知軍，結果會是怎麼樣？為了辦理一件公事，永興軍的官員需要在三地之間來回奔波，最終才有可能達成一致意見——還僅僅是可能。

朝廷又深深地陷入迷糊之中。三個重臣都無法理順陝西事務，那還有什麼辦法呢？

就在大宋朝廷仍然迷惘於國家還有沒有真正的中流砥柱這個問題的時候，元昊早已在享受珍惜人才給自己帶來的勝利果實。

好水川之戰後，在宋夏交界處一座寺廟的牆上有這麼一首詩：「夏竦何曾聳，韓琦未足奇。滿川龍虎輦，猶自說兵機。」這首詩以夏竦、韓琦之名為戲，譏笑大宋無人，以至於載運宋兵屍體之車塞滿山川。作者留下的署名是「大夏國太師、尚書令兼中書侍郎張元」，這個名字曾經在延州三川口之戰後宋夏交界處的另一所寺廟中出現過，也是一首譏笑大宋無能詩作的作者。

太師、尚書令兼中書侍郎，這個官職要是放在大宋，那就是皇帝最信任、最資深的宰相了。大宋至今還沒有哪個宰相同時身具太師和尚書令之官銜的。因此，這個張元應當是元昊最親信的重臣。

關於張元的身世和事蹟，歷史上沒有太多的記載。有人說他其實名叫張源，張元是後人以訛傳訛加上傳奇演繹而來的名字。元昊的名字中有一個「元」字，從這個角度看，張元真名叫張源的可能性更大，因為他要避諱君主的名字。即便他本名是張元，到了西夏後他也一定是要改名的。

張元並非西夏境內人氏，而是陝西人。據說張元還有一個夥伴叫吳昊，他們二人連同范仲淹到陝西後向朝廷舉薦的姚嗣宗都是陝西的才子。二人心比天高，但在大宋卻是命比紙薄，多次參加科舉考試，卻總是在考試的最後一關即皇帝的殿試時落榜。落魄不遇，往往會因此放浪形骸。張元常常在酩酊大醉之後，攜一支鐵笛獨自蹣跚於山野之間，一想起自己的滿腹心酸，就吹笛悲歌、仰天長嘯，淒厲、蒼涼之聲甚至讓山中的盜賊避之不及。張元、吳昊二人喜歡語出驚人，他們因此曾受到當地官員的欺侮。他們也曾想去謁見夏竦、范雍這兩位當時陝西的最高官員，卻恥於自薦，又恨夏竦和范雍沒有識人的慧眼。思來想去，二人看出西夏的元昊有反宋之心，因此約定一同去投奔元昊，一定要幹出一番大事業。

也有一個說法，稱張元、吳昊二人懷才不遇時是范仲淹和韓琦二人在陝西主政，張元、吳昊二人投奔西夏時范仲淹還曾親自以快馬追他們，但晚了一步，只好舉薦了姚嗣宗。這些都是「蕭何追韓信」式的演繹。張元、吳昊二人入西夏是在范仲淹、韓琦經略陝西之前、元昊反宋前夕的寶元年間。有一個故事可以證明：張元、吳昊到了西夏之後，在酒樓縱飲一番，然後提筆在牆上題寫了「張元、吳昊來此飲酒」。這句話嵌著「元昊」二字。二人公然題寫元昊的名字，自然要被官府抓捕。元昊親自審問他們，為什麼不知道避諱自己的名字？他們答道：「姓都不知道，還知道什麼名字！」這是暗諷元昊此時還姓大宋皇室的趙姓。元昊放棄趙姓、恢復党項族的嵬名姓是在景祐元年以前，而范仲淹此時還在京城或貶謫地為官。

初次見面，元昊就對張元、吳昊二人肅然起敬，認定他們必是異人，因此對他們加以重用。張元、吳昊離開陝西前，已將陝西的山川道路、宋軍的屯兵布防情況細細地訪察了一番。據說，三川口之戰以及此前宋軍遭受的幾次大敗和之後還將遭受的失敗，都是出自張元的謀劃。

張元、吳昊的事有很多相互矛盾的傳說，比如吳昊是否確有其人就無法確定，關於他的確切記載幾乎沒有，而西夏國似乎也沒有一個叫張元或者張源的宰相。不過張元確有其人，他投奔元昊也確有其事。十幾年後的仁宗嘉祐二年（一〇五七）開始，所有通過禮部省試的進士進入皇帝的殿試後，都不再黜落，也就是說通過了禮部考試後肯定都能獲得進士及第或進士出身，而以往的殿試是要黜落一部分人的。這一改革的原因，就是有人提到了當年張元幾次殿試被黜導致他投奔西夏的事。

從張元投奔西夏之前所作的詩來看，他確實是一個很有抱負的人。如他的一首〈雪〉是這樣寫的：「七星仗劍攪天池，倒捲銀河落地機。戰退玉龍三百萬，斷鱗殘甲滿天飛。」這首詩很容易讓人們想起唐朝末年黃巢科舉落第之後、起兵反唐前寫下的那首著名的〈菊花〉詩：「待到秋來九月八，我花開後百花殺。沖天香陣透長安，滿城盡帶黃金甲！」相比之下，張元之詩句句殺氣，氣勢更甚於黃巢。他還有一首詩〈鷹〉，留傳下來的只有「有心待搦月中兔，更向白雲頭上飛」兩句，表達的意思也是要處處壓人一頭。黃巢也另寫有一首著名的〈題菊花〉：「颯颯西風滿院栽，蕊寒香冷蝶難來。他年我若為青帝，報與桃花一處開。」張元寫的是心中之氣，黃巢寫的是胸中之志，不論是志向還是文采，張元都是遠遜於黃巢。

後來的大宋之人說起張元，是恨憾交加。恨的是他心中沒有國家大義，為了自己能夠出人頭地，不惜引助外患禍害自己的同胞；憾的是朝廷無人惜才，以至於人才不能為國家所用。

其實，古往今來投身他國甚至敵國之人比比皆是。他們之中，有的是無路可走、被逼無奈；有的是懷才不遇，心中憤懣，怒而出走；有的是在祖國受到羞辱後出走他國。這些人出走之後對待祖國的態度也不盡相同。有的是暫避他鄉，有機會時還要回來報效國家；有的純粹是避禍安生，雖然此生將老死異國他鄉，但絕不去做侵害祖國之事；有的則極力鼓動或大力幫助外人對自己的祖國燒殺搶掠甚至推翻政權，以此發洩自己的心頭恨，實現在祖國無法達到的出人頭地的目的。

在這些人中，漢武帝時期的李陵是著名的一個。

「但使龍城飛將在，不教胡馬度陰山！」王昌齡的這首〈出塞〉歌頌的是李陵的祖父李廣，那位被匈奴敬稱為「飛將軍」的名將。

李廣、李陵祖孫二人都是悲劇英雄。李廣是自刎而死的。他帶領部隊最後一次出征匈奴時，迷失了道路。按軍規，迷失道路也要斬首。李廣應當不會被處死，但他不願意受到官吏的侮辱，於是這位已經六十多歲的老將選擇了捍衛榮譽的自刎。

「林暗草驚風，將軍夜引弓。平明尋白羽，沒在石棱中。」唐代邊塞詩人盧綸的〈塞下曲〉誦唱的是李廣射虎的故事。李廣的箭術舉世無雙，他的後代也繼承了他的這一特長。李廣的長孫李陵就曾被漢武帝指派專門訓練弓箭手。

天漢二年（前九十九），漢武帝派遣自己的愛妃之兄、貳師將軍李廣利率騎兵三萬出征匈奴。時為騎都尉的李陵主動請纓，帶領自己親自訓練的五千名弓箭手獨立行動，從側面協助李廣利的正面作戰。但是主帥李廣利沒找到敵人，李陵一部反而遇上了匈奴的主力。面對強敵，李陵將他的弓箭兵戰術運用得出神入化、淋漓盡致。他以輜重車環列為營，命令前列士兵持戟盾防守，後列士兵發弩箭進攻，趁匈奴被射退時再揮兵追擊，殺敵數千人。匈奴單于震驚於漢軍的勇猛，緊急徵調騎兵，將兵力增至八萬。李陵以他卓越的軍事才能，率領漢軍在十餘天內轉戰幾百里，以這孤立無援的幾千名弓箭手對抗八萬匈奴騎兵，且戰且退。在退到臨近漢界時，已斬殺敵軍一萬餘人，自己兵力還有三千多，並且一度用連弩突射匈奴單于，使單于狼狽逃走。就在單于準備放棄這一支難以戰勝的漢軍時，漢軍一名小軍官因受校尉欺侮而投降匈奴，將漢軍手無餘箭、前無援軍的底細告訴了單于：「陵軍無後救，射矢且盡！」單于大喜，用全軍合攻漢軍。漢軍一天之內將剩餘的五十萬支箭全部用盡，最後矢盡援絕。李陵率兵突圍不成後，長歎了一聲：「無面目報陛下！」就放下長劍，降了匈奴。匈奴單于得到他如獲至寶，將自己的女兒嫁給了他。

李陵的悲劇中有一個跟他同樣悲情的人物，他就是中國最偉大的歷史學家之一司馬遷。李陵投降匈奴後，群臣都說李陵有罪，只有司馬遷一個人為李陵說了公道話：李陵奮不顧身以殉國家之急，以不滿五千之步卒抵擋匈奴數萬雄師，轉戰千里直至矢盡兵窮，就是古代名將也不過如此！司馬遷之言得罪了漢武帝，漢武帝正因為自己寵妃之兄李廣利出師無功而惱怒不已。司馬遷被漢武帝處以最嚴厲的刑罰，但他接受了恥辱的宮刑而不是一死了之的死刑，以延續他那偉大的生命來完成永垂不朽的著作《史記》。

李陵本來有機會回到大漢，但是漢武帝的又一次輕率使李陵斷絕了回歸的念頭。另一名漢朝降將李緒幫助匈奴訓練士兵，但因傳言說他是李陵，於是漢武帝誅殺了李陵的母、弟、妻、子。李陵悲憤地問漢朝使者：「我為漢將，以步兵五千人橫掃匈奴，因為得不到救援而失敗，有何負於漢室而殺我全家？」使者說：「聽說你教匈奴為兵！」

李陵把所有的憤恨投向了李緒。他派人刺殺了李緒，並為此得罪了單于之母，單于不得已把他藏到北方多年。漢武帝死後，李陵的昔日同僚霍光和上官桀成為朝廷的主要大臣，他們派人去匈奴勸李陵回來，李陵拒絕了。「歸漢容易，但恐回去後再受侮辱。大丈夫豈可一辱再辱！」漢昭帝元平元年（前七十四），李陵在居匈奴二十餘年後病死。

也許，歷史注定了李陵要永遠成為國家的棄兒。

李陵兵敗的前一年，漢武帝派李陵的另一位昔日好友蘇武出使匈奴，蘇武被匈奴單于扣留了十九年。單于將蘇武流放到冰天雪地的北海牧羊，在此期間李陵多次前去看望他。漢昭帝始元六年（前八十一），蘇武回到大漢。在送別故人的淒涼心境中，李陵寫下了催人淚下的《別歌》：「徑萬里兮度沙幕，為君將兮奮匈奴。路窮絕兮矢刃摧，士眾滅兮名已隤。老母已死，雖欲報恩將安歸！」

「將軍百戰聲名裂，向河梁、回頭萬里，故人長絕！」後人以李陵有國難報、有家難歸的境遇，來形容心中無以復加的悲愴。「啼鳥應知如許恨，料不啼清淚長啼血！」

而歷史上最為狠毒的叛國者之一是西漢的中行說，有人說他是漢奸始祖。漢文帝與匈奴和親，讓宦官中行說作為侍者隨行，中行說為此心生怨恨，一到匈奴就叛國。他不僅教匈奴與大漢對抗，甚至在臨死前還教唆匈奴將死牛死羊扔進水中，讓漢軍喝了這種水後染上瘟疫。據說漢武帝最倚重的將領霍去病就是在喝了這種毒水後英年早逝的。

所有投奔異族敵國者或許都有合乎情理的理由，可是其中一些人往往將他們的理由無限放大，擴展到煽動、利用異族敵國對祖國進行侵害。而他們不遺餘力對祖國、對同胞的詛咒、殘害更能印證他們對於異族敵國的忠心、印證他們在敵國主子面前搖尾繞膝的「可愛」，他們也總能顯示出十分揚眉風光的一面。其實，假如他們能夠把自己的眼界往後推移幾十年，他們就會明白：歷史早已在今天把他們定位在賣國者之列，並在他們的身上塗上了永遠洗刷不去的無恥之色。東晉時期以書法著名於世的政治家王羲之早就告訴後人：「後之視今，亦猶今之視昔。」

當然，一個國家如果投奔異族敵國、與祖國反目為仇的人時常有之，那麼這個國家是需要進行深刻反省的。逼走一個兩個人才或許是無心之失，但如果成批的人才精英逃奔異國他鄉並與祖國為敵，那麼國家的機制肯定是存在問題的。仁宗嘉祐二年時通過對張元投夏而對科舉殿試制度的反思和改進，說明了此時的大宋具有開明的思想和改正錯誤的勇氣。

張元在西夏的結局並不輝煌，因為他與元昊志向不同。張元期望幫助元昊成為中原大地的新主人，建立一個新的大一統的中國，如此他自己也將立下不世之功，不朽於歷史。但是元昊只想通過攻略、騷擾大宋，逼迫大宋承認西夏的獨立，恢復對西夏十分重要的通商貿易，讓自己和西夏貴族過上無憂無慮的奢侈生活。與元昊同途而異趣，使張元注定無法實現他的夢想。慶曆四年，宋夏簽訂和約，不久張元即悒悒而亡。

5

又一次損精兵、折大將，范仲淹和韓琦被降職，陳執中到陝西與夏竦共同主持軍政，這一時期是陝西防守最為脆弱的時候。不過很奇怪的是，元昊沒有繼續向陝西施加壓力，反而脫離了戰略上的主戰場，到河東麟府路開闢新陣地去了。轉向河東是元昊的一次戰略錯誤，而他隨後在河東的重大挫折又是一次重大戰略失敗。

自西向東奔流的黃河在蘭州以東折了一個角，沿著賀蘭山向北流淌了一千多里，在陰山的阻擋下，又折向東行，八百多里後又沿著呂梁山折向南繼續奔騰一千三百餘里，隨後又在陝西的華陰以北再折向東，形成了一個「几」字形的路線。這個「几」字，西邊的一半已被西夏佔領，東邊的一半除了東北部的折角屬於契丹，其餘部分自北向南在大宋境內流經兩個重要的行政區域。它們是：北半部流經的是河東路的豐州、麟州和府州，其中豐州、麟州在黃河以西，府州在黃河東畔；南半部流經的是陝西。

西夏在這一段黃河以西的中部地域佔據著一片要地，自橫山北部一直向東延伸到黃河西岸，切斷了大宋陝西沿黃河西邊向北通往豐、麟、府三州的通道。因此，陝西要與這三州聯繫，需先向東渡過黃河，然後北上到達府州，之後再向西渡過黃河，才能依次到達麟州和豐州。

大宋的北部領土自這段黃河開始，向東經河北、山東一直到海邊，其中西邊的一半都屬河東路，東邊一半屬河北路。河東路之名，取的就是黃河以東之意。豐、麟、府三州在河東路的西北，只是小小的一角，由於它們在地理上和軍事上的特殊性，大宋常常將它們在軍事上單設一路，稱為麟府路，統一指揮。

如果做一個形象比喻，那麼豐、麟、府三州所處地域猶如一小截面向西方的小指頭：豐州在指尖，西面是西夏，北面和東面是契丹，三面受敵；豐州西南的麟州是指腹，緊臨西夏；府州在豐州東南，與本州西北的火山軍和西南的保德軍形成指背，背靠著東邊的契丹。這麼一個小指頭，如果契丹和西夏合力，完全是可以把它切斷的。

元昊打算依靠自己的力量把這個小指頭切下來。且不說能否如願，即便能夠切斷它，雖然增加了對大宋的壓力，但並不能形成致命威脅，更何況這個小指頭在被切下一小塊後，還能把元昊戳個頭破血流。

慶曆元年七月，元昊發動了歷時三個月的麟府路戰役。

這個戰役可以看成由兩個階段組成。

第一階段是大宋的防禦戰。經過十分慘烈的爭奪，大宋保住了麟州和府州，但失去了豐州。

第二階段是決勝戰，宋軍殲滅了夏軍大量精銳，擊退了夏軍。

綜觀整個戰役結果，大宋雖然失去了豐州，但從對西夏的整體戰略對局來觀察，大宋在麟府路戰役中可以判定為取得了勝利。尤其是應當看到，這一結果是在元昊幾萬精兵壓城的情況下基本上是依靠麟、府、豐三州自身的兵力取得的。陝西路因為自河外北上的陸路被西夏切斷，且自身防守壓力巨大，無法調兵支援三州；河東路其他北邊的州軍和河北路因為需要防備契丹趁火打劫，也不敢抽調太多兵力支援。曾經有一支部隊從河東路的代州去支援三州，但被西夏兵擊退，後來只好就地募兵。如果說朝廷有什麼實質意義的增援，那也就是在豐州失陷後，增派了一個麟府路的軍事統帥張亢。但張亢是隻身匹馬來的，除了護衛親兵，沒有帶上一兵一卒。

河東三州尤其是麟、府二州為什麼有如此戰鬥力？這要從麟、府兩州兩大家族的一段歷史說起。

麟州、府州一帶，包括豐州，幾百年來生活的居民以羌族為多。其中最大的一個家族是折家。唐朝末年，折嗣倫在麟州當刺史。他死後，兒子折從阮擔任府州副使，相當於刺史的副手，不幾年又升任刺史。自此折家世代以府州為根據。

唐朝滅亡後，契丹人趁機侵略中原，在河曲一帶與後梁、後唐、後晉、後漢、後周等幾個中原王朝爭奪領土。麟州河曲一帶有一個漢人楊姓家族為了保家衛國，佔據了河曲火山的地盤，率民眾抗拒契丹人。楊家始祖楊信在當地頗有威望，當地人尊稱他為「火山刺史」。此時，折家在府州最大的敵人是同為党項羌族的拓跋氏，即元昊的祖先。

雖然楊家以抗拒契丹為主、折家以抵禦党項拓跋氏為主，但五代時期的戰亂，讓很多豪強勢力群起逐鹿中原，因此楊、折兩家同時還要面對鮮卑後裔吐谷渾、吐蕃、突厥等族的侵略，他們時時面臨著失去家園的威脅。於是，兩家決定結盟。在折家的支持下，年輕的楊信從府州西北的火山往西渡過黃河，攻佔了麟州，自立為州主。

契丹的兒皇帝、後晉石敬瑭死後，契丹發動了滅晉戰爭，而楊、折兩家則趁機北上，從契丹手中奪取了豐州。自此，豐、麟、府三州三足鼎立，為中原王朝擔當了抵禦契丹和党項兩族入侵的重任。

楊、折兩家結盟不僅是軍事上的，也體現在政治上，其中一種方式就是兩家聯姻。最著名的一對婚姻就是楊信長子楊重貴娶了折從阮的一個孫女。楊重貴後來改名楊業，並以楊業之名為後世所傳揚，被尊稱為楊令公；那麼折家的女兒自然就是同樣名揚後世的楊令婆或稱佘太君了。佘太君，實為折太君。

自楊業隨後漢皇帝南征北戰、為大宋守疆護土之後，楊家將的主力從此四海為家，盡心盡力地輔佐中原王朝，譜寫了許多可歌可泣的英雄篇章，而留在麟州的是楊信的次子楊重訓一支。楊重訓之後，楊家還有在麟州為將的，但已不是主官。

而折家世代留守府州，為中原王朝守備邊城近二百年，一直到北宋滅亡。折家世代精忠報國的事蹟並不亞於楊家，只是因為楊家將的耀眼光芒而讓世人忽視了折家的英勇壯烈。

麟州、府州的歷史背景注定了元昊要在麟州和府州碰壁。

元昊首先圍攻麟州。麟州建在山上，易守難攻。圍了半個月，元昊派出的探子混出麟州城向他報告說，城內已經缺水，再圍兩天就可不費力氣拿下麟州。可是圍到第十八天，元昊看見麟州城的守卒用爛泥加固城牆，大怒道：「城中如果缺水，怎麼還有爛泥糊牆？」於是殺了探子，解圍而去，轉攻黃河東岸的府州。其實，麟州當時確實已經無水。就在走投無路的時候，有人向麟州知府出了一個主意，用陰溝的爛泥塗抹城牆，騙過了元昊。

府州的攻防戰更加激烈。府州緊靠黃河，崖壁險峭。夏軍先是奇兵偷襲，派兵順著懸崖上只能通行一人的羊腸小徑攻擊府州，被宋軍全殲。接著夏軍轉到北門強攻。州城在夏軍強攻下險象環生，最危急時幾乎被夏軍成功登城，是折家勇將張岊在一隻眼睛中箭、身受三處重創的情況下率兵將夏兵掃下了城牆。

圍攻麟、府二州都沒有結果，元昊又帶兵圍攻北邊的豐州。

豐州與府州一樣，是由同為羌族的藏才部落首領王氏在此為官。藏才部落同樣驍勇善戰，王家又與楊、折兩家結盟，因此也是西夏的死敵。但是到了仁宗時期，王家在豐州的威望日漸衰微，失去了在藏才部落中的號召力，雖然王家還任豐州知府，但豐州蕃部的戰鬥力與府州折家已無法比擬。

豐州攻防戰的結果是：知州戰死，豐州陷落。

攻陷豐州後，元昊又回師麟、府二州，在清除了二州之間僅有的幾個小堡寨後，將麟、府二州完全孤立起來。戰役進入了第二階段。

這時，大宋朝廷中有人提出放棄麟州的建議。麟州和府州唇齒相依，失去麟州，府州孤危；麟、府二州俱失，則河東就失去了黃河天險，因此麟、府二州是不能輕易丟失的。

既然不能放棄，那就必須加強。加強麟府路的最大一著棋就是將張亢從陝西鄜延路調到麟府路任統帥。

九月初，張亢單槍匹馬去麟府路上任。因為局勢緊張，他到了城門緊閉的府州城下時，差點無法進城。

文官出身的背景加上范仲淹的薰陶，使張亢具備了一般武將所沒有的戰略眼光。他到府州後，在東、南、北三面修築了三個堡寨協防府州，同時讓百姓能夠出城汲水、砍柴。要知道，此前城內缺水到了極致，據說有人用一兩黃金換一杯水。安定府州之後，張亢又率兵夜襲琉璃堡，拿下了元昊在黃河以東的這個據點，並設立了自己的堡寨。

通過以上措置，黃河以東的府州地界已基本安定。接著張亢開始救援河西的麟州。

張亢先是親自帶兵三千護送糧草到麟州。夏軍得知後前來攔截，被宋軍殺敗。夏軍隨後派出數萬人馬在張亢回府州的路上邀擊。在明顯敵強己弱的情況下，張亢激勵將士們：「我等已陷入必死之地，只有奮勇殺敵才有生還的希望！」將士們群情激昂。這時，老天也幫忙，颳起了西風，大風起處飛沙走石。宋軍挾風勢向夏軍掩殺，竟然把夏軍打得大敗。張亢於是乘勢在麟州以東修築了建寧寨等五個堡寨，使府州到麟州之路重新通暢。

最後，張亢迎來了與西夏軍在麟府路的決戰，這就是兔毛川之戰。

決戰開始前，張亢使了一個計策。他讓強悍的虎翼軍換上了沒有什麼戰鬥力的萬勝軍旗幟，結陣與夏軍對抗。夏軍人人皆知萬勝軍是有名的軟柿子，以為這次將佔個大便宜，因此放過了真正的萬勝軍而直衝虎翼軍之陣。雙方搏殺半日，府州勇將張岊的幾千伏兵盡起，殺得夏軍全線潰敗。

自此，元昊發起的麟府路戰役基本結束，夏軍陸續撤出這一區域。

元昊與宋軍在河東激戰三個月，給陝西四路騰出了時間來加緊備戰。范仲淹抓住這個機會，在他的新防地環慶路繼續推行他在延州曾經進行的防禦建設。

范仲淹是在五月下旬來到環慶路的，擔任慶州知州兼環慶路經略安撫和沿邊招討使。這離他降職耀州僅僅一個半月左右，而韓琦也同時以秦州知州兼任了秦鳳路的主帥。二人降職不久又被委以一路之任，這是朝中一些有識之士呼籲的結果。比如仁宗派到陝西臨時負責巡察、安撫的王堯臣回京後對仁宗說道：「范仲淹、韓琦都是極天下之選的英才，他們的忠義智勇世所聞名，不宜因為一些小過錯而將他們置於閒散之地。」

范仲淹此時已經不是整個陝西的決策人物，這反而使他能夠更專心於環慶路的守備安排。他在環慶路繼續推行他的修寨、撫蕃、練兵三件事。

慶曆二年（一〇四二）晚春的一天，范仲淹親自率領慶州兵來到慶州東北一百二十里的柔遠寨。將士們都不知道范仲淹領軍來到此地的目的是什麼，同時對於范仲淹一些奇怪的命令感到不解：范仲淹讓他們隨身帶上了建築工具。

到了柔遠寨後，他們才知道此行的目的地並非柔遠，而是柔遠東北約二十里的馬鋪寨。

黃土高原的一個自然特色就是溝壑縱橫，溝壑之間是無數的丘陵山包。馬鋪寨就是在兩個大溝壑之間的一座山包，不過它與附近其他山包不同的是，它處在西夏境內後橋川進入大宋慶州界內的要道口上。在它的北邊三十里左右，分布著西夏的金湯、白豹、後橋三城寨，這三處都是西夏的重要基地。如果西夏要從環慶路向大宋發起進攻，需彙集金湯、白豹之兵於後橋，再由後橋經馬鋪寨才能進入宋界，因此馬鋪寨是扼守西夏進犯環慶路之道的咽喉。

馬鋪寨上早已有另一隊宋軍在此等候范仲淹。這隊宋軍的領軍是十八歲的范純祐，范仲淹的長子。他們先期到達，搶佔了高地，並完成了對夏軍的布防。

范仲淹命令宋軍就地築城。這時，他手下的將領和士兵才知道范仲淹的最終目的：他要在此地修築一個軍事堡寨。

范仲淹絕對保密的舉措不僅讓自己的部下事先對行動一無所知，更讓夏軍措手不及。他們不會想到宋軍會在這裡設立一個橋頭堡。

兩三天後，一支夏軍逼近馬鋪寨，騷擾宋軍。

范仲淹先對防守做了一番部署，然後派出一將帶兵出擊，他自己則帶領部分將士留守寨中。「如果敵兵敗退，絕不可追擊。違令者必斬！」范仲淹戒令諸將。

將領們感到好笑。范仲淹到慶州以來，從不談進攻，只談防守。如此畏懦，怎麼能當主帥呢？雙方交戰沒有多久，夏兵即潰退奔逃。眾將眼巴巴地看著敵軍逃走而不敢追擊，因為范仲淹是一路經略使，掌生殺大權。

眾將回到寨中，范仲淹命令繼續築城。敗退的夏軍又陸陸續續、鬆鬆散散地回到馬鋪寨下。范仲淹不再命令出擊，他讓宋軍一邊加強警戒，一邊繼續築城。

這一小股夏軍耗了半天，終於撤走了。眾將看著撤離的夏軍，目光中有惋惜、有譏笑、有無奈。

但是最後他們的目光中閃現的是震驚。

在夏軍撤退之路兩旁的密林中，閃出了一隊又一隊的夏軍騎兵，整整有三萬騎。當初如果眾將乘勝追擊潰散的夏軍，結果會是怎樣？

「眾將始服范仲淹，以為不可及。」歐陽修後來記錄了這件事。

只用了十天時間，城寨修築完成。

范仲淹隨後將修築此城情況上報朝廷。仁宗看了范仲淹的報告並在地圖上細細審察後，十分贊同范仲淹的眼光。他親自為新築的這座城堡取名「大順城」。

大順城只是范仲淹前後在環慶路修築的數十個堡寨中的一個，但卻是最重要的一個。史書評價：「自此以後，入寇環慶路的夏軍日益減少。」

另外有一個史實可以證明范仲淹修築大順城的重要性。宋英宗治平三年（一〇六六）、四年（一〇六七），西夏主、元昊之子諒祚兩次親率大軍進犯環慶路，進攻的重點就是大順城。宋軍不僅成功地守住了大順城，並且兩次在大順城重創夏軍、重傷諒祚。第一次，諒祚保住了性命。第二次，年僅二十一歲的諒祚退兵回國後即不治身亡。在後來的多次爭戰中，大順城也都是宋夏雙方的必爭之地。

范仲淹一定是十分看重大順城的修築。修城完畢在回慶州的路上，他以輕鬆的心情賦詩一首以作紀念：「三月二十七，羌山始見花。將軍了邊事，春老未還家。」接著有一位二十二歲的年輕人還專門為范仲淹寫作了一篇〈慶州大順城記〉，他的名字叫張載。范仲淹還在延州時，張載拜謁范仲淹，並呈上了自己關於加強邊防、安定西夏的政論〈邊議九條〉以及他聯絡陝西俠士突襲西夏的打算。范仲淹給張載潑了一盆冷水：儒生自有儒家的教訓，為何要孜孜以求於兵事？於是張載按照范仲淹的指引，從《中庸》讀起，終於成為影響後世的思想家。

還在策劃修築大順城的時候，范仲淹把种世衡從延州清澗城調來環州擔任知州。

讓种世衡來環州是下了大力氣的。范仲淹先向朝廷申請，要將自己提職一級的機會轉授給种世衡，變為將种世衡提職一級到環州任知州。但是延州知州龐籍不同意。龐籍是范仲淹的同年進士，他們二人是好友，可是种世衡這種人誰都知道好用，因此龐籍捨不得放手。

過了兩個月，范仲淹再次請求朝廷調种世衡來環州。龐籍到延州後，繼續推行范仲淹的戰略規劃，延州的防守體系已經相當成熟。相比之下，環慶路更需要种世衡。比如范仲淹剛到環慶路時就得知，這一帶有六百多名羌族酋長被元昊收買。一旦元昊兵鋒指向環慶路，這是極大的隱患。

朝廷最終同意了范仲淹的請求，任命种世衡為環州知州。

种世衡在環州配合范仲淹有效收攏了羌族首領的心。他的做法與范仲淹相同，都是恩威並施。范仲淹在酋長們拜見他時，從來都是將酋長們請進內室，屏去護衛，與之促膝相談。這種信任足以感動他們。酋長們立了功，范仲淹總是將仁宗給自己的賞賜以仁宗嘉獎的名義獎賞給他們。每到此時，酋長們都感動得面向開封向皇帝磕頭謝恩。

施恩之後是立規矩。范仲淹給酋長們約法，相互之間不許仇殺；元昊入侵時必須全族遷至堡寨內協助防守。如有違抗，除依法處置，還加罰馬、牛、羊等，甚至以酋長為人質。規矩一立，酋長們人人畏服。

种世衡屬於亂世英雄的性格，他不像范仲淹那樣事事光明正大、中規中矩。他有更多手段招撫羌人，有些手段還相當狡黠。

環州羌人最難馴服的是牛家部落的酋長。他想必從延州羌人那裡聽說過种世衡，因此种世衡剛到環州，他就來謁見种世衡，在此之前他從來沒有謁見過環州知州。种世衡與他約定第二天去看望他。可是第二天一早，三尺厚的大雪封山閉道，寸步難行。左右勸种世衡道：「山深路險，牛家部落人心難測，還是不去為好。」种世衡說：「我要以信義收服羌人，豈可失信於牛家！」他跋涉多時來到牛家，而牛家酋長還在酣睡之中。种世衡一腳將酋長踹起，酋長大驚道：「官人從來不敢進入我的領地，何況是知州大人！」牛家從此歸服。

環州羌人最強悍的是慕恩部落。种世衡請慕恩酋長作客，讓美貌侍姬勸酒。在酋長眼花耳熱、意亂情迷之時，种世衡藉故離開，在帳外窺視。就在酋長調戲侍姬時，他衝進帳中抓了個正著。酋長恐懼不已，連連請罪。种世衡笑道：「我當成君之美！」將侍姬賜給了酋長。從此以後，哪個部落不歸服大宋，种世衡就讓慕恩討伐它。

种世衡的奇招怪術還有很多。如，安塞有一個部落桀驁不馴，但官軍總抓不著它的酋長。种世衡聽說這一帶的羌民喜歡以敲擊腰鼓為樂，於是就讓人打造了一個純銀的腰鼓，再做一些精美的裝飾，在市場上低價出售。然後他告訴手下人關注這貴重銀鼓的去向。過了一陣，手下來報稱安塞發現有人身上繫著這銀鼓帶著一隊羌民載歌載舞地玩樂。种世衡立即派人將身繫銀鼓之人抓來，一問方知此人果然就是那酋長。再如，百姓之間發生爭執，种世衡不去評判誰是誰非，而是讓雙方比賽射箭，誰射得準誰就贏得官司。如此一來，一州之人都學射。种世衡從中挑選善射之人充為弓箭手，而冷兵器時代防守的最重要武器就是弓箭。自种世衡知環州，西夏兵數年不敢侵犯環州之境。

就在這個時候，范仲淹向朝廷呈上了一個札子，全面闡述了他關於陝西邊防戰略的思想。這就是〈上攻守二策狀〉。它的中心思想是：攻為近攻，守為長守。

所謂近攻，就是將西夏深入宋界的幾個要害城堡全部攻取，使元昊失去進攻之利。目前陝西四路之間以及與河東麟州之間，全部被西夏以尖刀之勢插入宋界加以分割，這五路之間難以形成有效的呼應，更難以對西夏形成威脅。為此，需要將延州清澗城以北的路打通，將延州與慶州之間的白豹、金湯、後橋三個西夏城寨拿下，攻佔環州與鎮戎軍之間的葫蘆泉，如此自涇原至麟州形成一條直線，密布堡寨，使元昊不敢輕易進犯。隨後范仲淹又建議修建鎮戎軍與秦鳳路秦州之間的水洛城，將這條直線向西延伸到與西夏對壘的全線。

所謂長守，就是永久性地增強士兵的戰鬥力，同時永久性減輕中央財政負擔。具體措施主要有兩個：一是多使用土兵，即招募陝西沿邊一帶的百姓從軍；二是屯田，讓士兵在訓練、征戰之餘種糧自給。士兵完成糧食生產任務後，可以將餘糧歸為己有。同時，鼓勵士兵挈家帶口，以堅定他們保家衛國之心。

但是直到現在，仁宗和朝中大臣們並沒有完全領悟范仲淹戰略思想的真諦，陝西的一些重要人物也並不完全贊同。如在是否修建鎮戎軍與秦州之間的水洛城的問題上，目前擔任秦州知州的韓琦和秦州通判尹洙都持反對態度。范仲淹與韓琦在這個問題上的分歧似乎一直沒有消除，一直持續到若干年後水洛城在巨大的爭議中修建成功時。

但是值得慶幸的是，范仲淹以堅定的信念完成了他的絕大部分規劃，其餘的未竟之事也基本上由後來之人完成。

自慶曆元年五月到任慶州，范仲淹有將近一年半的時間在環慶路實施、豐富和完善自己的攻守之策。而元昊自河東三州之戰後，沉寂了好長一段時間。在他沉寂期間，大宋朝廷忙著處理另一件棘手的事情。大宋要感謝元昊沒有在這個時期繼續從西部對大宋施壓。

這件棘手的事比西夏的事還麻煩，它來自北部的契丹大遼國。

據報，契丹在大宋邊界有異動，增兵不斷。隨後，契丹向大宋派來使節。據大宋邊臣派出的間諜掌握的情報，契丹要求大宋歸還關南十縣之地。關南十縣指的是益津關、瓦橋關和高陽關以南瀛、莫二州的十個縣，它們是後周世宗北伐時從契丹手中奪回的，契丹聲稱這是它的故土。為了增強交涉的壓力，契丹還指責大宋欺負契丹的女婿元昊——元昊娶了契丹皇帝的女兒為妻，契丹甚至翻出舊帳指責當年太宗消滅北漢後又無故侵犯契丹。

契丹顯然是想趁火打劫，這是大宋最擔心的。一個西夏已經讓大宋焦頭爛額，如果再加上更強大的契丹，大宋將危如累卵。

仁宗憂愁不已。目前最緊急的事有兩個：一是派人出使契丹，二是確定與契丹交涉的方案。

派誰出使，如今成了一個大問題。問題不是有沒有合適的人，而是有誰願意去。

朝廷挑選了幾個人，但是他們都以各種理由推辭了。真實的原因很清楚：在如此形勢下出使契丹，前途未卜、性命難測。即便沒有性命之憂，如果應對不當，也會使自己身敗名裂。

仁宗幾乎從來不勉強自己的臣子做他不喜歡做的事，因此一些官員甚至拒絕接受對自己的任命，這次也是如此。

這時宰相呂夷簡推薦了一個人，他就是知制誥富弼。知制誥與翰林學士都屬於兩制以上官員。

一些人反對讓富弼出使契丹，他們認為這是呂夷簡的計謀——呂夷簡企圖讓被視為范仲淹重要追隨者的富弼在契丹陷入絕境或者因處置與契丹關係上出現失誤而被朝廷降罪。歐陽修甚至上書仁宗，將呂夷簡推薦富弼出使比喻成唐朝的盧杞推薦顏真卿去說服叛臣李希烈。唐德宗時，淮西節度使李希烈叛亂，奸相盧杞為了陷害不依附自己的德高望重的名臣顏真卿，向唐德宗推薦他去說服嗜殺成性的李希烈，顏真卿果然被李希烈殺害。

而富弼對出使之事卻抱著義無反顧之心。他面見仁宗，叩頭道：「主憂臣辱，臣不敢愛其死！」讓皇帝憂心，是臣子的恥辱，臣豈能因怕死而拒絕出使？仁宗聽了為之動容。

後來的一些事或許可以證明呂夷簡確有陷害富弼之心，但無論如何，選擇富弼作為使臣是完全正確的，他讓大宋以極小的代價穩固了與北方強敵的和平與穩定。

在正式出使之前，富弼先作為館伴使到宋遼邊界的雄州接待契丹使臣並一路陪同進京。專人陪同對方使臣，是那個時期的外交禮儀，宋遼雙方都做得十分周到。

館伴契丹使節是富弼整個使命的第一站，他旗開得勝，掌握了契丹的基本態度，那就是爭取從宋夏之爭中獲取利益，而非決心開戰。契丹使節蕭英進境後，起初態度十分傲慢。仁宗派出親信宦官作為中使到雄州慰勞契丹來使，這個蕭英竟不顧禮節，藉口腿腳不便不向代表仁宗的宦官下拜。富弼在一旁正色道：「我昔日出使貴國，正病臥車上，但是貴國皇命一到，我立刻起拜。如今你見到我朝中使不拜，是何道理？」蕭英聽罷無言以對，於是也學當年富弼的樣子「矍然而起」，當即下拜。一路上，富弼與蕭英時時交談，既據理力爭又坦誠相待，竟然感動了蕭英。蕭英於是將契丹的要求和盤托出，並說：「大宋如果可以接受這些要求就接受，如果不能接受就讓一些小利給我契丹了事。」

根據富弼掌握的契丹底線，大宋朝廷提出了兩個方案讓富弼帶到契丹談判。這兩個方案，一是在澶淵之盟大宋贈契丹三十萬歲幣的基礎上增加二十萬，一是大宋皇家宗室女與契丹王子結親，讓其二選一。

慶曆二年四月，富弼正式出使大遼。富弼得到遼興宗接見，並與他進行了面對面的脣槍舌戰。

富弼搶先責問：「大遼為什麼要在一夜之間破壞宋遼兩朝父子皇帝四十年的交好局面？」

遼興宗答道：「是宋朝先違約。你們為什麼堵塞雁門關，在河北建水泊，還修建邊界城池，甚至徵集民兵？」

除了河北建水泊，遼興宗所言多數屬實。水泊是宋朝大將何承矩在太宗時期圍建的，當時是將河北幾條主要河流堵塞，形成由十幾個湖淀組成的西自保州一帶、東至大海的一大片水域。為了增強這些湖淀的防禦功能，同時也為增加糧食收入，何承矩還在水域之旁廣種水稻，並專門從福建招來水稻種植專家指點當地農民。這一條延綿九百里的水域著實發揮了遏制契丹騎兵優勢的作用，當年若非真宗皇帝判斷失誤，澶淵之戰後的遼兵有可能被宋軍倚靠這一水域形成關門打狗之勢。

至於堵塞雁門關、修固城池、徵集民兵，這些確實都是自與西夏開戰後而進行的防備。

對遼興宗的指責，富弼先是強硬回應：「陛下難道忘記我真宗皇帝的大德了嗎？當年真宗若是聽從眾將之言不與遼國結盟，恐怕遼國難逃一兵一卒！」

接著富弼又解釋道：「修建水泊是陳年往事，最近水勢大增是因為雨水增多，非人力所為；堵塞雁門關是為了防備元昊；修建城池是因為破損嚴重；徵集民兵是補充缺額而不是擴軍，因此我朝沒有任何違約舉動。」

遼興宗聽了心中釋然道：「原來如此，那就罷了。不過關南十縣是我朝舊地，你們應當歸還。」

富弼反問道：「後晉用燕雲之地賄賂契丹，後周又收回關南十縣，這些都是前代之事。如果大宋也說要收回前朝舊地，那對契丹有好處嗎？」

遼興宗聽了無言以對，過了半晌才又說道：「元昊是朕的親戚，宋朝討伐他，不先告知我，是什麼道理？」

富弼反問：「你們過去討伐高麗國、黑水國，告訴我朝了嗎？臣離京時，我朝天子命臣致意陛下：以往不知元昊與弟結親，與他開戰是因為他擾我邊界。如今我擊之則傷了你我兄弟之情，不擊則將坐視大宋官員、百姓之死。不知弟以為怎樣處置合適？」

遼興宗聽了，扭頭與兩旁的大臣用契丹語說了半天，想必是商量如何回答。最後，遼興宗回過頭來徐徐說道：「元昊為寇，確實不能責怪宋朝討伐他。」

次日，遼興宗請富弼出獵。他將富弼單獨召到近前，又提出索要關南十地，稱這關係到自己的榮辱。富弼回道：「陛下以得關南十地為榮，則對我朝而言就是辱；如果我朝以索回燕雲之地為榮，則陛下也將以此為辱。兩國既然是兄弟，為何一定要讓其中一國得榮、一國受辱呢？」

遼興宗說道：「既然如此，那就通婚吧。」

可是富弼不希望通婚，他認為自漢、唐以來，公主和親都是中原的恥辱。於是他又說道：「如果和親，我朝只給十萬貫的陪嫁，遠不如年年贈幣。況且，夫妻感情能否長久是難以保證的，萬一雙方不和，反而為兩國生事。」

遼興宗道：「就請宋朝準備兩套和約的誓書吧，一套是增加歲幣，一套是和親，等你下次帶來時再定。」

從氣勢洶洶地要兵戎相見，到求取關南之地，再到議婚，再到歲幣與和親二者選一，契丹態度的這一系列變化證明了富弼卓越的政治眼光和外交能力。

富弼回到京城，向仁宗詳細彙報了出使成果。根據仁宗旨意，他與朝廷主要大臣詳細商議後，提出了三個方案：一是和親，不增加歲幣；二是增加歲幣十萬；三是增加歲幣二十萬，但是有一個條件，那就是契丹必須讓西夏重新向大宋稱臣。

七月初，富弼攜帶雙方盟約的誓書和大宋的國書再次出使。

但是就在這時出了一個問題。誓書寫好後，富弼報告仁宗說他與契丹還約定了安定雙方邊界的三件事，請求一併寫進誓書。仁宗讓富弼先行，他另囑咐大臣辦理後，派專人快馬送給富弼。

行至河北，中使快馬趕到，將修改後的誓書和國書交給了富弼。又走了半日，富弼心有所感，對副使說道：「我並沒有親眼見到新增的三件事在誓書中如何寫明，如果和我們與契丹當初形成的共識不同，豈不壞了國家大事？」於是二人拆開副本，果真發現有所不同。

富弼立即趕回京城，當面向仁宗彙報道：「這是有人有意陷害臣！臣死不足惜，可是要誤了國家大事！」仁宗也覺得十分詫異，急召呂夷簡。呂夷簡似乎有所準備，從容說道：「是寫錯了，立即改正。」

富弼與呂夷簡爭論，追問為什麼會將如此重大事情寫錯。樞密使晏殊在一旁說道：「應該是寫錯了，呂夷簡不會有意為之的。」

聽晏殊這麼一說，富弼更加氣憤，厲聲說道：「晏殊奸邪！他黨附呂夷簡，欺騙陛下！」

要說晏殊黨附呂夷簡，那應該是不會的，晏殊只不過想做個老好人，不願把事情搞僵了而已。而富弼情急之下痛斥自己的岳父，卻也傳為美談。

仁宗從中勸解了半天，讓人重新謄寫了誓書交給富弼。

這就是時人和後人懷疑呂夷簡又一次居心不良的一個事件。

富弼再次出使契丹，基本上很順利。遼興宗很乾脆地選擇了增加歲幣，排除了和親的選擇。至於是選擇十萬還是二十萬的歲幣，遼興宗也很乾脆地選擇了二十萬。「讓西夏向宋朝納款稱臣是一件十分容易的事。」他很自信地告訴富弼。

眼看就要達成最後協定的時候，契丹又橫生枝節。興宗要求將澶淵之盟時商定的歲幣贈予關係，改成「獻」或「納」。這是一個不平等的用詞。獻、納都有以下進上之意。富弼堅決不同意，指著遠處的高山說道：「此山可以逾越，但讓大宋接受『獻』『納』二字則難於登天！」

遼興宗也不強求，只是派使臣再隨富弼回大宋，與宋仁宗當面商議此事。

在到達京城之前，富弼已先派人將「『獻』『納』之爭」報告仁宗，並提醒說：臣已嚴詞拒絕，契丹必定不會堅持此議，請朝廷不要後退。

但是大宋還是接受了改「贈」為「納」的表述，宋仁宗和宰執們實在是擔心與契丹不能達成和約，據說，這是晏殊力主的結果。

大宋與契丹的這一次和約史稱「慶曆增幣」。從結果看，大宋成功避免了兩面對敵的危險態勢，付出的代價並不高，因此是一次成功的戰略選擇。但是富弼不完全這麼看。在他看來，被契丹訛詐而簽訂和約是恥辱。一直到幾十年後他八十多歲高齡時，有人一提起他當年出使契丹、出色完成使命的功績，他還耳面盡赤、怒氣不減。

當時的絕大多數人也認為大宋與契丹的和約是成功的，只有極少數人別有居心地對富弼進行人身攻擊，甚至有人以富弼喪權辱國為名要求殺了他。這些人中有身居要職的重臣。據說翰林學士王拱辰就乘機在仁宗面前說：「富弼有何功勞？只會向契丹增加歲幣而已！」仁宗不糊塗，答道：「朕所愛惜者天下生民，財物非朕所惜。」王拱辰慚愧而退。王拱辰是歐陽修的連襟，歐陽修在前妻去世後又娶了前參知政事薛奎之女為妻。

後人也有視「慶曆增幣」為宋朝軟弱無能、指責富弼屈辱投降的，這些都是紙上談兵的說法。屈辱是不假，但在那種形勢下，除了退讓以避免亡國的危險，還有什麼辦法？屈辱與亡國，孰輕孰重？更何況付出的只是相當小的代價。如果要追究屈辱的原因，那也是元昊反宋後大宋朝廷沒能採取有力、有效措施盡早平定，反而連遭敗績，給了契丹訛詐的機會。

中國歷經了漢、唐的強盛之後，讓一些國人養成了妄自尊大的脾氣。強盛和貧弱是每個國家、每個民族乃至每一個人都要經歷的，也許是在物質上，也許是在精神上。強盛之時，應當有大海接納溪流的包容胸懷，不盛氣凌人，以此保持盡量長久的強盛；貧弱時，應當奮發圖強，用團結、堅定、自信求得發展，以贏得最終的尊重。沒有發展，沒有強大，注定要受訛詐、被欺辱。我們在漢、唐強盛時，曾以博大的胸懷包容各種文化，形成了燦爛輝煌的中華文明。我們也曾貧弱過，但是我們最終發展了、強盛了。為什麼能發展、強盛？就是因為有自強不息的精神，有萬眾一心的志氣。

6

與契丹的和約是慶曆二年九月簽訂的。一個月後，大宋遭受了與西夏作戰的第三次重大失敗。如果這一失敗來得再早一些，歷史或許就要重寫。

這個發生在鎮戎軍定川寨的第三次大戰，使陝西最後一位久負盛名的大將葛懷敏與手下的十幾名將領以及九千多名士兵陣亡。

葛懷敏陣亡前的職務是涇原路副都部署，與上一次大戰陣亡的環慶路副都部署任福的職務相當。再往前，劉平身任環慶、鄜延兩路副帥輔佐范雍時，葛懷敏則以涇原、秦鳳兩路副帥的身分輔佐夏竦，可謂肩負重任。

說葛懷敏久負盛名，那是因為他身上有一些光環。他的父親是太宗、真宗兩朝的老將，他的妻兄是曾任樞密院長官的名將王德用——王德用此時在河北前線擔負著防備契丹的重任。元昊反宋後，仁宗將葛懷敏從河北調任陝西，並將真宗朝名將曹瑋曾經使用過的鎧甲賜給他。曹瑋是太祖時的名將、名臣曹彬的次子，當今皇后曹氏的伯父。曹瑋在陝西守邊幾十年，有遠見卓識，如今陝西防備的許多制度和措施都是他那時建立的，吐蕃和西夏兩面的強敵都不敢犯其鋒芒。由此可見仁宗對葛懷敏的期待。

葛懷敏並沒有經過什麼大陣仗，但他卻自視甚高，甚至不把先後擔任過自己主帥的范仲淹和韓琦放在眼裡，而范仲淹在延州時則評價他「猾懦不知兵」，朝廷為此將葛懷敏從鄜延路調往涇原路。「猾」，說的是人品不正，這好理解。葛懷敏善於夤緣，有些要人因此常常稱讚他有才幹。「懦」，則說的是怯懦怕死，這似乎有點失之偏頗。一個深孚眾望的大將難道會貪生怕死？

可是葛懷敏自己印證了范仲淹的話，死得不太光彩。他先是違抗涇原路主帥王沿的命令，貿然追擊敵軍，就如當初任福所為。後來戰事不利，他率全軍退守定川砦，由於被敵軍毀去木橋，無路可走。夏軍全力圍攻時，葛懷敏竟然被亂兵擠得昏死過去，被人用車送到甕城，很久才甦醒，醒來後就躲在甕城中，不敢出去指揮作戰。眼看飲水、糧食皆盡，他又拒絕了涇原路都監趙珣最後一次進言，扔下一萬多名士兵，獨自帶著親兵出逃。人若是猾懦至極則連逃命的本事都沒有。葛懷敏出逃之路是死路，他剛逃了兩里地，一條又寬又深的壕溝橫在前面，讓他插翅難飛。葛懷敏最終戰死，總算留了一個英名。除了一同戰死的將士，那個幾次提出正確意見的涇原路都監趙珣被俘，後來死在西夏，令人惋惜。趙珣是一個智勇兼備、極有膽略的小將，仁宗曾將自己的鎧甲賜給他。

「真是一戰不如一戰！」這是呂夷簡的慨歎。

但是事情都具有兩面性，葛懷敏的敗亡客觀上結束了一個時代。開國功臣的後代主導邊防軍事的時代從此基本結束，而以狄青、張亢、郭逵以及种世衡的幾個兒子為代表的沒有顯赫背景，甚至是出身卑微、靠自己的勇略膽識而成長起來的將領成為大宋國防安全的中流砥柱。

仁宗接到戰報，對著地圖呆視良久，說了一句話：「如果范仲淹能出兵救援涇州，朕就不用擔心了！」

仁宗擔心什麼？他有兩個擔心。一是擔心元昊乘勝長驅直入，威脅長安。二是擔心長安人心不穩，一些不法之徒因此乘機生事。朝廷此時向范仲淹下達命令已經來不及，只能看范仲淹有沒有這個眼光了。

正如他所擔心的，元昊在鎮戎軍定川寨殲滅葛懷敏率領的宋軍主力後，乘勝前進。鎮戎軍往東南而進，先後要經過渭州、涇州兩個重鎮。涇州已經沒有兵力可以阻擋元昊。其實不用說阻擋，元昊只要過了渭州，涇州恐怕只有一個結果，那就是陷落。越過渭州、涇州，就可以從一馬平川的高原直抵長安，因為涇州東南的邠州、耀州屬於內地，更沒有兵力駐守。

長安地區已經人心大恐，無論是貴族、豪強還是普通百姓紛紛準備逃離，膽小一些的已經攜家帶口逃進山區。

就在這時，范仲淹出現了。他親自帶兵六千赴援涇州。自陝西用兵以來，還沒有哪一個身為經略安撫使的主帥親自率兵出征過。出兵前，范仲淹急令种世衡帶環州的三千蕃兵馳援。

但是元昊沒能抵達涇州，因為他在涇州西北面的渭州邊上吃了一個敗仗後無心戀戰，撤兵回師了。在渭州擋住元昊的是另一位棄文從武的將軍景泰。他是渭州以東、涇州以北的原州知州，在得知葛懷敏之敗後帶領僅有的五千兵在渭州的彭陽城截住了夏軍。他使了個疑兵計，殺退了幾萬敵軍。元昊心存顧慮，不敢再深入，只在鎮戎軍、渭州一帶方圓六百里內縱兵大掠一番後揚長而去。

就在景泰擊退元昊之時，范仲淹也已抵達涇州。他帶兵大張旗鼓地四處巡視，英武的軍威、嚴整的軍容在關中一帶傳頌，立即安定了民心。「邊上自有龍圖公為長城，我們還擔心什麼呢？」百姓們這麼說。漢族的百姓稱范仲淹為「龍圖公」，而羌民則尊稱范仲淹為「龍圖老子」，據說甚至連元昊都這麼稱呼他。

仁宗接到范仲淹出兵的報告，欣喜不已：「我本就知道范仲淹可以依賴！」幾次大敗，仁宗終於清醒了。范仲淹的防守戰略是目前最正確的戰略，范仲淹在鄜延和環慶兩路的經略證明了大宋可以有效防守。

於是，仁宗讓范仲淹再去經營幾經元昊肆虐的涇原路。

可是范仲淹提出了不同意見，他有一個全面的布局方案。

范仲淹的方案是：他和韓琦共同經營幾經蹂躪的涇原路，同時他兼管環慶路，韓琦兼管秦鳳路。至於鄜延路，仍由龐籍負責，但也請龐籍與范仲淹本人一同兼領環慶路。這樣，三個人兼顧四路，形成一個聯繫緊密、協作配合的整體戰略體系。

仁宗此時對范仲淹的信任達到了頂點。他不僅全盤接受了范仲淹的建議，還進一步強化了范仲淹這一方案的權威性：范仲淹、韓琦和龐籍三人共同擔任陝西四路經略安撫招討使。一年前，因為夏竦和陳執中之間無休止地互相扯皮、互相攻訐，仁宗乾脆撤銷了陝西都部署司和陝西經略安撫司，一年來四路都是各自為軍、各自為政。如今，陝西恢復了統帥部，由他們三人共同負責。其中，范仲淹和韓琦一起駐紮在涇州，四路統帥其實是以他們二人為主。

仁宗對范仲淹的信任還有更多體現。范仲淹的館職從龍圖閣直學士提升為樞密直學士，並與同為樞密直學士的韓琦一起晉升了官階，升任從四品的右諫議大夫。升任四品官，就具備了成為兩府中執政大臣的資歷。

同樣根據范仲淹的建議，龍圖閣直學士文彥博任秦鳳路主帥兼知秦州，直集賢院滕宗諒接替范仲淹任環慶路主帥兼知慶州，張亢從轉戰的河北前線調回陝西任涇原路主帥兼知渭州。

如今的陝西可以說是名臣風雲際會。兩個樞密直學士即范仲淹和韓琦以及兩個龍圖閣直學士即龐籍和文彥博，這四位身任直學士的皇帝近臣同守一處邊疆，這是前所未有的安排。而在范仲淹去世後仁宗晚年著名的「嘉祐名臣」中，韓琦、龐籍、文彥博三人官至宰相，文彥博後來更以八十歲高齡被司馬光舉薦為平章軍國重事以抵制王安石的改革。

對於以上布局，范仲淹在給仁宗的奏摺中是這麼說的：從近期的角度，如果涇原有警，可以會合西邊的秦鳳和東邊的環慶之兵救應；同樣，如果秦鳳、環慶兩路有警，涇原之師可以左右應援；龐籍兼領環慶後，環慶與鄜延也成首尾相顧之勢。從長遠的角度，臣與韓琦反覆研商，修復堡寨、選兵練將，逐步擴張直至收復橫山，不出幾年可平定西夏。

這個奏摺再次表明，范仲淹的防守是積極防守，並在時機成熟時轉守為攻。

歷史是誰創造的？這要看情況。在歷史的正常進程中，它主要是百姓大眾創造的。沒有那芸芸眾生為自己、為家庭、為民族、為國家不斷地創造物質和精神財富，歷史就是一個空話。但是在一些重要的時刻，在歷史的轉捩點，它的創造者是少數人，是英雄。在這種轉捩點，英雄讓歷史改變了走向，讓國家和民族從一條看似必然要走過的道路邁上了另一條全然不同的道路，這種道路往往是讓國家和民族更加富強，百姓生活更加安康。

少數人的作用往往被誇大，大眾百姓的歷史功績總是被算在他們的頭上，認為缺少了他們歷史就無法進步，甚至於將這種思維擴大化，認為當了官的就是英雄，少了他們歷史就要倒退，因此任由他們隨心所欲，他們犯下的錯誤也可以姑息縱容。而當歷史呼喚真正的英雄，希望有一個兩個、十個八個英雄推動歷史的大發展，讓國家和民族擺脫政治上的保守、文化上的迷惘、經濟上的萎靡、軍事上的落後時，這些身處高位者或是囿於觀念陳舊，或是依戀既得利益，或是無心進取，甚或根本就沒有對國家、對民族的負責任之心，不能夠讓歷史出現億萬百姓期望的轉捩點。他們這些人根本就是偽英雄。

在范仲淹所處的時代，確實有那麼一個英雄群體在為國家和民族的生存、發展和興盛殫精竭慮，而范仲淹就是這個英雄群體中最突出的人物。在經略陝西的幾年中，范仲淹並沒有與元昊進行過面對面的軍事對抗，但是他的思想和採取的措施無不是為了有效遏制元昊的攻殺掠取，無不是為了大宋的長治久安。歷史在後來的發展變化，也無不印證了他的這些思想和措施所具有的遠見卓識。一個時代有一個兩個這種英雄，那是國家和民族之幸，是黎民百姓之幸。當然，最終還要看他的英雄之見能否有充分發揮的餘地。

范仲淹和韓琦在涇州開始了親密無間的合作。

他們有不同的經歷和認識背景，因此他們相互之間肯定有分歧，不可能對所有的事情都有一致的認同。但是他們的共識毫無疑問遠遠多於分歧。他們在這一時期所留下的歷史文獻可以證明這一點，幾乎所有給朝廷的文書都是以共同意見的形式由他們二人聯名上呈，而不是各抒己見。

范仲淹、韓琦二人最大的共識是對於未來陝西邊防的總體規劃。這一規劃可以簡單地歸納為三個內容。一是完善防禦體系，主要任務是加緊修築城寨、革除軍隊舊習、提高將士的戰術能力。如果元昊來襲，主力部隊不輕易出戰，以奇兵夜襲騷擾為主，這樣先保證不打敗仗，讓元昊無所得。二是收服橫山蕃部，降服後加以任用，掃除一意孤行跟從元昊者。三是實施疲敵戰術。派出一軍攻佔山界，吸引元昊率大軍長途跋涉救援橫山，敵軍未到即主動退守一地。元昊撤兵後，再派出一軍攻佔山界，再吸引元昊大軍救援。如此反覆進退，使夏軍疲於奔命，不出數年，元昊必然財力枯竭、士氣渙散、內部紛爭。到了那個時候，即使大宋不加以討伐，元昊也要主動稱臣納款。這就是戰國時期晉國和吳國都對楚國使用過的「三分四軍」戰術。

按照范仲淹、韓琦二人的預計，三年左右時間即可比較徹底地解決西夏的問題。他們的規劃有條不紊地向前推進著。但是他們不知道，二人在陝西富有成效的作為只有半年的時間。

半年後，朝廷內外發生的兩個重大事件讓范仲淹、韓琦二人離開了陝西。

一個事件是呂夷簡致仕了。致仕就是退休。仁宗朝最有影響力的宰相終於離開了政治舞臺。自真宗乾興元年任參知政事進入兩府大臣之列，到慶曆三年（一〇四三）三月致仕，呂夷簡在大宋政治舞臺的中心活躍了二十一年。如果除去其間兩次罷相的三年半時間，呂夷簡在宰相的位置上也幹了整整十一年。即便是兩次罷相，接任者也都是他一手推薦的，甚至連目前在任的另一名宰相章得象也在早年因為呂夷簡的推薦而擔任館職，才能夠由此平步青雲。二十多年來，呂夷簡的影響力無人能比，以至於莊嚴持重、威信極高的王曾與他兩敗俱傷、一同罷相後，他還能東山再起，而王曾則淡出了歷史。如果說還有一個人能夠與呂夷簡相抗衡的話，那就是只靠一身正氣而非官職高低、領袖群倫的范仲淹了。

就是這麼一個政治家，在他完全有能力左右朝政、有能力影響皇帝去革除政治弊端、消除社會危機，以達到維護國家統一和穩定、保障百姓生活安康的目的的時候，他卻熱衷於以權術維持在皇帝心目中的信任、以私恩維持在百官中的權威，安於現狀、不思進取，白白浪費了大宋的一段最好時光。之所以這麼說，是因為呂夷簡並非一個無能之輩，相反他為政能力極強；他也並不是一個無惡不作、陰險狠毒的人，他玩弄權術、陷害他人還算有些分寸，況且他也是識才、愛才之人，凡是有才學的年輕人他都盡量向皇帝推薦。當然這其中還是有向才俊們示恩的意味，他也並不喜歡明顯有獨立人格、有獨到見識因而有些桀驁不馴的那種人才。

因此，呂夷簡是一個權相，但不是一個奸相。

但是那些對國家的現狀感到憂心的人對呂夷簡是有痛恨至極的感覺的。慶曆三年正月快要結束的時候，曾因直言遭貶的陝西轉運使孫沔以一種大無畏的精神向仁宗呈遞了一封奏章。說他大無畏，是因為這封奏章有拍案而起的氣概。但要問他為什麼要拍案而起，那又要先說說他上書前關於呂夷簡的一些情況。

兩個多月前的一次大朝會上，呂夷簡率領百官在紫宸殿向仁宗禮拜。呂夷簡沒有按照規矩三拜而起，而是一拜即起身，自己渾然不知已經失禮。仁宗並沒有在意。下朝之後，呂夷簡感到頭暈目眩，隨即告假在家養病。仁宗為此憂心不已，呂夷簡一日不能上朝，他心裡就像缺了主心骨。他想了一個兩全其美的辦法，就是下詔拜呂夷簡為司空、平章軍國重事，凡有重大政事就讓其他宰相和執政到呂夷簡府上與他商議，平時呂夷簡就在家養病。仁宗又專門派宦官請呂夷簡推薦可以擔任兩府大臣的人選。仁宗認為如此還不足以體現他對呂夷簡的信任，又做了一件讓呂夷簡感動得涕淚皆下的事：剪下自己的鬍鬚賜給呂夷簡。「古人說髭鬚可以治病，那就用朕的鬍鬚給卿治病吧！朕恨不能替卿生病！」

就在這個背景下，孫沔給仁宗上了這一封書。它可以看作是對呂夷簡的全面清算，也是對仁宗的又一次猛烈抨擊。

「自祖宗創立天下，至今八十多年。觀今之政，是可慟哭！」

什麼事讓人慟哭？

「州縣之官，老邁懦弱、昏聵無能者比比皆是。中央的政令剛出臺，人人就認為無足憑信；朝廷的制度才建立，人人都知道難以長久。有權有勢之人為私利而隨心所欲，小民百姓因重負而財盡力竭；國事危急而陛下還以為安然無恙，有人憂心但更有人自得其樂！」

為什麼有如此現狀？

「因為當權之人排斥異己、不用正人！」

有何表現？

「自呂夷簡當權，屢次排擠忠臣，無所建樹；即使是離開相位，還推薦才能平庸、見識淺薄、爭權奪利之人接任，貽笑天下，更耽誤了國事，以至於邊疆不寧、喪師損將，內憂外困、士民怨嗟！如今呂夷簡還不知羞愧，高居司空之位，一心一意謀劃的仍然是如何穩固自己的權勢，而陛下卻為他專門下達詔書要代他得病。四方義士聽說陛下如此下詔，欲哭無淚！如果陛下還不能斥退無能、選用賢才、革新制度、剷除大弊，臣恐怕國家將土崩瓦解、不可救治！」

就如景祐元年年末那次上書一樣，孫沔還是那麼疾惡如仇、直言穿心。當然，有些話失之偏激。比如，仁宗是想有作為的君主，有仁慈之心，國家的政治、經濟也並非沒有值得稱道的亮點。

但是從另一個角度看，滿足於一個半個領域的一些政績，同時無視或無力改變國家、社會總體上存在於諸多方面的問題，必將使社會積小弊為大弊，使政治積小腐為大腐，使民眾積小怨為大怨，最終整個國家必將積重難返。

仁宗這回讀了孫沔的奏章後不再像多年前那樣怒不可遏，沒有加罪於他。而據說呂夷簡讀了這封奏章後十分懇切地說：「孫元規的話真是苦口良藥啊，只恨十年前沒有聽見！」這句話顯然是做作。但呂夷簡已經知道自己這次將永遠退出政治舞臺，因此他不僅對批評意見表現出了大度和懇切，還抓住機會消除以往的一些個人恩怨，比如向仁宗推薦夏竦進入兩府大臣之列。

慶曆三年三月，呂夷簡終於罷相，但仁宗仍然保留了軍國大事讓兩府與他商議的待遇。

這一時期發生的另一件大事就是元昊求和。這真是出人意料。

按照范仲淹和韓琦的預計，安定陝西邊陲至少需要三年時間，這期間還需要歷盡千辛萬苦、付出巨大努力。元昊求和，讓和平來得太容易了。

說是元昊求和，其實是大宋走出了第一步。當初大宋與契丹重訂和約時，契丹答應要讓元昊重新向大宋稱臣。此後契丹履行諾言，派人諭令元昊與大宋和好。據契丹回報大宋，元昊稱願意臣服大宋，但擔心大宋不接受。

得知契丹的通報後，仁宗十分高興。他密令延州的龐籍設法與元昊接洽。龐籍認為我方主動向元昊示好不甚妥當，於是將种世衡半年前關押的一個西夏官員放出，讓他向元昊傳話，元昊果然隨即就派遣使者正式向大宋請求和好。這時距元昊在鎮戎軍定川寨大勝宋軍才兩個多月。

元昊為什麼在大勝之後願意求和？原因主要有兩個。其一，元昊每次起兵，都要徵調靠近宋界的蕃部作為征戰的主力，頻繁的徵調、戰爭讓這些蕃部頗有怨言。而起兵後的軍費、賞賜以及對死者家庭的撫恤等費用數額巨大，元昊侵宋的搶掠所得不足以補償這些費用，因此每次戰爭都需要從西夏百姓身上再盤剝一次。其二，陝西的邊防明顯得到加強，如今范仲淹與韓琦又全力調度、經營，西夏今後在陝西縱橫擄掠面臨的風險越來越大，甚至可能遭受毀滅性的打擊。范仲淹、韓琦在陝西的能力和聲望早已被那一帶的軍民如此傳唱：「軍中有一韓，西賊聞之心膽寒；軍中有一范，西賊聞之驚破膽。」

然而，元昊的本性注定他不會以西夏與大宋的長久和平為念。他的求和只是休養生息、暫避鋒芒的權宜之計。他既不會輕易臣服，更不會永遠停止對大宋的騷擾、攻擊——騷擾和攻擊只是遲早和規模大小的事。

如今反倒是大宋急於求和，而元昊如果不是出於玩弄大宋的這種心態，就是要盡量利用它來為自己謀取最大的利益，因此雙方一談再談，元昊又不時帶上一支軍隊到宋夏邊界巡遊一番。一直到慶曆四年的五月，元昊才上表稱臣；到了當年的十二月，仁宗下詔回覆元昊，雙方才算正式締結和約。這時已距范仲淹和韓琦離開陝西一年多了。

宋夏雙方最終媾和。和約主要內容是：元昊稱臣，大宋冊封元昊為西夏國主，這實際就是承認西夏立國；大宋每年賜給西夏二十五萬五千兩的錢物；大宋在陝西設置兩個榷場，供雙方在此貿易，這是西夏十分期待的。

實際上，元昊在西夏國中仍然自稱皇帝。這種和平是否牢固，可想而知。

雖然在延州時范仲淹就主張留一條與元昊媾和之路，但那時大宋的邊防千瘡百孔，處於明顯的局部劣勢。如今，范仲淹經略過的鄜延、環慶兩路基本安定，朝廷終於將謀劃陝西邊防戰略的大任授予了范仲淹和韓琦，而他們也已經提出了十分系統的戰略思路，宋夏雙方的態勢已完全不同於四年前。可以明顯看出，大宋一方呈上升趨勢，而西夏則呈下降趨勢。在這個時候，不對形勢做一番認真的研判就與元昊媾和，是十分輕率的。

還在慶曆三年二月，范仲淹與韓琦聯合上書仁宗，提出了他們對與西夏和談的看法和建議。范仲淹、韓琦二人在書中指出，元昊求和一事有「不可許者三、大可防者三」，亦即有三個理由不可接受元昊的求和，而如果接受了則應當做好三個防備。他們建議朝廷千萬不可讓目前的邊防戰略半途而廢，應當毫不動搖地讓他們推進既定的謀劃，以三至五年的苦心經營換來西夏問題的徹底解決。否則，西夏遲早還將捲土重來。

後來的歷史證明了范仲淹、韓琦二人的遠見。宋夏媾和後，元昊繼續過著放縱的生活，只是放縱過頭了。他因為搶了兒子的未婚妻，被兒子寧令哥殺死，西夏由此陷入大亂，內部自相殘殺不已。大宋延續了一貫的仁慈，也開始了無所作為的一個新階段，坐等西夏內亂平息、剛出生的西夏新主諒祚長大成人並與他的父親元昊一樣嗜血成性。在諒祚展現他的本性之前的十幾年間，西夏朝政被諒祚的母親沒藏氏及其兄所把持，雖然依舊時有發生對大宋侵略之事，但是這些帳還算不到諒祚身上。在諒祚十四歲時，因為私通了掌實權的舅父的兒媳婦，同時也為了奪回大權，諒祚用重兵攻殺了舅父。諒祚掌權之後，西夏與大宋逐步回到了爭戰不已的狀態，當然基本上是西夏攻、大宋守。最激烈的衝突發生在仁宗去世後的幾年間，諒祚親自帶兵圍攻大宋的城池，一如他的父親元昊所為。只是後來他在大順城下被大宋的強弩射死，才中斷了西夏的又一次侵略高潮。如果諒祚不死，歷史必定又是一番不同。

范仲淹和韓琦繼續經營陝西邊防的意見未被接受，隨後不久他們就離開陝西回到京城。是仁宗親自下令讓他們回來的。

仁宗沒有接受范仲淹、韓琦二人警惕元昊求和要求和繼續在陝西經營邊防的意見，因為他希望盡快擺脫與西夏紛爭這個讓他煩惱透頂的問題；讓他們二人回到京城，既有肯定他們的能力、對他們加以重用的因素，似乎也有樸素的獎勵、酬勞的想法。就在剛剛開始與西夏談判時，仁宗就專門派中使告訴他們，「待西事稍寧，即用在兩府」。仁宗準備讓他們加強國家的執政中樞，並特意強調這不是哪個人的推薦，完全是仁宗自己的決定。當然，最終實現對范仲淹和韓琦的重用，眾望的作用也十分明顯——是群眾的力量讓仁宗做出了最後的決定。

范仲淹、韓琦二人在陝西的四年不僅為陝西的安定發揮了至關重要的作用，還使得仁宗和絕大多數人相信他們二人能夠為國家的長治久安發揮更大的作用。對於韓琦而言，他已經不知不覺地在自己的身上深深地打上了范仲淹的烙印。這個時候，范仲淹已經不僅僅代表了一種精神，還代表了一種力量，一種實實在在的能夠讓國家政治和社會的發展走向進步的力量。

幾乎可以說，所有崇尚光明的人此時都感覺到光明的到來，而所有的陰暗小人此時都閉上了他們的嘴。

就這樣，范仲淹和韓琦對陝西的經略戛然而止，而大宋則因此迎來了或許能夠開創新時代的一個機遇。

第四章

雲帆難濟海

他們在尚未發達時就以敏銳的眼光從紛繁複雜的形勢中看出了問題的實質和癥結，提出了對後來乃至後世有重要指導意義的戰略思想，他們是真正的英雄豪傑。

1

這是中國有史以來臺諫官最意氣風發的時代，也是中國知識分子最意氣風發的時代。

慶曆三年的晚春，一批正直敢言、率性敢為的人被任命為諫官。他們在仁宗的高度信任下指陳時弊、建言獻策，對朝政產生了重要的影響。

緊接著在這一年的初夏，幾名公認的國家棟梁在萬眾期待中終於進入國家最高權力中心，成為兩府大臣。

初秋，對大宋的未來產生了複雜而深遠影響的慶曆新政，在一批士林精英的反覆呼喚下、在仁宗的殷切期望中被催生了。

多年的積弊，多重的屈辱，多次的失敗，讓人們積攢了太多的期盼。如今，國家奮起的障礙正在清除，國家振興的動力更是早已具備。百年期待後，最爭一朝夕。

這一切來得超乎尋常地順利，也超乎尋常地迅猛。

首先是慶曆三年三月下旬，仁宗任命了歐陽修、余靖、王素三人為諫官。隨後三人又向仁宗推薦了蔡襄，於是蔡襄也被任命為知諫院。王素是真宗朝名相王旦之子，以直率著稱，景祐三年范仲淹被貶時拖著病體帶著家人去為范仲淹送行的王質是他的堂弟。而歐陽修等三人被任命為諫官則更具有極大的標誌意義，因為他們都是景祐三年公開站出來支持范仲淹的著名人物。

這幾名諫官剛剛上任，就與御史臺的監察官員一起阻止了仁宗的一項重要任命，不久又促成了仁宗的另一項重要任命。

三月中旬，呂夷簡罷相，仁宗隨後對兩府大臣做了調整。涉及此次調整的有：晏殊從樞密使升任次相，夏竦從蔡州回京任樞密使，御史中丞賈昌朝升為參知政事，富弼升為樞密副使。富弼拒絕了對自己的任命，因為他認為出使契丹、與契丹簽訂和約不應成為表彰自己和提升官職的理由。不久，仁宗利用宴請契丹來使的場合強行讓富弼接受了任命。

對夏竦的任命引起了強烈的反對，最強烈的反對聲來自臺諫官，尤其是剛剛被任命為諫官的歐陽修、余靖和王素——蔡襄任知諫院是在半個月之後。

夏竦是仁宗還未登基為帝時的老師，但他真正的發跡始於天聖年間交結劉太后身邊的親信宦官及奸邪的宰相王欽若和丁謂。劉太后在世時他官至樞密副使，因為這個資歷，仁宗把他放在陝西以擔當防備重任。可是夏竦自到陝西以來，不以國事為重，畏懦苟且、碌碌無為。他提出的防守意見大多是將眾人的意見加以彙總而已，自己毫無想法。他十分得意於自己的文采，有一次還將重要的陝西防守政策作為素材寫成一篇漂亮的文章進呈仁宗，而在呈遞給仁宗之前他就將這篇文章四處傳播，絲毫不顧忌是否洩密。他到前線巡視時竟然還帶著美貌侍姬隨行，以至於險些因激怒兵士而釀成兵變。

總而言之，夏竦既非正人君子，也沒有治國之才。仁宗之所以任命他為樞密使，除了與夏竦的師生關係，呂夷簡的推薦是重要的因素。而呂夷簡之所以推薦自己曾經厭惡甚至排擠過的夏竦，是因為他想在自己的政治生命謝幕前消除以往的恩怨，為自己的後人留下一條後路。這就是這類政治人物的真實境界。

夏竦聽說自己被任命為樞密使，立即日夜兼程趕赴京城。臺諫官們在與夏竦爭時間。按照獨自上章的原則，他們分別向仁宗遞上了十八道諫章，反對夏竦擔任樞密使。臺諫官們請仁宗盡早決斷，中止任命。余靖更進言：「夏竦如果見到陛下，必然在內侍的配合下以虛情假意騙得陛下同情，如此陛下將再受迷惑！」新任御史中丞王拱辰甚至在仁宗起身離座時拉住仁宗的衣裾，堅持說完自己的反對意見。

抵制夏竦成為朝中絕大多數人的共識，這個共識中沒有政見相同與否的因素。他們形成共識的基礎就是反感品行不正、能力不強的夏竦。

仁宗終於接受了眾人的意見，在夏竦進京前撤銷任命，讓夏竦回到許州。隨後，仁宗將樞密副使杜衍提升為樞密使，又任命范仲淹和韓琦為樞密副使。

大宋的仁人志士們因為這一系列的人事變動而歡欣鼓舞。該走的走了——先是呂夷簡罷相，接著臺諫官們又趕走了即將到任的樞密使夏竦；該來的來了——王素、歐陽修、余靖以及隨後的蔡襄四人被任命為諫官，然後杜衍接任樞密使；最後，作為這一系列振奮人心事件的高潮，范仲淹、韓琦和富弼都被任命為樞密副使。公認的盛世英才終於進入國家最高決策中心，還有什麼事情能比這些事更讓人們相信大宋新的春天即將到來？

最感到歡欣鼓舞同時又讓人們為他們感到歡欣鼓舞的是四名諫官。自上任以來，他們頻頻向仁宗進言，成為這一時期朝政最活躍的參與者。

歐陽修、余靖、蔡襄和王素四人管的事很多，從政治到經濟，從朝廷事務到陝西邊防，從彈劾官員到糾察政事，甚至於皇帝的私生活。蔡襄剛上任就上書力諫仁宗，終於剝奪呂夷簡與兩府大臣商議軍國重事這一最後的權力。歐陽修建議設立專職的巡迴監察官員，由有權威的皇帝近臣擔任，到各地監察考核官員。余靖建議量民力之強弱而徵收稅賦。稅賦既不宜超出百姓的承受能力也不宜過於寬鬆。針對近年來各地盜賊層出不窮的情況，他們多次提出要對官員賞罰分明以根治這一問題，甚至提出了具體的賞罰措施。他們曾在一天之內連續彈劾了分別由晏殊、夏竦和呂夷簡舉薦的三名官員，還讓仁宗將河北一名失職的大將撤職。他們多次進言反對在與元昊的談判中做出讓步，反對匆匆忙忙與元昊媾和。

而王素似乎專門盯著仁宗的言行，包括他的私生活，留下了一些有趣的逸事。

有那麼一天，王素單獨求見仁宗。王素問：「聽說最近後宮新添了幾名宮女？」

仁宗反問道：「後宮之事，你從什麼地方聽來的？」

王素道：「臣在問陛下是否有此事。」

仁宗連忙說道：「說實話，前兩天是有人進獻了幾名女子，朕已讓她們在朕左右服侍了。」

王素還是面無表情：「臣擔心的就是又有新人在左右服侍陛下了。」

仁宗滿臉堆笑對王素說道：「王卿呀，朕是真宗之子，而你父是真宗的宰相，你我二人可算是有世交啊！」

王素沒有什麼反應，仁宗也不再吭聲。

過了許久，仁宗回過頭叫來一名內侍低聲吩咐了幾句，然後仁宗還是那麼呆呆地坐著，王素也還是那麼默默地立著。

又過了許久，內侍回來稟報：「幾名宮女已送出宮，每人都給了一些銀子。」

王素這才明白仁宗之意，趕緊說道：「陛下能夠接受臣的進諫，也不必這麼急忙把宮女們送出去吧。」

仁宗帶著哭腔道：「要不是趁著你在這裡時把她們送走，回頭朕又不忍心了！」

還有那麼一次，那是五月初的事。因為久旱無雨，仁宗心裡著急。

王素進言道：「請陛下親自向上天祈雨，就會感動上天的。」

仁宗答道：「太史說本月中旬有雨，朕到時再去祈雨。」太史是掌管天文、曆法的官員。

王素道：「臣不是太史，但臣知道那時肯定不會下雨！」

仁宗奇道：「你怎麼知道？」

王素答：「陛下知道要下雨了才去祝禱，那是不誠心。心不誠，上天還會降雨嗎？」

仁宗愣在那兒，不知道該說什麼好，想了想道：「那朕明天就去醴泉觀祈雨。」

王素接著道：「醴泉觀近在咫尺，陛下去醴泉觀就如在大內行走。臣知道陛下是懼怕暑熱而不想遠出！」

仁宗聽了，雙耳盡赤，不知是怒是窘。他厲聲說道：「那朕就去西太乙宮！」

王素還是不動聲色：「就請陛下傳旨！」

第二天，仁宗指名讓王素陪同前往西太乙宮。

祈禱完畢，車駕回宮。還未到內城，就見西太乙宮方向雷聲大作。仁宗連忙趕進宮中，站在庭中向上天祈拜，這時滂沱大雨已經到來，把仁宗澆了個透。

次日早朝，仁宗見了王素笑顏逐開：「昨天好大的雨，都是卿的功勞！」

仁宗如今對這幾位諫官的信任達到了巔峰。他給了他們無限的寬容和前所未有的榮譽。他改變了諫官五日一朝規矩，讓諫官可以每天赴內朝，以便自己能天天聽到進諫之聲，而每天赴內朝議事是兩府大臣及少數重要官員的資格。他賜給身為五品官的王素三品官服，賜給七品官的歐陽修、余靖、蔡襄三人五品官服。蔡襄因母親年老，請求外放任職以便養親，仁宗不放他走，卻專門給他假期讓他回福建探親。仁宗當面告訴他們：「你們都是朕親自挑選的，正是因為你們無所顧忌地直言進諫，朕才如此獎賞你們。」

這是有史以來難得的君臣和諧的盛世，緊接著還會有更加和諧順暢、更加昂揚向上的局面。但是，透過這些振奮人心的現象可以隱約看出一些讓人憂心的東西。當然，有人看得清楚，因此有些憂心；多數人這時還看不見，因此不太在意。

〈慶曆聖德頌〉這首詩的出現就是其中讓人憂心的一個現象。

人一高興往往就會不太嚴謹地表露一些情緒，用貶意的話說就是得意忘形。名士石介就是這麼一個為人正直但鋒芒太露之人。他後來被稱作「宋初三先生」，是與胡瑗、孫復齊名的思想家和教育家。

石介為了表達對近來發生的這一系列喜事無以復加的興奮之情，以及對自己生逢聖主的那種難以言狀的幸福感，在慶曆三年四月的時候向皇帝呈獻了這麼一首〈慶曆聖德頌〉。

石介在序文中將呂夷簡罷相、追回對夏竦的任命與群賢被委以重任相對照，在詩中將悻然離去者說成是因為仁宗「手鋤奸蘖」而使「妖怪藏滅」。然後讚頌群賢，被讚頌者有章得象、晏殊這兩位宰相，有新任參知政事賈昌朝，但他們在詩中都是陪襯。石介毫不吝嗇地用大量的篇幅誇讚范仲淹和富弼——石介稱他們是遠古舜帝的兩位賢臣夔和契一樣的人，其次是杜衍、韓琦，然後是王素、歐陽修、余靖和蔡襄，這些人是〈慶曆聖德頌〉中的主角。石介稱頌皇帝退奸進賢，是「天地人神，昆蟲草木，無不歡喜」！

石介只顧表達自己的心情，卻忘了顧忌其他一些人的感受。比如夏竦，在恥辱地被剝奪了即將到手的樞密使之位後，還要忍受石介這種刻薄的斥責與嘲笑；呂夷簡雖然罷相，但仁宗仍然要求兩府大臣凡遇軍國大事要與他相商。即便呂夷簡如今真的寬宏大度，但他二十多年的根底所影響的那些人難道心中不會憤慨嗎？

還是那句話：萬事皆有緣。石介為自己，也為他所歌頌的群賢種下了禍根。

但是〈慶曆聖德頌〉也並非一無是處。它反映了絕大多數人的心聲，在當時起到了鼓舞人心、催生慶曆新政的作用。有一小朵歷史的花絮可以說明〈慶曆聖德頌〉在當時的影響力。

在遠離京城兩千多里的西南山城眉州，一個六歲孩子在私塾見到了教書先生手中的這首詩。孩子問：「詩中稱頌的都是何人？」

先生答道：「這些人不是你一個懵懂孩子所能知道的。」

孩子傲然道：「除非是天人，否則哪有孩子所不能知道的？」

先生驚訝於孩子所言，耐心地將人所崇敬的這幾位時賢一一說給他聽。從此，范仲淹、富弼、杜衍、韓琦、歐陽修等人的名字深深地印在了孩子的腦海裡。

十四年後，當年的孩子與他的弟弟跟隨父親進京應試。父子三人的文章名動京城，他們兄弟二人更是攜手高中進士及第。於是他們終於見到了仰慕多年的名相富弼、韓琦和已經成為文壇領袖的歐陽修。富弼、韓琦、歐陽修對於他們的文采、見識讚賞不已，將兄弟二人視為國家未來的棟梁。但是富弼、韓琦、歐陽修也有所憾。三位前輩告訴兄弟二人：「恨子不識范文正公！」他們都為兄弟二人無法得到范仲淹的賞識而深深遺憾。

這個孩子就是蘇軾。

當時流傳的〈慶曆聖德頌〉是全文而不是後來流傳的刪節版。原詩不僅直接將與范仲淹幾次被貶無關的夏竦指斥為奸人，還點名指斥了其他幾個與范仲淹被貶有關的知名人物。因此，此詩不僅抒發了揚眉吐氣的心情，更有些張狂跋扈的感覺。

范仲淹和韓琦是政治家，他們解讀〈慶曆聖德頌〉的方式與別人有所不同。他們還在離開陝西趕回京城的路上時就聽說了這首詩，心中有一種無奈與不安。范仲淹相當氣惱地對韓琦說道：「如此鬼怪之輩是要壞事的！」韓琦也說道：「天下之事不可如此，否則必壞！」

從這一時期圍繞如何任用范仲淹、韓琦二人的議論中，也可以看出當時的政治氣氛在一派興奮中的些許微妙之處。

接到任命他們為樞密副使的旨意後，范仲淹和韓琦並沒有立即上路。他們聯名連續上了五道奏章請求辭去這一任命。

范仲淹、韓琦強調了請辭的幾個理由：元昊忽然求和，不可輕易相信，今年秋天的防秋十分緊要，不可疏忽大意，這是其一。即便元昊今日真心求和，也應防備他日翻雲覆雨，我們二人如今對邊事已十分熟悉，應當讓我們繼續經營下去，這是其二。如果元昊仍然賊心不改，則爭取在兩三年間征服橫山，以遏其害，這是其三。以往的教訓之一就是帥臣更換太頻繁，如今朝廷對我們十分信任，這正是我們盡忠立事的大好時機，願意繼續在邊關效勞數年，這是其四。如今朝廷最重要的政事就是陝西之事，因此讓我們經略陝西就等於是對我們的重用，如果將我們召回，反而是忽視了陝西事務的重要性。等到陝西的邊防真正安定了，再讓我們進兩府也為時不晚，這是其五。

仁宗拒不接受他們的請辭，堅持讓他們盡快回京。他們只好將公事向接任者鄭戩交接完畢，一起啟程。

與此同時，朝中有識之人對於他們二人在請辭任命的奏章中對元昊求和的判斷和對陝西邊防的長遠打算表示贊同，並因此向仁宗提出了一個兩全其美的建議：范仲淹、韓琦二人都任樞密副使，但一人在朝廷負責大政方針、一人在陝西主持大局。而上任不久的諫官蔡襄更明確建議：范仲淹以其更深的見識、更高的聲望，可在朝廷主持軍事，韓琦則可留在陝西力行他們二人謀劃的戰略構想。

但是，似乎有人不贊同這種安排，認為范仲淹、韓琦二人或者都回朝廷，或者都留在陝西。富弼、蔡襄分別上書斥責這是阻撓仁宗對范仲淹、韓琦二人的重用。

在一片春風中，可以感覺到其中夾雜著的絲絲寒氣。

此時，歐陽修和他志同道合的同僚們在繼續推動著大宋的車輪。他們又幹了一件大事，將王舉正從參知政事的位置上拉下，換成了范仲淹。他們說王舉正不稱職，而范仲淹有宰輔之才，在樞密院不足以發揮他的能力。於是仁宗任命范仲淹為參知政事。

范仲淹拒絕了任命。他說：「執政官豈能由諫官而得？」他請求與韓琦二人輪流到陝西巡邊，督察邊防重事——與西夏的談判仍在進行中，邊防之事仍然不可懈怠。

但是仁宗支持諫官們的意見，再次發布任命，於是范仲淹於八月中旬轉任參知政事，由樞府進入政府。仁宗接受了范仲淹意見的另一半，讓韓琦到陝西巡邊。

仁宗任命范仲淹為參政不僅是因為他贊同歐陽修等人的意見，也因為他對范仲淹的信任。即便沒有這些諫官的建議，他也會讓范仲淹擔當更加重要的使命的。

在這之後，歐陽修等人繼續強烈地表現出奮發進取、積極作為的精神。可是相比之下，幾位被寄予重望的棟梁之材卻沒有太多引人注目的政見。

回京之後的一段時期，范仲淹、韓琦、富弼等人與其他兩府大臣一樣按例上朝、退朝，按部就班地研商和處理政事。他們比其他大臣多發表的一些意見，也就是關於陝西撫恤救災、擇將帥選士兵、增軍費減民負等。還有就是與西夏談判的一些基本原則問題，韓琦對此上言頗多，如，他反對接受元昊自稱的「吾祖」稱號。「吾祖」是「兀卒」的諧音，「青天子」之意，但「吾祖」在漢語中另有明白之意，這顯然是元昊要佔大宋小便宜。這一時期，范仲淹、韓琦、富弼等人的作為大率如此。

如果他們只有如此作為，那豈不辜負了國人的期望？

歐陽修忍不住了，上書仁宗。

「范仲淹、韓琦二人的才識不比常人，陛下應當特別留心。」他提醒仁宗。

但是令人不滿意的是，「自二人就任以來，每天只是與兩府大臣按例上殿，呈奏一般公事，未曾聽說他們有什麼建樹」。

歐陽修分析，「他們二人數年在外，當然有許多見解要向陛下陳述，但陛下不召問他們，他們或許有所顧慮，不敢主動求見。」

那怎麼辦？「陛下最好留心訪問，主動召見。」

其實，仁宗自己也坐不住了。

如果說西夏至今持續三年的反叛讓仁宗看到了外患的嚴重，那麼慶曆三年這一年的幾次內亂讓仁宗看到了幾十年來都沒有意識到的內憂。

這一年的五月，京東路虎翼軍士兵王倫在沂州糾集了幾十個士兵叛亂，殺掉了當地官員後帶領最多時也不超過三百人的隊伍一路南下奔襲騷擾，一直打到揚州，甚至還有時間從容地自封為皇帝。直到這年七月，王倫才被朝廷派出的大軍擊敗。王倫叛亂後還不到一個月，京西、陝西一帶又出了幾股亂兵、饑民，先是叢聚為盜，然後逐漸發展壯大，最強的一支叛軍甚至發展了幾千人的隊伍，是樞密副使、陝西宣撫使韓琦親自調集精銳部隊才將其剿滅。這些亂軍所過州縣，當地官吏不是逃跑就是投降。王倫打到高郵時，知軍晁仲約讓當地大戶人家抬著錢財牛酒去犒勞叛軍，以此賄得王倫不殺入城內；張海叛軍經過鄧州順陽縣時，縣令為免一縣百姓受害，率眾敲鑼打鼓將張海迎進縣衙，大擺宴席加以款待，甚至請張海住在縣衙官府裡。

仁宗即位二十年來，朝政走的是因循守舊、墨守成規的路子。這條路造成的多方面惡果，如果沒有遭遇國內的重大變故或外來的重大危機或許顯現不出來。如果誰能因此憂心，那麼他或者是有先見之明的高人，或者就是杞人憂天式的愚人。

西夏的反叛、契丹的趁火打劫，以及處理這兩件關係到國家生死存亡的大事的過程，讓許多重大問題暴露無遺。重要官員鼠目寸光，被國家寄予厚望的一些人不思進取，國家財力捉襟見肘，百姓負擔日益沉重，軍隊將帥無能，士兵戰鬥力低下，所有這些問題都不應該在貌似太平盛世的時候出現，但它們確實出現了。

在國家陷入危機的時候，有能力化解危機的不是安坐要職幾年甚至幾十年的那些看似善解人意、老成持重、雍容大度、懂得官場規矩的中心人物，而是曾被認為是杞人憂天、危言聳聽而又喜歡不守常規、總要改變現狀的非主流群體。這恰恰說明，真正的忠心報國不是看平時有多漂亮的語言，而是看關鍵時刻帶著忠君報國的情懷展現出忠君報國的能力，為君主化解危機，讓國家政治清明、社會繁榮、國力強盛。

正因為如此，仁宗才能夠下定決心建立一個不同尋常的兩府大臣班子，讓經過危機考驗、被實踐證明其思想品質和治國能力的一批人來與他共同領導這個國家，把國家帶進一個真正繁榮昌盛的時代。

所以，仁宗必定要讓這一批人發揮作用的。

九月初三日，仁宗在天章閣召見知雜御史以上所有中、高級官員。天章閣是真宗皇帝的書房，其中供放著太祖、太宗的御容畫像以及真宗皇帝的書籍。

仁宗帶領眾人瞻仰了太祖、太宗的御容後，在這個神聖的場所，當著全體官員的面，將筆墨紙札賜給了范仲淹等人，讓他們一一列出國家當前需要處理的最重要事項。以如此隆重的方式徵求對國是的意見，表現的是一種姿態。仁宗要讓朝廷百官、讓天下之人都知道他對范仲淹等人的信任和對他們提出安邦定國之策的期望。仁宗也知道倉促之下難以在如此場合提出深思熟慮的意見，因此告訴他們可以在退朝後細細呈上他們的真知灼見。

這次天章閣召見，在歷史上稱作「天章閣問策」。

退朝之後，仁宗又給范仲淹幾人下了一道手詔——親筆致信他們。「你們身負天下期望，朕因此超常提拔你們。如今韓琦暫時外出巡邊，范仲淹和富弼二人應當與章得象等宰臣一起盡心國事，鄭重地提出當務之急，不必顧忌！」韓琦此時正在陝西巡邊。

范仲淹等人此時的心境，恰如唐代李賀〈雁門太守行〉中的詩句所描述的那樣：「報君黃金臺上意，提攜玉龍為君死！」君主如此隆重地表達對臣子的信任和期待，古往今來又有幾例？到任以來的幾個月裡，范仲淹確實沒有提出什麼觸及國家深層次問題的意見和建議，原因在於，「積弊已久，要革除它不是一朝一夕之事，不可操之過急」。但是面對皇帝如此的高度信任和殷切期望，任何一個既有報國之志更有報國之能的人，此時還不應當披肝瀝膽，捧出他的赤子之心，竭盡所能地報效國家嗎？

2

「一個國家經歷了一段時期的和平發展之後，必然會出現沾沾自喜、不思進取的現象，無論是當權者還是整個社會。福禍相倚，否極則泰來，泰極則否至，這是上古時期我們充滿智慧的祖先早就告訴我們的。窮則變，變則通，通則久，這是人間至理。不知變革，國家豈能長久！」

上面這段話，是范仲淹在十六年前的天聖五年說的，出自他寫給宰相王曾、張知白和參知政事呂夷簡、魯宗道這四位中書大臣的洋洋萬言的〈上執政書〉，當時他還只是一個守喪在家的離職縣令。這一段話在將近一千年後的今天讀來，仍然是那麼發人深省。

元代的宰相脫脫在他主持修纂的《宋史》中，將范仲淹的〈上執政書〉比作諸葛亮初見先主劉備時的〈隆中對〉。脫脫認為，他們在尚未發達時就以敏銳的眼光從紛繁複雜的形勢中看出了問題的實質和癥結，提出了對後來乃至後世有重要指導意義的戰略思想，他們是真正的英雄豪傑。

仁宗的高度信任和期待，使得范仲淹不能再有任何顧慮。他根據自己從政三十年的深厚閱歷，對當前的社會問題和國家未來的發展再次進行了思考。在此基礎上，他提出了十條建議呈給仁宗。這十條建議基本上是他十六年前提出的主張。

范仲淹首先闡明了看待當前國家形勢的出發點：

「歷代之政，久皆有弊。弊而不救，禍亂必生。」國家自從掃除了前代之亂，四海一統，至今將近八十年。如今，綱紀體制經過日削月侵而失去了活力，使得各級官員人浮於事，天下百姓日益窮困，外患難消，盜寇橫行。如此下去，必將民怨沸騰，天禍暴起！要從根本上解決這些問題，必須正本清源，從問題的源頭抓起。

這些話，庸人會當作危言聳聽，智者則視為至理名言。

范仲淹再次強調了「窮則變、變則通、通則久」的道理，本著變革的原則提出十項改革意見。

在這十項意見中，有四項是針對官員人事制度的改革。可以說，官員人事制度的改革是慶曆新政的核心。

一個社會如果出現了重大的問題，那麼歸根結底是因為人出了問題，確切地說是能夠左右社會資源的分配和使用的各級官員出了問題，在中國尤其如此。

各級官員會出什麼問題？問題不外乎這幾類：一是安於現狀、缺乏動力，其結果是使整個社會以全民養尊處優的心態慢悠悠地隨著慣性往前發展，直到社會發展的慣性逐步減速、停止乃至倒退。二是只會空喊忠君報國的政治口號卻管理能力低下，其結果是整個社會常常處於混亂無序的狀態，官員們往往在等待著問題的出現再考慮去解決，但往往又是在相當拙劣地解決了一個問題之後，又人為地製造出一個或更多新的問題。三是好高騖遠、眼高手低，超越國家的現實狀況盲目追求不可能實現的目標，結果造成社會多方面的崩潰。四是自私自利、腐敗貪婪，最終造成民怨沸騰、政權不穩。

人的問題，歸根結底又是體制的問題。有一個兩個好官、壞官那是自然現象，可是如果全社會基本上是好官，或者全社會都是壞官，那就是體制的原因。當然，全社會都是壞官的現象是不存在的。之所以讓百姓有如此印象，是因為那些安於現狀、能力低下、好高騖遠、腐敗貪婪的官員多到舉目可見。

如何改革體制？

第一，建立官員能上能下的合理機制。根據目前的制度，文官任職滿三年、武官滿五年，如果沒有大過錯，都可遷轉一級，資歷幾乎成了官員升遷的唯一根據。而有所作為的官員，往往被同僚視為沽名釣譽，遭到嫉妒，平庸無能的人反而可以照例升官。對此，范仲淹制定了一套賞罰公平的考核制度，有作為、民意高的官員可以不按年限升遷，無能混事者則不予升遷甚至免除職務。

第二，抑制特權。什麼特權？就是官員隨意得到皇帝封賞、使自己的子弟親朋都能輕易當官甚至被作為國家未來的棟梁進行培養的權力。對不同級別的官員，皇帝在特定時候、按照規定的名額給他們的子弟封官，這是古來就有的蔭補制度，又稱「任子之恩」，這已經就是特權了。但自真宗皇帝封禪以來，皇帝濫賞和官員為自己、為子弟隨意求賞的現象越來越嚴重，有的直接為子弟求得寒門士子視如登入龍門的館職，有的甚至到了連國家要職都能求到的地步，當年王博文以一把老淚求得仁宗任命他為同知樞密院事就是一例。

范仲淹算了一筆帳：一個任職二十年的學士，家裡可以不用考試、只靠蔭補產生二十幾名官員，並且都是京官，即帶中央政府職務的官員。大宋始終去除不盡的冗官問題就是這麼產生的。這麼多的官員實際上是沒有那麼多的崗位安排的。那怎麼辦？絕大多數在家吃閒飯，有的則等待空缺職位。一個好的職位，有幾十名官家子弟在候補。

范仲淹提出了嚴格的措施限制蔭補，並明令兩府並兩省官等都不得為子弟求補館職。館職的任命，必須經過有聲望的人聯名舉薦，並且還要經兩制官員連署後向仁宗當面舉薦。

第三，選舉地方長官。按照目前按資升遷的做法，資歷到了自然就能到府州軍監擔任長官，而如此賢愚不分的結果自然是許多地方百姓遭殃。范仲淹制定了地方長官選舉制。兩府大臣可分別舉薦轉運使和負責司法的提點刑獄使十人、大州知州十人；由兩制官員共同選薦知州十人；由三司副使及三司判官、御史臺、開封府、各路轉運使及提點刑獄使分別保舉知州五人；由各路轉運使、提點刑獄使、知州、通判再選薦數名知縣。舉薦完畢，按照舉薦人的多少，決定如何使用被舉薦人。

九百多年前推行的這種地方長官選舉制，其實質就是有限的民主選舉，它在今天仍然閃耀著民主與科學的光芒。

最後一項人事制度改革是改進公田制度。公田是國家分給官員的田產，是他們職俸收入的一個重要來源，也是以薪養廉的重要手段。目前的問題是公田不均，還有就是一些官員藉機侵佔民田。范仲淹提出重新核定公田的建議。

大凡有利益的東西，得來容易，要讓它失去就難了。除了均公田，范仲淹的其餘三條措施損害了所有從六品的帶職員外郎以上文官和相應的武官的利益。按照原來的規矩，這兩類文武官員至少每三年可以奏請恩蔭補一人，官階比他們高的官員自然就更優惠了。比如，每三年一次的國家各類大禮，宰執官員可以蔭補本宗、異姓親屬甚至門客、醫人各一人；皇帝的生日，翰林學士、中書門下兩省五品以上官員、尚書省四品以上官員，都可以為一個子弟申請賜進士出身；官員去世或致仕時都可請求蔭補，宰執大臣可蔭補三人。

雖然范仲淹只是想讓蔭補制度在更加規範、嚴格的基礎上減少蔭補的次數和數量，並不是從根本上否定這一制度，但這畢竟觸犯了許多人的實際利益。為了國家利益而放棄或削減這些個人的利益，范仲淹自己可以做到。皇祐四年（一〇五二）他去世前，在呈給仁宗的遺表中沒有一句涉及私利的請求。但是別的官員都能做到嗎？范仲淹讓他們失去了巨大的利益，他們是悲是喜、是愛是恨？

范仲淹又針對教育制度進行了改革。

一千四百多年前的隋朝制定了一個偉大制度，這個制度讓幾乎所有的中國人甚至嚮往中華文明的外國人都可以圓一個夢想，那就是每一個人都有機會通過個人的努力、公平的競爭，成為國家的官員，成為決定國家生存、推動社會發展的參與者，甚至進入國家的權力核心。即便他是農家子弟，甚或是乞丐出身，這條路、這扇門始終對他開放。

這個制度，是中華文明保持燦爛不衰的重要基石，它就是科舉制度。科舉制度的作用，簡言之就是讓每個人通過公平的選拔考試，讓學業優秀的人進入國家的權力機關。它在整個人類社會文明史上，在絕大多數時候保持了不可超越的先進性。

說一個古人實現個人夢想的實例。

寶元元年被免職的參知政事韓億與隨後接任參知政事的李若谷是一對苦難兄弟，二人自幼相識，家境都十分貧困。他們結伴赴京考試時，將僅有的一張席、一張毯分割了，一人分一半。拜見文壇前輩、達官貴人時，他們總是一人當主人，另一人充作僕人。後來，李若谷高中進士而韓億落榜，於是韓億陪同任職縣尉的李若谷赴任。一路上李若谷牽著毛驢，上頭坐著他的妻子，而韓億則背著李若谷的行李箱子跟隨在後。快到縣城時，二人將身上僅有的六百文錢分了，灑淚而別。就是這種出身的窮人子弟，最後都官至副宰相。與他們同一時期的范仲淹、杜衍等人，無不是這種夢想的實踐者和獲益者。

不過任何一個偉大的制度實行久了都可能產生偏差。到了范仲淹的時代，科舉考試出現了一些弊端，如考試主要看詩詞曲賦寫得是否漂亮，看對經典著作的死記硬背能力如何。按照這種要求選拔出來的官員，詩詞、文章確實寫得漂亮，但缺乏對如何治理國家的思考。

按照范仲淹的設想，科舉考試應當注重策論和經旨。策論就是對治理國家和社會的論述，經旨就是通過對經典著作的理解闡述對宇宙、世界、國家、社會、人生等方面的哲學思考。在這種要求下，考生的一篇答卷，也許就是一篇治國之策，也許就是一篇有著深刻思想的文章，至少可讓他們努力去思考治國之策和人生哲學。按照這個新制定的科舉考試的指導思想，學生在從小學習時就應當進行相應的思考和積累，就打下成為國家棟梁之材的基礎。

除了改革考試制度，以范仲淹的建議為基礎、歐陽修等人加以補充，慶曆新政教育改革還有一個重要內容，即全面建立官學。官學就是公辦學校。按照這一要求，所有的州都必須設立州學，學生二百人以上的縣也可以設立官學。這又是一個偉大的創舉。

關於軍事制度，范仲淹提出要恢復隋唐時期讓軍力強盛的府兵制。

大宋實行的是募兵制，花錢招募士兵，平時每月有軍餉，每有重要軍事行動、每有些許軍功，朝廷都要另出大錢獎賞。僅獎賞一項，每年就花費無數。

府兵制是南北朝後期由北朝西魏的權臣宇文泰創立。它與募兵制最大的不同在於，當兵是世襲的而非招募的。一家當兵，代代當兵。那麼當兵靠什麼養活自己和家人？靠當兵之家自己務農。他們何以願意當兵？因為府兵之家，不必納稅，不服勞役。一人當兵，全家受益。這樣的兵役制有什麼好處？第一，節省國家軍費，因為當兵的基本裝備都是自己配備。著名的〈木蘭辭〉描寫的生活背景是隋唐時期，它有這樣的歌詠：「東市買駿馬，西市買鞍韉，南市買轡頭，北市買長鞭。」買好了這些裝備，木蘭姑娘就可以替父從軍了。第二，專職的士兵能夠更專注於軍事訓練。對於國家而言，實行府兵制既節省了軍費，又擁有了軍事素養更高的職業軍人。

范仲淹關注的另一個方面是中央政府的權威。如今的問題，一方面是中央權威不夠，地方隨意更改朝廷政令，或擅自取消朝廷政令；另一方面，朝廷朝令夕改，讓地方無所適從，用今人的話說，就是「剛學會了，又不對了」。

范仲淹有針對性地提出兩個措施：一是言出必行，二是違令必糾。今後百官擬定制度命令，必須做長遠考慮，方得頒行。一旦頒行，有故意違反者給予嚴厲處罰，最低處罰是施予一百杖刑。

最後一個方面的改革是保護農民的利益。

農業是中國歷朝歷代的立國之本。這個立國之本讓中華民族在後來吃盡了以工業立國的異族他國的苦頭，遭受了喪權辱國之痛。但是，農業是這個世界上所有人最終的生存基礎。

范仲淹的措施也有兩條：重視農業生產，減輕徭役負擔。重視農業生產的主要舉措是定期興修水利，並將此作為國家制度確定下來。減輕徭役負擔的主要舉措是並縣，將人口稀少的縣合併，減少無償使用的公人，使這些公人能夠回家務農。

這些就是范仲淹提出的被後人稱作「慶曆新政」的改革運動的主要措施。他在天章閣問策時提出的這十件事的名稱是：明黜陟、抑僥倖、精貢舉、擇長官、均公田、厚農桑、修武備、推恩信、重命令、減徭役。

當然這不是措施的全部。在這十事之外，范仲淹又陸續做了一些補充。

如培訓醫生。范仲淹建議對天下醫生進行正規培訓。京城的醫人，由翰林院挑選醫師在武成王廟授課，教授他們診脈、抓藥、針灸的專業知識；對各地醫人，也挑選醫學博士教授。

重視醫術，這或許與范仲淹的人生觀有關，「不為良相，便為良醫」，這是范仲淹年輕時即立下的志向。在他看來，庸醫誤人與昏官誤國一樣，都是禍國殃民之事。

我們現在知道，醫療保障是社會穩定和諧的重要基礎。把提高醫生的醫術作為改革的一項措施，這在古代的改革中僅此一例，這個意識具有強烈的前瞻性，超前了近千年。

韓琦、富弼、歐陽修這些志同道合的戰友在范仲淹提出的十事之外，也充實了一些改革的新內容。如實行專職按察制度，任命有權威的中央官員到各地審查官員。按察使每年將本路所轄府州軍監及縣鎮官吏姓名、政績造冊申報，使朝廷能完全掌握地方各級官吏的賢愚善惡。歐陽修還專門就削減冗官一事向仁宗提出了詳細的建議，請求罷黜尸位素餐、不稱職的官員。

這是一場轟轟烈烈的運動，雖然從今人的角度看改革的力度還沒有到徹底革命的程度——其實革命在多數時候不是最正確的選項，因為它在達到一個正確目的的同時也許會產生得不償失的巨大破壞。而在當時，范仲淹等人的舉措可以用驚世駭俗來形容。

此時的仁宗依然保持著對范仲淹等人的高度信任，因此除了府兵制，這些被稱作新政的措施自天章閣問策之後的次月即慶曆三年十月開始，陸續以仁宗下詔的重要形式推行。不實行府兵制也可以理解。大宋實行的弱枝強幹的政策不允許出現地方軍事強人，而府兵制則在一定程度上使軍隊弱化對中央財政的依賴，有產生地方軍事強權的隱患。

皇帝的高度信任，使得范仲淹等人完全放開了手腳。新政力度之大，可以從一個著名的事例中看出。范仲淹拿著各路轉運使的名冊，見到不稱職的轉運使就勾除他的名字，再從後備名單中遞補。富弼在一旁看了說道：「六丈勾了他只是一筆，可是你不知道勾他一人卻是讓他一家哭呢！」范仲淹在家族中排行第六，富弼視他如父輩，因此稱他六丈。范仲淹答道：「一家哭總勝於一路哭！」

3

「千年以來，聖人之經日受侵蝕，聖人之言日遭破碎。為什麼會有如此結果？佛、老之道罪不可恕也！」石介慷慨激昂地說著。眾人目光都集中在他的身上，等著他繼續說下去，可是他卻停住了——他看見歐陽修家的僕人引領著一位五旬老者進門了。他忙對歐陽修道：「范公來也！」

歐陽修連忙起身，眾人跟隨在後，一併迎了出來。范仲淹與眾人一陣寒暄熱鬧之後，重新坐敘。

「守道又在作何高論？」范仲淹問道。石介字守道。

眾人呵呵笑道：「守道以排斥佛、老為己任，自然還是此類高論。」石介致力於恢復儒學。

石介是一個善辯的學者，可是在范仲淹面前似乎總有些拘束。應當說范仲淹對他有師生之誼，並且有兩層關係。

仁宗天聖五年，范仲淹應晏殊之邀執掌南京應天書院。當時的南京學風熾盛，各地學子都要來此遊學聽講，石介也曾經來過。雖然沒有留下直接的史料證明這一時期范仲淹與石介的過從，但後人認定石介是得到過范仲淹的教誨的。這是一層關係。

另一層關係則與石介的老師孫復有關。

有這麼一個故事。還是在范仲淹執教應天書院的時候，有一個孫秀才剛就學不久就辭學回家。

一年後，孫秀才又來求學，接著又是就學不久後再次向范仲淹告辭。范仲淹問他為何來而復去，孫秀才答道：「老母在家無人奉養，因此無法長期在外求學。」范仲淹問他：「奉養老母需要多少花費？」孫答道：「每天一百錢即可。」於是范仲淹每月資助他三貫錢，並傳授他《春秋》學問，讓他安心讀書。後來，范仲淹在晏殊舉薦下進京任職，他在離開南京前後還專門致信應天書院的掌院戚舜賓，請掌院關照孫秀才。又十年後，泰山出了一個大儒孫明復，開辦書院廣授《春秋》之學，這個孫明復就是當年的孫秀才，大名叫孫復，字明復。

孫復來到泰山時，石介已是泰山一帶有名的學者，門生眾多。石介能有時間在這裡廣收學生，是因為其母親去世，在家守喪。他聞說孫復大名，就邀請孫復一起創辦泰山書院。石介雖然學問滿腹，但他更加佩服孫復，因此書院建好後，石介就帶著自己的弟子和好友一起拜孫復為師。石介是進士及第的官員，卻拜一個不第秀才為師，可見孫復學問之高，更可見石介學無止境的境界和胸懷。石介對孫復是真心尊重，平時嚴格按照傳統的師生之禮與孫復交往，讓山東之人見識了一千五百年前自己祖宗的君子之風。

石介天真爛漫、心無城府。他對自己認定的正人君子一片赤誠，甚至到了只見優點不見缺點的地步，幾乎人人都得到他發自肺腑而又超乎尋常的誇讚。另一方面他又疾惡如仇，對認定的奸佞之人、邪惡之事，必欲給予痛徹心腑的斥罵才覺得解恨，〈慶曆聖德頌〉就是一個生動的事例。可是這種性格是難以在人情複雜的社會立足的。〈慶曆聖德頌〉出來後，老師孫復就對他歎道：「這是你的禍根啊！」

范仲淹看了看眾人道：「豈止守道排佛，諸位可都是守道的知己。」

章岷說道：「守道之外，永叔第一。」

歐陽修是個很有意思的人。他的古文深受尹洙影響，可是後來古文的功底超過了尹洙；他排斥佛、老的意識是受到石介的影響，而後來對佛、老的批判比石介更為深刻。

蘇舜欽對歐陽修調侃道：「有人說永叔明為排佛實為敬佛。」

「此話有何依據？」歐陽修問道。

「永叔最近不是為幼子取名和尚嗎？」

歐陽修答道：「這正是在下斥佛之道。」

「這又如何理解？」

「譬如鄉下人家生子，為了讓孩子平安，就為他取個賤名，如狗兒、驢兒之類。我兒取名和尚也是此意！」

眾人聽了，哄堂大笑。

這是一批志同道合的年輕英才。他們期望通過自身的努力，改變因循守舊、急功近利的社會風氣，樹立修身、齊家、治國、平天下的理想，建立堯舜當世、以仁治國的社會。他們在政治上、思想上和文學上都有與當時的主流風氣明顯不同的主張。

政治上，他們主張勵精圖治、富國強兵，反對因循守舊、得過且過。

思想上，他們尊韓復古。尊韓復古，就是尊崇唐代文學家韓愈。韓愈在儒家思想被當時盛行的佛、道兩教嚴重排擠，幾乎被邊緣化的情況下，力主復興儒學，反對佛、道兩教消極遁世、清靜無為的思想，使儒學得以逐步復興。今人總以為儒家思想都是浩浩蕩蕩流傳至今的，其實它在歷史的長河中歷經了許多彷徨和曲折。

文學上，這一批年輕人提倡文章要啟迪人們的思想，要引導社會道德，要闡述治國理念，反對文章的庸俗化。

如果說明道、景祐年間主要是范仲淹一人在振臂高呼的話，那麼慶曆三年的大宋因為一批年輕英才的湧現，形成了政治上和文化上生氣勃勃的局面。

當然，每個時代的人們都有認識上的局限性。極端地排斥佛、老之道就是其表現之一。儒家思想因為它積極進取和以天下為己任的精神，注定是一種精英性質的思想。掌握這種思想的人，需要有最豐富、最深刻的知識積累，有道德境界的追求，有思想和行為的自我約束，還要有捨生取義的精神。用一句話概括，這種精英思想是一種社會理想以及實現這種社會理想的方法。雖然並非所有掌握這種思想的人都能做到這些，甚至在許多時候能做到這些的人只是其中的少數，但這絲毫不能動搖儒家思想作為指引人類社會發展指路明燈之一的崇高地位。

這麼一種需要許多條件才能掌握的思想，掌握它的人必定不可能是所有大眾，否則它就不是精英思想而是大眾文化。換句話說，能夠掌握它的必定只是少數人，而這少數人就是社會的精英，是引領大眾推動社會發展的核心力量，因此他們往往是國家的執政階層。

雖然儒家思想很難被絕大多數人掌握，但如果掌握它的精英們運用得當，可以最大程度地將它的許多內涵體現在生活當中，向普通大眾普及，使其成為普通大眾生活的一部分，並使我們的這個民族深深地打上儒家思想的烙印。

這是一個十分重要的道理：少數精英階層所崇尚的高尚的思想境界，是不可能替代普通大眾所需要的宗教信仰的。

但是我們應當清醒地認識到，中華民族的信仰具有獨特的二元性，這是一種優越的、先進的二元性。那就是：精英階層的信仰，不是盲目的宗教崇拜，而是理性的哲學。這種理性的哲學，進一步看是幾千年不斷探索、積澱、傳承下來的關於人與人和諧、人與自然和諧的理論成果與實踐經驗。在中華文明史上，儒家思想是這種精英信仰的主體，當然並不僅限於此。而普通大眾的信仰，則以具有包容性的宗教為主，這是二元信仰中的另一元。中國的普通大眾信仰所體現的包容性，是不干涉政治、不排斥其他信仰、不對日常的生活行為做極端化的限制，這又是中華文明足以自豪的另一個世界性貢獻。

毫無疑問，理性的精英階層信仰與一貫溫和的普通大眾的精神寄託這種精神信仰上的二元性保持了中華民族文化的連續、政治的穩定和經濟的持續繁榮。

歐陽修和他的客人們停止了關於佛、老的話題，因為家宴開始了——這是那個時代士大夫階層十分平常的一種交誼形式。

悠悠簫聲中，一名歌伎且歌且舞。

清晨簾幕捲輕霜，呵手試梅妝。都緣自有離恨，故畫作遠山長。　思往事，惜流芳，易成傷。擬歌先斂，欲笑還顰，最斷人腸。

這是歐陽修的新作〈訴衷情．眉意〉。

一曲新詞酒一杯。放下酒杯，眾人七嘴八舌點評起來。這是一首詠秋詞。歐陽修之詞，詠春芳、訴春愁的多，寫秋興、歎秋悲的少。別人詠秋多豪放，而歐陽修詠秋卻如春曲一般細膩，別有一番滋味。

歐陽修可謂北宋古文運動的盟主，古文運動崇尚的是文字簡練、要有思想性，反對駢體文那種過於追求文辭綺麗的傾向。然而有趣的是，歐陽修的詞作絕大多數卻極為婉約綺麗。如有一首名篇〈蝶戀花〉是這麼寫的：

庭院深深深幾許，楊柳堆煙，簾幕無重數。玉勒雕鞍遊冶處，樓高不見章臺路。　雨橫風狂三月暮，門掩黃昏，無計留春住。淚眼問花花不語，亂紅飛過鞦韆去。

它用十分淒婉的意境，抒發了從傷花、傷春到傷別離的愁情，堪稱婉約詞的代表作。

此時正是仲秋時節，因此這次家宴中的唱曲都是秋天的主題。

古人對秋天的感覺，是悲多歡少，因為秋天似乎代表了人情的冷落、親友的別離、生活的蕭索。對這種意境感受最深刻的莫過於柳永了。

寒蟬淒切，對長亭晚，驟雨初歇。都門帳飲無緒，留戀處，蘭舟催發。執手相看淚眼，竟無語凝噎。念去去，千里煙波，暮靄沉沉楚天闊。多情自古傷離別，更那堪冷落清秋節。今宵酒醒何處？楊柳岸，曉風殘月。此去經年，應是良辰好景虛設。便縱有千種風情，更與何人說？

這首〈雨霖鈴〉讓我們感受到柳永與情人別離之後傷透的心。柳永是一個多愁善感之人，不知是因為他的多愁善感讓他官場失意，還是因為官場失意讓他更加多愁善感。他曾因科舉失利，一時氣憤而寫了一首〈鶴沖天〉詞，聲稱要「忍把浮名，換了淺斟低唱」；不去追求這官場上的浮名了，一輩子就去淺酌杯酒、低唱小詞吧！牢騷是無心之氣，發完也就忘了。終於，他通過了下一次的省試，也終於能夠讓皇帝親試自己的才華了。但是仁宗記住了他的牢騷，誰讓他是著名的詞人之一呢？仁宗御筆一揮：「且去淺斟低唱吧，要這浮名幹什麼！」功名就這樣又一次與他擦肩而過。

簫聲再起，這回是一首〈蘇幕遮〉。

碧雲天，黃葉地，秋色連波，波上寒煙翠。山映斜陽天接水，芳草無情，更在斜陽外。黯鄉魂，追旅思，夜夜除非，好夢留人睡。明月樓高休獨倚，酒入愁腸，化作相思淚！

這是范仲淹在陝西時的舊作。

范仲淹的這首詞寫的是邊塞秋天的鄉愁。與歐陽修和柳永的細膩傷情不同，這首〈蘇幕遮〉顯得瀟灑大氣。尤其是上闋所描寫的秋色，儼然一幅氣勢宏偉的寫意畫。縱觀有宋一代的詞人中關於寫秋意的詞，范仲淹留存於後世為數不多的幾首當最為浩蕩磅礴，有人甚至將他的〈漁家傲〉與人稱「百代詞曲之祖」、據說是唐代李白所作的〈憶秦娥〉相提並論。

李白〈憶秦娥〉的下闋：

樂遊原上清秋節，咸陽古道音塵絕。音塵絕，西風殘照，漢家陵闕。

再看看范仲淹〈漁家傲〉的上闋：

塞下秋來風景異，衡陽雁去無留意，四面邊聲連角起。千嶂裡，長煙落日孤城閉。

我們可以感受到〈憶秦娥〉下闋與〈漁家傲〉上闋那種異曲同工的深遠和寂寥。沒有經歷過邊關的艱辛，是難以體會到與故鄉、與親人遠隔萬里關山的邊疆將士所具有的那種鄉愁的。它是思鄉之情與守邊責任的交織，是理想中對安逸的期盼與現實中的無法逃脫的艱苦生活的矛盾，是不知何時能夠回家與不知何時死亡的困惑。

這些情感的糾結足以讓人在深夜裡望月拭淚，更何況還有那無時不在、揮之不去的孤寂。大漠孤煙，長河落日，邊月滿山，野雲萬里。誰與孤影共明月？羌管悠悠一壺酒。

真的，只有酒才能讓人暫解鄉愁、暫忘孤寂。

這不是詩意，而是現實。大宋的將帥們鼓舞士氣的主要手段之一，就是牛酒犒勞。在出征前喝壯行酒，在勝利後喝慶功酒，在危機四伏時喝激勵酒，在軍心騷動時喝安撫酒。

但是，如果有人不理解這種現實，或者明知這種現實卻有意曲解它，那是很傷人心的。

這不是假設，這也是現實。歐陽修的這次家宴不僅有歌樂有詩詞，也有酒以及與酒有關的話題，尤其是與這種現實有關的酒的話題。

「鄭天休一到陝西，就彈劾滕子京貪瀆、濫用公使錢，滕子京自辯稱這些錢款多數用於牛酒犒勞將士。究竟誰是誰非？」歐陽修問范仲淹。

范仲淹沒有回答。鄭天休就是鄭戩，是范仲淹的連襟；滕宗諒字子京，是范仲淹的同年，也是最知己的朋友。鄭戩接替范仲淹和韓琦擔任了陝西四路經略安撫使，是滕宗諒的上司。他們二人都品行端正，卻在陝西成為冤家，鄭戩把他一貫的嚴峻作風指向了滕宗諒。

「鄭天休似嚴苛了些，且不近情理。滕子京豈是貪贓之人？據說鄭天休還與張公壽不太和諧。」尹洙道。張公壽就是名將張亢。

范仲淹仍然沒有回答。此事的是非他心中自有判斷，但是他考慮的不僅僅是誰是誰非的問題。如今此案已交由御史臺辦理，成了朝廷的大事。

歐陽修不贊同尹洙的說法：「近年來，邊將不守常法者，時常有之。小過不可不防，何況是濫用巨款之事？這些款項，如果用於招攬一些亡命之徒去殺敵還有道理，或者只是一時應急少量用於私家之用也還可原諒。但是滕子京、張公壽把這些錢款中飽私囊，那豈不是貪瀆嗎？」為此事，歐陽修已上書仁宗，建議從嚴處置。

尹洙反駁道：「滕子京、張公壽有無中飽私囊，如今尚無證據，據我看來，定無此事。並且，守邊將士長年在外，無比艱辛，卻是永叔所體會不到的。警訊一起，事關百姓將士生死、事關國家安危，豈容你瞻前顧後、三吟兩歎？任福敗於好水川時，我正在從延安范公處回涇州路上。元昊大勝之後，或是長驅直入以致涇原危急，或是縱兵大掠使百姓受難。此時，救與不救？我那時雖無調兵之權，卻擅自調兵救援。事後朝廷處罰我，自然於法有據，但於理是對是錯？」

尹洙說的是一段舊事。慶曆元年二月任福敗於好水川時，尹洙正在延州勸說范仲淹出兵。勸說無果後，尹洙趕回涇原路，走到慶州時，傳來了任福兵敗的消息。此時，元昊率領得勝之軍縱橫涇原、環慶一帶。尹洙當即以經略安撫司判官的身分調遣慶州守將帶兵救援。調兵是陝西經略安撫司長官的權力，尹洙調兵是越權，他因此被朝廷降職。

歐陽修有些語塞，看了看范仲淹。

范仲淹笑了笑，道：「邊事確實不是文章，法當守，理也當講。只是……」他略為沉吟，繼續說道：「如今新政初行，與元昊議和未定，內政與邊事，都不可節外生枝。」

但是，枝節已經難以避免了。這次家宴上議論的麻煩事，給慶曆新政摻進了麻煩的意味。陷入麻煩的主角是兩個將帥，滕宗諒和張亢。滕宗諒正以天章閣待制這一皇帝侍從官的身分擔任慶州知州，是慶州主帥。大將張亢則剛剛從陝西調到河東路駐守。他們陷入的麻煩被稱作「公使錢案」。找他們麻煩的人是鄭戩，但是鄭戩只是按照自己的風格辦事，他起了個麻煩的開頭就走了，而另有一些人藉機把這個麻煩越做越大，幾乎將狄青、种世衡等幾位陝西名將都裝了進去。如何對待這個案件，朝廷中形成了兩種截然不同的意見。一種意見要將相關人員嚴辦，另一種意見是不可無事生非、小題大做從而影響陝西邊防大計。

要說清滕宗諒和張亢陷入的麻煩事，首先需要說說「公使錢」是個什麼意思。

顧名思義，公使錢就是公用錢，是給一定級別的衙門和一定級別官員的機動經費，可用於正式公務經費無法顧及的公務和半公務活動，如宴請及餽贈過往官員。公使錢的數目視官員的官品高低而定。在宋以前，刺史以上官員是可以將結餘的公使錢歸為己有的。到了大宋時期，歸為己有的規定被取消，但一般情況下只要不是個人據為己有，對公使錢的使用範圍並沒有嚴格的約束。仁宗天聖、明道年間，錢惟演之弟錢惟濟濫用公使錢達七百萬之巨，他生前沒有人追究此事，死後也就一筆勾銷，皇帝還另賜他家黃金二千兩、喪葬費二百萬貫。

先是鄭戩舉報滕宗諒，說滕宗諒在涇州任知州時浪費錢財。接著，監察御史梁堅彈劾滕宗諒濫用公使錢十六萬貫。這是一筆巨大的錢財，當時宰相和樞密使的俸祿也就每月三百貫，參知政事、樞密副使才二百貫。

張亢被劾也與鄭戩有關。鄭戩到陝西時，張亢擔任渭州知州。張亢在一些問題上與鄭戩意見不合，於是被調到河東路。接著又是那個監察御史梁堅彈劾他，說他在渭州時讓部下將官庫的銀子拿到成都做交易，然後自己侵吞了利息。後來查實使用的不是庫銀，是公使錢。

我們知道，鄭戩是一個正直的官員。不過他有一個小毛病，就是有些「憑氣近俠」，即有些豪俠任氣，這是史書說的。他與張亢意見不合，就擠走張亢；他是否也與滕宗諒不合，沒有史料證明。張亢是很有見識的名將，也有些「憑氣近俠」。他被鄭戩排擠還只是第一次因此吃苦頭。若干年後，他再次被誣告，並再次被降職，那一次誣告他的是終於重新當上樞密使的夏竦。至於鄭戩，他的軍事素養肯定不如張亢。因此他們二人不合，張亢應當更佔理。

鄭戩對張亢的排擠以及對滕宗諒的告發，無意中成就了有心人對此事的利用。有心人就是御史臺的官員們。

滕宗諒的事與張亢的事沒有聯繫，但他們都是被監察御史梁堅彈劾的，後來又由御史臺的另一名御史官員燕度將二人併案審訊，因此兩件事成了一件事。

公使錢案成為與同期正轟轟烈烈推行中的慶曆新政相映照的一件另類的熱點事件。圍繞這一案件，伴生了太多耐人尋味的事情。

先看看此案的結果。

滕宗諒和張亢，一個是名列兩制以上官員的皇帝近臣，一個是功勳卓著的大將，都被關在了邠州的監獄中。在御史臺官的嚴厲審查下，滕宗諒濫用公使錢一事的最終認定結果出人意料。當初梁堅彈劾滕宗諒濫用公使錢十六萬，實際上滕宗諒只用了三千貫，並且都是用在葛懷敏大敗之後「牛酒犒勞」兵士以振奮士氣，還有少數是用來宴請當地羌族首領以及饋贈給了來邊關巡遊探望的遊士、故人作為盤纏——這些都不是他私自佔有。但滕宗諒擔心連累被饋贈的遊士、故人，因此將帳簿燒毀。至於原來所說的十六萬之數，那是正常發給兵士的每月軍餉的總數。

如果這還不足以證明滕宗諒的清白，那麼他死後的家產最能說明問題。慶曆七年，難以化解心中鬱鬱不平之氣的滕宗諒在知蘇州任上病逝，死後「家無餘財」。這是一個令人悲憤的結局。

滕宗諒在受到彈劾之初，就被朝廷從慶州任上調到鳳翔府暫任知府。慶曆四年的正月，在范仲淹全力抗爭下，此案結束，但滕宗諒仍被調任虢州知州。此前無論是慶州還是鳳翔府，都是一等州，而虢州屬於三等州，因此調任虢州就含貶謫之意。但是有人心猶不足。一個月後，滕宗諒再次被貶到下等州岳州。再次被貶的原因是御史中丞王拱辰以辭職要脅仁宗，要求重責滕宗諒，於是仁宗給了王拱辰一個面子。

至於張亢的案件，也查實沒有什麼大問題。張亢讓人用公使錢去交易贏利，然後用利錢購買軍馬，還有一部分錢也用於饋贈來往的士人、舊友作為盤纏。按照規定，這些都不是違法行為，包括用公使錢交易贏利——這種讓公使錢增值的做法符合規定，只要贏利之錢沒有被個人佔有。但張亢同樣為了不連累他人，也燒了帳本。

最終，張亢被降職一級。他沒有受到第二次降級，是因為御史中丞王拱辰對仁宗以辭職相威脅時將矛頭主要對準了滕宗諒而不是他。

在案件審理的整個過程中，有兩個現象形成了鮮明的對照。

一個現象是范仲淹對滕宗諒和張亢二人的解救。

范仲淹從一開始就不相信對滕宗諒、張亢二人的指控，既因為他對二人品質的信任，也因為他在陝西對二人所作所為的了解。

在案件審理的初期，范仲淹幾次在朝上為他們二人辯護，他願意用自己的職位擔保他們不存在御史臺官彈劾的問題。他還指出，滕宗諒身為朝廷重臣、一方主帥，如果輕易被當作小賊一樣打入監牢，那麼今後邊關還有誰會尊重朝廷的權威？但是正在氣頭之上的仁宗當場大發雷霆，讓范仲淹無法再繼續陳述。

范仲淹沒有退縮，又連上三道長篇奏章。他向仁宗舉例說自己和韓琦在涇州時一起這樣使用過公使錢：慶州簽書判官馬倩病故，他家老人尚在，他們因此向馬家贈錢一百貫；涇州保定縣知縣劉襲禮家庭貧困，父親去世後無力送葬，他們也贈錢一百貫；虢州推官陳叔度在家守喪，家境貧寒，他們贈錢五十貫；進士黃通來涇州看望他們二人，也贈錢五十貫。這些錢的出處，都是公使錢及通過合法方式產生的利息。

范仲淹甚至指出，如果說滕宗諒、張亢二人如此使用公使錢有罪，那麼他和韓琦二人也同樣有罪；如果要懲辦滕宗諒、張亢二人，那麼也請仁宗懲辦他和韓琦。

在辯護的同時，范仲淹委婉地指出了御史臺官在此事上的問題，請求仁宗另派親近之人直接問案，以免邊關將士見二人如此遭遇，以為朝廷不以將帥為重，有意打擊守疆臣僚，讓沿邊的將帥、兵士寒心。

對於公使錢案，歐陽修的認識經歷了一個轉變。一開始事情原委不明時，歐陽修出於義憤，對於老朋友滕宗諒、張亢的「濫用」「貪瀆」行為十分痛恨。然而不久，他也感覺到了御史臺官員的用心不純，尤其反感要將陝西名將一網打盡的做法。他就此事的第二次上書中，斥責燕度審訊滕宗諒一案時牽連廣泛，致使人心騷動，甚至還派出獄吏欺凌樞密副使韓琦。他提醒仁宗不可將國家難得的人才隨意打倒，否則等到要用人之時將後悔莫及。

在公使錢案上，因為有范仲淹以奮不顧身的精神為滕宗諒和張亢伸張正義，加上歐陽修及其他一些人的呼籲，滕宗諒、張亢二人沒有受到太重的處罰，滕宗諒甚至還保留了天章閣待制的館職。

此案中另一個令人深思的現象是御史臺官員們小題大做，非將滕宗諒、張亢二人治罪不可的態度。

監察御史梁堅彈劾滕宗諒的十六萬公使錢是明顯的栽贓。御史臺官有風聞奏事的權力，只要聽說了就可上奏，但像這樣的風聞奏事是濫用權力。雖然後來證明了十六萬這一數字的荒誕，但御史臺卻成功地使仁宗站在了應當嚴辦此事的立場上。

梁堅隨後病故，接手審訊此案的燕度絲毫沒有體現出比梁堅更負責任的精神。燕度將案件越辦越大，不僅將滕宗諒、張亢身邊的人打入牢中，甚至將案件牽扯到狄青、种世衡身上，說他們也有濫用公使錢的問題，也將他們打入牢中。這還不是燕度最讓人髮指的行為。燕度甚至派獄吏去見樞密副使韓琦，劾問韓琦幾個月前在陝西巡邊時與滕宗諒商議邊疆大事的細節。

最後，就在案情明朗、事實證明滕宗諒、張亢二人沒有什麼大錯且他們已經被貶謫的情況下，身為御史臺長官的王拱辰又以滕宗諒不應擅自燒毀帳本為理由，以威脅辭職為手段，逼使仁宗將滕宗諒再加貶謫。

王拱辰與御史臺的官員們都不是夏竦那樣的奸邪之人。相反，他們中的一些人還都有些時名，如有才華、穩重或不畏權貴等，御史中丞王拱辰自己就是狀元出身。在阻止夏竦進入兩府的時候，御史臺還起到了十分重要的作用。

那麼為什麼這些人會突然之間換了一副面孔，讓人覺得蠻不講理呢？

現在還不是解釋原因的時候。慶曆四年又是一個多事之秋。

就在公使錢案還未了結時，又出現了一件紛爭大事。這次紛爭的雙方更加出人意料——都是主張改革的精英人物。

這件大事就是水洛城事件，仍然是發生在陝西並且再一次牽動著大宋決策層神經的事件。

水洛是位於涇原路的鎮戎軍和秦鳳路的秦州之間的一個羌族部落聚居地。在一百八十多年後改名為莊浪之前，水洛之名在此地已存在了一千多年。水洛地勢平坦、土地肥沃，兼有銀、銅等礦，從內地逃亡的一些漢民定居此地並教當地羌民工匠以技術和商賈之法，使得水洛成為一個交通發達之地。但是這裡的羌族酋長心向西夏。水洛的存在，阻斷了大宋的秦州和鎮戎軍的直線聯繫。如遇戰事，秦州要救援鎮戎軍或渭州，必須向南繞過水洛才能到達，反之亦然。真宗時期，在秦州守邊的名將曹瑋看到了水洛的重要性，曾打算攻佔水洛，但未能實現。

作為范仲淹在陝西時的一個重要戰略謀劃，大宋要爭取佔領幾個戰略要地，其中在陝西境內有三個，依次是延州與慶州之間的白豹、金湯、後橋三個西夏城寨，環州與鎮戎軍之間的葫蘆泉以及鎮戎軍與秦州之間的水洛。如能實現，大宋在陝西的防線連成一條直線，相互之間就可以形成呼應。范仲淹親自主持修建了大順城後，已經起到遏制白豹、金湯、後橋三城寨的作用；葫蘆泉一帶也在後來由种世衡奉范仲淹之令修築了細腰城。而水洛就是范仲淹戰略謀劃中最西面的一個必爭之地。

早在慶曆二年二月，范仲淹就提出修建水洛城的建議，但時任秦州知州的韓琦不贊成，因此此議被擱置了。

就在范仲淹和韓琦離開陝西、鄭戩接任陝西四路主帥不久，渭州靜邊寨守將劉滬以謀略加激戰的方式佔領了水洛。鄭戩得知後，即命令劉滬就地修築城池，鄭戩在此事上做出了正確的判斷。這時已是慶曆三年冬季。在同一時期發生的公使錢案中，滕宗諒和張亢已經下獄。

十二月，代范仲淹巡察陝西的韓琦下令停止修築水洛城。但是鄭戩並沒有執行命令，反而加派經略安撫司官員董士廉帶兵協助劉滬築城。

時間到了慶曆四年。二月，就在滕宗諒再次被貶之後沒有幾天，朝廷取消了陝西四路主帥之職，陝西四路又各自為政了。這是韓琦向仁宗提出的建議。鄭戩改任永興軍知軍。此前，歐陽修也不贊同由鄭戩一人擔任四路主帥，他認為鄭戩沒有這個能力。

取消了四路主帥後，劉滬此時的主帥是渭州知州尹洙。尹洙在陝西的戰略思路上與韓琦是一致的，他也不主張修築水洛城。鄭戩一走，尹洙立即召回劉滬和董士廉。但是劉滬、董士廉二人兩次拒絕了尹洙的命令，繼續修築工程。尹洙大怒，派涇原副都部署狄青親自到水洛把劉滬、董士廉二人抓了起來，關押在渭州城西邊的德順軍。

這個時候，范仲淹介入了。

在此之前，范仲淹在修築水洛城的問題上十分謹慎。他與韓琦已經形成了默契，雙方對於陝西事務本著求同存異的原則，在形成共識後再共同發表意見，即便他們進入兩府後也基本如此。他們二人在水洛城的修築問題上意見相反，這不是什麼秘密，也不需要隱諱。在形成共識之前，他們不會拿這個問題去指責對方。這次修築水洛城是鄭戩做出的決定，韓琦作為代表朝廷巡視陝西的樞密副使命令停建，因此也不是針對范仲淹的。

但是事情發展到尹洙派狄青逮捕劉滬和董士廉這一步，范仲淹認為他必須發表意見了。他發表意見仍然不是針對要不要修建水洛城的問題，而是防止狄青將劉、董二人按軍令斬首。

就在尹洙派狄青逮捕劉滬和董士廉的同時，仁宗派人到水洛考察，當地民眾強烈要求朝廷支持劉滬修築水洛城。據此，朝廷最終同意繼續修築水洛城。因此，眾人在此事上的議論，主要是圍繞如何處理劉滬、尹洙、狄青等相關人員這一話題。

這是一個讓人為難的事。劉滬不服從軍令自然有錯，但他堅持修築水洛城卻又是正確之舉；尹洙、狄青雖然對修築水洛城的必要性缺乏認識，但他們將不服從軍令的劉滬、董士廉繩之以法本身並沒有錯。這個時候，支持尹洙、狄青的只有韓琦一個人，范仲淹、歐陽修等人都支持劉滬。但與此同時，范仲淹、歐陽修也認為應當保護尹洙和狄青這兩個人才。

此事最終的結果是：水洛城在劉滬主持下終於修成；尹洙被提升一級館職，以直龍圖閣的身分調任潞州知州；狄青先是調任河東路，幾個月後又回到陝西升任涇原路都部署。劉滬先是擔任水洛城主，三年多後病故。他的弟弟要將他的靈柩送回家鄉，但被當地民眾阻止了。他們跪地號泣，求得同意後將劉滬葬在當地，並立祠紀念。這座劉公祠的香火旺盛了幾百年。當地民眾還懇求朝廷派劉滬的子弟主持水洛城，朝廷於是讓劉滬的另一個弟弟擔任了水洛城兵馬監押。

水洛城之爭體現了慶曆群賢和而不同的君子之風。他們相互之間意見不同，但都是為了國家利益；他們這種意見的不同，也沒有傷害到他們支持新政的共同立場和相互之間的友誼。這讓看熱鬧的人有一些失落。

但是，水洛城之爭，以及稍早的公使錢案，對於慶曆新政產生了重大傷害。陝西的安定是新政的主持者和支持者得以左右和影響朝政的重要前提，破壞這種安定的結果是顯而易見的，這是其一。其二，慶曆群賢的君子之爭，在新政大力推行並且開始觸及一些人既得利益的情況下，實在不是一件好事。雖然它沒有在群賢之間造成什麼隔閡，卻讓仁宗又想起了「朋黨」這個詞，更讓一些人認為到了他們可以出手的時機。從這一點來說，慶曆諸賢顯得書生氣了。你以坦蕩胸懷示人，但別人並不這麼看你、對你。

4

經過半年多的推行，新政的效果已經初步顯現。至於效果是好是壞，不同的人有不同的觀點。如果有人從正面看，這些效果就是正面的；如果有人從反面看，這些效果就是負面的。

比如派出按察使查劾庸官、舉薦官員這一措施，就讓許多官員惶恐不安。

古往今來，人人都認為當官就應該當得心安理得，不知道為政之道正需要讓官員有一些惶恐不安，生怕自己哪裡不盡心，這樣才能使他們死心塌地地為百姓謀利、為國家操心。那些絕大多數時候在高談闊論、絕大多數時候感到心寬體胖的官員，不會是真正的好官，因為他們不會太在意百姓的需求和國家的期望，而這樣的官太好當了。

歐陽修曾在慶曆三年的一封奏章中列舉了幾個一州之長或老邁昏聵、或品劣無能的事例：郢州知州每天要兩個僕人攙扶著才能上官府坐衙理事，為政三年，州政紊亂。接替他的下一任知州也是七十餘歲，昏昧不堪，如何昏昧？歐陽修有親身體會。歐陽修早年在滑州任通判時，這位知州也在滑州為官，曾數次去看望歐陽修。每一次見到歐陽修，這位老兄都要反覆問一個問題：「中書有一個王參政，名甚？」為什麼反覆問？因為他記不住。再如汝州知州，原來在三司任職，因為沒有能力而被清出三司；鄧州知州曾任轉運使，也是因為沒有能力而降職。州縣官是最重要的親民官，這些昏昧無能的親民官豈能造福於民？

按照范仲淹、富弼、歐陽修這些人的看法，他們都是按察使需要按察彈劾之人。

本來一輩子都可以輕輕鬆鬆地當官，如今遇到了不讓他們輕輕鬆鬆當官的制度，必然要引起反彈。這種反彈絕不僅僅發自那些利益直接受到侵害的官員，還包括他們上下左右的更多人，還包括一個特殊的群體，那就是內侍，亦即宦官。

內侍是可以外出當官的，這是大宋在抑制宦官專權的同時給予宦官的一條出路。許多宦官甚至在邊疆為將，其中也不乏智勇雙全、為國家做出重要貢獻的將領。遇到重大事件，皇帝往往還派出內侍到各地巡察、安撫、獎勵、辦案等，這類負有臨時使命的內侍又被稱為中使。此外，宦官外出當官還有一條路子，就是主管京城的一些事務部門，這些部門通稱作「京城百司」。百司的職責，或者與皇家需求有關，如宮廷採購，或者與社會公共事務有關，如交通運輸。這些部門多數是肥缺，是內侍們最喜歡的職位。他們一旦佔據了這些位置，往往想方設法把持不放。他們的出身又決定了其中許多人都有仗勢欺人的特點。這是一個一般官員得罪不起的群體。

但是，慶曆新政也要得罪他們。按照新制度，任職三年必須移任。

抑制官員子弟任職特權是另一個讓許多人心痛的措施。慶曆三年十一月，仁宗下詔實行新的官員子弟蔭補辦法，所有原來享有特權的官員立即感受到了利益的損失。

這些改革官員人事制度的措施，是最不得人心的新政措施。任何一位相關的官員，無論他們平時是不是正人君子、為國謀利，這時他們都自覺地將自己歸入了支持或是反對新法的隊伍之中。

得罪人的還不只是新政本身，歐陽修的直言不諱也得罪了一大批人。

懷著與范仲淹一樣的報答君主知遇之恩的心情，歐陽修毫無顧忌地發表意見，提出觸及許多人利益的建議。歐陽修是慶曆三年三月任諫官的，僅從任諫官開始到這年年底的九個月中，歐陽修呈遞的關於時政的奏章就至少有七十二個。

他建議重大國事讓百官議論，以博採眾長，避免兩府大臣或兩制官員中的少數人見識不夠耽誤大事。

他點名指責翰林學士李淑和蘇紳心術不正。不僅如此，他還說「兩制之中，奸邪者未能盡去」。他們是什麼人？是皇帝最重要的文字秘書。即使歐陽修說的是事實，但沒有人像他這樣批評國家如此重要的官員。

他批評燕度辦理滕宗諒案件時過於張惶，並進一步批評御史臺，「近年臺官，沒有一個是稱職的」。要知道，御史中丞王拱辰深得仁宗信任，而前任中丞賈昌朝如今是參知政事。歐陽修甚至彈劾了監察御史王礪，使得王礪被免去臺官職務。

他幾次上奏呂夷簡的問題，請求不要再給呂夷簡的子弟過多恩補，不應給呂夷簡的僕人封官，不應讓呂夷簡通過非正常管道向仁宗傳遞訊息。

歐陽修最有預見性的建議，就是提醒仁宗防備小人中傷范仲淹和富弼。「范仲淹等人所言，都是能夠解決時弊但又容易招致小人怨恨之事。一旦奸邪之人在陛下面前進讒言，陛下應當斷然拒絕。如此，范仲淹所言之事才能長久施行，才能最終成功。如果陛下能始終信任他，那就是社稷之福、天下之福！」

雖然後來的歐陽修官至參知政事，但是慶曆年間的這些奏章最能體現歐陽修的率真和無私。不過從另一個角度看，這個時期的歐陽修在政治上是有些稚嫩的。

歐陽修最推心置腹的奏章，就是他的〈朋黨論〉。他捧出了他的心，讓仁宗一覽無遺。

水洛城之爭尚未完全結束的時候，慶曆四年的四月初，仁宗皇帝在一次朝議中突然向輔臣們提出了一個問題：小人喜歡結黨，那麼君子也有黨嗎？

范仲淹答道：「臣守邊時，看見作戰勇敢之人自結為黨，膽小怯懦之人也自結為黨，臣以為朝廷也是這樣，邪正各有其黨。一切在於陛下明察。如果結為一黨去做有利於國家之事，這對國家有什麼害處呢？」

仁宗對范仲淹之語未予置評。

歐陽修對仁宗的這個問題，用一篇〈朋黨論〉來回答。他要向仁宗闡述朋黨的好處與壞處。君子與小人都有黨。這是歐陽修告訴仁宗的第一句話。

不過，小人之黨是暫時之黨，君子之黨是長久之黨。這是歐陽修的第二句話。

君主應當斥退小人之黨而進用君子之黨，這樣就能天下大治。這是最後一句話。

當然，歐陽修還具體闡述了相關的道理。比如為什麼說小人之黨是暫時之黨而君子之黨是長久之黨，「小人追求的是個人的功名利祿。當他們利益相同時就暫時結盟，一旦見到利益就互相爭搶，一旦沒有了利益就互相疏遠，因此小人之黨不會長久。而君子追求的是道義、忠信、名節，相互之間能增強自己的道德修養，同心共濟、服務國家，因此君子之黨始終不渝」。

能如此光明正大地表白君子有黨，體現了范仲淹、歐陽修們的心胸坦蕩。但是他們又一次犯了書生之氣。仁宗問的是君子是否有黨，而不是君子之黨是好是壞。有黨無黨是關鍵，好黨壞黨不是他所關心的。

可以理解的是，范仲淹和歐陽修並不知道仁宗為什麼提出這個問題。他們只是把這個問題簡單地理解為仁宗此前提出的三十五項正在思考的問題之一。

他們還不知道的是，一名叫藍元振的內侍上書仁宗，說了這麼一番話：「范仲淹、歐陽修、尹洙、余靖四人都是蔡襄曾經讚揚過的四賢，如今四賢一得意就引蔡襄為同列，這顯然是他們四人用國家爵祿報答蔡襄的私恩。如果他們每人有十個黨羽，那麼他們一黨至少有五六十人。這五六十人再各自提攜幾名黨羽，那麼兩三年內滿朝都是他們一黨之人了。到時他們想幹什麼不是都能幹成了嗎？」

後來的人都說藍元振上書一事是夏竦教唆的，因為夏竦善於借重宦官為自己投機鑽營，而皇帝身邊的人歷來多是亦正亦邪之人。夏竦教唆藍元振或許是實，但教唆藍元振的恐怕不僅僅是夏竦吧？

慶曆四年五月，朝中突然出現一個若隱若現的傳言：石介曾經給富弼寫了一封私信，建議富弼「行伊霍之事」。

「行伊霍之事」是什麼意思？

伊、霍說的是兩個人：伊是伊尹，霍是霍光。

伊尹是幫助商湯消滅夏朝、建立商朝的開國元勳，並先後輔佐了三代商朝君主。第三代君主是商湯的孫子，他繼位為王之後不守王道、荒淫無度，伊尹就把他流放到外地，自己處理朝政，直到商王悔改，伊尹才把他接回來並將大權交還給他。

那麼霍光肯定也是類似人物了。霍光是漢武帝時期名將霍去病的同父異母兄弟，與蘇武、李陵是好友。漢武帝死前將年僅七歲的太子託付給霍光。太子繼位為昭帝後，霍光盡心輔佐，粉碎了幾起重大政變陰謀，後來又在昭帝死後輔佐了兩代皇帝。昭帝之後的廢帝劉賀即位之前就行為荒唐，即位之後，據說在二十七天內就幹了一千一百二十七件更荒唐的事，於是霍光聯合其他大臣取得太后同意，將他廢黜。

也就是說，「行伊霍之事」就是廢黜皇帝，那麼這就是謀反了！

這個傳言很快就傳到仁宗那裡。或許首先是傳到仁宗那裡，然後才在一些朝臣中流傳吧。並且似乎還不僅僅是傳言，仁宗或許見到了那封信，因為史書提及一個細節：此信的筆跡與石介相仿。這說明有人看到了這封信。

仁宗不太相信這個傳言。如果他相信的話，必然要採取措施。富弼是樞密副使，是軍事上的最高領導之一。如果他真有謀反之心，只要在掌管禁軍的殿前司、馬軍司和步軍司這三衙中有幾個心腹，那是有可能成功的。仁宗沒有任何表露，這充分說明他至少在此時不相信富弼有此心。但是這封信是否讓他有所擔心，那就不得而知了。

流言也傳到了范仲淹、富弼的耳中，相信韓琦、歐陽修等人也一定聽到了風聲。但畢竟是傳言，而且是如此敏感的話題，他們相互之間應當不敢議論。不過據說范仲淹和富弼之間有過交流。結合幾個月來朝廷中越來越不利於他們的氣氛，范仲淹建議自己和富弼二人設法離開朝廷暫避風頭。范仲淹尤其擔心被自己寄予厚望的富弼，不希望他陷入更大的麻煩之中。

或許是上天注定的安排，西夏和契丹給范仲淹和富弼提供了離開朝廷的機會。

據報，元昊的西夏和契丹的大遼又要開戰了，原因是契丹的一個党項族部落投靠了西夏，大遼派兵征討這個部落時，被元昊的援兵打敗，還損失了兩員大將。遼興宗大怒，從各地徵調數十萬大軍集中於西南邊境，準備大舉討伐西夏。契丹還專門派遣使者來大宋通報與西夏開戰之事，因為調兵與西夏交戰之前必須向大宋通報，以免誤會。

雖然看起來像是他們兩國開戰，但大宋卻不能不防。萬一是夏、遼兩國以雙方交戰為名調兵遣將聯合入侵大宋，不進行防備是要吃大虧的。

范仲淹向仁宗申請到陝西、河東巡邊，觀察兩國動向，視情況預做防備。仁宗同意了。於是范仲淹於六月底離開了京城。

八月，富弼向仁宗提出到河北巡邊，理由是北方形勢不明朗，而自己多次出使契丹，因此對河北防務情況較為熟悉。仁宗也同意了。

慶曆新政的兩個最重要的人物離開了朝廷。

這個一箭雙鵰的計謀，後來被證實是夏竦的傑作。

石介給富弼的信是有的，它是那個時代朋友向朋友或者低級官員甚至一般的讀書士人向高級官員提出的自己的政見和給予對方的誠懇建議，因此這類信件本身就是一篇有思想、有文采的文章，可以在社會上流傳。信中有一句話與「行伊霍之事」在文字表述上很接近，但意義完全不同，那就是「行伊周之事」。其中的伊仍然是伊尹，周則指的是周公。周公是周武王之弟，他在武王死後忠心耿耿地輔佐周成王，平定了王族和其他少數民族的幾次叛亂，並廣泛實行仁政。「周公吐哺，天下歸心。」周公為了國事忙得連一口飯都沒有時間嚥下去，終於讓天下之人繼續擁護周王。「行伊周之事」說的是希望富弼像伊尹、周公那樣盡心盡力輔佐君主，成為流芳千古的賢相。這句話與「行伊霍之事」只有一字之差，但其本意則謬以千里了。

夏竦有一個嗜好，那就是讓自己的女人成為書法高手。他的妻子楊氏在他教導下就擅長書法。後來夫妻兩家因為夏竦新寵太多、冷落了楊氏而反目成仇，夏竦之母和楊氏之母這兩位老太君甚至大打出手，鬧出了傳遍京城的大笑話。之後，夏竦又納了好幾房小妾，也教導她們學書法。夏竦對其中一個寄予厚望，讓她專心學習石介的筆跡。學成之後，就讓她將石介寫給富弼的那封信重新修改成一個版本，並在一些人中傳播，最終就傳到了仁宗和范仲淹、富弼等人手中。

夏竦的奸計後來是怎麼被揭露的，已經無法考證，但此事在他還沒死的時候就被那時的人們所知曉。

范仲淹在前往河東的途中，順道拜訪了已經退休在家的老宰相呂夷簡。據說呂夷簡問他：「參政為何如此匆忙離開朝廷？」范仲淹答道：「邊事緊急，因此外出。」呂夷簡道：「經略邊事更宜身在朝廷。」這是呂夷簡政治上的老練，范仲淹聽罷默然。後來有人以此認定范仲淹離開朝廷的失策，但是有眼光的南宋歷史學家李燾指出了范仲淹離開朝廷的必然性。他離開或是不離開朝廷，都改變不了後來必然出現的結局。

拜訪呂夷簡是范仲淹很自然的一個行為，沒有任何動機。范仲淹去世之後，歐陽修執筆撰寫了范仲淹墓道上的神道碑文。其中有一句話是范仲淹、呂夷簡二人「歡然相約，戮力平賊」，這是范仲淹這次拜訪呂夷簡成為「歡然相約」的證據之一，但是范仲淹的後人不承認這個說法。范純仁說道：「吾翁未嘗與呂公歡然和好！」他甚至不顧范家與歐陽修的通家世好，在碑文刻石時刪除了這句話，這是對歐陽修極大的不尊重，歐陽修也對此耿耿於懷。不光是范純仁不贊同「歡然相約」，作為歐陽修好友的富弼也不贊同，歐陽修、富弼二人之間還因此有些不快。

如果讓范仲淹自己來評判，歐陽修和范純仁誰是誰非？相信他會說：二人俱是也俱非。

俱是俱非是什麼意思？

慶曆三年，當仁宗讓范仲淹與呂夷簡化解個人恩怨時，范仲淹的一句話已經回答了這個問題：「臣嚮往所論都是國事，臣與呂夷簡沒有私怨！」

無論是范仲淹的至友歐陽修、富弼、他自己的兒子范純仁以及所有與他志同道合的或景仰他的風節的那些人，還是以呂夷簡為代表的另外一大批持不同政見者，甚或是夏竦這類為各方人物所不齒的人物，最後包括仁宗，都犯了一個認識上的重大錯誤。這個錯誤就是以一黨一派的世俗眼光看待范仲淹。

范仲淹當時說的這句話除了向仁宗表露自己處理與呂夷簡之間關係的坦蕩之心，還客觀上反映了一個被扭曲的認識，那就是許多人都將范仲淹屢次與呂夷簡的爭鬥看成是出於個人恩怨，或者說因為國事之爭而被貶後，范仲淹將自己與呂夷簡的關係加上了一層個人恩怨的色彩。隨之而來的天下之人對二人的贊同與不贊同，就演變成了范仲淹之黨與呂夷簡之黨或者說君子之黨與小人之黨的自然分類。

范仲淹無黨，他的一切價值取向都是以有利於國家為標準。只不過，連他自己或許都沒有意識到這一點，所以他才會在慶曆四年四月仁宗提出「君子是否有黨」的疑問時做了「君子有黨」的回答。

連范仲淹自己都承認君子有黨，那怎麼還能說他無黨呢？

呂夷簡之黨是否存在不必做太多的論述，但是范仲淹自己心中無黨，這是毫無疑問的，許多事實可以證明。

景祐二年他在蘇州任上治理太湖時，朝廷有人反對他的方案，於是他上書呂夷簡，請呂夷簡支持他提出的、受到質疑的太湖疏浚方案，而范仲淹一年前被貶就是因為呂夷簡給仁宗出的主意。

慶曆三年，歐陽修、王素、蔡襄等人打算向仁宗推薦石介為諫官，范仲淹堅決不同意。他認為石介喜歡意氣用事，不是諫官的稱職人選。

公使錢案發生後，范仲淹與杜衍在如何處理滕宗諒的問題上意見不同，二人為此在朝廷上公開爭論。

慶曆四年五月，夏遼交戰。范仲淹認為夏遼交惡極有可能是它們聯合南侵大宋的陰謀，請求帶兵到河北巡邊部署。杜衍、韓琦、富弼都認為他赴河北巡邊是必要的，但都不贊同他帶兵去，他們認為夏遼不可能聯合南侵。范仲淹與三人在仁宗面前激烈爭論，甚至對自己十分尊重的杜衍說了很不客氣的話，後來形勢的發展證明這是他少有的一次錯誤判斷。

只要有利於國家、百姓，無論對方是正是邪，他都坦誠地與之交往，盡心辦好國事，這就是范仲淹無黨的體現。而正因為心中無黨，范仲淹才有能力、有資格立足於仁宗時代乃至整個大宋歷史上社會道德風尚的最頂峰。而他與杜衍、韓琦、富弼等人在國事上的行為方式，也恰恰證明了「君子和而不同」的道理。

朝廷中颳起的政治寒風在范仲淹和富弼離開京城後，讓人感覺更加凜冽。

御史中丞王拱辰來見韓琦，勸韓琦做出政治選擇。比二人稍晚些年代的宋人對此次見面有一番生動的描述。

王拱辰十分有趣地前蹦後跳作逃離狀，以此向韓琦示意：「稚圭不如拔出彼黨，向這邊來。」稚圭是韓琦的字。王拱辰之意，就是讓韓琦懸崖勒馬，及早從「彼黨」抽身。

韓琦淡淡地說道：「韓琦唯義是從，不知有黨。」

王拱辰悻悻而去。

不過，功夫不負有心人，王拱辰終於找到了一個機會，辦成了慶曆四年的最後一件大事，那就是「進奏院案」。在此案中，十幾名新政的支持者被貶出京城。

此案本來不是罪案，是王拱辰與御史臺官員把一件再普通不過的文人聚會辦成了重大罪案。

事情發生九月末的深秋。

京城百司衙門多年來有一個傳統，就是在深秋舉辦一個賽神會。所謂賽神會，就是用民間風俗儀仗加上聲樂戲劇，熱熱鬧鬧地祭祀某個神仙。京城衙門祭祀的神仙有些職業特點，叫作「蒼王」。蒼王是什麼來歷？就是上古時期發明中華文字的聖人倉頡。衙門的工作少不了要跟文字打交道，因此衙門之人就將倉頡當作神仙供奉起來，希望自己少在文字上犯錯誤。

其實，祭祀神仙只是個由頭。神仙祭祀完了，凡人們就可以大吃大喝一番，因此這賽神會實際上就是官員之間一次帶有聯誼性質的休閒娛樂活動。

進奏院的一批年輕人也在這個時候辦了個賽神會。進奏院的主要職責是向地方傳達中央的政令和朝廷的重大訊息，各地官員收看的邸報就是出自進奏院。進奏院的長官是三十六歲的蘇舜欽，那位著名的文學家兼詩人，而他此時更以不斷發表支持新政的政論聞名。

其實不光是進奏院，其他一些朝廷衙門也先後在這個季節舉辦賽神會，但是他們沒有出事，而進奏院則出事了。

事情的經過大致是這樣的：

蘇舜欽讓人把進奏院往年的一些舊文件賣了，準備用賣這些廢紙得來的錢辦賽神會。用賣這些廢紙所得的錢辦會也是往年的慣例，不是蘇舜欽以權謀私的發明。這些廢紙不值幾個錢，因此蘇舜欽自己又掏了十兩銀子，合在一起辦了這一次賽神會。

有道是物以類聚、人以群分。賽神會的主辦方是進奏院，但參加進奏院賽神會的相當一部分人並不是進奏院的官員，而是與蘇舜欽氣味相投的一批人，以年輕人為主。他們都是范仲淹等人看重的一時俊傑，其中多數還與蘇舜欽一樣有館職身分——當然他們大都與蘇舜欽一樣也是范仲淹等人舉薦的，如擔任集賢校理館職的章岷、刁約、江休復、王益柔和館閣校勘宋敏求。此外還有兩位地位頗高之人。一位是王洙，他的館職是直龍圖閣兼天章閣侍講，是皇帝的講讀官。王洙不算是年輕人了，他早在天聖五年就與范仲淹一起在應天書院執教。另一位是直集賢院呂溱，也還是年輕人。他是仁宗寶元元年的進士科狀元，如今的職任是記錄皇帝日常起居活動的修起居注。王洙和呂溱的館職是直閣、直院，比其他人高。這些人都支持新政，平時就常常在一起議論時政、評判時人，如今又找了一個機會再次聚會。

這些年輕人在豪飲一番、高論一通後，仍未盡興，於是又召來兩名軍伎，一同歌舞爛飲。酒喝到極致，自然是目空一切，說起話來就有些肆無忌憚。集賢校理王益柔當場賦了一首十分豪邁的詩，其中有兩句讓人聽了有些咋舌：「醉臥北極遣帝扶，周公孔子驅為奴。」聽起來有些李白的「天子呼來不上船，自稱臣是酒中仙」的味道，但王益柔說得比李白狂妄多了。你讓皇帝到北極扶你回來也就罷了，怎麼能讓周公和孔子做你的奴僕呢？

馬上就有人將情況報告給王拱辰。怎麼會有人這麼快就知道蘇舜欽等人的活動呢？後人分析了幾個原因，其中一個就是王拱辰早就布置御史臺官密切關注他們的活動，希望從中找出一些把柄以做文章。

王拱辰聽了手下彙報的情況，十分歡喜。他讓兩名臺官第二天一早上章彈劾，彈劾的主要罪名是進奏院的賽神會有不當之舉。

想必是因為情況了解得太倉卒，與會者都有哪些不當之舉沒有說太清楚，所以仁宗看了臺官的奏章後不以為意，沒有答覆。

御史臺又上了第二次奏章，但仁宗仍然不當一回事。

王拱辰著急了。好不容易抓住了一個機會，怎麼能夠就無聲無息了呢？何況此時他聽說了一個新情況，那就是諫官蔡襄也參與了此次賽神會的活動。蔡襄可是參與新政的重要人物，分量比這些搖旗吶喊的年輕人重多了。其實王拱辰搞錯了，蔡襄並沒有參加賽神會。他只是在退朝後順路和蘇舜欽等人結伴同行，經過了進奏院。王拱辰的人只看見蔡襄與蘇舜欽等人結伴而走，沒看見他在進奏院門口與眾人分手。

王拱辰發動御史臺官們第三次上書，要求仁宗嚴懲進奏院賽神會上的所有人員。他們羅列的罪名有：監主自盜，這說的是進奏院的兩名長官蘇舜欽和劉巽；放肆狂率、詆毀先聖，這幾乎說的是所有人，尤其是王益柔；王洙的罪名是與軍伎雜坐。另有幾位與會者的罪名是服喪期間參與飲樂。除此之外，這些人還有最後一個罪名，就是他們飲樂的地點離皇宮太近。

似乎是擔心這些罪名還難以引起仁宗的注意，因此王拱辰讓御史臺官們在奏章中將這些人謗訕聖人的語言和放浪形骸的舉止再添些油、加些醋。最後，王拱辰親自向仁宗做了報告。

仁宗終於發怒了。他派出宦官連夜抓捕所有與會者。想想看，這麼多被視為國家未來棟梁的館職清望官一夜之間被捕，那是一個多麼令人震驚的事情！京城中人人心驚肉跳。

案件很快就判決了。

蘇舜欽和劉巽被削職為民。劉巽是陪綁的，他是武職，因為參與了飲樂，又與蘇舜欽同為進奏院長官，因此同罪同罰。這個處罰對於一個官員來說太嚴厲了。十年寒窗，經綸滿腹，在這個處罰之後都付諸流水。

按照刑律來看，對蘇舜欽、劉巽二人處罰的嚴厲程度如何？是「減死一等」。比死刑低一等。

朝中許多人都認為對蘇舜欽等人處理過重。廢紙出售之後，所得錢款當時都登記在冊了；用這些錢辦賽神會，也是往年慣例；各衙門在這個時節辦會聚飲，仁宗也早有耳聞，他從來也沒有表示反對。這怎麼算是監主自盜呢？

即便算是監主自盜，法律規定的處罰也不過是處以杖刑，嚴厲些的可以降職。舉一個可參對照的刑罰：如果衙門長官自盜五匹布或等值物品，處罰是杖刑九十。這種罪屬於私罪而非公務處理不當的公罪，因此對於今後升遷有些影響，僅此而已。對蘇舜欽、劉巽二人的處理，最初的意見是罰銅二十斤，降官兩級。但御史臺不接受，非要置之死地不可，最終將二人削職為民，由此可見處理不得當。

臺官們羅列的其他罪名，多數也是莫須有的。如離皇宮太近的問題，同樣都辦了賽神會，負責宮內採購事務的衙門榷貨務離宮門更近；若說花費太大，另一個衙門商稅院則花錢更多。

對王益柔的處理更讓人驚駭：起初的意見是要將他處以死刑。就因為兩句酒醉之後的狂詩而殺掉一個士大夫，這在大宋前所未有，也明顯有悖於太祖遺訓，不知道是誰如此狠毒，據說是翰林學士張方平等人。好在韓琦乘間向仁宗進言：「王益柔少年狂語，何足深治？張方平等都是陛下近臣，如今有多少國家大事，未見他們有什麼進言，卻一同去深究一個王益柔，用心何在？」於是王益柔留得一條性命，被貶到復州任最低級的監酒稅官。

其他參與者都受到嚴厲處罰，無一例外的被重貶。

韓琦後來又問仁宗：「蘇舜欽不過一醉飽之過，陛下素來仁厚，唯獨對此事如此嚴厲，不知何故？」據說仁宗聽後面有悔色。范仲淹、富弼、歐陽修、蔡襄、孫甫等人已經不在朝中，杜衍是蘇舜欽的丈人必須避嫌，能為這些年輕人說話的只有韓琦，再加上一個負責糾察案件審判的提點京城刑獄趙概。至於其他朝廷重臣，是不可能指望他們仗義執言的，有些人能夠不趁機落井下石就算不錯了。據說，王拱辰的背後有參知政事賈昌朝在指使。而宰相章得象則一言不發，在他看來似乎沒有發生任何事情。

此時心情最為舒暢的人莫過於王拱辰了。他對著幾名臺官，搓搓手長吐一口氣道：「終於一網打盡了！」也有人說王拱辰的原話是：「聊為相公一網打盡！」他是幫哪位宰相一網打盡，未見記載。

歐陽修、蔡襄以及另一個諫官孫甫在此案發生前後陸續離開了朝廷，沒有機會替進奏院案的當事者們說話。孫甫是一年前接替任淮南都轉運按察使的王素擔任諫官的。

歐陽修在八月的時候就已出任河北都轉運按察使，巡迴按察河北各地官員。八月時的仁宗還特別賞識歐陽修的直率，因此將他的館職提升為龍圖閣直學士。

蔡襄是在蘇舜欽的進奏院案還在審理的時候，離開京城到福州任知州的，一同離開的還有孫甫。這時的仁宗開始厭煩了，因為諫官們再次干預兩府人選的任命。

事情是這樣的：

在進奏院案發生之前，仁宗免去了晏殊的宰相職務。晏殊被罷相的原因之一是蔡襄、孫甫因他對新政態度曖昧而彈劾他，另一個原因是仁宗對他也不滿。晏殊在相位兩年多卻無所建樹，罷相也是應該的。

晏殊去職，接任他的是樞密使杜衍，接任樞密使的是參知政事賈昌朝，接任參知政事的是資政殿學士、青州知州陳執中。

蔡襄和孫甫又上章反對任命陳執中。歐陽修離開京城後，蔡襄和孫甫繼續擔負著鼓吹和支持新政的重任。仁宗不理睬他們的意見，派專人到青州將任命敕誥交給陳執中，並轉達仁宗之語：「滿朝都反對朕對卿的任命，朕不為所動，一定要任用卿！」蔡襄、孫甫還要反對，仁宗作色發怒，使得蔡襄、孫甫不敢再言。

顯然，蔡襄和孫甫在京城已經難以有所作為。他們同時提出了赴外任職的請求，這才有了蔡襄八月任職福州之事。接替蔡襄擔任諫官的是誰？王拱辰的幹將、御史臺的錢明逸，他是錢惟演的侄兒。

孫甫此時正出使契丹，他於一個多月後到鄧州任職。

另一個直言不諱的人物石介也不能出來說話了。他在蔡襄離開京城的前後也到濮州任通判去了。夏竦的假信出來後，石介如芒刺在背，難以在京城立足，於是主動提出赴外任職。

新政的春天早已離去，局勢已如秋風掃落葉一般不可逆轉。

慶曆五年正月下旬，范仲淹和富弼先後被免去參知政事和樞密副使的職務。他們二人被免職的次日，杜衍罷相。是冷眼旁觀的首相章得象等人終於出手了。

章得象此前的心態可以用他自己的一番話來描述。曾經與富弼齊名的翰林學士張方平拜訪章得象，問他對某些人熱火朝天地忙於新政有何看法，章得象答道：「得象常常見到無知童子嬉戲打鬧，這時得象就主動退縮、倚牆而立以自我保護。為什麼呢？因為小童們正在嬉鬧時，他們的勢頭還不太容易遏制。」如今，章得象終於看到了遏制「小童們」勢頭的機會了。

慶曆四年十一月中旬，仁宗下達了一個公告：朕立志有為，但有些人卻辜負朕的期望，相互吹捧、沽名釣譽，甚至明為舉才、暗中受賄。還有按察官員嚴苛刻薄、構織罪端，館閣之士不識分寸、詆斥聖賢。上述現象，中書門下、御史臺應當嚴查。

仁宗沒有指向什麼人，但人們都知道他說的是誰。

幾天後，范仲淹在陝西向仁宗遞上了辭呈。仁宗等的就是范仲淹的辭呈，他打算立即接受。但章得象給他出了一個主意：「范仲淹素有虛名，如果立即接受他的辭呈，顯得陛下容不得賢臣。不如先拒絕他的辭職，他必然上表謝恩，這時就顯出他不是真心辭職而是以辭職要脅陛下，陛下再將他免職就名正言順了。」

果然，范仲淹不再堅持辭職，而是上章陳述陝西、河北邊防策略。緊接著，諫官錢明逸立即上書仁宗：「范仲淹一聽說陛下詔戒朋黨，即裝模作樣地上章辭職，以退為進、矇騙世人。請陛下立即將他貶黜，讓奸邪之人不敢效仿！」不要以為錢明逸與章得象是英雄所見略同，他上書仁宗是章得象教唆的。

錢明逸同時將富弼一併彈劾。他說富弼變更國家法度，擾亂國家秩序，推薦之人都是朋黨，所作所為與范仲淹一樣奸邪。

君臣三人做了十分默契的配合，范仲淹和富弼就這樣被免去了職務。

而杜衍罷相的因果則是仁宗對新政態度的一個縮影，也是新政結局的一個縮影。

即便在范仲淹、富弼離開朝廷後，仁宗對杜衍還是信任的。六十多歲的杜衍在同齡人中最大的優點就是幹練，有治國理政的能力。他還有一個特點，就是不徇私情、反對特權。歐陽修有一次晉見仁宗時，仁宗手中拿著一疊他內批的手諭對歐陽修說道：「這些內批手諭都是杜衍拒絕執行、退還給朕的。如今如果有人求朕內批恩惠，朕就拿杜衍做擋箭牌。」晏殊罷相後，杜衍自然而然地接任宰相。

但是任相不久，杜衍的境遇就變了。

先是發生了進奏院案。蘇舜欽是杜衍的女婿，這是王拱辰等人鍥而不捨地羅織罪名將一干館閣之士一網打盡的另一個重要原因。

幾乎與此同時，杜衍成為新政之敵的主要攻擊目標，因為范仲淹、富弼離開京城後，杜衍成為繼續推行新政的中流砥柱。新政之敵用什麼手段攻擊他？自然還是老辦法，將杜衍攻擊為朋黨之人。

有人利用一件事情來證明杜衍搞朋黨的事實。

孫甫出使契丹回來後，朝廷接受他的請求讓他到外地任職。而杜衍認為諫院缺人，孫甫應當留任。或許杜衍有點私心：如果孫甫再離開，諫官中幾乎也沒有敢於為新政呼籲之人了。杜衍當面向仁宗請示對孫甫留任的意見，仁宗點點頭，沒有吭聲。杜衍於是讓中書省草擬了孫甫留任的公文，送幾位中書大臣共同簽署。但是參知政事陳執中拒絕簽署公文。他說：「皇帝沒有表示要讓孫甫留任。如果要我簽署，我必須再面奏皇帝。」杜衍想了想，當時仁宗只是點點頭，確實沒有說話，於是他就將公文燒毀。陳執中趁機告訴仁宗：「孫甫是杜衍親信，杜衍拉幫結派，被臣識破後連忙燒毀公文，他顯然懷奸不忠！」孫甫確實是杜衍舉薦的，但他們的關係可以通過一件事來判斷。慶曆三年一些地方發生過小規模的士兵叛亂事件，事後孫甫上書仁宗批評樞密院長官反應遲鈍，應當承擔責任，而此時擔任樞密使的正是杜衍。

杜衍在當了一百二十天的宰相後，被免職到兗州擔任知州。

慶曆五年二月，以首相章得象、次相賈昌朝、參知政事陳執中為核心的宰輔大臣吹起了向新政總攻的號角。除了建立州學等極少數措施，幾乎所有的新政措施在這之後陸陸續續都被廢除，其中最先被廢除的就是官員人事管理制度。

長久沉默不語的韓琦說話了。

韓琦自從朝廷發生一系列重大變動以來沒有吭聲，也許這讓人以為他學會了識時務而明哲保身。在大家不以為意的時候，韓琦以不應當將富弼免職為話題上書仁宗。

「富弼天生忠義，將他免職是國家的重大損失。臣原來以為言諫官和朝廷那些見識高深的臣僚一定會向陛下指出這一點，誰知竟然沒有一個人開口，可見趨利避害是人之常情！」

韓琦性格沉穩，不輕易做驚人之語，但他的這些話有些驚人了。

「臣受國恩深重，又位列輔臣，遇到關係國家大計或擾亂人心的大事，豈能苟且偷安、空食國家俸祿，而對此噤聲不語？」

韓琦大聲疾呼：「近日一些臣僚一心一意攻擊忠良、發洩私憤，這不是國家之福！」

韓琦不是領導慶曆新政最主要的人物。范仲淹、富弼、杜衍相繼被免職後，韓琦以他溫和的行事風格而尚未被人視為主要的攻擊對象。新政的失敗已經無法挽回，他還有機會選擇立場，而他在這個時候表明了他的立場和態度。

多年以後，重新步入大宋政治中心的韓琦經歷了仁宗晚年、英宗一朝以及神宗早期，成為這十幾年間最重要的政治家，為維護政局和邊疆穩定發揮了首屈一指的作用。慶曆五年三月的這封上書是他的政治眼光和人格氣節的一個體現，他注定會在這個時候選擇與范仲淹等人一致的立場。

這次上書不久，韓琦也走了。水洛城事件中被尹洙派遣狄青逮捕過的董士廉突然進京，向朝廷起訴韓琦和尹洙。「輔臣多主之」，多數兩府大臣在背後為董士廉作主。仁宗同意韓琦請辭，讓他到揚州任知州。

新政的車輪已漸漸停止，新政的主要人物都離開了權力中心，只剩下最後一位幹將還安然無事，他就是歐陽修，以龍圖閣直學士這一兩制以上官員的身分擔任河北都轉運按察使。但是歐陽修遲早是要走的，問題只不過是以什麼方式走。也許我們要問一下，不是還有一個余靖嗎？余靖哪兒去了？余靖哪兒都沒去，還在朝廷中，還升了職。他在新政的後期，似乎對新政有些不同看法了，因此此時基本上已經聽不見他的聲音。

歐陽修自河北上書仁宗，不自量力地為新政、為群賢做了最後一次的高呼。

他以批評的語氣評論了仁宗的決定：「杜衍、韓琦、范仲淹、富弼等人相繼被罷免，天下之人只知他們是可用之才，而不知他們有何可罷之罪！」

他又將矛頭指向如今當權之人：「自古以來，小人陷害忠良沒有什麼高明的手段，不外乎兩種：以朋黨之名將賢人一網打盡，以專權之名讓皇帝疏遠近臣。」

歐陽修真是讓人咬牙切齒。對他這個眼光敏銳、文筆犀利並且毫不客氣地撻伐別人的人，要放過他是不行的，而不放過他也不容易。需要一個有殺傷力的手段來對付他。

又是那位三個月前無中生有地彈劾范仲淹和富弼的諫官錢明逸，他和開封知府聯手搞了一個誣告案。這個開封知府曾被歐陽修舉報貪贓枉法。

對歐陽修的誣告是說他與自己的外甥女有染，這一指控讓人噁心。歐陽修需要解釋的不是什麼國家的安危、百姓的安康、社會的安寧，而是自己的生活作風，是自己的人格、品行。

仁宗指派一名三司官員主審，另指派一名內侍監審。這名監審內侍當過武官，曾經因為內侍的身分被歐陽修羞辱過。因此，歐陽修似乎完全是砧板上的魚肉，待人宰割了。

可是有誰會想到內侍中也有慷慨仗義之人？監審內侍似乎忘記了歐陽修對自己的羞辱。他對主審的那位三司官員說道：「我在皇帝身邊，時常聽皇帝說起歐陽修才華橫溢、忠誠直言。如果今天迎合宰相之意加以陷害，將來我們承擔不起大罪！」

主審官員原本有些順從宰相之意，聽了內侍此言，既覺得有理，良心也有所發現，於是另扯了一個罪名安在歐陽修頭上交差了事。

結果，歐陽修因盜用外甥女的私房錢購買田產的罪行而被降職為滁州知州。歐陽修上一次因為為范仲淹仗義執言而被貶，那是一次榮耀之貶，而這一次對於歐陽修而言是一次恥辱之貶。當然，歐陽修這次被貶對於後人來說也不是一件壞事。在滁州兩年多的時間是他文學創作的一個高峰。「醉翁之意不在酒，在乎山水之間也」這類名句，我們可以輕易地在他的〈醉翁亭記〉等作品中找到。

主審官員和監審內侍也因為沒有讓宰相如意而受到處罰。宰相說他們不遵守辦案程序，將他們貶出京城去當最低級的監稅官。

從范仲淹、富弼到杜衍、韓琦最後再到歐陽修，他們每個人被貶、被免職的背後都有一個目的險惡、手段卑劣的陰謀。

反對新政，不能就事論事地說新政不好，尤其是仁宗對新政抱有極大期望的時候。最好的辦法，就是將推行新政之人打倒，這樣一切問題都解決了。從滕宗諒、張亢的公使錢案，到水洛城事件、石介的那封信、進奏院案、董士廉進京上訴，最後是對歐陽修的緋聞誣告，無不是將矛頭對準了新政諸賢。

在這種爭鬥中，范仲淹們注定是要失敗的。政治上的鬥爭，最能致勝的手段往往是陰險的手段。正義之人不會使用陰險手段。不是他們沒有掌握陰險手段的能力，而是他們不屑為之。在這種情況下，掌握陰險手段的小人們就在戰術上佔據了主動。

雖然這些將近一千年前的官場爭鬥故事沒有太多趣味，甚至可以說有些讓人昏昏欲睡，但是其中所蘊含的政治的複雜、人生的道理卻值得今人去體會、回味。

5

慶曆新政對國家是好事還是壞事？

當然是好事。

既然是好事，那還會有人反對嗎？

當然有。

反對國家的好事，那麼反對者必定是奸邪之人了？

並非完全如此。奸邪之人會反對，不奸不邪之人甚至一些公認的正人君子也可能反對。

為什麼正人君子也反對？

這個問題有些複雜了。要回答這個問題，需要明確一下判斷是非的標準。

讓我們把利益的取捨作為判斷是非的標準，這樣有助於回答上面這個問題。慣常的那種看他是君子還是小人的辦法，不是判斷大是大非的唯一標準。

任何一個先進、合理的制度在運行若干時間後，都必然會產生弊端。為什麼？就因為這個制度的先進性。它先進，因此它推動了進步；進步了，環境就改變了；環境改變了，制度就落後了，落後於因為它的先進性而改變的環境。

這個理論有點像悖論：一個先進的制度是它自己的埋葬者，它必須走向自我否定，這是它先進性的最終結果。如果一個制度不能成為自己的埋葬者，不能自我否定，那就說明它沒有先進性，因為它無法推動進步，無法使環境因進步而改變。可是，如果一個制度推動進步的結果是埋葬了自己，那麼它推動進步還有意義嗎？

但是這又不是悖論：因為一個先進的制度可以重生，通過對自己的改進而重生，使自己重新適應它先前所改變的環境甚至要領先於新的時代和環境。如此循環反覆，它不斷地推動進步，不斷地改變環境，再不斷地改變自己以使自己保持先進性。於是它就避免了對自己的徹底埋葬，讓自己不斷地充滿生命力，讓自己達到長生甚至永生的境界。

這些都是對於一個先進制度而言。如果是一個並不太先進的制度呢？那麼它首先要去偽存真，讓自己成為真正的先進制度，符合國家歷史發展脈絡、包容於國家優秀文化傳統的先進制度。這樣，它才可以步入先進制度不斷重生的過程，成為一個先進的制度或者先進制度之一。

但是，先進制度在形成或重生的時候，不可避免地將打破原先的利益格局。它先是給大眾帶來了利益，然後隨著形勢的發展、環境的改變，它帶給大眾的利益越來越少，而帶給小群體的利益越來越大，這時它就要走向自己的反面了。只有及時地改變自己，它才能重新成為能夠給大眾帶來利益的先進制度。這個道理跟前面所述是一樣的，或者說是同一個道理的另一個角度。

這種自我的改變就是今人所說的改革。

可是，那個或那些小群體的既得利益者會甘心讓自己越來越大的利益被重新分配嗎？有的會，有的不會，而不會的往往佔大多數。

小群體的既得利益不外乎兩類，一類是權力，一類是財富。制度越落後，官員的權力就越大，財富就越集中。與此相伴生的，就是貪污腐敗越嚴重、為富不仁越普遍，而百姓心中的積怨也就越深，國家也就出現了明顯的內憂外患。

這個時候就需要改革，以解決官員權力越來越大、財富越來越集中的問題及其帶來的貪污腐敗、為富不仁的更深層次問題，化解百姓心中積怨、增大百姓的利益，讓國家長治久安。

誰來推動改革？

當然是既得利益者，因為他們有權力、有制度保障、有組織和執行能力，不僅能推動、推進改革，還能有效地把握改革的尺度分寸，避免走極端。但是，如果他們不去推動而要由利益受到損害的大眾去推動，那就不是改革了，而是革命。革命往往是激烈的，在建立新的先進制度以前會產生很大的破壞，甚至可能讓所有人在一段時期失去利益。最極端的結果，革命會讓如今的既得利益者人頭落地。

因此，既得利益者中如果有明智的人，就會主動地進行改革。說他們明智，在於他們能夠看清利害關係，主動去推動改革，並且甘心做出犧牲，情願讓自己的既得利益因改革而受損。

如果既得利益者中沒有這種明智的人那會怎麼樣？

恐怕只有死路一條。不一定都是生命之死，多數時候是利益之死。

如果既得利益者中有支持改革的也有反對改革的，那又會怎麼樣？

那就看二者的力量對比如何了。

如果支持改革的力量佔上風，使改革進行到底，那麼改革就會成功，絕大多數人的利益能得到保障。從長遠看，失去許多利益的既得利益者其實也是受益者，因為他們的利益雖然減少但還存在，並且會逐步增加。

如果反對改革的力量佔上風並且成功地阻止、破壞了改革，那麼情況會很糟糕。利益已經嚴重受損的大眾可能會起來推動和領導改變，我們知道這種改變可能是極端的革命。到那時，大家都會後悔莫及的。

九百多年前的范仲淹等人都是既得利益者，但是他們為了國家和社會、為了君主和百姓，同時也是為了既得利益群體，自願捨棄既得利益，力圖讓國家制度重生，他們是明智的既得利益者。

而有一些以穩健厚重、疾惡如仇、才華橫溢著稱的人，他們為了維護自己的既得利益，不惜犧牲國家的長治久安，阻撓改革，他們其實是一群愚蠢的人。

當然，反對改革者中還有一批心術不正的人，他們不是愚蠢，而是邪惡。

由此，就可以解釋清楚慶曆年間反對新政的那些人和事了，不完全是好人壞人、好事壞事那麼簡單。

比如章得象、賈昌朝、陳執中、王拱辰以及張方平等人，他們都是風雲一時的人物，多數都有些好名聲。但是，為了維護自己的既得利益，他們起而反對新政。當然，他們維護的不僅僅是自己的利益，還有他們各自所代表的小團體的利益，每個小團體都包括他們的親屬、門生、故舊等等。有時，他們還顯得有些無私的胸懷，並不太計較自己個人的得失，而是維護小團體的利益。

不過，雖然他們在維護既得利益、反對新政方面的立場是一致的，但是相互之間又有不同的利益追求。

章得象最大的理想就是在首相的位置上安安穩穩地過著不操心的日子，任何改弦更張都是他所反對的，何況歐陽修等人那種咄咄逼人的氣焰。章得象任宰輔八年，既沒有以權謀私也沒有以權謀公，公事私事都是身外之事。他的尸位素餐、碌碌無為甚至連王拱辰等人都反感，因此在取得對改革派的勝利後不久，章得象就因御史臺彈劾而被免職。

張方平為後世所認知的最大事蹟，就是十幾年後發現了蘇軾這個天才。他之所以會尋求與章得象在反對改革派方面的共識，除了他同樣不喜歡改革派的那種氣勢，或許因為他認為章得象無私無欲才像是正人君子，但是他沒有看到章得象無公無欲對國家的危害。張方平以豪邁自許，曾經與富弼一樣被范仲淹寄予厚望，范仲淹甚至在晏殊求婿時將他與富弼一併推薦給晏殊。曾經被視作青年才俊的張方平因為在慶曆年間的立場而自此與新一代的國家精英分道揚鑣，他的聲望也因此嚴重受損，司馬光後來甚至斥他為奸邪。

但是張方平卻不會與賈昌朝走到一起。雖然為司馬光所不齒，張方平畢竟操守不壞，還是可以被視為正人君子。賈昌朝學問極深，曾經被德高望重的大儒孫奭寄予厚望。當然從賈昌朝後來當上宰相這個結果看，他是不負孫奭重望的。他曾向真宗進言早立太子而讓仁宗心懷感激，他還認仁宗寵愛的美人張氏的乳母賈老太太為姑母。這種發跡方式和行為都是士大夫所不齒的。他這種人，當然不希望自己被銳意進取的人所替代。

陳執中與賈昌朝的處身方式又截然不同。古人說，修身、齊家、治國、平天下是人生循序漸進的四個境界。可惜，陳執中既沒有修好身也未能齊好家，雖然最後官至宰相，卻沒有治國、平天下的品德和能力。他也像章得象一樣，除反對新政外與其他人沒有太多的共同語言。

最有號召力的新政反對派是王拱辰。他十八歲考中狀元，慶曆三年擔任御史中丞時才三十一歲。他曾經也是青年翹楚，他的同榜進士石介還曾期望他與范仲淹、歐陽修一樣成為崇尚氣節、憂國憂民的領袖人物，但是他選擇了現實利益，成為反對新政最積極的人物。

至於夏竦，則不值一提。他沒有什麼道德底線，其他反對改革的勢力都不屑與其為伍，只不過為了反對新政，任由他搞些卑劣的手段，大家樂觀其成而已。

這些人中的絕大多數，或是資深的政治家，或是學問深厚的學者，或是身負重任的青年才俊。如果他們齊心協力，能做哪些事？能將國家帶入繁榮昌盛，也能讓國家從巔峰滑入深谷。章得象等人不願意選擇前者，僅僅因為自身的利益。

人們總愛說「天下興亡，匹夫有責」，此話固然不假，但是如果匹夫都有責任，那麼當官的人不是更有責任嗎？何況在和平時期，天下百姓的憂國憂民之心是需要的但不是必需的，必須常懷憂心的應當是當權之人。換句話說：如果天下百姓常有憂心，那麼天下就不是太平的天下；而如果天下官員沒有憂心，那麼天下更不會是太平的天下。

百姓長樂、官員長憂，這才是太平盛世。

可是，歷史的發展過程中常常有這樣的現象，就是百姓常憂、官員常樂。好不容易有一些官員有憂懼之心，想做一些實事、推動一些改革，卻又總被更多的官員所阻撓。

除了反對新政，除了對新政諸賢耍了一些陰謀詭計，章得象這些人在他們的政治生涯中的確有許多值得讚許之處。章得象曾經被視為德才兼備的人而被幾個朝廷重臣舉薦；賈昌朝未執政時，常有一些直言；陳執中任宰執八年，沒有人敢找他辦私事。總而言之，除夏竦之外他們都不是壞人，甚至可以說基本上屬於正面人物。正因為如此，他們反對新政才更有力度，更有成功的把握。

好人所做的事不見得都是好事，好人要是誤國，也許誤得更深。章得象等人即使算得上好人，在關係國家長治久安的改革問題上抱有極多的私心雜念，這種好人是有前提的，那就是不損害或不過多地損害他們的個人利益。

當然，並非所有反對新政的人都像章得象等人那樣是為了保護既得利益。反對新政的還有另外一種人。這種人或許有利益上的保守，但更多的是觀念上的保守。

習慣了一種制度、習慣了一種環境，再要改變它，會讓很多人不適應。不適應就會形成阻力，人們就會反對對習慣的改變。在現實生活中，不論國事、家事，這種情況比比皆是。這就是惰性和慣性。惰性和慣性都會化解國家發展的動力。

例如，慶曆新政中教育考試制度的改革有一項重要措施，就是考試內容要以策論和經旨為主，而不是以漂亮的詩詞和文章為主。知制誥楊察說：「詩詞文章的好壞容易評判，策論、經旨的好壞則沒有標準。這麼多年來用詩詞文章都能考出人才，為什麼還要變呢？」楊察與富弼都是晏殊的女婿，他是一名正直的官員，後來還曾因直言不諱而得罪了宰相陳執中。

再如，御史包拯不贊同官員按察制度：「按察官員督查各地官員，過於斤斤計較，讓人感覺他們想藉此取得政績以圖升遷。」包拯後來幾乎成為民間傳說中專門糾察不法官員的大宋第一名臣，可是此時他對新政中按察制度的態度恰恰是相反的。

楊察、包拯一類人與章得象等人不同之處在於，對於他們認為合理的新政措施，他們也是接受的，比如包拯就不贊同取消新政中對蔭補子弟的一些限制條件，他認為新政的措施有利於讓官家子弟好學成才。楊察、包拯這些人對事不對人，不幹那種陷害別人以阻止新政的事。

相比之下，有些反對派為了達到目的是會使出凶狠手段的，杜衍和富弼就深受其害。

杜衍罷相後到兗州任知州，富弼被解除樞密副使的職務後任京西路安撫使兼鄆州知州。兗州、鄆州都在山東。山東一帶多盜賊，仁宗於是派中使到山東巡察。中使回京後報告仁宗：「盜賊不足慮，反倒是杜衍、富弼在山東被百姓尊崇，值得擔憂！」山東與契丹交界，據之可另立山頭，棄之可投靠契丹。使者之意，是說杜衍、富弼在山東坐大成勢，有反叛朝廷的基礎。

仁宗聽罷，就打算將杜衍、富弼二人調到南方。樞密副使吳育說道：「盜賊誠然無足慮，但是小人趁機中傷大臣，這不是國家之福！」仁宗聽了吳育此言，又放棄了調動杜衍和富弼的打算。

另有一個人的遭遇則相當悲慘，他就是著名的教育家和思想家石介。

石介於慶曆五年七月在家鄉病故。他在病故之後蒙受了一系列的不白之冤。

石介死後不久，徐州有一個名叫孔直溫的書生被人告發有謀反企圖。京東路的司法長官、提點刑獄呂居簡立即將孔直溫逮捕，不久孔直溫被處死。在孔直溫的家中，搜出了他與石介之間和與石介的老師、著名教育家孫復之間往來的書信和贈詩。孔直溫是書生，而石介、孫復是書生們景仰的著名學者，因此他們與孔直溫有書信、詩詞往來並不說明他們參與孔直溫謀反之事。但是在朝中任國子監直講的孫復還是受此事牽連被貶。

這時，夏竦上書仁宗，稱石介並沒有死，而是受富弼委託到契丹聯絡反叛事宜，富弼自己留在山東準備做契丹的內應。夏竦此時是河北路的軍事長官，不負責京東路的公事。河北擔當正面防範契丹的重任，想必這是夏竦隨意造謠誣告的便利條件吧。

仁宗聽了，竟然也有些相信，下詔讓兗州核查石介的生死。兗州知州杜衍上書擔保石介已死，此事暫時作罷，但富弼被解除了安撫使的職務，石介的妻兒也被關押了幾個月。

慶曆七年，夏竦終於回到朝廷。仁宗原想讓他當宰相，無奈朝中一片反對聲，只好委屈夏竦當了樞密使。夏竦上任不久，又向仁宗進讒言說石介確實未死，而是從契丹返回山東後暗地裡籠絡山東惡少幾萬人，準備助富弼謀反。夏竦還告訴仁宗：如果陛下不信，可以讓人挖出石介的棺材，開棺驗屍。

仁宗再次證明了自己的糊塗不亞於他的仁慈，他下詔讓京東路開棺驗屍。京東路提點刑獄呂居簡對仁宗派出的使者說道：「假如石介真死了，開棺之後如何收場？況且辦理喪事需要許多人參與，遍詢這些參與者不就清楚了嗎？」使者覺得有理，採納了他的意見。果然，人人都說石介確實已死。使者回京稟報了仁宗，此事終於了結。可憐石介的妻兒，又因此被關押了好一陣。

可見，改革是得罪人的事。得罪一般人還好說，得罪了手握大權的人那是要命的。

事實上，任何改革從來就沒有一帆風順的。中國歷朝歷代的改革有幾十次，但成功的沒有幾次。成功的改革也是有的，但改革過程中必定是充滿了艱難困苦。

我們可以分析一次成功的改革，來看看慶曆新政最終失敗的原因。

中國歷史上最成功的改革，當屬兩千三百多年前戰國時期的秦國商鞅變法。

商鞅變法，影響了中國兩千多年，當然這不是商鞅在他變法時預設的結果。對他而言，變法最好的結果就是讓在諸侯國眼中沒有地位、實力弱小的秦國變成強大的一方霸主，讓諸侯國不敢小視。商鞅變法很輕易地達到了這個目的，並且遠遠超出了商鞅本人和給他以堅定支持的秦孝公的期望。

讓我們簡單回顧一下商鞅變法的一些基本情況。

商鞅是戰國時期的衛國人。在那個人才流動頻繁的時代，他投奔了秦國。秦孝公對他的才能十分信服，採納了他的意見，並請他主持變法改革，期望以此讓秦國強大起來。

接著發生了那個著名的徙木立信的故事。

商鞅為了取信於民，做了一件傻事。他在鬧市中擺了一根大木頭，公告百姓：「誰能將這根大木頭搬到北門，賞錢十金。」百姓心中疑惑，沒有人去搬這根木頭。商鞅又將獎賞增加到五十金，百姓卻更加疑惑。但是閒人總是有的，其中一個閒人抱著試試看的心態，將木頭搬到了北門，竟然就拿到了這五十金。於是全國百姓都認定商鞅說話算數，商鞅隨後採取的改革措施也就可以說到做到了。

商鞅變法中有幾個影響後世的重要措施。

為鼓勵農業發展而廢井田、開阡陌，將土地從國有變成農民私有，這個政策在中國持續了兩千多年。在商鞅之前就有人在其他諸侯國推行這個措施，是商鞅通過這一措施讓秦國強大，強大後的秦國統一了中國，然後再將商鞅的這一政策延續下去並由後來的王朝代代相傳。因此商鞅是這一改革措施的代表。

為加強中央集權、增強政令的權威性，實行郡縣制，由中央政府向地方派遣官員進行管理。這一措施改變了由貴族瓜分國家權力、各地各自為政的局面。這一政策也因秦始皇統一中國後的繼續推行而延續至今，它在歷史上的先進性是不可否認的，並且是中華民族延綿不絕的一個重要基礎。

統一度量衡，讓後來的全中國都有一個統一的度量標準。這也是一百多年後秦始皇在全中國推行的制度。

商鞅為富國強兵而實行的變法措施還有很多，如改革戶籍制度，將大家庭改為小家庭以盡快增加人口；重農抑商，大力發展農業以保障今後軍事擴張對糧食的需求；獎勵軍功，只要戰功卓著，任何出身的人都可以被賜封為貴族，以此提高軍隊的戰鬥力；以法治國，遇事認法不認人。

可以想見，商鞅的改革也是遇到了極大阻力的。單是廢除土地國有制這一項措施，就使國家主人之一的貴族們的利益受到極大的損害。以往，國家的土地就是貴族的土地，如今普通農民都可以通過買賣和開墾荒地的方式獲取土地，貴族們手中的土地必然越來越少，貴族對普通百姓的控制力也就越來越弱。

在秦孝公的支持下，商鞅的改革措施沒有被強大的阻力所阻擋。即便是太子，也無法破壞商鞅以法治國的理念。太子曾經犯法，商鞅於是對太子的兩個老師施以刑罰以教訓太子。這兩個老師，一個割去了鼻子，一個在臉上刺字。

商鞅變法始於秦孝公五年（前三五七）。這一改革實行三十多年後，秦國成為躋身戰國七雄的強大國家。實施變法一百三十五年後，秦王嬴政在繼位第二十六年（前二二一）完成統一大業。所有這一切都緣於商鞅變法。

所以說，商鞅變法是中國歷史上最成功的變法。

但是，改革總是要付出代價的。商鞅在變法的整個過程沒有付出什麼代價，這不符合歷史的發展規律。於是他在功成名就時付出了自己的生命，終於償付了改革應當有的代價。

秦孝公過世（前三三八）後不久，原先的太子、如今繼位為君的秦惠文王為他的兩位老師復仇，將商鞅處死。商鞅被五匹馬拴著四肢和頭部撕成碎片，這就是著名的「五馬分屍」典故的由來。

商鞅雖然死得很慘，但他仍然是幸運的。惠文王處死了他，卻沒有否定他的改革，他的精神連同他的改革繼續滋養著逐漸強大的秦國。

從商鞅變法的事例中我們可以看出，改革能否成功，最主要的因素是至高無上的權力擁有者是否堅定地支持改革。商鞅的改革之所以成功，是因為秦孝公始終如一的支持。即便商鞅得罪了太子，秦孝公仍然毫不猶豫地信任他。

慶曆新政失敗的最主要因素不是章得象這些保守派的反對，而是缺乏最高權力始終如一的支持。西夏的反叛和契丹的威脅，以及與西夏作戰的幾次重大失敗，再加上國內接連不斷的兵變民亂，讓仁宗感受到了改革的必要性。這些危機一旦解除，哪怕只是暫時解除，改革就成了可有可無的東西。對仁宗而言，改革是頭痛醫頭、腳痛醫腳的應急藥。頭腳不痛了，還要改革何用？

仁不是治國的天然資本，仁者還應當是有眼光的智者和百折不撓的勇者。一個國家能否繁榮昌盛、政治清明，一個州縣百姓能否安居樂業、民風純潔，一個衙門官員能否清正廉潔、勤政有為，首先取決於這個國家、這個州縣、這個衙門是否有一個真正的有道執政者。

慶曆新政結束了，大宋也失去了最好的一次改革機會。有一個在士林負有至高威望的范仲淹，加上韓琦、富弼、杜衍、歐陽修、蔡襄等一批德才兼備的政治家，能夠聚集這麼多的品德高尚的精英人才來進行一次改革，這在歷史上是少有的。何況，慶曆新政是一次溫和的改革，除了對官員人事制度的改革相對較為嚴厲，涉及民生的改革可以說一點都不激烈，不會引起百姓的不滿。這種改革都無法進行下去，大宋豈能振興？

終宋一朝，真正的改革只有兩次。一次是慶曆新政，另一次是二十多年後的王安石變法。王安石是宋神宗的宰相。

王安石變法中有許多措施源於慶曆新政，但比慶曆新政的力度更大。也許是吸取了慶曆新政的教訓，王安石沒有對官員人事制度進行深層次的改革，而將改革重點放在了發展經濟上。

王安石的最大優勢是宋神宗對改革的鼎力支持。神宗全盤接受王安石的改革方案，放手讓王安石主持改革，還幫助王安石排除各種改革障礙，包括反對派。神宗甚至一度親自領導了改革。

但是王安石變法有諸多不及慶曆新政的劣勢。

最大的劣勢是人才。與慶曆新政擁有一批德才兼備人才的情況相反，王安石變法過程中真正德才兼備的幾乎只有王安石自己一個人，所有德才兼備的國家棟梁幾乎都變成了保守派來反對變法。

王安石變法的另一個大問題就是沒有進行官員人事制度改革。缺乏責任心的無能的地方官員們歪曲了改革的本意，使改革措施面目全非。這印證了范仲淹慶曆新政中相對嚴厲的官員人事制度改革的必要性。

如果范仲淹遇上宋神宗，結果會是怎樣？

歷史沒有假設，歷史都是事實。如果要有假設，那麼就趁歷史還未成為歷史的時候，以真正對國家、對民族負責的態度，痛下決心、義無反顧，邁出改革的那一步吧。時不我待。

「雨橫風狂三月暮，門掩黃昏，無計留春住。」歐陽修描述的這種美麗而淒涼的景象，可以作為慶曆五年新政結束時的寫照。

但是我們不必為此感到沮喪。中華民族的光輝歷史並不總是體現為正氣如何強大、正義如何戰勝邪惡。恰恰相反，從數量上看，正義往往失敗的時候多、勝利的時候少。而正是由於正義之士在追求正義的過程中或令人歎息、或催人淚下的失敗，讓無數熱血沸騰的後來者繼承他們的遺志，繼續著他們努力、失敗、再努力、再失敗的歷程，才譜寫了中華民族歷史的偉大篇章。哪一天沒有了不斷失敗又不斷前行的正義之風、正義之士，哪一天沒有了熱血沸騰的繼承者，中華民族的光輝恐怕也就真正成了歷史。

第五章
所不朽者萬世心

讓民眾感受國家和社會的和諧、安寧和進步，使整個國家和社會都能夠以健康的方式向前發展，使一代一代的民眾感受到做人的尊嚴和快樂，這就是中國政治的最高境界。

1

一陣風吹來，廣袤的農田中掀起了一道道金黃色的稻浪，雨後的青山顯得分外青翠。這種景象，很容易讓人誤以為來到了江南。

這裡不是江南，是大宋的北部疆域，河東路汾州的介休縣。

范仲淹自慶曆四年六月末出巡河東，一路經停絳州、晉州，到達介休時已是仲秋時節。

從某種意義上說，介休的歷史幾乎就是一個人的歷史。這個人留下的不是什麼豐功偉績，而是一種精神、一種文化和一種生活。他對後人的影響不知不覺持續了兩三千年，並且還將持續下去。介休的地名就是為他而起。

春秋時期，晉國公子重耳因繼母的讒言而被自己的親生父親晉獻公追殺。重耳帶著幾個親信大臣逃離晉國，流亡於諸侯之間。十九年後，重耳回國當上了晉國國君，並在幾年之內帶領晉國成為霸主。他就是著名的晉文公。

介子推是與晉文公一起流亡的大臣之一。他在眾人中不是最出色的，在重耳流亡途中遭逢的幾個重要生死關頭和轉捩點，他也不是起關鍵作用的人物，但他仍然是晉文公生死與共的忠臣。

介子推最讓人難忘的一件事發生在流亡衛國的時候。重耳在衛國受到冷落，甚至食不果腹。就在他饑寒交迫、身心俱疲的時候，介子推悄悄地割下自己大腿上的一塊肉，與採自荒山的野菜一起給重耳煮了一鍋熱湯。重耳吃下這鍋湯後，重拾信心，繼續周遊列國，直至返國。

重耳當上國君後，讓大臣們自報功勞以便給予封賞。介子推不屑於與眾人爭功，回到老家隱居。有人為介子推抱不平，因此寫了一首詩寄給晉文公。晉文公讀了此詩後，為自己的忘恩負義而感到羞愧，於是親自帶人來到介子推隱居的綿山懇請介子推出山。但介子推躲進深山不肯相見。山深似海，哪裡能找到介子推呢？

有人出了一個主意，讓晉文公放火燒山，想以此將介子推逼出來。大火燒了三天，介子推沒有出來。後來在一棵焦枯的柳樹下發現了他，他與老母親相擁而死。晉文公後悔莫及，痛心疾首。他下令全國：每年自當年放火燒山的那一天開始禁火三天，男女老幼全部上山舉行尋訪介子推的儀式，家家戶戶祭祀介子推。禁火三日，後來變成了寒食節，人們吃節日前準備好的冷食。或許因為禁火對生活的不便，寒食節由三天慢慢變為兩天、一天，直至漸漸淡出人們的生活。

晉文公仍然對介子推思念不已。他讓人將介子推死於其下的那棵柳樹砍下，製作了一雙木屐穿在腳下。每當想起介子推，他就對著這雙木屐哀歎一聲：「悲乎，足下！」傷心啊，腳下的介先生！尊稱對方為「足下」，成為介子推永存於中國人心中的另一種形式。

從介子推祠出來不久，一群百姓圍住了范仲淹一行。看起來這群百姓是要找官府解決什麼糾紛，不過奇怪的是他們不找身穿紅色官服的范仲淹，卻跪在身穿綠色官服的太常博士張燾身邊。太常博士是從七品的京官，與大縣知縣的品級相當，都穿綠色官服。或許在這群百姓心目中綠服官員就是他們最敬畏的大官，因此才找上了張燾。由此可見此地民風的樸實。

范仲淹順水推舟，就讓張燾處理這群百姓申訴的事務。張燾的嚴謹細緻就像他的父親，而果斷幹練又像他的叔父。他的父親樞密直學士張奎是清正廉潔的高官，他的叔父就是棄文從武的名將張亢。張奎、張亢二人性格迥異，一個慢而細，一個果而敏，時人戲稱他們兄弟是：「張奎做事，笑死張亢；張亢做事，嚇死張奎。」

張燾向范仲淹回報了百姓申訴的情況。主要就是兩件事：第一件，沿邊軍隊屯田，佔用了一部分民田，本縣知縣與駐軍協商不妥，遲遲不能解決此事；第二件，本縣及周邊幾個縣的支移稅賦，蒙朝廷恩惠，都讓就近交在本縣，但是稅賦大增後卻因州、縣派來管勾此事的官、吏人員有限，以致收納不及時，牽扯了百姓的時間和精力。

「有何措畫，可以解決這兩件事？」范仲淹問張燾。

「事本不難，難在人而已。我自隨參政離京以來，一路北行，沿途看到的問題不少，其實都不難解決。許多問題久拖不決，皆因官員能力不足、盡心不夠。」

范仲淹點點頭：「官不變，則事不變、民不變、兵不變、政不變。」

他讓張燾草擬奏章。具體措施其實已經有了，他在陝西時就與韓琦商量過，因為陝西同樣有這些問題，只是未及提出建議他們二人就回朝廷了，如今到河東巡邊，正可續行此事。他向朝廷提出兩個建議：一是從新任命的京官、朝官中選拔人員，到沿邊州軍擔任知縣。這個建議還有一個用意，就是以此歷練人才。經過沿邊知縣任上的鍛鍊而成為人才者，一定是真正的人才。第二個建議，是從各地讀書人中選拔能吃苦、有膽識者，到沿邊一帶擔任主簿、縣尉一類的助理官員，協助知縣處理政事。這兩個看似不起眼的建議，同樣具有超越時代的先進性。

至於介休百姓申訴的事情，當時就指令兵、民雙方長官處理妥當，不必多言。

范仲淹如此一邊巡察、一邊處理臨時的兵民事務，一路就來到了代州，見到了張亢。張亢此時的身分是河東的并、代一路的副帥，兼知代州，負責并代路對契丹的防禦。

代州在中國歷史上的地位極為重要。著名的雁門關矗立在代州以北六七十里，作為中原王朝抵禦北方游牧民族入侵的屏障，正面抗拒著它們南下的兵鋒。秦始皇時期，名將蒙恬從這裡北上，一戰擊潰匈奴十幾萬主力，讓匈奴多年不敢窺視中原。漢代，李廣「飛將軍」的英名是他在代郡、雁門、雲中這一帶任守將時屢敗匈奴後得來的。唐代，年近七旬的老將薛仁貴鎮守雁門，他面對突厥軍隊對於薛仁貴是否還在人世的質疑，脫下頭盔讓突厥人再次見識大唐名將的風采，十萬突厥大軍幾乎是不戰而敗。到了本朝大宋，契丹人在雁門關外屢遭大敗後，將雁門守將楊業尊稱為「楊無敵」。鎮守此地的將帥如果沒有非凡的見識膽略，那是要誤國誤己的。

范仲淹十分贊同張亢在并州和代州北部修復堡寨、以點連線加強防守的主張，但是要落實這些設想必須取得朝廷的許可。離開代州之前，范仲淹上書朝廷，建議批准張亢的方案並全權負責此事，朝廷同意了。

張亢頂著巨大的壓力完成了并、代一路的堡寨修築。壓力來自河東經略安撫使，即河東各路的主帥。主帥不贊同修築堡寨，認為這是勞民傷財的工程，因此下令張亢停止修築工程，但張亢不予理睬。張亢說：「朝廷詔令我修築堡寨，豈能因為經略使的命令就不執行了？我寧願因違抗軍令而殺頭，堡寨必須修復！」每次接到經略使的命令，他都擱置一旁，然後督促軍兵民夫加快進度。在完成了所有堡寨的修築工程之後，張亢自己上書向朝廷請罪，不過朝廷也沒有怪罪他。

八年後，韓琦任并州知州，負責經略河東防務。他考察了張亢所修堡寨後，對張亢的戰略眼光十分讚賞。張亢修築的堡寨絕大多數與宋初名將楊業曾經經營的堡寨布局一致，都處於戰略要地。這也就是張亢能夠冒著殺頭的危險一意孤行地做他認為正確的事的原因，換了一般人恐怕是沒有這個勇氣的。

范仲淹繼續著他的巡察行程，沿著代州往西一直到麟府路這幾百里的防線進行巡察。

西夏與大遼正在酣戰，這證明了范仲淹早先判斷的錯誤。沒有了它們的入侵威脅，巡撫河東和陝西的壓力大大降低，因此范仲淹才能夠有精力一路上軍、民兼顧，在督察軍事防務的同時處理一些民事案件。其中，軍事防務的重點是完善防務體系，如屯田、興修堡寨。促成張亢在并州和代州修築堡寨之事可以看成是范仲淹巡撫河東的重要成果之一，他的另一項重要成果就是完成了陝西面對西夏防線的最後工程，這項工程就是修築細腰城。

陝西四路中，鄜延路以北有范仲淹到陝西不久讓种世衡修築的清澗城，鄜延路與環慶路之間有范仲淹慶曆二年春親自帶兵修築的大順城，涇原路與最西面的秦鳳路之間在劉滬修築了水洛城後也已經可以直線呼應，只有中間的環慶路與涇原路之間缺乏一個戰略據點，使得這一帶成為易被西夏突破的薄弱環節。早在慶曆二年十月，范仲淹即建議派兵襲取古城細腰和葫蘆泉以打通環慶路與涇原路的直線連接，但始終未能實現。

如今范仲淹有巡撫河東、陝西職責的便利，於是就在河東向遠在千里之外的環州知州种世衡下令，讓他與涇原路的原州知州蔣偕合兵搶築細腰城。已經身患重病的种世衡接到命令後「矍然而起」，帶兵突襲細腰，與蔣偕日夜督促，一鼓作氣築成了城堡。六十歲的种世衡依然充滿了智慧，他一邊出兵，一邊派人深入西夏境內散布傳言說他只是帶兵巡邊，這使得搶佔細腰和修築城堡能夠順利進行。

修築細腰城後不久，蔣偕又按照范仲淹的指令在細腰城西三十里處修築了葫蘆寨。种世衡沒有參與葫蘆寨的工程，細腰城是他為大宋做出的最後一個貢獻，他在修完細腰城後就病逝了。沒有了种世衡的支持，蔣偕的葫蘆城修築得十分艱難。城修到一半，西夏兵會同當地羌族部落來攻襲，讓蔣偕吃了一個大敗仗。蔣偕逃歸原州來見涇原路經略安撫使請罪，經略安撫使就是那個不講情面的王素。王素沒有殺他，給他一個機會回去重振旗鼓，於是蔣偕回到葫蘆泉拼死擊退了敵人，終於築成葫蘆寨。

細腰城和葫蘆寨的修築，可視為范仲淹陝西攻防戰略完就的標誌，嚴格地說，是防守戰略的完就。鑑於目前宋夏媾和的大形勢和朝廷息事寧人的心態，轉守為攻的那一部分設想已經不可能成為朝廷的選項。這些工程完成之後，范仲淹參知政事的職務也被解除了。

其實，范仲淹對河東、陝西的巡撫，不論是修補邊防布局還是體察安撫民情，都已不是此時大宋主要的政治話題。呂夷簡生前最後一次與范仲淹對話時曾經說過：「經略邊事更宜身在朝廷。」這句話是有道理的。朝廷重視的事都是大事，如果掌握朝廷大權的那些人不把它看成是大事，那麼它就不是大事。

在慶曆五年正月被免去參知政事職務後，范仲淹以陝西四路安撫使兼邠州知州的身分在陝西宦遊了近一年。邠州是靠近內地的非中心城市，而陝西四路安撫使在宋夏和解的背景下基本上只有一般性的安撫百姓職責。當年的十一月，范仲淹主動提出解除陝西四路安撫使的職務。

范仲淹就此退出了大宋政治舞臺的中心。

當年，范仲淹孤身一人振臂高呼、三起三落，從而聚攏了一批最具正氣、最富朝氣、最有責任心的國家精英共同努力去改變人人因循苟且、不思進取的社會風氣，創造和引領了以天下為己任、銳意進取奮發圖強的新時尚，開創了歷史上少有的能夠在一個時期內湧現出一大批砥礪風節、道德純正、敢於直言、獻身國家的知識分子的局面——在這之前或之後的中國歷史上，這樣的局面少之又少。至此，范仲淹已經完成了他人生意義的最重要章節。曾經的萬言獻策，曾經的犯顏直諫，曾經的鐵馬金戈，曾經的新政革弊，那些轟轟烈烈的事業都已經成為過去。

不光是范仲淹，幾乎所有與他志同道合的國家精英此時都散落各地，將他們的見識和能力湮沒在平淡的衙門事務或生活之中。

六十八歲的杜衍在保全了石介死後的尊嚴、使石介免遭掘棺之辱後，不久就申請致仕。當政的宰相賈昌朝巴不得杜衍永遠離開皇帝的視線，因此說服仁宗不做挽留。仁宗同意了杜衍的申請。杜衍在洛陽低調地生活了十幾年後去世。他被後人視為仁宗朝賢相之一。

富弼於慶曆四年八月出京宣撫河東，以備契丹入侵。慶曆五年正月，仁宗在採納了章得象的計策免去范仲淹參政職務的同時，將富弼一併免去樞密副使之職。被免職前，富弼從河東回京城覆命。到了城外，富弼被拒絕進入城中。國家的一名核心官員無緣無故被拒絕進入京城，這是何等嚴重的一件事！那天晚上，富弼繞床長走，徹夜難眠。此後，他到鄆州任知州兼京西路安撫使，不久他又與范仲淹同時被免去安撫使的職務。這一次被免職，是石介到契丹引兵入侵、他將舉兵呼應這一謠言所帶來的後果。

韓琦被解除樞密副使職務後到揚州任知州，直至慶曆七年五月到山東鄆州接替富弼。這期間他與范仲淹有頻繁的書信往來，表現出他們之間真摯的友情和對國家未來的擔憂。

歐陽修在滁州奠定了他今後主政一方的「寬簡」風格。所謂寬簡，就是盡量不給百姓增添負擔，讓農民安心生產、休養生息。他後來接替包拯擔任開封知府，包拯的嚴厲和他的寬簡都為百姓所稱頌。當然，歐陽修在滁州最著名的還是他的文章，不過這些文章多多少少都散發出一種無奈之下的瀟脫。

蔡襄在福州擔任了兩年的知州後，改任福建轉運使。在福建任職期間，他使閩北北苑貢茶的發展達到了頂峰。他將著名的龍團鳳餅茶改造成小龍團，用黃金裝飾。黃金常有，而龍團不常有，王公大臣以得到仁宗的一片小龍團而互相誇耀。蔡襄根據這一段時期積累的知識和經驗撰寫的《茶錄》成為中國茶研究的重要經典之一，它的影響甚至超出了中國。

余靖仍然被保守派視為眼中釘。慶曆五年初，他出使契丹。遼主見他精通遼語，對他說道：「卿若能以遼語作詩，我就飲酒一杯。」余靖果然就以漢語與遼語結合當場賦詩一首，遼主聽了歡笑不已，如約豪飲了一大杯酒。這樣一件有利於宋遼和好的事，被御史臺說成有損大宋尊嚴，余靖因此被貶出朝廷。

雖然處於目前這種境遇之中，但是他們這些人並沒有喪失風節，沒有喪失信心。在至和二年（一〇五五）和之後的嘉祐初年，他們陸續回到朝廷。隨後在仁宗朝的最後幾年，以富弼、韓琦、歐陽修等人為主要人物的一批真正為國家負責任的大臣主政，保持了一個較長時期的國家穩定，開創了嘉祐之治。以天下為己任的精神在他們身上延續著。

這些總結性的評價，似乎是在將范仲淹的一生做一個歸結。如果是這麼認為，那就錯了。

在范仲淹生命中的最後幾年，在他繼續輾轉宦遊各地的時候，他始終關心民生的理念和善於理政的能力依然閃爍著耀眼的光芒。更何況就是在這期間，他不經意間的一篇文章再一次樹立了完美體現中國知識分子高尚人格和品德的旗幟。這是一面范仲淹自己都沒有預料到的超越時代的旗幟。

它就是千古名篇〈岳陽樓記〉中所闡述的胸懷。

2

記載於文字之中的廣德軍、高郵軍以及興化縣、睦州、蘇州、饒州、潤州、越州、延州、慶州，這些范仲淹曾經從政過的地方，還有慶曆新政後他到過的邠州、鄧州、杭州、青州，有一個共同點，那就是都有一座范公祠。這些范公祠都是當地百姓在范仲淹去世後為紀念他而建立的。不過也有例外，有些地方在范仲淹還在世時就為他建立了祠堂即生祠。比如在陝西邠州和慶州，當地羌民把范仲淹當作恩人，分別為他建立了生祠。幾年後范仲淹去世的消息傳到陝西時，幾百名羌族首領聚集在祠堂中，「哭之如父」，就像自己的父親去世一樣祭奠他，哀悼三天後才離去。

其他朝代就不必說了，縱觀整個大宋，官職在參知政事以上的官員數以百計，比范仲淹更為皇帝信任、官職比他更高的人也比比皆是，唯獨他幾乎在所有從政過的地方都為當地百姓所感恩、紀念，這種感恩、紀念在一些地方甚至傳承了近千年，這樣的官員能有幾個？更有甚者，一些范仲淹並沒有任職過的地方，百姓也設祠紀念他，感謝他在朝廷為政時給他們帶來的恩惠。成都就有一個范公祠，那是學子感激范仲淹慶曆三年在全國範圍內推行建立官學的新政，向官府請求建立的。建立官學是少有的未被保守派取消的新政措施之一。

范仲淹更為今人所認識的主要是他出將入相的輝煌經歷。其實，在三十多年的仕宦生涯中，他更多時候是擔任親民官，即直接主管百姓的官員，如知州、知縣等。百姓對范仲淹的認識更多的也是來自他在州縣主政的政績。百姓對於官員的政績看在眼裡，他們的認識和感受沒有虛假的成分。如果他們恨一個官員，會將他的劣行編成民間故事流傳下去；如果他們愛一個官員，也會將他的善行編成故事流傳下去。當然，為一個官員建立祠堂、把他當作祖先來祭奠或當作神仙來祭拜，那是對他的最高褒獎。

讓我們彙集一些歷史的點滴，看看范仲淹在邊塞的烽火狼煙和朝廷的驚濤駭浪之外，有哪些讓平凡百姓回憶的地方。

廣德軍司理參軍是范仲淹進士及第後的第一個職務，負責司法刑獄事務。雖然是剛剛出仕，但他卻極有主見。他的長官即廣德軍知軍有些盛氣凌人，范仲淹在案件審理中常與他意見不同。每當這個時候，范仲淹總是保持自己的獨立人格，據理力爭，從不退讓。范仲淹在廣德軍的另一個善政就是延請了三名當地有學問的老儒當教師，教導當地學子，自此廣德軍人才湧現、進士輩出。還有一件讓人感動的事蹟：范仲淹為官清廉，任滿離職時沒有路費，他是賣了自己的馬籌得了路費後徒步回家待命的。

隨後不久，范仲淹到泰州的西溪鹽倉擔任主管官員。大宋對於官員的職責分工相當明確，官員不允許越職言事。鹽倉只負責食鹽的生產、銷售和稅收，但是范仲淹看到海陵、如皋一帶百姓年年因為海潮氾濫而家破人亡，心中不忍，於是越職向泰州知州建議修築攔海堤壩。當時有人批評范仲淹越職，但是知州張綸贊同范仲淹之議。張綸奏請朝廷任命范仲淹主持修築工程，並派了泰州軍事推官滕宗諒協助。雖然工程未結束前范仲淹即因母親去世而離職守喪，工程最終是在張綸親自主持下建成，但當地百姓感念范仲淹之力。如果不是范仲淹倡議，這捍海之堤能否修成尚未可知。於是，這個海堤被百姓們稱作「范公堤」，而紀念范仲淹的祠堂僅在如皋一地就有三座，當地一些百姓甚至以范為姓。

作為地方官的范仲淹，他的事蹟流傳最多的當在饒州。當然不是說他在饒州的政績最多，而是饒州百姓更善於傳頌並流傳至今。饒州治所鄱陽因范仲淹的規劃而奠定了千年的基礎，遍布城中的古井是范仲淹為了防止疾病流行而下令挖掘的，他還專門奏請朝廷免除了饒州百姓每年上交的茶稅。范仲淹在此地最大的善政還是辦學。饒州州學小而破舊，范仲淹親自在城南的一座山丘上挑選了一個地方修建新校舍。建成後，范仲淹站在校舍前俯看著前方的一汪碧水豪邁地說：「二十年後此地當有文魁出世！」果然，二十年後饒州出了一個狀元。

在越州，流傳著這麼一個故事：越州一個低級官員病故，因生前官卑祿薄，留下的妻兒甚至無力返回老家。范仲淹悲憫之餘，與衙門官員一起捐錢資助他們回家。他又擔心路途遇上貪官惡吏敲詐勒索，於是寫了一首詩交給他們，叮囑他們如果遇上敲詐之人可出示此詩作為告誡。詩是這麼寫的：「十口相攜泛巨川，來時暖熱去淒然。關津若要知名姓，此是孤兒寡母船！」此詩見於范仲淹文集中，可為這個故事的佐證，否則一般情況下不會寫這種詩的。

類似的事在邠州也發生過。在一個風和日麗的日子裡，范仲淹宴請賓客。宴席剛剛擺好，范仲淹在樓上看見不遠處有人在冷冷清清地準備著喪事。詢問之下得知，死者是一個外地寓居邠州讀書的士人，在此地舉目無親，死後甚至沒有棺槨埋葬。范仲淹心中慘然，當即吩咐撤席罷宴，然後出錢周濟將死者安葬。

范仲淹的這些千年遺事沒有必要一一羅列，它們對於今人已經沒有太大意義，但是我們仍然需要執著地想起它們，讓它們提示我們的官員如何才能被百姓愛戴。

當然，范仲淹的這類事蹟並不僅僅發生在他的身上。古往今來，像他一樣的好官有許許多多，他們因為百姓的傳頌和史書的記載而與歷史永存。但是在這些好官之中，范仲淹有著與眾不同的品質，使他得以在中華民族的歷史上佔據了一個崇高的地位。

一個人，如果他在過著自己個人的或小家庭的生活之餘，還能盡力幫助國家和社會做些什麼事，或者即使沒有這個能力還能有這一份心，在國家有急難的時候有一份擔憂，那麼他就是有愛國心的人；如果他不僅有愛國之心，還能通過自己的努力讓國家和社會有所受益，那麼他還是一個傑出的人；如果他歷經挫折之後仍然不改赤誠之心、不減奉獻之力，那麼他更是一個品德高尚的人；如果他在做到所有這些之後，在自己的餘生中仍然能保持晚節，沒有惆悵、沒有怨恨，沒有自喜、沒有狂傲，使自己的一生都保持了純潔，那麼他就是范仲淹，或者是范仲淹式的人物。

慶曆五年十一月，范仲淹離開陝西邠州回到內地。此後直至皇祐四年去世，范仲淹先後在鄧州、杭州、青州三地主政。歷經三起三落，在進入兩府最有可能為國家大展宏圖時又再次被排擠出朝廷，經過這四進四退，他對百姓民生仍然是那麼關切，對國家的命運仍然是那麼關心，對自己和家人的自律仍然是那麼執著，對朋友的情誼仍然是那麼真誠。

在鄧州，范仲淹擔任了三年的知州。到鄧州兩年後，朝廷要調他到荊南府任知府，但是鄧州百姓將朝廷使者攔住，懇求朝廷讓范仲淹留任，於是范仲淹在鄧州又續任了一年。

此前，從陝西到鄧州任職是范仲淹向仁宗請求的。

陝西邠州氣候寒冷，對范仲淹的身體不利。長期以來，范仲淹至少患有三種慢性疾病。一種是肺病。早在明道二年第二次被貶後，他給友人滕宗諒的信中就說到，在京城因朋友聚飲過多以至傷肺，使得肺病舊疾復發。另一個毛病是經絡不通。說起來有趣，這個毛病是因為練氣功。范仲淹應當是在年輕遊學時向佛、道界的友人學得氣功的，並一直將氣功作為健身之道。景祐四年貶謫饒州後，范仲淹在一次練功時感覺行氣不順，登時胸肋之間疼痛難當，後來就留下了胸疼的毛病，經略陝西的三年間這個毛病時常發作。范仲淹還患有痔瘡，最近一次發作是在巡視河東的時候。

畢竟是五十八歲了，這在當時已屬老年，范仲淹希望在晚年能有一個比較穩定的生活。他不是貪圖享受。不用說他是為官從政三十多年的一個國家重臣，稍有些資歷的官員有幾個沒有為自己營造些房產？可是范仲淹至今還是居無定所。他請求到內地休養身體可以說是最低要求了，更何況他還表示：「若當國有急難之時，臣不敢自私自利謀求安穩，定當勤於國事！」

鄧州民風淳樸、政事清簡。「庭中無事吏歸早，野外有歌民意豐。」他在鄧州如此欣喜地描述。願意來此地的高官很多，但鄧州百姓記憶最深的就是范仲淹。很多事蹟已無法考略，遺留至今的記憶還是很清晰的。

「長使下情達，窮民奚不伸？」只要能讓百姓的意見通達到當政者，他們的怨氣就能化解，他們的冤屈就有申訴的管道。范仲淹在寫於鄧州的詩中詮釋了這個政治主張。

鄧州是風調雨順之地，但也有農時不順的時候。慶曆六年（一〇四六）秋冬，鄧州就出現了少有的旱災。范仲淹在向天祈求雨雪的同時，帶領百姓興修水利、開鑿泉井，遺留至今的水井曾經澤惠幾十代人。

范仲淹還修建花洲書院作為講學之所，他也時常在此親自授課。在此間接受過他教育的學生中後來有兩位官至宰執大臣。其中一位是他的次子范純仁，另一位是他此時的副手、鄧州通判韓維。還有一位後來的名人在此受教，他就是理學的先驅之一張載，那位曾在陝西受他教誨的年輕人。

在鄧州的三年多是范仲淹在一個地方為政時間最長的時光。皇祐元年（一〇四九），范仲淹繼續邁向他人生中的下一個驛站——杭州。

杭州是個適宜生活的好地方。這裡有四季美景，「亂花漸欲迷人眼，淺草才能沒馬蹄」。這裡有老朋友，曾與蔡襄等人同任諫官的孫甫此時任兩浙轉運使，治所就在杭州。他們二人常常在公事之餘一同對酒唱酬、出遊攬勝，不過在公事上則是一絲不苟。論官品，范仲淹遠在孫甫之上；但論職責，孫甫又負責對范仲淹的監察。二人如有不同意見，孫甫從不退讓。他說：「雖然范公是受人尊敬的國家大臣，但如果我有所顧忌，就不能秉公行事了。」

范仲淹永遠不會享福。這位飽經風霜、此時年已六十歲的老人，在杭州又創造了一個超越時代的救災經驗。

他到杭州就任不久，兩浙一帶鬧饑荒。范仲淹在採用常規措施向百姓發放糧食的同時，採取了兩個非常規的措施。

兩浙之民喜歡賽船競渡，於是范仲淹鼓勵有錢人家主辦競渡遊戲，自己則帶領杭州官員天天到西湖觀看、遊玩，引得杭州百姓空城出遊。

兩浙一帶佛教興盛、寺廟眾多。唐人曾有詩描寫道：「千里鶯啼綠映紅，水村山郭酒旗風。南朝四百八十寺，多少樓臺煙雨中。」范仲淹告訴寺廟的住持們：「饑荒時期人工便宜，如今正是寺廟興建、修繕的好時候。」於是各寺廟都大興土木。

孫甫對范仲淹日日出遊、官府和民間大興土木的情況十分不滿，於是上書朝廷，彈劾范仲淹救災不力、耽於遊玩，而杭州官府和民間又大肆建設、傷耗民力。朝廷發文讓范仲淹解釋，范仲淹告訴朝廷：饑荒時節，讓有錢人家多消費、多營造，能夠給貧困之民提供就業的機會。如今杭州每天有數萬貧民因此有工可務，這是最好的救災方式。

當災害到來、百姓窮困時，鼓勵有錢人家大興土木、促進他們加大消費，以此讓受災百姓有事幹、有收入，而有錢人家也可在此時降低成本，這無疑是一種先進的救災理念。這一年，兩浙一帶只有杭州最安定，沒有出現百姓因災背井離鄉的情況。

杭州經驗還不是范仲淹最後的創舉。在杭州任職一年多後，朝廷又將范仲淹改任青州知州。在青州這個他人生的最後一個驛站，范仲淹延續著他的愛民情懷。

青州的百姓交納糧賦，按規定應當交到五百里外河北路的博州。背著糧食走這麼遠的距離，對家家戶戶都是沉重的負擔。范仲淹到青州後想了一個辦法。他讓官府通知百姓，將糧賦按照青州本地的糧價折成錢交納給官府，然後派一名官員帶幾個吏員攜帶這些錢去博州，就地購買糧食上交府庫。博州的糧價低於青州，因此交完青州的糧賦後還有餘錢，范仲淹又將餘錢按比例歸還給百姓。

每一次被貶，都不能改變他對國家的忠誠；在每一地為官，都始終把百姓民生放在心上，以自己的卓越才幹為民造福。我們在范仲淹身上看不到這樣一種現象：得意時高調宣揚人生在世當如何為國盡忠，失意時則悲戚幽怨地牢騷滿腹。無論是范仲淹的所有朝廷奏議還是詩詞文章，無論是時人眾多的記載還是民間的傳聞，我們看到的是一種始終不變、寵辱難移的愛國愛民的思想境界。一個偶然的機會，范仲淹將這一偉大思想境界化作不朽的文章〈岳陽樓記〉。

3

現在讓我們來說說〈岳陽樓記〉。它誕生於鄧州。

如果不是因為滕宗諒的請求，范仲淹或許不會專門寫一篇文章去宣揚他一生踐行的思想。〈岳陽樓記〉這篇文章以記文的形式完整地闡述了他所堅持的思想道德和人生哲學。不過我們有理由相信，他只是想藉這篇文章向他志同道合的摯友們闡述一種完美的人格。他已經用自己的一生來實踐這種人格，如今他以此來激勵摯友們克服在仕途上難免遇到的艱難困苦，鼓勵他們超越思想上的局限和障礙，以繼續承擔強國富民、安邦定國的重任。當然我們這些後人都知道，這篇文章的實際意義和作用已大大超出了他當時的用意。

范仲淹為什麼會有這樣的想法，要藉一篇文章激勵一批人？

這與滕宗諒的境遇有關，滕宗諒的境遇讓范仲淹有所擔心。

因為王拱辰不遺餘力的打擊，滕宗諒於慶曆四年春被貶至下等州岳州任知州。同時也因為范仲淹的力爭，仁宗沒有免去滕宗諒天章閣待制的館職，他仍然是兩制以上官員。

宋人後來這樣評價滕宗諒：為人尚氣、倜儻，好施予，喜建學，清廉無餘財。滕宗諒的尚氣、倜儻其實是過於豪放以至於鋒芒太盛。被貶岳州讓他十分灰心。他的作為都是為了國家，沒有謀求自己的私利，為什麼會受到如此不公的對待呢？是不是只求無過、不求有功，安安穩穩地過日子，坐視國家和社會的積弊越來越重，這樣反而還能夠得到讚譽？慶曆新政的失敗，一批國家棟梁遭受排擠、飄零各地，或許更加重了他的灰心。

當然，滕宗諒不是那種灰心到放棄自己做人基本原則的人。他在岳州彰顯了他的施政能力。司馬光評價他在岳州期間「治為天下第一」，即他的政績在同時期是全國最好的。他的政績中最突出的是三件事：擴建學校、修築防洪長堤和重修岳陽樓。

岳陽樓的前身據說是三國時期東吳大將魯肅所建的閱軍樓，魯肅修建此樓的目的是訓練和檢閱東吳水軍。閱軍樓建成之前，中國歷史上一段波瀾壯闊的史詩剛剛在此地及方圓數百里的地域內譜寫完畢，那就是著名的赤壁之戰。在赤壁之戰中，曹操以絕對優勢的兵力對陣劉備和孫權的聯軍，卻被孫權的大將周瑜用一把大火燒得丟盔卸甲，由此奠定了曹魏、孫吳和蜀漢三國鼎立的基礎。岳陽在當時稱作巴丘，是曹操水軍前往赤壁的必經之地。曹操被周瑜打敗後，他的水軍也是退到此處後將全部戰船就地燒毀。赤壁之戰剛剛結束，東吳的孫權就將防備曹操水軍的防線由東向西沿長江前移至此，並命令魯肅鎮守。巴丘在兩晉時更名巴陵，這座樓也因此被人們稱作巴陵城樓。似乎是到了唐代，此樓才有岳陽樓之名。

如果只是一個軍事設施，岳陽樓不會像後來那樣名重天下，名重天下必定與文人墨客有關。文人們都愛登樓。高樓之上，那萬般春情、濃濃薰風、千里清秋、皚皚白雪，無限風光盡在眼底。但是攬勝不是登樓的最大魅力。人在樓下，身在景中，自有一番情致，不是非登樓不可的。登樓之美不在於景物，而在於心緒。

登樓可抒懷。面對陰晴變幻的長空、永不疲倦的白雲、樹長葉落的青山、濤起潮去的江海，再聯想到國家的前途和自己的命運，文人們的情感便不可遏制，必然要迸發出來。

王之煥登上鸛雀樓時，展現的是他的豪放大氣和人生哲理：「欲窮千里目，更上一層樓。」王勃登上滕王閣時，以冷靜的眼光看待世間沉浮。「閒雲潭影日悠悠，物換星移幾度秋。閣中帝子今何在？檻外長江空自流！」李白登樓，高唱「長風萬里送秋雁，對此可以酣高樓」，最終卻唱得「抽刀斷水水更流，舉杯澆愁愁更愁」。辛棄疾登樓，「把吳鉤看了，欄干拍遍，無人會、登臨意」。他太寂寞了，沒有人能體會出他登樓興歎之意。他本可以成為著名的政治家、軍事家以幫助南宋朝廷挽狂瀾於既倒，最終卻只能成為著名的詞家和對南宋命運的預言家。

登樓也傷情。

晏殊說：「昨夜西風凋碧樹，獨上高樓，望盡天涯路。」李清照思念遠人，直到「雁字回時，月滿西樓」，仍然還是「花自飄零水自流」。亡國之君南唐後主李煜告訴自己「獨自莫憑欄」，因為「小樓昨夜又東風，故國不堪回首月明中」。高樓讓人在夢中念情：「梨花滿院飄香雪，高樓夜靜風箏咽。斜月照簾帷，憶君和夢稀。」高樓讓人心生惆悵：「萋萋芳草憶王孫，柳外樓高空斷魂，杜宇聲聲不忍聞。」

總而言之，文人們登樓所抒發的感情往往都是真情，並且都是情感的極致。岳陽樓就是這麼一個讓人抒懷傷情之所。

岳陽樓的真正出名始於唐朝中葉的玄宗時期。張說是唐玄宗的宰相，因為官場爭鬥而被貶到岳州任太守。落寞的他重修了岳陽樓，並常與文人騷客登樓賦詩，岳陽樓因此名聲大噪。登臨此樓最有名的一個詩人就是詩仙李白。「樓觀岳陽盡，川迥洞庭開。雁引愁心去，山銜好月來。雲間連下榻，天上接行杯。醉後涼風起，吹人舞袖回。」李白是懷著十分舒暢的心情登臨岳陽樓的。他剛剛被皇帝赦免，從前往流放地夜郎的途中回到中原，岳陽樓那種「雁引愁心去，山銜好月來」的迷人景致是他歡快心境的反映。

滕宗諒此時的境遇恰與李白相反，因此心情也相反。岳陽樓重修工程竣工後，僚屬向他請示落成的日子，他卻說：「落甚成？只待痛飲一場，憑欄大慟十數聲而已！」

滕宗諒的這種心態一定是體現在他與范仲淹的書信往來和詩詞贈答中，雖然沒有有關文字留傳下來。不是大喜就是大悲，得意時大喜失意後大悲，這不是范仲淹所贊同的，而是他所擔心的。四進四退的經歷加上年老多病，范仲淹對於自己能夠繼續為國家重擔大任已經沒有太多的信心，但是他對自己的這一批德才兼備的摯友們抱有很大的期望，期望他們將來能夠繼續為國家發揮才能。他知道，仁宗不會將有品德、有能力的人永遠打倒、永不敘用，除非被打倒之人罪大惡極。

因此，范仲淹時時在與他們的書信往來和詩詞唱酬中給予他們精神上的鼓勵。他剛到鄧州不久，就致信韓琦一再叮囑：「公與彥國青春壯志，因此應當精意遠略，以待將來再為國家大用，請自重自重！」彥國就是富弼。而早在巡撫河東時，他就特意將一首寫給龐籍的唱答詩寄給遠在岳州的滕宗諒。「宦情須淡薄，詩意定連綿。」「只應天下樂，無出日高眠。」似乎他已經在有意提醒滕宗諒要有淡定、寬闊的胸懷。

重修的岳陽樓大約落成於慶曆五年的仲夏末，而〈岳陽樓記〉成稿於第二年即慶曆六年的九月十五日。岳陽樓落成不久，滕宗諒就專門派人攜帶他的書信向當時還在邠州的范仲淹求文：「地需有山水才可稱為勝地，山水需有樓觀才能知名，樓觀需有文字傳揚才能長久，文字需有雄才大略之人撰寫才可稱巨著。」滕宗諒在信中還附上了一幅〈洞庭晚秋圖〉以及前代名家有關洞庭湖和岳陽樓的詩文，供范仲淹撰寫記文時參考。從滕宗諒求文到范仲淹成稿，其間過了一年多，這在古時是很正常的事，後來蘇軾為范仲淹文集所作的序文從受託到成稿就過了十三年。影響成稿時間的因素有很多，或是公務繁忙，或是行蹤不定，或是深思熟慮，或是待機而發。

各種前因後果，促成了〈岳陽樓記〉這篇流傳千古的文章的誕生。有人說范仲淹就是憑著〈洞庭晚秋圖〉和前代詩文構思了〈岳陽樓記〉，也有人說范仲淹是領略過洞庭湖的浩渺壯闊的，因為他幼年時曾隨著做官的繼父在洞庭湖邊生活過。其實這些說法和爭論本身就是一種花絮，它們無礙於〈岳陽樓記〉的光芒。

〈岳陽樓記〉最光輝的是它所表達的思想。不過，這篇文章本身從文學的角度來看也是十分優美，它在文學上的品位絕不亞於它在思想上的光輝。

比如說，文章中使用的優美的四言駢體語句，將自然景象和人們心中的感受描寫得非常準確、細膩，其中的絕大多數語句可以像成語一般供我們在今天的文章中直接使用，用以豐富我們的寫作語言、提高我們的文章品位。

文章本來是為岳陽樓作記，但卻通篇不說樓。為什麼？因為人已經在樓上，沒有必要再說樓了，要說的是人在樓上的眼界和胸懷。立意高遠，是這篇文章的一個不凡之處，當然這只是其一。

在簡單交代了撰寫此篇記文的緣由之後，范仲淹很簡略地描述了在岳陽樓上看到的洞庭風光。「浩浩湯湯，橫無際涯；朝暉夕陰，氣象萬千。」洞庭湖有千般風物、萬般風采，為什麼只有這四句話？因為「前人之述備矣」，前人描述得太多了。其實，是因為意不在此，范仲淹之意不在於景而在於情。

所有的風景都是因為人而產生的，沒有人就沒有風景。因情生景，觸景更生情。因此，不同的人眼裡有不同的風景。

登上岳陽樓的人有兩類，他們能看到的風景有兩種。那麼都是哪兩類人、哪兩種景呢？

一類是被貶謫的失意之人。貶謫之人，他們的心中必然「淫雨霏霏，連月不開」。因此，他們的眼中景象也是陰風怒號、濁浪排空、薄暮冥冥、虎嘯猿啼。何以如此淒慘？因為他們身處去國懷鄉的境地，心存憂讒畏譏的惶恐。

另一類人是春風得意之人。他們的洞庭湖「春和景明，波瀾不驚」，因此他們看到的是沙鷗翔集、錦鱗游泳、岸芷汀蘭、鬱鬱青青。面對此景，他們是什麼樣的心情？心曠神怡，寵辱偕忘；把酒臨風，喜氣洋洋。

范仲淹不認同這兩種心態。他告訴我們，人還有第三種。

那是什麼樣的人？

不因得意而歡喜，不因失意而悲戚。身為高官、春風得意之時要為百姓民生憂心，身處底層、沒沒無聞時要為國家安寧憂心。

這是一種什麼境界？

范仲淹用一句話做出歸結：先天下之憂而憂，後天下之樂而樂。

這是一句感天動地的話，是幾千年中華文明發展到范仲淹那個時代的一個新的總結和昇華。這種思想不僅僅是政治上的概念，它還是涵蓋整個國家和社會發展方方面面的概念。它是當政者的治國之道，也是社會精英階層的為人之道。

一個國家、一個民族是要有精神脊梁的。中國人的精神脊梁，就是在堅定地信奉、恪守和在開拓創新的基礎上傳承自己民族優秀傳統文化的士大夫，即今人所稱的知識分子。他們通過參與國家政治，將包含優秀傳統文化在內的知識和真理應用於、滲透在社會的各個層面、各個領域，讓民眾感受國家和社會的和諧、安寧和進步，使整個國家和社會都能夠以健康的方式向前發展，使一代一代的民眾感受到做人的尊嚴和快樂，這就是中國政治的最高境界。

國家和民族的精神脊梁為什麼是知識分子？因為知識分子不是天生的，他們一開始屬於其他各個階層，由於接受了知識、系統地學會了做人的道理而超越了身處的各個階層而成為知識分子。他們作為一個精英群體，沒有過多的世俗利益追求——當然作為個體而言，每個知識分子都有衣食住行的需求，由此也會有追名逐利之心，但是他們應當會自覺地將追名逐利之心服從於對國家利益的追求。知識分子這個群體最大的追求就是「道」，即道德、道理，我們也可以把它稱作真理。其他各個階層都有與生俱來的私利，只有從社會各個階層中脫穎而出的知識分子在成為知識分子之後把追求真理作為自己的最大利益，因此只有這群人才能成為我們的精神脊梁。他們一旦參與了國家的政治，就成為影響國家現在和未來的精英。

我們的精英該怎樣對待我們的傳統文化和思想？

首先，精英們信奉的應當是先進的文化和思想，這樣才能帶著歷史的傳承、肩負歷史的責任，帶領民眾去推動國家的發展進步。

其次，在中國，最先進的文化和思想當然是經過幾千年千錘百鍊、推陳出新、去偽存真的傳統文化和思想。

再次，最重要的是，文化傳統的傳承，是國家、民族和社會保持穩定和安定的重要基礎。文化上的改弦更張，是全民族的災難。無論是我們的衣食住行還是我們的喜怒哀樂，無論是清醒時還是在夢中，傳統的東西無時無刻不在影響著我們。一個國家、一個民族幾千年來信奉的文化和思想，豈能是說變就變、說不要就不要的？

最後，傳承傳統當然不等於故步自封。非傳統的東西，外來的東西，只要是科學的，都值得我們借鑑。但是借鑑不等於盲目照搬，借鑑來的東西最終要成為我們的傳統。傳統，傳統，不是只有舊的才是傳統，吸收合理的、科學的新的東西，也是在為今後留下傳統。

如果我們的精英不去信奉和恪守我們的優秀傳統文化，那會怎樣？

他們將很輕易地陷入各種利益之爭中，最終失去自己的先進性，喪失帶領整個國家向前發展的能力。有的精英永遠是精英，有的從一開始就不是精英，有的開始時是精英但後來墮落、蛻變了。如何判斷他們？就看他們是否具有歷史責任感，是否信奉和恪守優秀的傳統文化。如果是，那麼他們就還是精英，仍然還有資格帶領我們的國家和民族去創造更加輝煌的未來。如果不是，那麼他們就已經不是精英，就喪失了帶領國家和民族的資格。

有一個道理需要清醒地看到。精英們需要堅守的是通過自己的努力就觸手可及的先進文化和理念，但不是一種虛無縹緲、遙不可及的信仰甚至宗教。只要你全身心地去追求，你就可以到達這個先進的甚至偉大的境界，這就是精英們應當堅守的思想。「先天下之憂而憂，後天下之樂而樂」的思想，以及范仲淹之前或者之後的先賢們所宣導的思想，都是真正的精英思想。

我們的國家和民族應當宣導什麼樣的精英思想，是不言而喻的。我們幾千年的好東西，在我們祖先的時候就為我們的國家和民族創造了輝煌的物質文明和精神文明，我們應當繼續把它當作主流思想傳承下去，否則整個國家和民族將失去方向，失去脊梁。當然，它有不足、有糟粕，如果不揚棄其中的不足和糟粕，我們的國家和民族會失去不斷發展壯大的動力，漸貧漸弱。這些都不是空談，是歷史、是經驗、是現實、是未來。

一個時代，如果它不時地產生類似於〈岳陽樓記〉這樣用生命、用理想、用實踐、用生活、用追求、用奉獻寫就的精英思想，並在當時就能引起整個社會的自覺的共鳴——這種共鳴不需要強求、不需要做作，那麼這個時代就是一個昂揚向上的進步的時代。否則，這個時代就是死氣沉沉、人人精神迷惘心靈空虛的時代，其背後的實質是以知識分子為主體的精英階層失去了引領社會道德風尚的能力，代之而起的是低俗文化成為社會時尚的引領者。

一旦讓低俗文化成為社會時尚的引領者，必將形成一種惡性循環：它越引領社會，社會就越低俗；社會越低俗，低俗文化的宣導者就越能夠牢牢地掌握社會道德風尚的話語權，一些人就更易成為低俗文化的追隨者。而本應成為社會道德風尚引領者的國家精英們則會成為這種低俗時尚的奴隸、附庸，甚至為自己能夠成為奴隸和附庸、能夠有機會附和一句兩句低俗的時尚話語而沾沾自喜。今人所謂的媚俗，指的就是這種現象。

媚俗，是誰在媚俗？是那些可悲的精英階層。「媚俗」一詞是為喪失了引領能力的他們而專設的，而非為普通百姓。

「先天下之憂而憂，後天下之樂而樂」無疑具有超越時代的先進性。不過，它是高尚的道德思想，是一種精神境界的極致，因此不能指望人人都能做到。崇尚它，並不是說人人都要做得到。崇尚它，也並不意味著讓百姓大眾都去過苦行僧式的生活。

人活著的意義是什麼？是過上好日子。確保百姓大眾都能永遠過著好日子，這是國家存在的意義。為了這個意義，國家的精英們才需要有「先天下之憂而憂，後天下之樂而樂」的精神，全社會才需要讓國家精英們去追求這種精神。

現在來看看〈岳陽樓記〉的全文。

慶曆四年春，滕子京謫守巴陵郡。越明年，政通人和，百廢具興。乃重修岳陽樓，增其舊制，刻唐賢今人詩賦於其上；屬予作文以記之。

予觀夫巴陵勝狀，在洞庭一湖。銜遠山，吞長江，浩浩湯湯，橫無際涯；朝暉夕陰，氣象萬千。此則岳陽樓之大觀也，前人之述備矣。然則北通巫峽，南極瀟湘，遷客騷人，多會於此，覽物之情，得無異乎？

若夫淫雨霏霏，連月不開；陰風怒號，濁浪排空；日星隱耀，山岳潛形；商旅不行，檣傾楫摧；薄暮冥冥，虎嘯猿啼。登斯樓也，則有去國懷鄉，憂讒畏譏，滿目蕭然，感極而悲者矣。

至若春和景明，波瀾不驚，上下天光，一碧萬頃；沙鷗翔集，錦鱗游泳；岸芷汀蘭，鬱鬱青青。而或長煙一空，皓月千里，浮光躍金，靜影沉璧，漁歌互答，此樂何極！登斯樓也，則有心曠神怡，寵辱皆忘，把酒臨風，其喜洋洋者矣。

嗟夫！予嘗求古仁人之心，或異二者之為，何哉？不以物喜，不以己悲。居廟堂之高，則憂其民，處江湖之遠，則憂其君。是進亦憂，退亦憂。然則何時而樂耶？其必曰「先天下之憂而憂，後天下之樂而樂」乎！噫！微斯人，吾誰與歸？

時六年九月十五日。

這篇文章所宣導的精神可以作為一個時代的風向標，以精英階層是否崇尚它、是否崇尚它背後的幾千年文化，來檢驗一個時代是昂揚向上還是迷惘空虛。昂揚向上的時代應當是這樣的：全社會都認為它高尚，全社會都期望精英階層以它為思想，全社會都讚頌那些努力去實踐它的精英人士。

但是，如果連士大夫這個精英階層的主要群體都去追逐極端的私利，放棄了任何人都可以放棄而只有他們不能放棄的高尚道德，那麼國家會怎麼樣？

4

三百多年的大宋，鼎盛於仁宗時期。其中最輝煌的北宋，衰微於徽宗之手。有人說，仁宗朝的鼎盛是因為仁宗的寬仁。也有人說，徽宗朝的衰微是因為徽宗的放蕩。但是，以仁宗、徽宗的一己之力，就能讓國家鼎盛或者衰微嗎？

北宋九個皇帝中，仁宗和徽宗有很多相似之處。他們在位時間都很長，都有貪圖享樂之心，甚至都是頗有藝術天賦的皇帝——仁宗可稱為音樂家，而徽宗則是名垂古代藝術史的書法家和畫家。

仁宗在即位之初和親政之初並沒有什麼太大的作為。縱觀他在位的四十二年，仁宗幾乎就沒有過勵精圖治的決心，除了短命的慶曆新政。慶曆新政的失敗，反過來又更加印證了仁宗缺乏治國激情的事實。

而徽宗即位後，尤其是太后退隱、自己親政後的一年內，給人留下了開明的印象，甚至在親政的第一年即建中靖國元年（一一〇一）一度開創了有所作為的「建中之政」。

但是，仁宗最終成為後人津津樂道的以寬仁厚道著稱的明君，而徽宗則成為中國歷史上十分著名的昏君。

這究竟是什麼原因？

要系統地回答這個問題，可能需要一本或數本專著。但如果用一言以蔽之，那就是：二人所處的環境不同。

什麼環境不同？

是人的環境不同。再說明白些，就是他們的臣下不同。

仁宗和徽宗，一個成為明君、一個成為昏君，很大程度上不是因為他們自己，而是因為對他們能夠產生重大影響的臣子，雖然他們自身的先天秉性也是其中的重要因素。

我們來分別看看仁宗和徽宗的一些事例。

仁宗即位後的前九年，身邊有一位嚴厲的太后，使得他行為謹慎。劉太后去世後，仁宗沒有了約束，一頭扎進愛河，並輕易做出廢黜皇后之舉。但是，他的第一次率性享樂就遭到了范仲淹、孔道輔等幾乎所有臺諫官員的強烈抨擊和反對，他們讓仁宗在心理上承認了自己在道義上的失敗，因此才有仁宗後來對范仲淹、孔道輔等人的重新起用甚至重用。

慶曆年間，仁宗又一次陷入愛河。這次被他寵愛的張氏，死前身分是貴妃，死後被封為皇后，由此可見仁宗對她的感情。仁宗甚至一度有廢曹后、立張氏之心，但大臣打消了他的念頭。時任宰相的梁適說：「動輒休妻，這是尋常百姓家都不忍心的事，何況是皇家？」

張氏父親早逝，有一個伯父張堯佐。仁宗愛烏及屋，對張堯佐十分關照，多次破格提升他。於是，臺諫官員們圍繞著反對過分尊崇張氏、反對對張堯佐的不公正提升，與仁宗開展了長達數年的抗爭。最激烈的一次是對張堯佐的「四使」任命。皇祐二年（一〇五〇）年底，仁宗曾在一日之內任命張堯佐為宣徽使、節度使、景靈宮使，幾天後又加任他為群牧制置使。節度使是武官的最高階，這還罷了。宣徽使地位在樞密副使之下但待遇與其相當，景靈宮使、群牧制置使一般也都是由兩府大臣兼任。這一時期的臺諫官中又出現了一批正直敢言、名垂後世的人，如包拯、吳奎、唐介。他們或是上書直言，或是當面與仁宗理論，最終迫使仁宗取消了對張堯佐的多數任命。幾百年來在民間流傳的包公與龐太師的鬥爭，說的就是包拯多次反對張堯佐特權的行為。當然，張堯佐沒有民間文學渲染的龐太師那樣陰險、狠毒，他只是貪戀權勢而已。

對仁宗生活上的約束並不是臣僚們對他約束的全部，更多的約束是在政治上、國事上。仁宗在位的四十多年裡，他因為臣僚們的不同意見而不得不更改決定的事例數不勝數，這些決定涉及政治、經濟、軍事、官員任命等各個重要方面，無須一一贅述。

仁宗這一世，生活在無數雙挑剔的眼睛裡，伴隨著無數個隨時可能跳出來與他唱反調的臣下。正是這個原因，沒有什麼突出才能的仁宗能夠成為大宋最仁慈、最開明的皇帝，開創了大宋最值得稱道的盛世。

再說說徽宗。

徽宗即位前，朝廷經過了多輪的朋黨之爭。徽宗即位後，為化解朋黨之爭做出相當大的努力。

仁宗視如禍害的朋黨之爭並沒有在他的有生之年出現。以范仲淹為領袖的士林精英沒有形成一黨，他們更沒有打擊、排斥不贊同新政的官員，雖然他們後來確實遭受到一批保守官員和心術不正官員的排擠和陷害，但一方有黨不會形成真正的朋黨之爭。

真正的朋黨之爭始於神宗時期，爭的是王安石變法。仁宗去世後英宗即位，英宗在位四年後去世，神宗即位。神宗是宋朝十八帝中最有朝氣的皇帝，可惜他沒有范仲淹那一批人。

王安石推行變法改革時，慶曆新政已經過去了二十六年。范仲淹、杜衍等人早已作古，進入暮年的韓琦、富弼、歐陽修等人主張保持社會穩定，不贊成王安石的變法措施。如果說贊成改革就是改革派，反對改革就是保守派，那麼王安石自然就是改革派，韓琦、富弼、歐陽修等人都從當年慶曆年間的改革中堅變成了如今的保守者。何以出現這種情況？這是一個十分複雜的問題，後人有相當多的論述，有互相印證的，也有互相矛盾的，仁者見仁、智者見智，我們不必在此探究誰對誰錯，如果要探究也很難取得唯一的正確結論。

需要看待的一個現象是：改革派中除了宰相王安石和支持改革的神宗皇帝，幾乎沒有一個道德品質值得稱道的人；而反對改革的人士，幾乎都是當時的道德先鋒。即便是道德品質確實高尚的王安石，他在推行改革時，為了清除改革的障礙，也不時排擠反對派。當然，王安石畢竟不是小人，他沒有採用陰險的手段對反對派進行打擊陷害，他對反對派的排擠有時還不如反對派的自我流放。他主持變法期間，反對派採取的是不合作態度，他們拒絕在重要崗位上任職甚至拒絕在朝中任職，他們是主動的自我流放。司馬光何以有十九年的時間撰寫史學巨著《資治通鑑》？是因為他堅決、堅決、更堅決地拒絕了神宗對他的多次重要任命。

王安石後來離開了主持改革的位置，變法由神宗親自推進。神宗去世後，未滿十歲的哲宗繼位，神宗之母、太皇太后高氏共同聽政。高太皇太后是傳統觀念的支持者，她將此時的士林領袖司馬光請回朝廷，任命為宰相。她做出這個決定時，舉國上下都為司馬光的回歸而歡欣鼓舞，很有些當年范仲淹主持新政前的那種民意所歸。不過，當年人們期盼的是奮發圖強，如今人們希望的是朝政穩定。

朝政並沒有因為司馬光的回歸而穩定。相反，更激烈的朋黨之爭從此開始。

司馬光不僅十分極端地廢黜全部變法措施，還在太皇太后的支持下大力貶黜了幾乎所有的新黨人士。

幾年後，太皇太后去世，哲宗親政。哲宗一反太皇太后的政策傾向，他支持新法，於是新黨人士又全部回歸。結果，重新當權的新黨一派又將被劃為舊黨的更多人士罷黜貶謫。

一派上臺，就對另一派實施了更加激烈的政治報復乃至迫害。如果要問宋朝與唐朝最相像的是什麼，那就是這種激烈的朋黨之爭。這是仁宗終其一生甚至不惜犧牲慶曆新政去防止的，但它還是出現了。

徽宗就是在朋黨之爭愈演愈烈的情況下繼位的。

此時，新黨也罷，舊黨也罷，很難完全以是否支持改革來劃分他們的立場和人格。新黨人士道德品質上的缺失，注定了他們之間鉤心鬥角的激烈程度絲毫不亞於他們對舊黨的打擊和陷害；舊黨官員也並非對改革一概拒絕，他們之間對於改革的看法有相當大的差異，如兩任宰相范純仁和士林領袖之一的蘇軾就不贊同全盤否定改革，雖然他們都曾被新黨人士排擠，蘇軾甚至差一點死於新黨人士製造的「烏臺詩案」。

徽宗剛即位不久，就對仍在貶謫地的這一時期最後的道德領袖范純仁表示敬意，並派太醫前去為范純仁治病。他對身邊大臣說道：「范純仁，朕能見他一面就心滿意足了！」徽宗還派中使告訴范純仁，要重新起用他。可惜，頗有范仲淹遺風的范純仁不久就與長期被貶謫的蘇軾在同一年病逝。

范純仁和蘇軾在此時去世是大宋的重大損失。他們二人性格剛正，沒有新黨人士那種普遍的反覆無常、見利忘義，又不像司馬光等人那樣偏激極端、泥古不化。高太皇太后聽政時期，司馬光盡廢新法，范純仁與蘇軾因為反對這種極端做法而被舊黨邊緣化，范純仁還多次反對對新黨人士的過分打擊；哲宗親政後新黨當政，范純仁和蘇軾又被當作舊黨領袖而流放到偏遠之地，但他們對於新黨之人仍然抱有寬容之心。他們本來是最有可能調和新舊兩黨、化解雙方恩怨的人物。

在這種十分困難的情況下，徽宗仍然有些作為之心。他在親政後的建中靖國元年起用了一批舊黨人士，以圖化解新舊兩黨的紛爭；他還起用了一批品德較好的官員擔任臺諫官，並下詔徵求直言，公開承諾：「其言可用，朕則有賞；言而失中，朕不加罪。」一個看似欣欣向榮的局面出現了，這一年也因為值得稱道而被後人稱為「建中之政」。

但是大宋已經沒有了品行端正而又胸懷大局的人物，徽宗沒有辦法阻止朝政的混亂。舊黨仍舊要求辨邪正，新黨也在對內傾軋和排擠舊黨的兩線作戰。

最終，蔡京隆重登場。

蔡京是王安石變法的一個得力幹將，他在哲宗時期鍛鍊出了一個新舊兩黨人士都沒有的本領，那就是左右逢源。司馬光當權時，他在五天內廢除自己曾經大力推行的差役法這一改革措施，為此贏得了司馬光的欣賞並成為廢除新法的榜樣。哲宗親政後，改革派的宰相章惇為如何對待被舊黨廢除的差役法猶豫不決時，蔡京說：「差役法本來就很好，直接恢復就行了。」於是他重新成為新黨幹將。

或許徽宗認為，蔡京的左右逢源能夠幫助自己擺脫新舊兩黨的紛擾。崇寧元年（一一〇二）三月，徽宗召蔡京進京，任命他為翰林學士承旨，這是資格最老的翰林學士擔任的職務，相當於翰林院長官。此前蔡京被自己的新黨同僚排擠後，正在杭州擔任一個沒有任何責任的閒職。三個月後，蔡京升任副宰相。又過了一個月，他升任右相。再過了七個月的次年二月，他升任左相，左相相當於仁宗時期的首相。

蔡京歸根結底是一個典型的新黨人物。他上任後，即將舊黨官員趕盡殺絕——當然不是除去他們的生命，而是終結他們的政治生命。他不僅將舊黨官員全部流放，甚至規定這些官員的後代也不能在京城當官任職。如果僅僅是迫害舊黨，那麼蔡京還算不上典型的新黨人物。他將自己在新黨中的老對手也都列入打擊對象，一個一個排擠出京。

在除盡對手、大權在握之後，蔡京使出了危害最大的一個手段，那就是鼓勵和縱容徽宗享樂。一開始，徽宗還有些顧忌，但是蔡京對徽宗說：「陛下當享天下之奉。」天下的成果都應當被皇帝享用。於是徽宗放開膽子享用了，而蔡京帶動一大批官員也享用了。北宋就此病入膏肓。

當年仁宗去世後，英宗即位。仁宗沒有兒子，英宗是他的侄兒。英宗即位後，與仁宗的皇后曹氏關係不睦，曹太后甚至向樞密使富弼等幾名執政大臣哭訴「無夫婦人無所告訴」，意即自仁宗去世後與英宗話不投機。於是富弼與英宗有了一次激烈的對話。

富弼道：「仁宗之所以願意立陛下為嗣，都是太后的功勞！」然後他用手中笏板指向英宗所坐的御椅：「陛下如果不是因為素有孝順之名，如今豈能坐在這御椅之上！」

面對富弼的嚴厲教訓，英宗連連欠身說：「不敢！」

這是相權制約皇權的一個極端的例子。

在皇帝權威與以相權為主的士大夫參政之權相對平衡、相對穩定的大宋，士大夫比其他朝代更為自覺也更為理性地尊重皇權，而皇權本身也極少被濫用。皇帝與宰執大臣之間，皇帝、宰執大臣與臺諫官員之間，臺諫官員、其他監察系統官員與各級官員之間，各級官員與皇帝和宰執大臣之間，都有權力進行相互的制衡。皇權作為這些權力的制高點，雖然可以凌駕於臣下的權力之上，但是它仍然受到太祖立下的諸多規矩的制約。皇帝可以一意孤行，但他很可能因此失去道德基礎，失去了道德基礎就失去了保持皇權的合法性，失去了合法性他就可能下臺。

皇帝會被趕下臺嗎？會的。

南宋孝宗淳熙十六年（一一八九），宋孝宗在當了二十七年皇帝後心灰意冷，決定讓位給兒子趙惇。趙惇即位為光宗，孝宗自己當了太上皇。

光宗是個昏庸之人，懾服於凶悍的皇后，不僅在政事上無所作為，而且對孝宗不孝。孝宗病重時，光宗不去看望；孝宗病逝後，他甚至不去主持喪事。

幾乎所有官員都對光宗強烈不滿。自宰相以下，一大批朝廷官員提出辭呈，「舉朝求去」，但光宗一概不予接受，卻仍然我行我素。京城百姓對他的行為從竊竊私語發展到公開議論、譴責。

忍無可忍的大臣們最後採取了行動。他們向太后提出了廢黜光宗的建議，並在太后的支持下取得了成功。光宗被尊為太上皇，他的兒子即位為皇帝。當然，這個結局還是體現出大宋社會特有的寬容和開明。

以大臣們為主要力量的作為可以讓一個不稱職的皇帝下臺，這是大宋另一個極端的事例。在這一事件中，太后的作用不可或缺，但是如果沒有大臣們的力量，包括太后在內的任何人都難以做成這件事。

由光宗下臺和富弼教訓英宗的事例，再來探究仁宗朝的盛世和徽宗朝的衰敗背後的原因，那就可以得出一個結論：大宋之興盛緣於士大夫，大宋之衰敗也緣於士大夫。

在中國，知識分子出身的官員階層是決定國家興衰的最重要因素。他們的品質決定了他們的作為，而他們的作為則在多數時候決定了國家、民族的命運。

范仲淹的偉大之處在於，他既有為國家和民族先憂後樂的博大胸懷，又有堅持真理、永不退縮的獨立人格。他一生的經歷充分說明了這一點。中國人，只要還有骨氣、還有思想、還有國家和民族的意識，都會尊崇范仲淹弘揚的這種精神。

不過，大宋只有一個范仲淹。他能讓韓琦、富弼、歐陽修、蔡襄這些宋朝最有獨立人格、最有思想、最有活力的國家棟梁自覺地以他為中心，自覺地形成強國富民的共識，自覺地去思考、提出並推進有利於國家的政策措施。他們不見得事事都與范仲淹意見相同——相反地，有時他們的意見比范仲淹更有見地；他們更不會事事唯范仲淹之馬首是瞻——他們往往因為一些國事而互相激烈爭論。然而這一切不影響他們對范仲淹的崇敬，不影響范仲淹精神領袖的地位。

但是大宋不能只依靠一個范仲淹。范仲淹終究要死的。他死後怎麼辦？顯然，韓琦、富弼、歐陽修他們這些人對此沒有思考，其他人就更不要指望了。

於是，范仲淹死後，他宣導的砥礪風節、勇於任事、自強不息的精神，在韓琦、富弼、歐陽修他們這一代只能是維持而已，而到了下一代則又回到目光短淺甚至利令智昏的狀態。當韓琦、富弼、歐陽修等人還在位時，他們還能憑著自身的優良品德和治國才能讓國家保持一個還算良好的發展慣性，使得仁宗晚年到神宗初年的十幾年間社會穩定、百姓安居。這是他們的貢獻。但是要說到像慶曆新政那樣有意識地讓大宋改變因循守舊的陋習，讓國家走上一條國更強、民更富的全新道路，並將范仲淹所宣導的精神繼續傳承下去，他們沒有做到。失去了一個精神領袖，他們之間的關係也漸行漸遠，不再是慶曆年間的那種無私、無間的和諧。

成也士大夫，敗也士大夫。成或敗，都是因為一種精神的作用。有了這種精神，士大夫才有骨氣，國家因此才昌盛。反之則是相反的結局。

所以，不能寄希望於一個兩個聖賢的存在。聖賢不可能永存，永存的是他們的精神。而讓他們的精神永存，需要每一代人的傳承。

如何傳承他們的精神？

應當把這些精神立為我們的國家精神。如果國家是一個身體，那麼這些精神就是這個身體中流淌的血液。如果把這種精神的血液換掉，我們的身體就會死去。

應當在啟蒙知識中將這些精神作為主要的意識形態教育我們的後代，這是文化傳承不可或缺的形式。哪個時代沒有這種形式，它就客觀上在割斷我們的精神傳承。教育，不僅僅是知識教育，還包括做人的教育。

應當將這些精神作為社會大眾的行為準則，尤其是官員的行為準則。沒有了這些精神，某些官員的爭名逐利、爾虞我詐會誤導整個社會，以他們的唯上論、唯唯諾諾、庸庸碌碌而讓整個社會失去思想，以他們的墨守成規、不思進取而讓整個社會失去前進的活力。

應當在人們的生活中保持其中還有生命力的傳統形式並加以發揚光大。號稱文明傳承幾千年的民族，眼看著已經失去了自己的服飾、禮儀，傳統的建築形式、生活習性等離我們也越來越遠。我們還在坐等什麼？

必須堅持這些，我們的國家在歷史的長河中才有可能盡量避免向社會動盪、信仰迷失、道德淪喪的方向滑行，才能形成強大的凝聚力，團結一心、自強不息，才能夠避免政治上和精神上被別人同化、異化，才能讓我們的文化思想在世界上重新閃耀。

不可否認，傳統的思想文化中有許多糟粕。如果只會鸚鵡學舌而不知在揚棄的基礎上繼承，那是無能；如果把揚棄糟粕變成拋棄精華，那是無知。不論是無能還是無知，都會連累、糟蹋我們的優秀傳統精神。

我們應當揚棄這些精神中不適應時代的內容。至於如何揚棄，這需要能力，需要統籌考慮，但這不是原則問題。原則問題是：我們幾千年的優秀文化傳統到底還要不要，或者說是真要還是假要。

道德、精神、傳統等這些高尚的東西其實存在於人們的日常生活中，不應當將它們神化。神化了就會遠離普通百姓，神化了就讓人反感。因此，讓我們從范仲淹最後幾年在親情、友情方面的一些生活經歷，來品味一下其中蘊含的道德、精神和傳統。

鄧州的三年是范仲淹生活上最輕鬆的三年，但同時也是他感傷最多的三年。在這期間，他失去了兩位摯友，長子范純祐又病廢在家。

滕宗諒於慶曆七年初從岳州調任蘇州。從小郡岳州到上郡蘇州，體現了滕宗諒在岳州的政績受到肯定。但是滕宗諒到蘇州三個月後即病逝。

范仲淹與滕宗諒交誼最深，不僅因為是同年進士，更因為志同道合、風雨同舟。當年在泰州興築捍海堰，他們二人面對滔天的海浪，無怨無悔、毫不退縮，這似乎是他們此生經歷的預演。范仲淹為滕宗諒寫了沉痛的祭文，並為他撰寫了墓誌銘。

尹洙與滕宗諒一樣，都是有才氣、有能力卻又英年早逝。

尹洙也是慶曆七年病逝的，病逝地就在鄧州。他在病逝的前幾天帶著家人從貶謫地均州來到鄧州，向范仲淹託付後事。

慶曆四年的水洛城事件後，尹洙以直龍圖閣的館職調任潞州知州。一年後，在保守派全面排擠新政官員之時，曾在水洛城事件中被尹洙派遣的大將狄青逮捕下獄的董士廉進京鳴冤，告尹洙違法拘禁他。宰相賈昌朝等人暗中助力，企圖藉此排擠韓琦——水洛城事件的起因就是韓琦下令停止修築水洛城。案件審理的結果是，尹洙按照軍法下令拘禁董士廉一事並沒有違法。

當權的保守派不甘心空手而歸。他們沒有就此結案，而是多方盤查，終於查出了尹洙的一件過錯。

尹洙擔任渭州知州時有一個部將名叫孫用，是個有能力的人。孫用到陝西任職時，在京城借了一筆錢作為路費，同時也以此置辦一些必需品。到任後，孫用一直無錢償還當初的貸款，因此面臨被控告的風險。尹洙愛惜孫用之才，讓他借了公使錢還債。

那個時候的御史臺還沒有擺脫為保守派充當工具的色彩，因此抓住這件事大做文章。慶曆五年七月，尹洙被貶為崇信軍節度副使。節度副使是名義上的高級武官職務，實際上是一個閒差。之後，尹洙又改任到均州監酒稅。借用公使錢為孫用還債這件事，尹洙確實有錯，但因此被貶去當一個小小的監酒官員，這個處罰太重了。尹洙被貶後，天下之人都認為是御史臺有意重辦他。

尹洙調任均州之前就已染病。到均州不久，范仲淹曾給他寄去幾瓶從陝西邠州帶來的老酒，同時一併寄去了他親自給尹洙調配的藥和藥方。但是三個多月後，尹洙的病情急轉直下。

尹洙應當是預見到自己時日無多。他請求朝廷讓他到鄧州治病，隨後帶領家小趕赴鄧州。從均州到鄧州僅有幾十里的路程。

見到范仲淹，尹洙沒有太多的話。

范仲淹對他說道：「師魯平生的品行作為，我會和韓公、歐陽公分別記述，定將傳於後世！」

尹洙躺在病床上沒有回答，只是以手加額，表示感謝。

他對家人說道：「我要走了，不能再管你們了。」

范仲淹道：「足下妻小，我和諸公會共同撫養，絕不讓他們流離失所！」

尹洙點了點頭：「渭州還有兩個兒子。」

面對死亡，尹洙沒有以往的慷慨激昂，也沒有怨天尤人，他心中充滿了平靜。最後的訣別，就像他們以往心心相印的交往，沒有太多的悲傷。

范仲淹這些人，無論生者逝者，無論是杜衍、富弼、韓琦、歐陽修、蔡襄這些過去或將來的國家重臣，還是滕宗諒、尹洙、石介、蘇舜欽這些英年早逝的英才，都是命運多舛。他們屢受挫折，是因為他們義無反顧。

尹洙此前還有兩次被貶的經歷。當年范仲淹第三次被貶，尹洙大可不必挺身而出為范仲淹鳴不平，但他仍然挺身而出，仗義高呼，自取貶黜；任福敗於好水川，尹洙在回涇原的路上得知消息，當即就近調遣慶州守軍救援，事後被經略安撫使夏竦劾奏降職。

這種行事，只有一身正氣、俠肝義膽之人才會做得出來，那些以私利作為價值取向和行為指南的人是不可能去做的。而尹洙他們這些人被指責、被貶謫，只是因為想得太多、做得太多。這似乎就像今人常說的，做得越多越容易犯錯誤，那些碌碌無為之人反而不易遭受指責。

尹洙死後，歐陽修為他撰寫了墓誌，韓琦為他撰寫了墓表，范仲淹為他的文集作序。如此待遇，舉世也不多見。范仲淹、韓琦、歐陽修以及狄青等人還各用自己的一部分俸祿撫養他的家小。

失去知友的傷痛需要時日來撫慰，而長子突如其來的疾病也讓范仲淹憂心。

范純祐是一個十分聰慧的孩子，從小就懂得替父親分憂。當年范仲淹在蘇州辦學，聘請胡瑗執教。胡瑗那時尚未名重天下，但范仲淹慧眼識珠，認定他將是學貫古今的大儒。胡瑗雖然滿腹學問，後來入國子監執教太學，但此時的他顯然教學經驗不足。來州學就學的孩子們都正值頑皮的年紀，常常打鬧不已，也不知道尊師守紀，這讓胡瑗十分煩惱。范仲淹視察學校時發現了這個問題，於是讓當時年方十歲的范純祐入學。范純祐到了學校，謹約謙恭、循規蹈矩，那些頑童見到知州大人家的公子如此規矩，一個個也都跟著誠惶誠恐地尊重胡瑗、遵守學規了。

范仲淹四處為官，范純祐是一直跟隨父親照顧起居，他因此放棄了科舉考試。范仲淹經略陝西時，范純祐平時與將士們同吃、同住、同行，讓將士們感受到范仲淹的關懷；將士們有什麼情緒，哪些人有什麼才能，他都能了解到並及時向范仲淹報告。

在宋人的傳說中，范純祐是有些靈性的。據說他學道家之術，能出神，即靈魂出竅。他常常獨自默默打坐。在鄧州期間，在一次靜坐時，他的妹夫與他開玩笑，在門外用木杖猛擊窗櫺，使他「神驚不歸」，自此得了心病，這心病就是今人所說的精神失常。

范仲淹有四個兒子。次子范純仁後來官至宰相，三子范純禮官至尚書右丞即副宰相，四子范純粹官至龍圖閣直學士，他們都是為人正直、為國憂心之人，而他們的兄長范純祐最屬英才，可惜英年病廢。

范純祐患病後，范純仁從兄長手中接過了照顧父親起居的責任，一直到范仲淹病逝。但是范仲淹的病逝並不是范純仁責任的結束，他繼續照顧兄長的起居，「待之如父」。為了能夠就近照顧兄長，范純仁多次拒絕了美差和提升。前宰相賈昌朝在北京大名府擔任留守時推薦范純仁做他的幕僚，宰相宋庠甚至舉薦范純仁擔任館職，范純仁都推辭了。

范家親情觀念不僅存在於他們的家庭，還滲透於整個家族之中。因為這份濃濃的親情，范仲淹又開創了中國歷史上的另一個範例，那就是義莊，一種帶有慈善性質的宗族互助機構。

義莊是指宗族中所置備的用於贍養、救濟同族之人的田莊。「義莊」一詞，應當始於范仲淹的義舉。即使此前或許有過這個詞，但它最終的完整含義毫無疑問是由范仲淹所賦予的。

皇祐元年，范仲淹從鄧州移知杭州。他赴任時途經蘇州老家，在此做了短暫逗留。范氏在蘇州已經繁衍五世，人丁眾多。范仲淹是范氏一族的驕傲，不僅因為他仕宦顯赫，更因為他的德行為世人所崇敬。族人之中，老者衰微、幼者嗷嗷，富者待教、貧者望哺。聖人有言：「養耆老以致孝，恤孤獨以逮不足。」於是，范仲淹將三十多年來從自己職俸中積攢下來的和皇帝賞賜的三千匹布全部都分給了族人，但是范仲淹覺得還可以再做些什麼。「祖宗積德百餘年，才使我有如今成就。而一族之人都是祖宗子孫，我豈可獨享富貴？」出於這個樸素的思想，范仲淹做出了建立義莊的決定。於是范氏義莊誕生了。

范氏義莊由三部分構成。一是田產，稱作義田；二是房產，稱作義宅；三是私塾學校，稱作義學。義田是義莊的主體，義田收入全部用於宗族內的周濟贍養；義宅用於貧困的族人聚居以免他們流離失所；義學自然就是供宗族子弟就學的。

范仲淹先出資購買了一千多畝田產作為義田，又購建了義宅，義學也在他的關心下得以建立。范仲淹鼓勵宗族有能力者都為義莊的發展做貢獻，但事實上，義莊幾百年來的維持、恢復和發展主要是靠范仲淹和他的子孫後代的捐助，義莊的管理也主要依靠他這一支的范氏後人。

范氏義莊為族人提供了基本的生活保障，如口糧、衣服、住房以及發生重大事情時如婚喪嫁娶的必要開支，並對就學、科舉考試等進取上進的行為給予保障和鼓勵。為了明確義莊的目的、規範義莊的管理，范仲淹親自擬定了十三條「義莊規矩」，規定各房五歲以下男女，每人每天給白米一升；冬衣每人一匹，五到十歲減半。族人嫁娶、喪葬，則按不同情況發給現錢等。范仲淹去世後，范純仁、范純禮兄弟又先後將義莊規矩做了進一步的修訂完善，使得義莊的運作更加規範。

義莊的田產規模，起初是范仲淹購買捐助的一千多畝，到八百年後最鼎盛時期的清朝達到五千多畝。義莊資助的宗族人口，在南宋時達到四百多口，到了後來自然遠遠多於此數了。義莊不僅資助范氏宗親，也資助非范氏百姓。「鄉里和外姻親戚，如遇貧窘、急難，或遇饑荒不能度日，可用義田收穫的糧食周濟。」這是范仲淹在他最初的義莊規矩中就有規定的。

范氏義莊具有先進的慈善理念。義莊由族人管理，但是管理人員不受宗族規矩約束，不受族內人員哪怕是德高望重的耆老的干涉；同時，族人有權告發義莊管理人員的不公正行為，由族人共同做出評判；以田產為運作資本，用產出的糧食等收益作為資助的資源，以免竭澤而漁、耗盡田產；為防止義莊與族人產生利益衝突或利益不公，不允許族人租種義莊的田地，義莊也不購買族人自有的田產；對受益人即族人進行監督，違犯義莊規矩者將受到不同程度的處罰，包括罰金、取消獲得救濟資格，嚴重者還將送官府治罪等。

范氏義莊延續了大約九百年，這真的是一個讓中國人自豪的奇蹟。這個奇蹟是范仲淹精神引領的結果，其實質則是中國優秀的以人為本傳統理念引領的結果。

范仲淹創立義莊，體現的是標準的中國士大夫的傳統思想和理念。士大夫的最高境界就是「修身、齊家、治國、平天下」，其中修身、齊家是治國、平天下的基礎。自身不修、一家不齊，何以治國、平天下？古人曾說過：「忠臣必孝子。」這些思想都是一脈相承、互為本源的。即便不從這種高度看待，范氏義莊的作用不僅是保護族人的利益，客觀上也有利於減輕國家負擔、有利於社會穩定。

5

修、齊、治、平，再加上格物、致知、誠意、正心，就是幾千年來中華民族精神圭臬之一的《大學》中所指出的「道」了。道，就是精神，就是讀書人尤其是做了官的讀書人需要尊奉的信仰和真理。當然，這個道所包含的內涵不僅有為國家、為百姓的大公的層面，也包含著重親情、重友情的小我的層面。無疑，范仲淹是全身心去實踐了。但是就如我們已經知道的，聖賢不可能永存，能夠永存的是他們的精神。

那麼他們的精神怎麼存續下去？是靠後代的傳承。那麼後代怎麼傳承？

後代的傳承不外乎兩個主要管道，一在外一在內。在外，是學業上的傳承；在內，是家族的傳承。其中，家族的傳承是根本。豈不聞「一家不齊何以齊天下」？因此精神的傳承，首先在於一家。只要自己有後代，就要將自己所崇奉和實踐的道或精神傳給自己的後人，不使自己的後代迷失了這個道、這個精神。這種一以貫之的傳承，也如一縷不絕的清風，代代相傳，成為一個家族的秉性，古人將其稱作家風。

范仲淹的家風，不妨從一個略有反面意味的故事說起。他的次子范純仁當上宰相後，有一次請一位好友赴家宴。好友宴罷歸家，對人歎息道：「范相公家風變了！」別人問他怎麼變了，他答：「相公請我吃飯，菜肴除了醃豆，還加了兩小撮肉。」

節儉是感受最直接的家風。范仲淹曾對幾個兒子說過：「我時常擔憂你們將來會不知節儉、貪享富貴。」范仲淹的節儉，由著名的「斷齏畫粥」的故事中可見一斑。還有一則故事，也與范純仁有關。范純仁結婚，新婦是真宗朝名相王旦的侄孫女、名臣王質的女兒，家裡陪嫁時帶了一床絲織的羅帳。范仲淹對范純仁說道：「我們范家素來清儉，你豈能亂我家法？如果真敢拿來，我就要當庭燒毀！」無獨有偶。多年後，范純仁之孫范直方任平恩縣主簿，向叔祖范純禮辭行。范純禮問他：「你去赴任，帶幾擔行李？」范直方答：「十擔。」當時范直方新婚，因此行李較多。范純禮教訓他：「我當年當知州時，行李才三擔，離任時還是三擔。你剛入仕就十擔行李，當官久了又會有多少行李？」范直方唯唯領教。

再回過頭來看范純仁的家宴。只是另給客人多加了兩小撮肉，這家風可知並沒有變。當然，節儉只是良好家風之一。良好的家風，內涵很豐富，遠不只是節儉。還是范純仁，看看范氏家風在他身上是如何承傳的。

歷仕仁宗、英宗、神宗三朝之後，范純仁在哲宗朝兩度擔任宰相。在一次朝議中，副相蘇轍以漢昭帝變更漢武帝的一些規矩為例，闡述改革先輩確定的制度是有先例的觀點。哲宗認為蘇轍暗諷先帝神宗為漢武帝，勃然變色，怒斥蘇轍。蘇轍惶恐，到殿外待罪，在場的宰執大臣無人敢言。范純仁平時與蘇轍政見不同，常有爭執，此時卻挺身而出對哲宗道：「陛下剛剛親政，不應當把大臣像奴僕一樣來訓斥。」並指出，蘇轍以漢武帝做比喻，言中沒有惡意。

哲宗新政之前，是英宗的皇后、如今的高太皇太后垂簾聽政。哲宗與太皇太后政見不同，二人之間多有嫌隙。太皇太后臨終前，擔心身後聲名、事業受到貶損，於是囑託范純仁：「你父范仲淹是忠臣，在仁宗朝劉太后當政時勸太后盡為母之道，劉太后去世後又勸仁宗盡為子之道。希望你能夠像你父親一樣！」太皇太后去世後，果然有人在哲宗面前有意貶損她，而范純仁果然也如自己的父親那樣，勸解哲宗要像仁宗一樣大度和明辨。

范純仁去世後，長子范正平擔任開封府尉，遇上一事。向太后的親戚霸佔民田，為自家修墳、建廟，時任戶部尚書的蔡京為夤緣巴結后戚，出面奏請朝廷批准。范正平發現此事後，為民主持公道，阻止了后戚的霸佔，也帶累蔡京受到處分。數年後，蔡京得勢擔任宰相，誣稱范正平偽造父親范純仁遺言，對他進行殘酷迫害。范正平被平反後，當地知州讚許他不畏強暴的品格，要在范正平所居住的街坊立一個「忠直坊」的牌匾，被范正平拒絕了。他說：「十室之邑，必有忠信，不只是我們家。朝廷對我的祖、父有『世濟忠直』的評價，但是這四個字對我們范家後代只可用作自勵。」

「世濟忠直」一說是有來由的。范純仁去世後，徽宗皇帝親自為他的墓碑題寫了碑額「世濟忠直之碑」。家傳忠直之風，這不是最值得驕傲的家風嗎？

忠直，是范氏家風的另一個側面，其內涵則是對國家的忠誠。人生在世，不可能只言國而不言家、只言忠而不言情。情之所在，也有清風。這又要從另外兩個字說起。

范仲淹在鄧州時，新科狀元賈黯拜見求教。范仲淹只送他兩個字：「不欺。」賈黯後來對人說，這兩字一生受用不盡。再到後來，范純仁在教導晚輩時也說道：「我平生所學，唯忠恕二字，一生用之不盡。」

种世衡沉淪下僚、懷才不遇時，范仲淹發現、使用他，提拔了他，雖然是為國家著想，种世衡對於范仲淹則始終懷有知遇之恩，范、种兩家因此成為世交。种世衡去世後，种家還懇請范仲淹為他撰寫了墓誌銘。但是到了下一代，出了問題。范純仁任環慶路經略安撫使時，种世衡之子种詁在環州擔任主將。不知何故，种詁抓了一個本地部落首領，要把他當作盜賊發配。首領到慶州申冤，范純仁勘問後發現確有冤情，於是將首領釋放。但是种詁銜恨，藉朝廷新黨排擠舊黨之機誣告范純仁。雖然最終查明誣告之情，种詁受到降職處分，范純仁也仍然被貶官。范純仁後來回到朝廷任樞密副使，認為种詁有將才，不宜埋沒，又薦舉他復職為將。若干年後，种詁侄子、名將种師道在陝西為帥，常常歎息叔父种詁誣告之錯。終於有一個機會，种師道見到了范純仁之孫范直方。种師道提起了范直方曾祖父、祖父兩代對种家的恩義，范直方表示並不知道這些往事。种師道愕然道：「你是范氏子孫，怎麼會不知道這些事？」范直方答：「先祖做這些事，一定是出於公心而不是個人私恩，因此不會告訴家人的。」种師道欽歎不已：「真是范氏家風！」

從「不欺」到「忠恕」再到「忠直」，始終不變的是坦蕩、樸實、誠懇和忠誠。不論於公還是於私，不論是對國家、君主還是對親人、朋友、同僚，抑或是對素不相識的其他人，都堅守著一個至高追求，都把握著一個不可逾越的底線。如果用更開闊的視野看待范家之風，還能看到堅定的信念、百折不回的毅力、春風拂面的熱誠等。這就是不變的家風，是活著的家風——因為它能夠不斷地向後代延續，能延續的就是有生命的。為什麼能延續？因為，不斷地有人傳、教，也不斷地有人承、續。

良好的家風是對人類善良本性的堅守。人之初，性本善，但這只是對於大眾總體而言。至於個體，總有本性難以稱善之人。即便是本性善良的多數人，本性善也並不意味著自然而然地永遠善良。善良是需要引導、教育、約束乃至於禁制的。讓本性放任自流，終究不可能歸於善良，先天的本性，需要後天的教導。

小偷的兒子不見得就是小偷，但是以小偷的方式教導出來的兒子，基本上會是小偷。君子之家也是同理。孟子說：「君子之澤，五世而斬。」君子的恩德，傳不過五代。為什麼？因為君子的家風斷了。若是家風不斷，君子之澤可百世不斷。范氏義莊傳承近千年，不正是延綿不斷的君子之澤嗎？

萬家成國。家如此，國亦如此。我們能夠傳承的國家之風又是什麼？

6

不知道有沒有人提醒仁宗不要讓盛世之名迷蒙了雙眼？

慶曆七年十一月二十八日，河北貝州一個名叫王則的下級軍官起兵反宋。這一天是冬至，仁宗正率領百官在南郊舉行三年一次的祭天大禮。王則宣布起兵的那一刻，仁宗或許正在靜心虔誠地拜祭著天地之神。

如果沒有王則的事，此時可算是一個十分安寧的時期。上個月，一位據稱對西漢文學家揚雄的哲學著作《太玄經》深有研究的官員用《太玄經》的原理為仁宗卜了一卦。他欣喜地告訴仁宗：「卜卦之象說，如今的國家局面是因君子進而小人退！」這是真正的太平之象啊！仁宗十分高興，特意將這名官員的館職從集賢殿修撰提升為天章閣待制，讓他躋身於兩制以上高官之列。

破壞安寧的王則在起兵前是一個不名一文的小軍官。他是流民的後代。什麼是流民？就是失去土地後背井離鄉的農民。為什麼會失去土地？主要原因有兩個：一是不堪沉重的稅賦而棄家流亡，二是土地被豪強兼併。多數流民離開家鄉後到其他地方以租種他人田地為生，成為佃戶。這種人在大宋太多了，最多時佔到全國人口的將近一半，因此官方給了他們一種新的身分，就是客戶。

王則後來應招從軍，當了一個最普通的士兵，又一步一步升為一個低級軍官。與一般士兵和低級軍官相比，王則有一個本事，就是會編造一套理論，把自己打造成一個半神半佛的形象。於是他周圍聚集了一班人，並把他捧為教主。邪教教主一般都有一些危害社會的目的：或是騙財騙色，或是奪取政權。當然這兩種目的兼而有之的邪教也是有的，王則屬於後者。

王則囚禁了貝州知州，殺了幾個企圖領兵鎮壓他的上級軍官，然後佔據了貝州。跟從王則造反的都是平時尊崇他的士兵和一些流民。

或許是以為其他地方會按照王則等主謀人員計畫的方案一併起兵，王則據守在貝州，沒有向其他地方轉移。他自立為東平郡王，並任命了宰相和樞密使等官員，完全是建立政權的架勢。但是他在其他地方的信徒並沒有對他形成支持，他們或是不敢輕舉妄動，或是在舉事之前被官府及時發現和剿滅。比如有一股王則的信徒在齊州準備起兵屠城，被青州知州富弼得知。富弼果斷地指派仁宗派來的有其他使命在身的中使趕赴齊州，調遣兵馬剿滅了這一夥人。仁宗沒有追究富弼擅自調遣皇帝使臣的罪，反而嘉獎了他。

小小的貝州城在堅守了六十五天後被攻陷。參與攻城的有多員名將，如范仲淹曾經向朝廷推薦的與狄青、种世衡齊名的王信以及與府州折家將張岊同樣勇猛的王凱。而統率平叛事務的則是參知政事文彥博和半年後升任參知政事的明鎬。相比之下，王則在貝州的兵力有多少？死硬的信徒似乎只有幾百人。

貝州城久攻不下時，仁宗心中十分鬱悶。「大臣中沒有一個人能為國家解決問題，只會天天上殿議論不已，可是這又有何用？」其實貝州久攻不下在一定程度上與朝廷的內耗有關。在文彥博統率平叛事務之前，是由明鎬統率。樞密使夏竦與明鎬不和，明鎬從平叛前線報到朝廷的請示多被夏竦阻撓。夏竦是這一年三月重新回到朝廷的，這似乎是「君子進而小人退」局面的一個組成部分。

王則叛亂著實讓仁宗憂心不已。但是緊接著發生的另一件事就不是讓仁宗憂心了，而是讓他恐怖。

慶曆八年閏正月二十二日夜，大內的四名宮廷衛士突然叛亂。他們翻屋越牆殺入內宮，幾乎要傷害到仁宗。當時仁宗在皇后宮中留宿，他聽到殿外人聲紛亂，想出去看看，幸虧皇后曹氏將他死死抱住不放。皇后隨即命宦官、宮女緊閉大門抵禦亂兵，並派一名宮女趁亂混出宮去搬取救兵。由於皇后指揮若定，叛亂者沒能攻進殿內，最終被趕來的禁軍剿滅。

這四名衛士為什麼要叛亂，並且居然只是以四人之力叛亂，其中的緣由成為歷史之謎。其中三名叛亂者在格鬥中被殺死，另一人逃出內宮後藏匿在皇宮的宮城北樓，幾天後被抓獲，但又被當場處死，因此沒有留下任何口供。

不排除這四人的叛亂與王則兵變有關。貝州是閏正月初一日被攻破的，王則被生擒後押入京城。這次宮廷衛士之亂的五天後即二十七日，王則被凌遲處死，即一刀一刀地剮肉而死。因此，這四名衛士或許是為營救王則而謀亂。王則有那麼大的本領讓皇帝親信的宮廷衛士為他拼命嗎？或許有的。王則在貝州起兵時，不僅河北、山東的一些州縣有人回應，遠在河南的一些地方也有人蠢蠢欲動。精神的力量是無窮的，無論正邪都是如此。

王則之亂最終被平定了，但與此同時另一次反叛正在醞釀之中。醞釀得越久，爆發得越凶猛。

還是慶曆八年。西南邊陲廣源州的蠻人首領儂智高建立了南天國政權。

廣源州位於邕州的西南方三百多里處。邕州是大宋鎮守西南邊陲的重鎮，也是廣南西路轉運司所在地，因此可以看作是廣西路的治所。廣源州是大宋的羈縻州。所謂羈縻州，就是為四方蠻夷專門設置的行政區劃，簡言之就是為少數民族設立的自治區。羈縻州的知州多由當地部落首領世襲。

廣源州自古以來與它南邊廣大的交趾之地都屬於中國。大宋建立前後一段時間，交趾的駐守官員趁中原陷於五代十國的亂局而自立為王，之後又幾經替代，如今由李氏掌權。大宋先封李氏為交趾郡王，後升為南平王；李氏對大宋則以藩屬國自居，年年向大宋貢奉不斷。

交趾自立為國後，覬覦廣源州的黃金礦產資源，於是逐步侵蝕廣源州，將其納入自己的勢力範圍。因此廣源州雖然號稱是邕州管轄的羈縻州，「其實服役於交趾」。大宋沒有跟交趾計較此事，或許是因為大宋不願在面對北方強敵時再在南方增加一個敵人，當然也許還有大宋君臣一貫思維的原因。大宋是最仁義的一個朝代，它的仁義甚至施加於異族他國。只要能相安無事，讓他一分又何妨。就在剛過去不久的慶曆八年四月，大宋就施予了西夏一個大大的仁義：朝廷拒絕了一些人提出的乘人之危的主張，沒有在元昊死去、內亂叢生的時候攻擊它，而是敕封剛出生不久的元昊之子諒祚為夏國主。

儂姓是廣源一帶蠻族的大姓，儂智高的父親曾經長期統治廣源及其周邊地區。但因為不願臣服於交趾，其父被交趾軍隊打敗後俘虜，並被處死。儂智高長大成人後，在廣源一帶發展勢力，建立了自己的政權，但不久又被交趾擊敗，儂智高與他的父親一樣也當了交趾的俘虜。不過這回他沒有被處死。南平王李德政想收買人心，於是將儂智高放回，並任命他為廣源州知州。

儂智高並不領交趾的情。經過一段時期的經營，他以廣源為中心再一次建立了自己的南天國，並正式拒絕了交趾的管轄，與交趾決裂。這一年便是慶曆八年。

讓我們看一看儂智高為大宋醞釀的危機有多大。

本來儂智高不一定會成為大宋的心腹之害。儂智高雖然偶有入寇廣西沿邊一些地區之舉，但他的仇敵是交趾而不是大宋。進入大宋是為了擴張點地盤，見勢不妙他就收手。

儂智高與交趾打了兩年。交趾先是派了一個太尉領兵進攻儂智高，但被儂智高打得一敗塗地。過了一陣，交趾再次派兵討伐，這回儂智高吃了敗仗，不得不率部退守深山，待交趾退兵後才出來重振旗鼓。這時已經到了仁宗皇祐二年。

就在儂智高被交趾兩次進兵打敗不久，廣南西路轉運使蕭固派遣邕州的一名指揮使去往廣源一帶打探儂智高的情況。指揮使是低級軍官，統率五百名士兵。這位指揮使以為南蠻好欺負，便擅自進攻儂智高，卻被儂智高擊敗並當了俘虜。儂智高沒有殺他，反倒對他十分尊重，還與他探討與大宋的關係問題。指揮使逃過一死，也就放膽給儂智高出主意。他建議儂智高歸附大宋以抗拒交趾，畢竟與大宋對抗如同以卵擊石。儂智高十分贊同他的意見。於是，儂智高將指揮使放歸大宋，並委託他帶上表章、禮物呈給大宋，請求歸附。

景祐、寶元年間的現象又回來了，大宋又陷入了渾渾噩噩之中。朝廷拒絕了儂智高的請求。廣西轉運使蕭固向朝廷指出：「儂智高如果不加以安撫，必然會成為南方的禍患。其實朝廷只需賜他一個官名就可安撫住他，還可讓他為我大宋抵擋交趾的騷擾。」

蕭固繼而說了一句十分有見地的話：「如今的大宋，不允許南方再出大事！」

朝廷讓蕭固做出保證，保證交趾今後不會因為儂智高歸附而要脅大宋以及儂智高今後不會反宋。這是一個荒唐的想法，蕭固怎麼可能保證這些事呢？

蕭固後來沒有當上什麼更大的官，最顯赫的職務也就是集賢殿修撰這個館職。但是他的見識勝過這個時期大宋的宰執大臣們。儂智高反宋後，蕭固受到貶官的處分。處分他的理由是他不能及時發現儂智高的反叛意圖。是非都顛倒了！

儂智高十分執著，在三年間至少四次向大宋提出歸附的請求，但是每次請求都被拒絕了。所謂歸附，就是給他一個獨立的地位，並接受他每年進貢的禮物。朝廷說：「要進貢，必須將物品交予交趾一起進貢。」儂智高進貢的馴象、黃金等物品都被朝廷拒之門外。不能正式歸附，能否給一個身分呢？儂智高請大宋封他一個田州刺史的虛銜，大宋拒絕了；他接著求一個更低一級的虛銜團練使，又被拒絕了；第三次，他就求一套官服，仍被拒絕了；最後，他不求官了，只求每三年南郊大禮時朝廷接受他進貢的一千兩黃金，並設立一個邊民貿易的榷市，朝廷還是拒絕了。

「我已得罪交趾，而大宋又不接納我。既然沒有立足之地，那就反了吧！」皇祐四年四月，儂智高反宋。一個月後，儂智高攻克邕州。

在宋軍屢遭敗績後，仁宗決定派遣擔任樞密副使不久的狄青出征廣西。狄青從陝西調遣了一支以陝西士兵為主的部隊和幾名長期隨他征戰的陝西將領，在邕州城外一戰擊潰儂智高。此戰就是著名的歸仁鋪之戰。這時已經是皇祐五年（一〇五三）一月。

在被狄青擊敗之前的八個多月裡，沒有什麼軍事素養的儂智高帶領他的部眾連續攻克了大宋十幾個州城。有幾名知州靠為數不多的廂兵進行了頑強的抵抗，並在城破後殉國。但是棄城而逃的知州更多。

十年前在西夏重兵圍攻下的陝西，沒有一座城池失守過，更沒有出現身為一地軍政長官的知州棄城而逃的情況，但是這些都在皇祐年間「君子進而小人退」的盛世出現了。此外，兩名曾經的陝西名將先後戰死，一名是與种世衡一起修築細腰城的蔣偕，另一名是曾被范仲淹誇為「頗有勇武」的張忠。還有一名舊日的陝西名將陳曙被狄青按軍法處斬，他在狄青到達廣西前違反了狄青派人傳達不得出戰的軍令，擅自出戰卻又失利而歸。最後，在歸仁鋪之戰中，狄青的先鋒也戰死疆場。

也許對自己的盛世感覺產生了一些懷疑，也許是對幾年來朝政「奇譎空言者多、悠久實效者少」局面的不滿，仁宗於慶曆八年三月又來了一次天章閣問策。

還是在召集近臣、宗室瞻仰了祖宗遺像之後，還是親自寫手詔給宰輔大臣們，要求他們一一列出國家當務之急。一切都在重複慶曆三年九月的那次振奮人心的盛舉。

但是，時已過境已遷，物雖是人俱非。這些主政大臣和近臣沒有一個能夠提出真知灼見。有那麼一個兩個人提出了看似有些精彩的意見，卻是依樣畫葫蘆，照搬了慶曆新政的理論和措施，他們明知自己不會太在意這些理論和措施背後的重要意義。

仁宗應當是認真的，這些官員也不是走過場。但是這次的天章閣問策沒有被後人記住，甚至在當時就很快被忘卻了。

一個國家的發展常常以循環往復的形式前進，這個時候就看它是螺旋式的原地踏步，還是螺旋式上升，或者是螺旋式下降。仁宗時期的大宋，除了慶曆四年至五年間有一個與之前、之後不相關連的螺旋式上升，在慶曆三年前轉了一個圈，在慶曆四年後又轉了一個圈，但這兩個圈似乎走的是同一條軌跡，完成了一次貌似螺旋式上升的原地踏步。對於歷史而言，它沒有太大的進步意義。當然，如果今人能夠為那個時代總結出一些經驗或教訓，或許能夠為它增添一些跨越時代的進步意義。

我們能總結些什麼呢？或許可以這麼說：

危機往往出現在人們認為不會出現危機的時候，因此應當居安思危。

精神信念的遺失往往肇始於人們認為精神信念最堅定的時候。

精英階層的自私自利是國家安全的巨大威脅，不能讓他們毫無顧忌地使用國家權力。

還有，精英階層的自我覺醒十分重要。自我覺醒遠遠強於其他力量強迫的覺醒，其他力量強迫之後還不能覺醒那就更糟了。

當然，不同的人會有不同的感悟，但是有感悟就好，最怕麻木不仁。大宋需要更多的感悟，大宋也有太多的東西值得我們感悟。

7

范仲淹走了。他於仁宗皇祐四年仲夏病逝於徐州。

六十一年前，范仲淹的父親也是病逝於此地，那年范仲淹才兩歲。他的母親沒有依靠，不得已帶著他改嫁朱氏，他是從兩歲起就開始了他漂泊不定的人生的。

徐州本來不是范仲淹這一生的目的地。在青州半年多，范仲淹的健康每況愈下，他因此申請到潁州養老。潁州是大宋功成名就的官員們首選的幾個退養地之一，那裡的西湖與杭州西湖齊名，可見范仲淹這一次真的是想休息了。可是走到徐州他就病倒了，一病不起。

他的最後一刻仍然留給了仁宗、留給了國家。「希望陛下上承天心，下順民意。」「管理百姓要在未亂之時，包容百姓當用中正之道。」這是他在〈遺表〉中對仁宗的最後囑咐。按照規矩，〈遺表〉可以為自己的子孫求恩澤，即為子孫求官、求職、求科舉名分等，但范仲淹沒有任何請求。

他去世的時候，「四方聞者皆為歎息」。

朱熹作為南宋對後世影響最大的思想家，對范仲淹做了這樣一個評價：「有史以來天地間第一流人物。」後人與此類似的評價比比皆是。

范仲淹只會出現在中國，因為中國以儒家思想為核心的傳統文化，那種以民心為君主之心、以民意為國家之意的理念，能夠造就這種捨己為公的人物。相比之下，有些民族的文化宣導的是無限誇大的個人利益，這違背了人類社會中群體的和諧是個體的保障這一規律，在人類和自然面前，它必然表現出貪婪、侵略、掠奪、無休止的欲望等特徵，無論是這些民族中的個人還是整個民族都有這種特徵。一旦這種文化長期主宰人類社會，最終將是人與自然共同毀滅的結局。而中華文化具有更加符合人類社會發展規律、符合人與自然和諧規律的優勢，我們應當有這個自信。

當然，自信不能盲目。貪婪成性的民族文化能夠一時讓一個國家快速發展，然後以進一步的貪婪去侵略、掠奪人類社會和自然世界，以求最終主宰它們。在這種情況下，我們也只能用最能發展自己的手段超越它們。只有超越了它們，中華文化的那種人與人、人與自然和諧的優勢才會真正發揮出來。但是無論如何，我們都需要讓我們的傳統文化發揚光大。

一個人生前讓人敬佩，死後讓人痛惜，永遠讓人景仰，這是他自己的驕傲，是那個時代的驕傲。一個時代，如果能夠出現一個兩個范仲淹式的人物，那麼這個時代就是令人嚮往的時代。

中國還會有范仲淹嗎？

會的，因為范仲淹的精神還在。

廟堂之憂：范仲淹與慶曆新政及北宋政局 / 鮑堅著. -- 一版. -- 臺北市 : 大地出版社有限公司, 2024.02
面： 公分. --（History：120）
ISBN 978-986-402-386-8（平裝）
1.CST: (宋)范仲淹 2.CST: 傳記
782.8514 113000968

廟堂之憂：范仲淹與慶曆新政及北宋政局

History 120

作　　者	鮑堅
發 行 人	吳錫清
主　　編	陳玟玟
出 版 者	大地出版社
社　　址	114台北市內湖區瑞光路358巷38弄36號4樓之2
劃撥帳號	50031946（戶名：大地出版社有限公司）
電　　話	02-26277749
傳　　真	02-26270895
E - mail	support@vastplain.com.tw
網　　址	www.vastplain.com.tw
美術設計	陳喬尹
印 刷 者	博客斯彩藝有限公司
一版一刷	2024年02月

大地

定　　價：360元